"十三五"普通高等教育本科部委级规划教材

现代物流方案设计 | 方法与案例

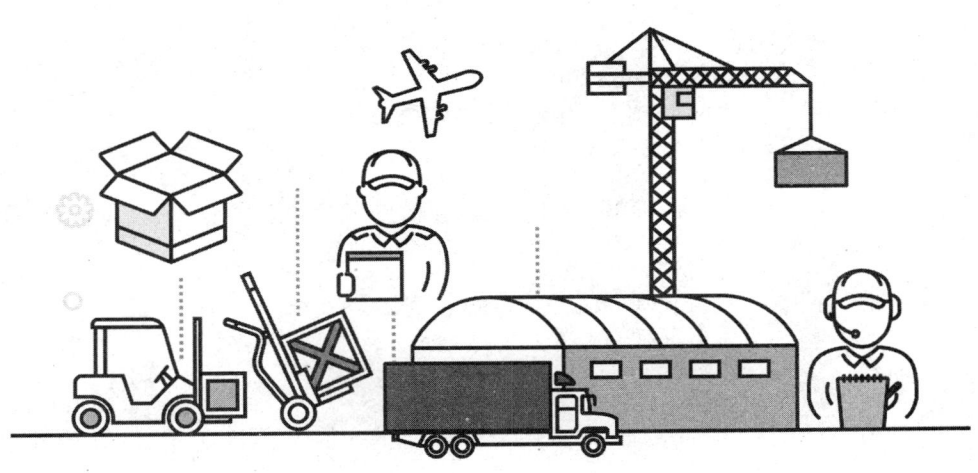

周兴建 等／编著

中国纺织出版社

国家一级出版社
全国百佳图书出版单位

内 容 提 要

《现代物流方案设计：方法与案例》共分两篇八章。第一篇重点论述现代物流方案设计方法，第二篇重点展示现代物流方案设计案例。附录部分收录了全国大学生物流设计大赛简介，以帮助读者了解本书的编写背景；此外，本书还收录了我国物流园区规划及设计规范，供读者做物流方案设计时参考。

本书理论联系实际，可作为物流管理专业、物流工程专业、供应链管理专业本科生、研究生的专业课教材，也可作为参加全国大学生物流设计大赛的培训和实践指导用书，还可以作为从事物流实践和应用的企业管理者的参考用书。

图书在版编目(CIP)数据

现代物流方案设计：方法与案例／周兴建等编著．
—北京：中国纺织出版社，2019.11
"十三五"普通高等教育本科部委级规划教材
ISBN 978-7-5180-6190-7

Ⅰ．①现… Ⅱ．①周… Ⅲ．①物流管理—高等学校—教材 Ⅳ．①F252.1

中国版本图书馆 CIP 数据核字（2019）第 087764 号

策划编辑：刘　丹　　责任校对：楼旭红　　责任印制：储志伟

中国纺织出版社出版发行
地址：北京市朝阳区百子湾东里 A407 号楼　邮政编码：100124
销售电话：010-67004422　传真：010-87155801
http://www.c-textilep.com
E-mail:faxing@c-textilep.com
中国纺织出版社天猫旗舰店
官方微博 http://weibo.com/2119887771
三河市宏盛印务有限公司印刷　各地新华书店经销
2019 年 11 月第 1 版第 1 次印刷
开本：787x1092　1/16　印张：21
字数：433 千字　定价：49.80 元

凡购本书，如有缺页、倒页、脱页，由本社图书营销中心调换

前言 PREFACE

现代物流体现了社会经济发展和现代企业经营的需要。在现代物流管理和运作中，广泛采用了互联网、物联网、大数据等代表着当今科技发展水平的管理技术、工程技术及信息技术等。现代物流活动涉及众多环节，通过彼此的内在联系，在共同的目的下形成了一个系统，构成系统的功能要素之间存在着相互关系。现代物流必须从系统的角度出发，通过物流功能的最佳组合实现物流整体的最优化目标，为达成这一要求，必须进行物流方案设计。一个设计优良的物流方案是搞好物流管理、开展现代物流活动的重要基础。

为此，本书将理论与实践深入结合，在全面论述物流方案设计方法等理论的基础上，节选由教育部高等学校物流管理与工程类专业教学指导委员会主办的国家级学科竞赛——全国大学生物流设计大赛（第一届至第五届）中的获奖方案，结合当前国内大中型物流企业的应用实际展示物流方案设计案例。具体而言，本书有如下特点：

1. 现代物流理论与实践的有机结合。基于物流方案设计理论与应用前沿，系统地阐述了现代物流方案的概念、内涵与方法；基于真实的物流企业运营实际，全面体现了现代物流方案设计的思路、构架与流程。

2. 专业教材与专业教学相融合。全书以理论为基石，以案例为驱动，使专业教材能与课堂教学高度融合，探索辅助教师专业教学、促进学生自主学习的新途径和新方法，有助于专业人才培养及专业教学改革。

本书在体系结构上共分为两篇八章，主要编写工作由周兴建和黎继子承担。具体编写分工是：黎继子负责编写第一篇，周兴建负责编写第二篇的第三章到第四章，蔡丽华负责编写第二篇的第五章到第六章，范学谦负责编写第二篇的第七章到第八章，艾振负责编写附录。全书由周兴建和黎继子负责框架的构建，艾振负责统稿。

互联网时代的物流业发展日新月异，现代物流理论研究和实践应用处在一个不断发展和探索的过程中，再加上作者水平所限，书中难免存在不妥之处，敬请广大读者和专家同行批评指正，不吝赐教。本书在编写的过程中，参考了大量相关的书籍、论文等文献资料，采用了互联网上大量有关现代仓储管理与实务的文章和案例，对这些资料来源的作者一并表示衷心的感谢。

周兴建

2019 年 3 月

目录 CONTENTS

第一篇 现代物流方案设计方法

第1章 物流方案设计概述 2
1.1 方案与整体解决方案 2
1.2 物流方案与系统分析 4

第2章 物流方案设计类型 27
2.1 项目可行性研究 27
2.2 项目论证与评估 32
2.3 项目建议书 40
2.4 商业计划书 43

第二篇 现代物流方案设计案例

第3章 快递网络优化方案设计 50
3.1 快递业发展现状分析 51
3.2 风险条件下快递需求预测 61
3.3 快递网络优化与重构模型 72
3.4 快递网络模型求解与应用 81

第4章 快递物流系统方案设计 91
4.1 快递物流价值链分析 92
4.2 快递物流竞争力模型 94
4.3 快件物流量预测分析 96
4.4 快递发展战略的制定 102
4.5 快递物流网络节点选址 110
4.6 快递物流网络体系构建 133

4.7 快递物流网络节点规划 …………………………………………… 140
4.8 快递物流流程优化设计 …………………………………………… 155

第5章 冷链物流系统方案设计 …………………………………………… 167
5.1 冷链物流现状分析 ………………………………………………… 168
5.2 冷链物流精益思想的提出 ………………………………………… 170
5.3 冷链精益物流订单系统设计 ……………………………………… 171
5.4 冷链精益物流仓储系统设计 ……………………………………… 177
5.5 冷链精益物流运输系统设计 ……………………………………… 181
5.6 冷链物流配送系统优化设计 ……………………………………… 189
5.7 冷链精益物流监控系统设计 ……………………………………… 194

第6章 仓储流程优化方案设计 …………………………………………… 200
6.1 仓库布局优化 ……………………………………………………… 201
6.2 分拣作业优化 ……………………………………………………… 213
6.3 库存管理优化 ……………………………………………………… 225
6.4 仓储配送优化 ……………………………………………………… 230

第7章 敏捷仓储系统方案设计 …………………………………………… 241
7.1 仓储系统敏捷思想 ………………………………………………… 242
7.2 敏捷仓储系统总体设计 …………………………………………… 247
7.3 敏捷仓储前子系统 ………………………………………………… 250
7.4 敏捷仓储中子系统 ………………………………………………… 257
7.5 敏捷仓储后子系统 ………………………………………………… 262
7.6 系统实施组织布局 ………………………………………………… 269
7.7 敏捷仓储系统解决方案 …………………………………………… 288

第8章 物流设施选址方案设计 …………………………………………… 296
8.1 设施选址背景分析 ………………………………………………… 297
8.2 设施选址方案目标 ………………………………………………… 298
8.3 设施选址模型描述 ………………………………………………… 299
8.4 设施选址结论 ……………………………………………………… 308
8.5 选址方案实施 ……………………………………………………… 312

附录1 全国大学生物流设计大赛简介 …………………………………… 319
附录2 我国物流园区规划与设计规范 …………………………………… 324

第一篇

现代物流方案设计方法

第 1 章

物流方案设计概述

▶ *学习要点*
- 熟悉方案与整体方案的概念
- 熟悉系统分析的内容
- 熟悉定量与定性技术

1.1 方案与整体解决方案

1.1.1 方案的基本概念

方案（Plan；Scheme；Programme）：进行工作的具体计划或对某一问题制定的规划。具体而言，有两个方面的意思：工作或行动的计划；制定的法式、条例等，如教学方案。

方案是计划中内容最为复杂的一种。由于一些具有某种职能的具体工作比较复杂，不作全面部署不足以说明问题，因而公文内容构成势必要烦琐一些，一般有指导思想、主要目标、工作重点、实施步骤、政策措施、具体要求等项目。

方案的内容多是上级对下级或涉及面比较大的工作，一般都用带"文件头"形式下发，所以不用落款，只有标题、成文时间和正文三部分内容。方案的标题有两种写法：一个是"三要素"写法，即由发文机关、计划内容和文种三部分组成，如《武汉纺织大学五年发展规划总体方案》；另一个是"两要素"写法，即省略发文机关，但这个发文机关必须在领头的"批示性通知"（文件头）的标题中体现出来，如《治理纺织工业危机，实现良性循环方案》。成文时间，为郑重起见，方案的成文时间一般不省略，而且要注在标题下。方案的正文一般有两种写法：一是常规写法，即按"指导方针""主要目标（重点）""实施步骤""政策措施"及"要求"几个部分来写，这个较固定的程序适合于一般常规性单项工作；二是变项写法，即根据实际需要加项或减项的写法，适合于特殊性的单项工作。但不管哪种写法，"主要目标""实施步骤""政策措施"这三项必不可少，实际写作时的称呼可以不同，如把"主要目标"称为"目标和任务"或"目标和对策"等，把"政策措施"称为"实施办法"或"组织措施"等。在"主要目标"一项中，一般还要分总体目标和具体目标;"实施步骤"一般还要分基本步骤、阶段和关键步骤,关键步骤里还有重点工作项目;"政策措施"的内容里一般还要分"政策保证""组织保证"和"具体措施"等。

方案也可以是下级或具体责任人为落实和实施某项具体工作而形成的文件,然后报上级或主管领导批准实施。写法要求同上。

1.1.2 整体解决方案

整体解决方案是以客户的消费需求为中心,为客户提供"一站式"服务。整体解决方案是现代商业服务的必然产物,在不同的行业中整体解决方案的形式不一样。但其宗旨都是一样的——以消费需求为中心。

在产品或服务高度同质化的今天,"整体解决方案"(也称"一站式服务"或"系统解决方案")似乎成了企业的救命稻草:创造提供产品差异,改变利润增长点,创造新的盈利模式。

那么,什么是"整体解决方案"?"整体解决方案不仅提供产品或服务的销售,还提供相关的技术服务、维修保养服务、使用培训服务、金融保险服务等系列服务。目的是扩大销售和从服务上增值。"所谓"整体解决方案"其基础构成是产品或服务,并且加入了某些附加的元素——由用户使用基础产品而派生出来的需求所创造出的待满足的衍生产品。所以,要使一个产品或服务升级为"整体解决方案",其关键在于厂商所能添加的"衍生产品或服务"(或曰"附加值")是否能构成一个"整体"。

如何系统地思考,来分析、构造这些衍生产品或服务,从而打造一套属于本企业的"整体解决方案"呢?"产品或服务一般分为三个层次:核心利益层次,是指产品或服务能够提供给消费者的基本效用或益处,是消费者真正想要购买的基本效用或益处;形式产品或服务层次,是产品或服务在市场上出现时的具体物质形态,主要表现在品质、特征、式样、商标、包装等方面,是核心利益的物质载体;附加产品或服务层次,是指由产品或服务的生产者或经营者提供的购买者有需求的产品或服务层次,主要是帮助用户更好地使用核心利益和服务。"处于产品或服务核心层次的是产品或服务的使用价值,从顾客角度考虑就是"需要";形式产品或服务就是一个企业所生产的基础产品或服务,即企业通过生产什么来满足顾客的需要;附加产品或服务则解决了顾客在购买形式产品或服务,使用形式产品或服务时所产生的"困惑"。其实,"整体解决方案"正是针对产品或服务层次中的附加产品而言的,所以一个"整体解决方案"的构成除了包括形式产品或服务外,还包括解决用户在购买与使用形式产品或服务时的困难。

一般而言,购买阶段可以细分为支付、运输、安装这三个子阶段,而使用阶段又可以分为使用培训、维护和升级这三个子阶段。支付阶段的矛盾集中于企业货币要求与顾客货币现状在条件、形式上的差异。企业完全可以借助银行等金融机构的服务为顾客解惑,比如商业票据贴现,抵押贷款融资。现有的一些应用举例如:贵重物品的刷卡消费——解决携带大量现金的不便,购买房子时的分期付款——解决现阶段手头现金持有的不足。运输阶段企业最主要的任务除了减少客户的额外成本支出(除了费用等可见成本,还包括体力、精力等不可见成本）外，重要的是让产品在客户要求的时间、地点（有时可以完全超出客户的预期）到达其指定的地点。安装阶段通常与运输紧密联系，对于一些技术性要求较高，或是专业性较强（即安装效果能够影响到产品功能的发挥或是不正确的安装将导致用户后期的成本支出）的产品，企业可以在产品推广时告诉其安装的利弊，在派服务人员为其工作的同时也可以为客户介绍相关的产品知识。使用培训、产品维护（保养）以及产品升级这三个阶段构成了服务利润的很大来源，企业要想使自己的"整体解决方案"确实能打动客户，那么构建一个良好的客户数据资料库就是必不可少的，通过技术手段而不是以服务热线的方式主动地查找可能的需求客户，即便是每半年一句轻微的短信提示，也能够让客户在产品发生问题时第一个想到你。整体解决方案从产品到服务项目都是依托核心产品构建的，其多见于工程类项目。

一个好的整体解决方案带来的利益是多方面的，对方案的提供者来说，整合了资源，简化了客户流程，提高了效率，带来更好的客户满意度与忠诚度，更重要的是建立了一种区隔性的竞争优势；而对于方案的接受者来说，一站式的解决方案节约了自己的时间，把所有的问题一次性解决，更便捷、更高效也更省钱。

1.2 物流方案与系统分析

根据《中华人民共和国标准·物流术语》（GB/T 18354—2006）的定义，物流（Logistics）是物品从供应地向接收地的实体流动过程中，根据实际需要，将运输、储存、装卸搬运、包装、流通加工、配送、信息处理等功能有机结合起来实现用户要求的过程。物流管理（Logistics Management）是指在社会生产过程中，根据物质资料实体流动的规律，应用管理的基本原理和科学方法，对物流活动进行计划、组织、指挥、协调、控制和监督，使各项物流活动实现最佳的协调与配合，以降低物流成本，提高物流效率和经济效益。现代物流管理是建立在系统论、信息论和控制论的基础上的，因而物流方案（Logistics Plan）的设计离不开系统分析。

系统分析（Systems Analysis）是政策研究尤其是政策分析的最基本的方法。政策科学的形成与发展在很大程度上要归功于现代科学方法尤其是系统分析的成熟。系统分析的发展为政策科学的产生奠定了方法论的基础。本章介绍系统分析的概念、内容和技术。

1.2.1 系统分析概述

系统分析构成政策科学的主要方法论基础。尽管系统分析与政策科学或政策分析几乎是同时产生的，但是，政策科学是在运筹学和系统分析的基础上形成和发展起来的。因而，系统分析事实上成为政策科学的一个重要组成部分。

1.2.1.1 系统分析的形成与发展

20世纪40年代末，由于出现了大量不确定性、竞争性的复杂系统，如军事对抗、经济竞争等系统，一般预测方法越来越不能适应事物发展的需要，于是产生了采用系统思维和技巧的分析方法——系统分析。

系统分析是主要在美国发展出来的重要政策研究方法之一，最早是由美国兰德公司在第二次世界大战结束前提出并加以使用的。1945年，美国的道格拉斯飞机公司，组织了各个学科领域的科技专家为美国空军研究"洲际战争"问题，目的是为空军提供关于技术和设备方面的建议，当时称为"研究与开发"（R&D：Research and Development）计划。1948年5月，执行该计划的部门从道格拉斯公司独立出来，成立了兰德公司，"兰德"是英文"RAND"（研究与开发）的音译。

20世纪40年代末到70年代这30年中，系统分析沿着两条明显不同的路线得到发展。一条路线是运用数学工具和经济学原理分析和研究军事系统、社会系统和经济系统等。20世纪60年代初期，美国国防部长麦克纳马拉把这套方法应用于整个军事领域，并很快在各政府部门推广，形成了PPBS系统方法（计划—项目—预算系统，Planning, Programming, Budget System）。PPBS系统方法主要有长期预算、监督有关项目及其开支情况的管理信息系统和系统分析三个部分。在军事和政府部门的带动下，美国民间企业也开始应用系统分析方法来改善交通、通信、计算机、公共卫生设施的效率和效能；在消防、医疗、电网、导航等领域，系统分析方法也得到了广泛的应用。

系统分析的另一条路线体现在与大学相互联系的研究和教学活动之中。在这一方面，存在着一种把众多的学科加以系统理论化的倾向：开始是在生物学和数学领域，特别是控制论方面；其后扩展到了工程学、通信理论、一般系统论、政治结构、国际关系、管理系统、生态系统、心理和精神分析以及教育系统等研究领域，并在这些领域中产生不少有关系统的理论和方法，系统分析开始成为一种普遍的研究方法。由于系统分析在实际应用和理论研究方面取得了一系列成果，到了20世纪70年代，人们开始认识到采取系统的研究方法，对于改进和提高公共政策系统的功能和有效性是极其有益的，将系统分析与决策相联系，用来解决层次较高、难度较大的大系统问题。系统分析从作为分析经济合理性的应用和作为研究对象的理论体系这种相互分离的状态，逐步走向相互结合、相互补充，发展成为一种有效的方法体系。

系统分析是20世纪40年代为解决人类活动和社会系统中不断涌现出的复杂的、庞大的和多层次的大系统问题而发展起来的一种以人为中心并与决策紧密相连的科学。目前，系统分析作为一种一般的科学方法论，已被各国所认可和采用，运用于广泛的研究领域之中，特别是在有风险和不确定性的经济社会政策的制定及公共政策系统的改进上。随着应用数学以及运筹学的进一步发展以及高容量、多功能的电子计算机的出现，系统分析自身及应用范围不断深化扩展，构成了政策研究及政策分析的主导性或基础性的方法。

1.2.1.2 系统分析、运筹学与政策科学的关系

广义的管理科学（包括公共行政学在内）努力确立和应用一般的"管理原则"。这些原则都是建立在对一系列大规模组织内的管理过程、管理动态和管理活动进行分析的基础上。管理科学的理论核心是改进管理决策。狭义的管理科学是运用科学方法尤其是从管理者的角度对组织的效用所进行的估算的学问或方法论。这个领域的另外三个名称是"运筹学""作业分析"和"决策学"。系统分析则是由定性、定量或两者相结合的方法组成的

一个集合，它来源于科学方法论尤其是系统论及为数众多的涉及选择现象的科学分支。应用系统分析的目的是要改进人类社会的组织系统。德洛尔认为，（广义）管理科学对政策分析的最大贡献就是它对待问题所偏爱的"系统方法"。可以说，政策科学或政策分析借鉴了管理科学的经验，将系统分析方法及运筹学方法直接运用于政策研究，将之视为自己的方法论基础或组成部分。

美国政策科学家爱德华·S. 奎德对系统分析、运筹学和政策分析的关系作了如下论述："运筹学要帮助人们把事情办得更好；系统分析也试图做到这一点，另外，它要把事情办得更好而且更便宜；政策分析试图做到系统分析所要求的一切，此外它还要求把事情办得更公道。因此，系统分析可以看作包括了运筹学再加上经济的考虑以及对目标与手段的相互作用的研究。政策分析可以被视为包括了系统分析，但加上政策的分配性影响。政策分析更加重视执行以及对政治和组织方面的考虑。"奎德还说："政策分析在很大程度上是作为系统分析的扩充而发展起来的，而系统分析又是运筹学的扩展。因此，可以将系统分析看作政策分析的一种不完全的或专门的形式。"

当然，系统分析及运筹学并不是政策科学或政策分析的全部。甚至有人对这些方法是否可以从管理决策上有效地运用到政策上持怀疑态度。这些方法存在着一些明显的局限性，例如，它们在提出最优政策问题上忽略了所研究的问题和政策制订、实施过程中的制度背景，它们无法处理某些政治要求，不能处理非理性现象（如意识形态、宗教信仰、高风险投入、自我牺牲及非常规生活方式），不能处理基本的价值观念或价值前提。

1.2.1.3 什么是系统分析

（1）系统的概念。系统（Systems）是系统分析的最基础的概念。美国韦氏辞典（Webster's Dictionary）把系统定义为："系统是有组织的或被组织化了的总体，由构成总体的各种概念、原理有规则地相互作用和相互依赖的形式组成的诸要素集合。"《一般系统论》（General Systems Theory）的创始人贝塔朗菲（L. V. Bertalanffy）认为："系统可以定义为相互关系诸要素的集合"，"处于相互关系中并与环境有相互关系的诸要素的集合。"美国学者阿可夫（R. L. Ackoff）则说，系统是由两个或两个以上相互联系的任何种类的要素构成的集合。我国著名科学家钱学森则主张把"极其复杂的研究对象称为系统，即相互作用和相互依赖的若干组成部分合成的具有特定功能的有机整体，而且这个系统本身又是它所从属的一个更大系统的组成部分"。上述学者关于系统的界定不尽相同，但他们都指出了系统的三个基本特征：第一，系统是由要素组成的；第二，各要素间存在着相互联系、相互作用的关系；第三，由要素及要素间关系构成的整体具有特定的功能。因此，可以一般地将系统界定为是由若干处于相互联系之中并与环境发生相互作用的要素或部分所构成的具有特定功能的整体。

系统几乎无处不在，世界上的一切事物都是作为系统而存在的，是若干要素按一定的结构和层次组成的，并且具有特定的功能。它是由要素所构成的整体，离开要素就无所谓系统，因而要素是系统存在的基础；任何一个要素都不能离开整体去研究，要素间的联系和作用也不能脱离整体的协调去考虑；系统的性质一般是由要素决定的，有什么样的要素，就具有什么样的系统功能，但系统又具有各要素所没有的新功能；各种要素在构成系统时，具有一定的结构与层次,没有结构层次的要素的胡乱堆积构不成系统;系统的性质取决于要素的结构,而在一个动态结构的系统中,结构的好坏直接由要素之间的协调体现出来;系统与环境之间也存在密切的联系,每个系统都是在一定的环境中存在与发展的,它与环境发生物质、能量和信息的交换。系统的各要素之间,要素与整体之间,整体与环境之间存在着一定的有机联系,从而在系统内外形成一定的结构与秩序,使得系统呈现出整体性、有机关联性、结构层次性、环境开放性和有序性等特征,这些特征就是所谓的系统的同构性。

(2) 系统分析的概念。系统分析是一门新兴的边缘学科,至今,对于什么是系统分析还没有统一的定义。随着系统分析在各个领域和各类型问题的应用不断扩展,对系统分析一词的解释出现了多种不同的版本,各派所强调或研究的重点也不尽一致。让我们先来看看一些国内外学者对系统分析所下的概念。

政策科学家克朗(R. M. Krone):"系统分析可以被视为由定性、定量或两者相结合的方法组成的一个集合,其方法论源于科学方法论、系统论以及为数众多的涉及选择对象的科学分支。应用系统分析的目的,在于改进公共和私营的人类组织系统。系统分析既是一种解释性的,又是一种规定性的方法论。"贝塔朗菲(L. V. Bertalanffy):"系统分析提出一定的目标,为寻找实现目标的方法和手段就要求系统专家或专家组在极其复杂的相互关系网中按最大效益和最小费用的标准去考虑不同的解决方案并选出可能的最优方案。"菲茨杰拉德(P. Fitzgerald):系统分析方法是分析和评价系统中各个决策点就系统的效果所产生的各种影响和制约。所谓决策点是系统中那些能对输入数据做出反应和能做出决策的点(可以是人或自动装置)。因此,在系统分析中,一个系统的设计是以各种决策点为依据。切克兰德(P. Checklard):系统分析是系统观念在管理功能上的一种应用。它是一种科学的作业程序或方法,考虑所有不确定的因素,找出能够实现目标的各种可行方案。然后,比较每一个方案的费用效益化,通过决策者对问题的直觉与判断,以决定最有利的可行方案。美国学者奎德(E. S. Quade)在 1987 年出版的《系统分析手册》一书中认为,系统分析是通过一系列步骤,帮助领导者选择最优方案的一种系统方法,这些步骤归纳起来主要是:研究领导者提出的整个问题,确定目标,建立方案,并且根据各个方案的可能结果,使用适当的方法比较各个方案,以便能依靠专家的判断能力和经验处理问题。宋健:系统分析是研究系统结构和状态的变化或演化规律,即研究系统行为的理论和方法。汪应洛:系统分析是一种程序,它针对系统的目的、功能、费用、效益等问题,运用科学的分析工具和方法,进行充分调查研究,在收集、分析处理所获得信息的基础上,提出各种备选方案,通过模型仿真实验和优化分析,并对各种方案进行综合研究,从而为系统设计、系统决策、系统实施提出可靠的依据。顾培亮:系统分析是一种决策辅助技术。它应用系统方法对所研究的问题提出各种可行方案或策略,进行定性和定量分析、评价和协调,帮助决策者提高对所研究的问题认识的清晰程度,以便决策选择行动方案。此外,美国兰德公司认为,系统分析对于运筹学的关系犹如战略之对于战术的关系。

综上所述,系统分析是一种系统研究的方法,它运用现代科学的方法和技术对构成事物系统的各个要素及其相互关系进行分析,比较、评价和优化可行方案,从而为决策者提供可靠的依据。因此,可以将系统分析定义为:一种根据客观事物所具有的系统特征,从事物的整体出发，着眼于整体与部分、整体与结构及层次、结构与功能、系统与环境等方面的相互联系和相互作用，以求得优化的整体目标的现代科学方法以及政策分析方法。

1.2.1.4 系统分析的特征

系统分析，是以系统观点明确所要达到的整体效益为目标，以寻求解决特定问题的满意方案为重点，通过计算工具找出系统中各要素的定量关系；同时，它还要依靠分析人员的价值判断，运用经验的定性分析，从而借助这种互相结合的分析方法，才能从许多备选方案中寻求满意的方案。作为一种辅助决策的工具，系统分析有以下四个特征：

（1）以整体为目标。系统分析首先把所研究的事物、现象和过程看作是一个整体系统，确定给定系统的边界范围，把它从周围的系统中划分出来；同时，鉴定该系统的组成部分，逐级划分，确定各子系统，而各子系统都各具有特定的功能及目标。只有彼此分工协作，才能实现系统的整体目标。如果只研究改善某些局部问题，而其他子系统被忽略，系统整体的效益将受到不利的影响。因此，在对任何系统进行分析时，必须考虑发挥系统整体的最大效益，不能只限于个别子系统，以免顾此失彼。

（2）以特定问题为重点。系统分析是一种处理问题的方法，其目的在于寻求解决特定问题的满意方案。政策活动涉及大量的、复杂的和多变的相关因素，许多问题都存在不确定因素。系统分析就是针对这种不确定的情况，研究解决问题的各种备选方案及其可能产生的结果。不同的系统分析所解决的问题当然不同，但针对相同的系统所要求解决的问题，也必须进行不同的分析，制订不同的解决方案。因此，系统分析必须以能求得特定问题的满意方案为重点。

（3）运用定量分析方法。解决问题，不能单凭主观想象、经验或直觉，在许多复杂情况下必须要有精确可靠的数字资料作为分析的依据，在资料的整理方面，又必须运用各种科学的定量方法。系统分析的每一步骤都力求运用一切计量因素，这是区别于传统分析方法的一大特点。系统分析的价值在于，它能先行解决问题中较容易的可计量因素的部分，这些主要由系统分析人员处理，然后决策者可以集中精力来解决问题中较难的非计量因素的部分。

（4）凭借价值判断。进行系统分析时，必须以发展的观点，对某些事物作某种程度的预测，或者用过去发生的事实作为样本，以推断未来可能出现的趋势或倾向。在现代社会管理活动中，有许多因素如思想品质、政治觉悟、工作态度等，是难以或无法计量的，需要系统分析人员深入细致地调查研究，尤其需要决策者运用丰富的社会经验和高超的判断能力，加以衡量和估计。而且，由于系统分析所提供的资料有许多是不确定的变量，不可能完全合乎客观环境的变化。因此，在进行系统分析时，还要凭借价值判断，综合权衡，以便选择确定满意的方案。

1.2.1.5 系统分析的基本原则

系统是由诸多要素构成的，各要素间又存在着相互作用和相互依赖的关系。系统是不断发展变化的，且受系统内部与外部环境的影响。在对任何系统进行分析，特别是结构复杂的大系统时，应遵循如下基本原则：

第一，内部条件和外部条件相结合的原则。系统的内部矛盾是决定事物性质的根本原因，但是这种内部矛盾不是孤立的，而是与环境因素相联系的、具体的内部矛盾，环境的变化对一个系统有着很大的影响。例如，一个企业的经营管理系统，它的发展变化不仅受到企业内部的各种因素如资金、物流和信息等相互作用的影响，而且还受到社会经济的运行及市场状况等外部条件的影响。因此，在分析一个系统时，必须看到各种备选方案的内外部条件的局限性，应将系统内外部的各种相关因素综合起来考虑，以实现方案的最优化。

第二，当前利益与长远利益相结合的原则。选择一个系统的最优方案时，不仅要从当前的利益出发，而且还考虑到长远的利益。只顾当前不考虑长远利益的方案，是不可取的；对当前不利但对长远有利的，也是不理想。若所采用的方案对当前和长远都有利，那是最理想的方案。但是，往往出现的情况是对当前不利，而对长远有利，这样的方案从系统分析的观点来看也是合理的。

第三，局部效益和整体效益相结合的原则。一个系统是由许多子系统组成的，分析任何一个系统必须从整体出发分析局部，并通过局部的分析加深对整体的分析。如果每一个子系统的效益都是好的，而且整体效益也是好的，这当然是两全其美。但是，在大多数情况下，有些子系统是有效益的，而从全局看是无效益甚至有损失的方案，这种方案就是不可取的。反之，如果从局部子系统看是无效益的，但是从全局看整个系统是效益较好的，这种方案就是可取的。在决策时，必须追求整体效益和最优化，局部效益要服从整体效益。

第四，定量分析与定性分析相结合的原则。定量分析侧重于用数字来描述、阐述以及揭示事件、现象和问题；定性分析则侧重于用语言文字描述，阐述以及探索事件、现象和问题。他们两者不是对立的，而是互为联系和互为补充的，有些研究项目既运用定性分析又运用定量分析，有的定性分析也有数据的佐证，而大多数定量分析在提出理论假设、阐释事物间因果关系、提示现象的规律性等过程中也离不开定性分析的理性思维。系统分析不仅要进行定量分析，而且要进行定性分析，必须遵循"定性—定量—定性"这一循环往复的过程。定性和定量两者应结合起来分析，或者互相交错进行，最优的方案应是定量分析与定性分析的结合。

1.2.1.6 系统分析的作用与局限性

（1）系统分析的作用。系统分析在整个系统建立过程中处于非常重要的地位，它的任务首先是对系统目标进行分析和确定，然后通过分析比较各种备选方案的费用、效果、功能和可靠性等各项技术经济指标，根据分析结果来决定方案，最后进行详细设计。

系统分析是政策研究尤其是政策分析的最基本的方法。它的主要作用是：帮助人们理解政策系统及对不同的政策系统加以比较；鼓励人们对系统的不同部分进行同时的研究；使人们注意系统中的结构和层次的特点；开拓新的研究领域，增加新的知识；突出未知东西的探索，使人们在过去和现在的基础上了解未来；使人们转换视角，从不同的角度或侧面看问题；迫使人们在考虑目标和解决问题的要求时，同时注意考虑协调、控制、分析水平和贯彻执行的问题；诱导新的发现，注意进行从目的到手段的全面调查等。

（2）系统分析的局限性。系统分析方法在现代公共政策分析中得到了广泛的应用。但是，必须注意，系统分析仅仅是政策研究及政策分析方法的一部分，而非全部（顶多是后者的定量分析模型和技术的主要部分）。与任何事物一样，系统分析方法也有其现实条件下难以克服的局限性，主要表现在：

第一，系统分析的各个具体方法之间仍然难以协调。这是现实条件下系统方法论的一个难题。本来，把定量分析与定性分析有效地结合，是系统分析方法的重要优点。然而，由于认识方式和分析手段的局限，也由于实际问题的复杂性，人们还难以使定量分析和定性分析的指标、结果等形成一个可比较的完整体系，如对公共政策系统进行定量分析时，其指标和结果往往难以与政府在处理信仰、民族、政治、文化等问题中进行的定性分析结果进行比较。这势必会降低系统分析的整体效用。

第二，系统分析方法仍然会出现解决公共政策问题方面的无能。公共政策的系统分析法由于考虑到了理性的、超理性的、文化的、政治的以及价值观的因素。因此，能够减少孤立地解决问题的方法所造成的对问题的歪曲。但是，系统分析法同采取孤立的分析方法一样，都有可能歪曲真实的问题。人们在为解决存在的复杂问题而制定的政策和采取的行动中，有可能导致产生同样的问题，或使原来的问题更加严重，从而陷入某种恶性循环。例如，为确保最低收入人群的生存条件，维护社会稳定，在城市为低收入者建造住房的计划，可能会引起更高的人口密度、较低的就业率和较低的收入；这些反过来又会刺激兴建更多的低收入者住宅，从而加重了政府解决这类政策问题的负担，原有问题仍将可能得不到有效解决。

当然，指出了系统分析的局限性，绝不是否定其在公共政策分析中的优越性。相反，恰恰因为系统分析方法的种种优越性，才必须要警惕其局限性，以更大可能地提高公共政策系统分析法的有效性。

1.2.2 系统分析的内容

系统分析作为现代科学思维最一般的方法，是辩证思维方式在现代科学中的体现和发展。系统分析的内容十分丰富，涉及面广，本节仅从系统的整体分析、结构分析、逻辑分析、环境分析等几个方面加以讨论。

1.2.2.1 整体分析

系统是由两个以上不相同的要素或单元相互联系相互作用形成的集合体。它是作为一个统一的整体而存在的，各部分的独立机能和相互关系只能统一和协调于系统的整体之中。整体性是系统的一个最基本属性。整体由部分构成，部分隶属于整体。任何系统都是由众多子系统构成，子系统又是由不同要素或单元所构成。

要对系统进行整体分析就应注意到以下几点：

（1）系统的各个要素和单元对系统整体均有其独特作用，突出整体中的任何局部的作用都将影响到整体效果的发挥，应按各守其位、各尽其责的观点来对待系统的各个组成部分，不能盲目夸大或缩小其中任一部分的作用。

（2）系统的各个组成部分必须按照系统的整体目标进行有序化，偏离系统整体目标或分散目标都会增加系统的内耗，从而导致系统整体功能的无输出或少输出。

（3）必须不断调整和处理系统的各个要素和单元中不合理或相互矛盾的成分，以促进系统各组成部分的均衡发展，提高系统的整体效果。

（4）系统的整体功能大于部分功能之和。因此，必须采用整体联系的观点，从宏观上认识和把握系统的整体存在，而不能把系统看成孤立的、静止的、僵化的存在。认识到这一点，那么在政策研究中，就要求从全局出发，把握好系统、子系统、要素、单元之间以及它们与环境之间的相互联系和相互作用，以此来探求系统的本质和规律，从而得以优化整体目标，保证整体效用的最大化。在面对一些较大的、复杂的系统时，可以先把系统分解为一组相关的子系统，并在整体的指导下，协调各个子系统的目标，以达到系统所要求的总目标。

系统的优化从整体与局部的关系来看，主要有以下三种情况：一是局部的每个子系统的效益都好，而且组合起来的系统的整体效益也最优；二是局部的每个子系统的效益都好，但组合起来的系统的整体效益却没有达到最优；三是局部的每个子系统的效益并没有达到最优，但系统的整体效益较优。另外，从近期和长远的角度来看，系统的优化也表现为各种情况，如对近期与长远都有利；对近期有利而对长远无利甚至有害；对近期不利但对长远有利等。

因此，整体优化的原则是：根据已确定的目标，在整体利益最优的前提下，处理好整体与局部、近期与长远的关系。例如，在追求经济社会发展尤其是经济增长的政策目标时，不能只是一味追求经济的高增长率，而忽视了对环境和资源的保护，为了近期的和地方局部的利益而不惜牺牲长远的和国家整体的利益。

人们已经发明出了一系列的定量分析方法或技术，用以作整体优化分析尤其是整体分析，这些方法或技术有线性规划、非线性规划、动态优化以及排队论等。

1.2.2.2 结构分析

系统的结构指的是系统内部诸要素的排列组合方式。结构性是系统有机联系的反映，系统之所以成为有机整体，就是因为系统各要素和单元之间是按照一定的方式结合在一起的。系统的各要素虽然相同，但由于排列组合方式不同，就可能使系统具有完全不同的性质、特征和功能。

结构分析作为系统分析的一个重要组成部分，它是寻求系统合理结构的途径和方法，其目的是找出系统结构上的层次性、相关性和协同性等特征，使系统的组成要素及其相互关联在分布上达到最优组合和输出。对于系统各要素和单元之间的结合方式，可以进行层次分析、相关分析和协同分析。

（1）层次分析。系统内部结构是分层次的，如表层结构和深层结构、横向结构和纵向结构、微观结构和宏观结构等，系统各层级既有相对独立性，又有相对关联性，这种层次性结构既有利于各层级子系统的独立活动，又有利于系统整体的存在和整体功能的发挥。

层次分析（Analytical Hierarchy Process，AHP）是美国著名运筹学家萨蒂教授（T. L. Saaty）于20世纪70年代提出的一种系统分析方法。层次分析法能将定性分析和定量分析有机地结合在一起，它是分析多目标、多准则等复杂公共管理问题的有力工具。它具有思路清晰、方法简单、适用范围广、系统性强、便于推广等特点，适宜用于解决那些难以完全用定量方法进行分析的公共决策问题。

运用层次分析法解决问题的思路是：首先，明确问题中包含的各因素及其相互关系，把要解决的问题分层系列化，根据问题的性质和所要达到的目标，将问题分解为不同的组成因素，按照因素之间的相互影响和隶属关系将其分层组合，形成一个递阶的、有序的层次结构模型。其次，对模型中的每一层次因素的相对重要性，依据人们对客观现实的判断给予定量表示，再利用数学方法确定每一层次全部因素相对重要性次序的权值。最后，通过综合计算各层因素相对重要性的权值，得到最低层相对于最高层的相对重要性次序的组合权值，以此作为评价和选择方案的依据。以上思路可分解为如下五个步骤：建立层次结构模型、构造判断矩阵、层次单排序、层次总排序、一致性检验。

可以说，层次分析法将人们的思维过程和主观判断数学化，不仅简化了系统分析与计算工作，而且有助于决策者保持其思维过程和决策原则的一致性，特别是对于那些难以全部量化处理的复杂的公共管理问题，能取得较令人满意的决策结果。

（2）相关分析。系统论认为，构成系统的各个子系统、要素、单元之间以及它们与环境之间存在着相互联系、相互依存和相互制约的关系，它们通过特定的关系结合在一起，形成一个具有特定性能的系统。第一，系统的这种相关性体现在系统的要素或单元之间不可分割的特定联系，它们相互联系、相互依存、相互作用和相互制约，其中的某一要素或单元发生了变化，其他要素或单元也要相应地发生变化，以保持系统结构的优化状态；第二，相关性体现在要素或单元与系统整体的关系中，要素或单元与系统整体是互相适应的，一旦要素或单元改变，整体也必然随之发生改变；同样地，当系统整体发生变化时，系统的各要素或单元也将发生变化；第三，相关性还表现在系统与环境的相互关系上，系统的变化可能引起环境的变化，反过来环境也会影响系统，环境对系统的发展具有很大的制约作用，二者具有不可分割的相关性。

相关分析的原理要求在政策研究的过程中尤其是在问题界定、目标确定和方案规划中，应充分注意到各种问题以及问题的各个方面之间，各个目标之间，各个方案之间，子目标与总目标以及子方案与总方案之间的关系，注意问题目标和方案与社会、经济和政治环境之间的相互联系和相互作用，考虑各种因素对政策执行效果可能产生的影响，从而设计出理想的或较优的政策方案。例如，在设计改革与发展战略时，用相关分析的方法，就是要密切注意各个领域、各个方面的改革与发展措施的相关配套、同步进行；也就是说，在进行了某些领域的改革之后，应当及时进行另一些领域的改革，以免影响全面的改革和发展。

（3）协同分析。协同性是指系统发展变化中各部分发展变化的同步性，即系统的变化引起系统各要素或单元及环境的变化的必然性和规律性。只有保持系统各要素或单元之间的互相协作和相互一致，才能保持系统自身的稳定性。如果系统各要素或单元相互矛盾、相互对立，就必然会导致系统的解体。当然，在现实社会中，系统的各要素或单元之间、各层级之间不可能没有矛盾，关键在于要对矛盾进行及时处理，避免出现矛盾尖锐对立的局面，防止系统本身走向分裂解体。

1.2.2.3 逻辑分析

系统逻辑分析方法是指对系统的实质内容进行逻辑的分析，以揭示系统逻辑结构的方法。

系统逻辑分析的主要范畴和过程是这样的：

（1）目标，即为解决公共问题所要达到的目的和指标，它是系统目的的具体化，具有针对性、可行性、系统性、规范性和具体性等特点。为了解决问题，要确定出具体的目标，它们通过某些指标来表达，而标准则是衡量目标达到的尺度。系统分析是针对所提出的具体目标而展开的，由于实现系统功能的目的是靠多方面因素来保证的，因此系统目标也必然有若干个。在多项目标条件下，要考虑各项目标的协调，以防止出现相互抵触或顾此失彼的情况。

（2）备选方案，即为实现目标而设计的具体措施和方案，并对此进行可行性论证。

（3）模型，即按照原有方案设想建构分析模型，以找出说明系统功能的主要因素及其相互关系，包括系统的输入、输出、转换关系，系统的目标和约束等，具体有图式模型、数学模型、仿真模型、实体模型等方式。通过模型的建立，可确认影响系统功能和目标的主要因素及其影响程度，确认这些因素的相关程度，目标的达成途径和约束条件等。

（4）费用，即政策方案实施过程中各种成本开支的总和。

（5）效果，即政策方案的实施在社会环境里产生的反应和结果。

（6）评价，即按照一定价值标准对政策方案进行的价值评估。就是在以上分析的基础上，再考虑各种定性因素，对比系统目标达到的程度，用标准来衡量。

（7）优化，即为实现最优效果而对政策方案进行的优化排序和选择决策。

以上过程可以表达如下（图1-1）：

目标 —分析→ 选方案 —求解→ 模型 —费用、效果→ 评价 → 优化排序、选择决策

图1-1　逻辑分析过程

1.2.2.4　环境分析

系统存在于环境之中，与环境相联系、相作用，又与环境相区别。环境是指系统之外的所有其他事物或存在，即系统发生、发展及运行的生态条件或背景。环境因素主要有：

（1）物理技术环境，即由于事物属性所产生的联系而构成的因素和处理问题中的方法性因素，包括现存系统、技术标准、自然环境和科技发展因素等；

（2）社会经济环境，即大范围的社会因素以及影响系统经济过程和经营状态的因素，包括社会组织、政策、政府作用、产品价格结构、经营活动等；

（3）文化心理环境等。

一个系统总是处于更大的系统之中，成为更大系统的子系统，而更大系统也就构成了该子系统的生态环境。系统与环境的相互联系和作用表现在：一方面，环境向系统输入各种资源和要求，环境是系统存在和发展的前提，环境影响、制约、甚至决定着系统的性质和功能。另一方面，系统也向环境输出产品，系统的存在和发展同样影响着环境的变化。对于政策研究来说，可以将政策研究的对象视为一个系统，政策环境向政策系统的输入是政策系统维持自身功能的源泉，它要求政策系统必须满足政策环境的要求，政策环境产生了需求和支持这样的一些输入，而政策系统对政策环境的输入进行了加工处理转变为政策

方案，再作用于政策环境。在这个输入和输出过程中，只有保持二者的动态平衡，才能保证这种相互运动过程的良性循环。因而，环境因素对政策的制定和执行是具有显著意义的，环境分析在政策研究过程中不容忽视。

由于系统环境因素范围广泛，系统分析人员要根据问题的性质进行具体分析，找出相关环境因素的总体，确定因素的影响范围和各因素间的相关程度，并在方案设计和执行中予以考虑。对有些可以定量分析的环境因素，应以约束条件形式列入系统模型中，如那些有限的人力、物力、资源、时间等。对那些只能定性分析的因素则可采用估值评分的方法，尽量使之达到定量化的要求。

1.2.3 系统分析定量技术

至今，系统分析仍没有一套普遍适用的技术方法，随着分析对象和分析问题的不同，所使用的具体技术方法也可能不相同。一般来说，系统分析的各种技术方法可分为定量和定性两大类。按照美国政策科学家 R. M. 克朗的说法，系统分析可以被视为由定量、定性或两者相结合的方法组成的一个集合体。

系统分析中的定量分析，就是借助与经济学、数学、计算机科学、统计学，概率论以及帮助决策的决策理论来进行逻辑分析和推论。它适用于系统结构清晰、收集到的信息准确、可建立数学模型等情况。

1.2.3.1 定量分析方法及技术的种类

从不同的角度或侧面对系统分析中的定量分析方法及技术加以分类。一种分类方法是克朗在《系统分析和政策科学》一书中提供的。他根据决策类型的不同将定量分析技术分为两类，即确定型的分析技术和随机分析技术。所谓的确定型，是指那些可用于只有一种势态，并在做出可接受的假定之后其变量、限制条件、不同的选择都是已知的、确定的，按一定的统计置信度可以预见的方法或技术。克朗将线性规划、排队论、马尔柯夫分析、统筹法等列入这类技术之中，如表 1-1 所示。

表 1-1 确定型的定量模型、方法和技术

模型、工具或技术	应用	基础知识
线性规划	解决在商业、交通、库存、建筑、后勤及网络中的配置、分配和优化问题	计算机科学、敏感性分析、代数解法、单纯形表、经济学
排队论	人或事物或事件的等待服务问题	蒙特·卡罗法、模拟、统计学
规划管理技术	生产和建设计划	PERT（成本或时间）、CANTT 图、网络分析（CPN）、决策树
马尔柯夫分析	销售经营、预测	矩阵代数、经济学
对抗分析	商业、心理学、国防研究	博弈论
质量保证	工业、国防	科学、技术
损益分析	资源分配	经济学、统计学

随机分析技术则是应用于不确定型或风险决策的分析方法及技术。当存在一个以上的态势，并且需要估计和确定每一种可能的状态时，就要碰到随机模型问题。这时还要计算在每一种态势下用每一种决策选择所得的输出结果。因而可供选择方案的数量将很大，这时可以用数学、统计推论和概率论等学科的方法，在可以接受的假定条件下减少不确性。有时，随机的局面可以化为确定模型来加以处理，比如选择一种最有可能发生的未来态势，或者只分析最坏的或最好的方面等。克朗将动态规划，计算机模拟，随机库存论，取样、回归、指数平滑，决策树，贝叶斯定理、损益分析等列入随机分析技术之中，如表1-2所示。

表1-2 随机定量模型、方法和技术

模型、工具或技术	应用	基础知识
动态规划	在生产、配置活动中的多阶段决策	计算机科学和概率论
计算机模拟	系统内部的相互作用	计算机科学和蒙特、卡罗法
随机库存论	需求或提前时间是随机的情况	概率论和期望值统计量
随机模型	计算系统转换的概率	矩阵代数、微积分
取样、回归、指数平滑	大总体的问题解	统计学和概率论
贝叶斯定理	条件概率下的预测、相关和因果分析	代数、概率论以及有关先验概率和知识
损益分析	资源分配	经济学和统计学
决策树	系统行为	代数和统计学

另一种分类方法是S.S.那格尔和M.K.米尔斯在《政策科学的职业化发展》一书中所提供的。他们将政策分析及系统分析的方法分为五类，即数学最优化方法、计量经济学方法、准实验方法、行为过程方法、多元标准决策方法。尽管他们不局限于定量分析方法的范围，但主要也是从量化分析的角度来讨论问题，尤其是前两种方法纯粹就是量化分析方法，另外三种方法中也有部分量化分析方法。按照那格尔和米尔斯的说法，数学最优化以运筹学、管理科学和决策为基础，它既与数学和工程学有关，也与商业管理有关；数学优化有各种形式，常见的有报偿矩阵、决策树、最优化水平曲线、微分曲线和函数曲线等。这四种数学优化形式可以部分地根据其数学特征来加以刻画：报偿矩阵和决策树与有限数学和概率决策论有关，而最优化曲线、微分曲线和函数曲线与古典微积分和线性/非线性规划有关。计量经济学方法则以经济学和统计学为基础（计量经济学是现代经济学的基础，或者说是现代经济学中最成熟的部分），这种方法强调统计回归分析，常用来做预测。

还有一种更通俗的分类方法，即按照政策分析过程的不同阶段，将政策分析及系统分析的定量方法及定性方法划分为问题界定的方法、确立目标的方法、规划方案的方法、结果预测的方法、比较方案的方法、评估结果的方法等。例如，在邓恩的《公共政策分析导论》一书中就可以看到与每一个分析阶段相对应的方法。此外，从教学课程设计的角度可以将政策研究的定量及定性方法区分为：数理分析方法、经验分析方法、经济分析方法和组织（政治）分析方法等。

1.2.3.2 确定型的分析技术

（1）线性规划。线性规划（Linear Programming）最早称为线性结构的相关活动的规划，是运筹学中研究较早、应用较广、比较成熟的一个重要分支。线性规划的思想起源于经济学家列昂捷夫（Lyanjef）在 1936 年提出的投入—产出分析方法。线性规划目前的形式是综合希契科克（F. L. Hitchock）、库普曼（Koopman）和史蒂哥勒（Stigler）等在 20 世纪 30 年代末 40 年代初研究生产组织、运输问题、食物构成问题等工作中形成的。处理线性规划最有效的单纯形法是在 1947 年由丹齐克（D. B. Dantzig）创立的。

和其他学科一样，线性规划也是随着管理的需要而产生和发展的。它是研究一定数量的人力和物力资源条件下，如何科学恰当地运用这些资源以获得最大效益，或者在一定技术条件下，寻求最优化的设计。这种数量规划的方法，如用数学语言表达出来，就是在一定约束条件下，寻找目标函数的极值问题。现在线性规划已形成一套完整的计算方法，在应用这个方法解决具体问题时，首先要使被研究的问题满足以下五个基本条件，然后才能使用线性规划进行统一处理。

① 能够明确给出一个目标函数。

② 有可供选择的行动方向，从数学上讲就是能够明确对目标函数是求极大值还是求极小值。

③ 目标函数和约束条件能用线性等式和线性不等式表示。

④ 存在多种决策变量，变量的大小是人们要确定的，这些变量的变动不是任意的，他们之间存在着一定的联系，用约束方程来表示。

⑤ 决策变量的约束方程反映资源的消耗，资源供应必须是有限的，并能用数字表示。

所谓线性规划，是指约束条件为线性等式或线性不等式，且目标函数也为线性函数。用数学形式表达，即求一组变量 $x_1, x_2, \cdots, x_n$，在满足约束条件：

$$\begin{aligned} a_{11}x_1 + a_{12}x_2 + \cdots + a_{1n}x_n &\leq b_1 \\ a_{21}x_1 + a_{22}x_2 + \cdots + a_{2n}x_n &\leq b_2 \\ &\cdots\cdots \\ a_{m1}x_1 + a_{m2}x_2 + \cdots + a_{mn}x_n &\leq b_m \\ x_1, x_2, \cdots, x_n &\geq 0 \end{aligned} \quad (1-1)$$

的情况下，使目标函数：

$$f = c_1 x_1 + c_2 x_2 + \cdots + c_n x_n \quad (1-2)$$

达到最大值（最小值）。

其中：a_{ij}, b_i, c_j 均已知，$i = 1, 2, \cdots, m$；$j = 1, 2, \cdots, n$。

以上表达式还可简写成：求 $x_j (j=1, 2, \cdots, n)$，使之满足约束条件：

$$\sum_{j=1}^{n} a_{ij} x_j \leq b_i (i = 1, 2, \cdots, m)$$

且

$$x_j \geq 0, (j = 1, 2, \cdots, n)$$

使目标函数 $f = \sum_{j=1}^{n} c_j x_j$ 达到最大值（或最小值）。

满足约束条件式（1-1）的所有解，称为可行解。在可行解中，其中一个可行解能使目标函数达到极值，则该可行解称为最优解，也可称为线性规划的解。线性规划在经济建设、企业管理、技术设计和生产实践方面都有成功的应用。

（2）动态规划。动态规划（Dynamic Programming，简称 DP 法）是美国数学家贝尔曼（Richard Bellman）和丹齐格 George Dantzig 在 20 世纪 50 年代提出来的一种数学规划方法。它是在动态条件下，使用多重决定或多级问题的解实现最优弧化而采取的一种数学方法。动态规划处理的对象是含有时间因素的决策问题，即动态决策问题。对于静态决策问题（一次性决策问题）可以人为地引进"时间"因素，划分为阶段，作为多阶段决策过程用动态规划去处理。如果在多阶段决策的每个阶段中含有随机因素的影响，那么决策就不可能用一个确定的数值来表示，而需要用一些可能的值及相应的概率来描述。这就需要建立动态规划的随机模型来解决问题。在此，只介绍用确定性动态规划模型先解决确定性（每个阶段中决策取确定值）多阶段决策过程的问题。

一个多阶段决策过程可用下面的方框图（图 1-2）表示：

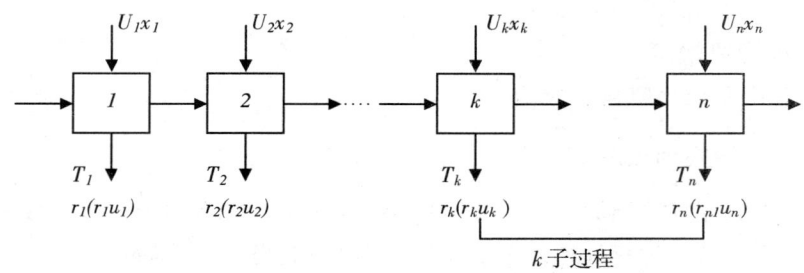

图 1-2 多阶段决策过程

其中：

k——阶段变量。图中一个方框就表示一个阶段，框中数字就是阶段变量 k 的取值。

x_k——状态变量。在一个阶段里要设两个状态变量，一个是初始的状态，用 x_k 表示，一个是该阶段结束时的状态用 x_{k+1} 表示。对第 $k+1$ 段而言，x_k 称为输入状态，x_{k+1} 称为输出状态。

$U(x)$——决策（或控制）变量。$U_k x_k$ 表示第 k 段所采用的决策（或控制）。

$r(x_k u_k)$——阶段效应函数。这个效应函数能反映出在该阶段执行阶段决策是所带来的效应值增量。

T_k——变换（演化）规律。它是用来描述在一个阶段做出了决策时，系统由 x_k 态变到 x_{k+1} 态的变换（演化）规律。

如果问题适合于用动态规划方法来求解，就可以对待研究问题建立动态规划模型（确定性）。建模的具体步骤是：

① 定义适当的目标函数，给出阶段变量、状态变量、控制变量的明确含义。

② 写出系统状态的演化过程。

③ 写出系统的边界条件，即一个多阶段决策过程结束是所产生的效应（称为终端效

应）的表达式比较容易确定，而以它作为动态规划技术的起点是十分必要的，所以在建模阶段要明确它。

④要找到目标函数的递推关系式，这个关系式也叫动态规划的基本方程。

经过以上几步，就可以对适合用 DP 方法求解的问题建立如下的一般函数模型：

$$\mathop{or\ min}_{u_1 \sim u_n}^{\max} \sum_{k=1}^{n} r_k(x_k, u_k) \quad (1-3)$$

$$x_{k+1} = T_k(x_k u_k) \quad (1-4)$$

$$s.t. \begin{array}{l} x_k \in X_k \\ u_k \in U_k \end{array}$$

$$k = 1, 2, \cdots, n$$

$$f_k(x_k) = \mathop{\max}_{u_k}^{\min} \{r_k(x_k, u_k) + f_{k+1}(x_{k+1})\}$$

其中： $$f_{k+1}(x_{k+1}) \mathop{\max}_{u_{k+1}\cdots u_n}^{\min} \sum_{i=k+1}^{n} r_i(x_i, u_i) \quad (1-5)$$

利用这个模型要求解的问题是：

A. 最优决策序列：$\{u_1^*, u_2^*, \cdots, u_n^*\}$

B. 系统演化的最优化轨线：$\{x_1^*, x_2^*, \cdots, x_{n+1}^*\}$

C. 求出最优化目标函数值：$R^* = \sum_{k=1}^{n} r_k(x_k^*, u_k^*)$

（3）网络分析技术。网络分析技术（Network theory）是将研究与开发的规划项目和控制过程，作为一个系统去加以处理，将组成系统的各项任务的各个阶段和先后顺序，通过网络形式统筹规划，分别轻重缓急进行协调，使此系统对资源（人力、物力、财力等）进行合理地安排，有效地加以利用，达到用最少的时间和资源消耗来完成整个系统的预期、取得良好经济效益的目标。网络分析技术的主要思路是"统筹兼顾""求快、求好、求省"。

从 20 世纪 50 年代起，国外就在开始这方面的研究工作。1957 年，美国杜邦公司的数学家、工程师和管理人员组成一个工作队，在兰德公司的配合下，提出了一个应用网络图解来制定计划的方法，这种计划方法不仅能够明确地表示出工序和时间，而且还表明了它们之间的相互关系，给这种方法取名为"关键线路法"（Critical Path Method，简称 CPM 法）。1958 年，美国海军特种计划局在研制"北极星"导弹潜艇过程中也搞出一种以数理统计为基础、以网络分析为主要内容、以电子计算机为手段的新型计划管理方法，称为"计划审批法"（Program Evaluation and Review Technique，简称 PERT），用这种方法使研制任务提前两天完成。这两种方法后来在世界各国都得到广泛的推广和应用。

CPM 法使用网络图反映某项工程（任务）各道工序所需时间以及他们的衔接关系，通过计算各工序有关时间参数，和完成工程（任务）所需要的最少的时间，从而确定关键工序和关键路线，并在此基础上通过网络分析方法制定出时间、成本和资源优化的网络计划方案。该方法主要应用于有以往类似项目经验的工程上，而 PERT 法也同样应用了网络计划与网络分析的方法，但着重于对工程（任务）安排的评价与审查，主要应用于研究与开发安定新项目上。

以 PERT 为例。在实现大系统过程中，往往要完成大量的任务，它们各自需要一定的时间而且互相有联系，有的任务必须在其他任务完成之后才能开始，而它的完成又是另外一些任务开始的前提。PERT 就是为了安排这种大量任务而采用的一种管理方法，它可使整个工程以最短的时间和最少的投资去完成。这种方法通常有三个步骤：第一是按规划画出现在开始到完成某一任务为止的流程图，叫作"PERT 网络"；第二是估算完成每一任务的工作时间；第三是分析计算任务的安排以及可能回旋的余地。图 1-3 为一个简单的 PERT 网络。

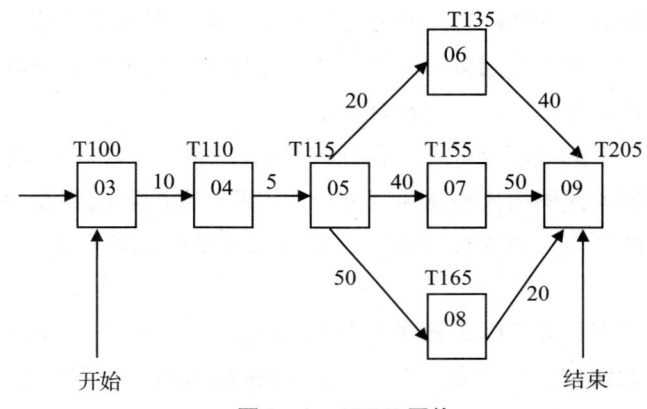

图 1-3 PERT 网络

图中 03，04…表示任务的编号，任务之间的箭头表示必须进行的作业顺序，旁边所注的数字为作业所需的天数。在考虑问题时，从 03 开始到 09 结束。03 边上的 T100 表示在此以前，工程已进行了 100 天，依此类推。计划评审技术就是通过对网络的分析计算来管理整个系统施工进程的一种方法。

在 PERT 网络中，从某个任务到另一个任务之间，如果存在着几条平行路线时，其中必须有一条路线最长，这条最长的路线叫作关键路。如在 PERT 图中的从 05 经 07 到 09，需时 90 天，最长的一条就叫作关键路。从 05 到 09 的工程进度取决于关键路。总管部门如果通过调整人力、物力等方法缩短关键路上项目所需的时间，就能缩短整个工程进度。此外，由于其他平行路线（如从 05 到 06 或从 05 到 08）所需的时间较短，在这些路线中的作业如果放慢进度，能够节约人力和物力，则可在一定范围内加以调整，而不影响工程的总进度。这种以关键路作为参考条件，对整个工程各平行路线的作业时间进行统筹调整，以节约人力和物力，从而降低成本，尽量缩短整个工程进度的方法，叫作关键路法。但在复杂的项目中，有时可能并列几条关键路线，只缩短某一种作业的工期，也不可能缩短整个项目的工期。还有，即使是一条关键路线，当采取措施使这条路线缩短到一定程度时，其他路线也可能变成关键路线。因此，只能根据具体情况统筹兼顾全面安排，做到合理地缩短工期，保质保量地完成计划。

以上所述，主要是以时间分配为考虑中心的，除此之外还应考虑费用和劳动力的分配问题以及多数项目并列的问题等。

1.2.3.3 随机分析技术

（1）排队论。排队论（Queuing Theory）起源于 20 世纪初期丹麦数学家埃尔朗（A. K. Erlang）用数学方法研究电话作业。20 世纪 50 年代堪道（D. G. Kendall）在理论上推动了排队论的进一步发展。之后，利用排队论解决存量理论、水库问题、网络队列、生产线和计算机系统等问题，进一步推动了这一领域的研究。

排队论是指用来研究服务系统工作过程的一种数学理论和方法。在这种系统中，服务对象何时到达，及其占用系统的时间长短，均无从预先确定。这是一种随机聚散现象，它通过对每个个别的随机服务现象的统计研究，找出反映这些现象的平均特性规律，从而改进服务系统的工作状态；也就是用概率论的方法，分析所要服务的客流状况，预测服务阻塞的程度，在经济上进行合理的设计或改善服务系统。

排队现象在生产、生活中广泛存在。称任何等待一项服务的人或事物或事情为顾客，称任何提供这项服务的人或事物或事情为服务台。因此，当顾客的数量超过了服务台的容量时，也就是说到达的顾客不能立即服务时，就形成了排队现象。表 1-3 是一些典型的排队的例子。

研究排队论问题很有意义。因为服务系统规模越大，从总体上看它的服务速度就越快，排队现象就会得到缓解，反之就会造成较多的排队等待。而排队会造成某种直接损失，甚至发生连锁反应和反馈影响。提供服务可减少损失，但不免要支出较大的费用，可能造成浪费。因此，在系统设计和系统分析的最优化与可靠性问题中，必须注意服务机关和服务对象的相应适应问题，否则就会出现排队现象。以机械加工为例，经常遇到的服务系统有机床加工和仓库存储等。机床和仓库相当于服务机构，毛坯和半成品等相当于服务对象，在仓库里或机床旁经常产生毛坯或半成品的排队现象，要解决这一问题就要用到排队论了。

表 1-3 典型的排队的例子

顾客	服务内容	服务台
病人	看病	医生
客户	法律咨询	法律咨询人员
在公路收费站排队的车辆	收费	收费车道
到达机场上空的飞机	着陆	跑道
不能运转的机器	修理	修理工
需加油的车辆	加油	加油站的加油机
到达港口的货船	装（卸）货	装卸码头或泊位

(2) 马尔柯夫分析。马尔柯夫（A. A. Markou）分析又称马尔柯夫预测法，它是利用某一系统的现在状态及其发展动向去预测该系统未来状况的一种分析方法与技术。

俄国数学家马尔柯夫在上个世纪初经过多次实验观测发现：在一系统中某些因素的概率分布的转换过程中，第几次转换获得的结果常决定于前几次（第 $n-1$ 次）试验的结果。马尔柯夫对这种现象进行了系统深入的研究后指出，对于一个系统，由一个状态转换至另一个状态的过程中，存在着转换概率，而且这种转移概率可以依据其紧接的前一状态推算出来，而与该系统的原始状态和此次转移以前的有限次或无限次转移无关。系统的这种由一状态转移至另一状态的过程称为马尔柯夫过程。若状态是离散的，马尔柯夫过程的整体称为马尔柯夫链。可见，马尔柯夫过程的基本概念是系统的"状态"和状态的"转移"。马尔柯夫过程实际上就是一个将系统的"状态"和"状态转移"定量化了的系统状态转换模型。例如有一个水池，在池中漂浮着五张睡莲的叶子，一只青蛙在5张叶子之间跳跃地玩耍着。仔细观察青蛙的活动情况，就会发现青蛙的动作是随意进行的。为了讨论方便，给各个叶子编号（这种编号是任意的），青蛙活动的时间间隔完全是随机的，关心的是它从一个叶子跳到其他叶子的转移结构而对时间因素不考虑。如果青蛙在1号叶子上时，估计下一次该跳到哪个叶子上，答案与以前跳过的路径完全无关，而只取决于现在的位置1。这只青蛙从各个叶子上向另一个叶子转移的转移图，如图1-4所示。

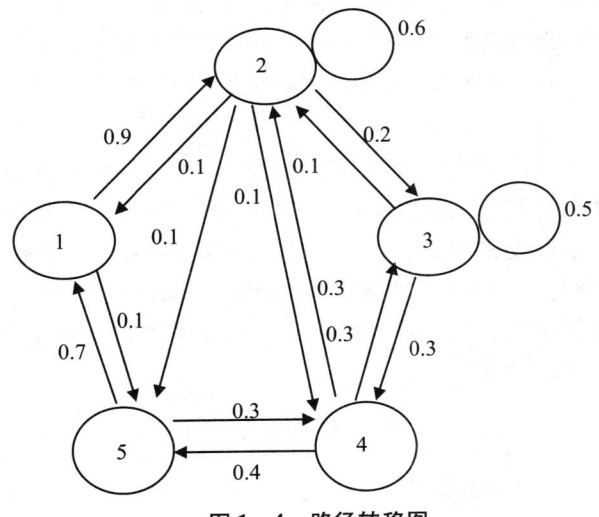

图1-4 路径转移图

图中箭头表示跳跃的方向，数字表示跳跃的概率，白环表示在一定时间里青蛙没动仍在原叶上，这可以叫"虚转移"，如果考虑真实的转移则没有白环。

以 $x(t)$ 作为青蛙跳跃 t 回后所处的位置。于是将 $x(t)$ 的取值叫作状态，$X = \{1, 2, 3, 4, 5\}$ 叫状态空间。在从 $x(0)$ 到 $x(t)$ 是已知时，青蛙 $t+1$ 时处在 x 状态上的概率仅与 t 时刻状态有关并满足下式：

$$P\{x_{(t+1)} = j \mid x_{(0)} = i_0, x_{(1)} = i_1, \cdots, x_{(t)} = i_t\}$$
$$= P\{x_{(t+1)} = j \mid x_{(t)} = i\} \tag{1-6}$$

式（1-6）反映前一状态 x_{t-1}，现状态 x_t 和后状态 x_{t+1} 之间有一条链把它们连接起来。因此用马尔柯夫链描述随机状态变量的变化时，可以避开求全部随机变量的联合分布，而只需求在某一时点上两个相邻随机变量的条件分布就可以了。

$P\{x_{(t+1)}=j \mid x_{(t)}=i\}$ 叫转移概率。这种转移概率一般不依赖于时间，因此具有稳定性。具有稳定性的转移概率可以用一个常数 p_{ij} 来表示，将各个状态之间的转移概率用一个矩阵表示出来就得到一个马尔柯夫问题（有限状态稳定的马尔柯夫过程问题）的数学模型：

$$P = \begin{pmatrix} p_{11} & p_{12} & \cdots & p_{1n} \\ p_{21} & p_{22} & \cdots & p_{2n} \\ & & \cdots & \\ p_{n1} & p_{n2} & \cdots & p_{nn} \end{pmatrix}$$

由于 P 的每一行都是独立的分布，所以每行概率之和等于1。这个矩阵的矩阵元（$a_{ij} \geq 0$）表示从状态 i 到状态 j 是否可以通达，即 $a_{ij} > 0$ 表示系统从 i 态可以转换到 j 态，而且转移的概率为 a_{ij} 的大小。$a_{ij} = 0$ 表示从 i 态不能转移到 j 态。矩阵元的确一般要根据实际问题的统计资料加以分析才能得到。

1.2.3.4 决策树

所谓决策树法就是利用树枝形状的图像模型来描述决策问题，它将各种方案以及这些方案可能性的大小、可能出现的状态以及可能产生的结果都绘制在一张图上，使决策分析可直接在决策树上进行，其决策标准可以是益损期望值或经过变换的其他指标值。现以以下例子介绍决策树法。

某企业要决定下个五年计划期间生产某一电子产品的生产批量，以便做好生产前的各项准备工作。而生产批量的大小主要根据市场销路的好坏而定。根据以往销售统计资料及市场调查预测得知：未来市场出现好、一般、差三种销路情况的可能性（概率）为0.3、0.5和0.2；若该产品按大、中、小三种不同批量生产，则下个五年计划期内在不同销售状态下的收益值可以估算出来，如表1-4所示。现要求通过决策分析以确定合理批量，使企业在该产品上能获得收益最大。

表1-4 决策表　　　　　　　　　　　　　　　　　　　　　单位：万元

益损值　　　自然状态 　　　状态概率 行动方案	销路好 O_1	销路一般 O_2	销路差 O_3
	0.3	0.5	0.2
大批生产 A_1	20	14	-2
大批生产 A_2	12	17	12
大批生产 A_3	18	10	10

（1）用决策树法进行分析的步骤是：

第一步，绘制决策树。按表1-4的各种行动方案和自然状态数，及其相应的概率和损益值等信息，由左至右顺序做出决策树如图1-5所示。

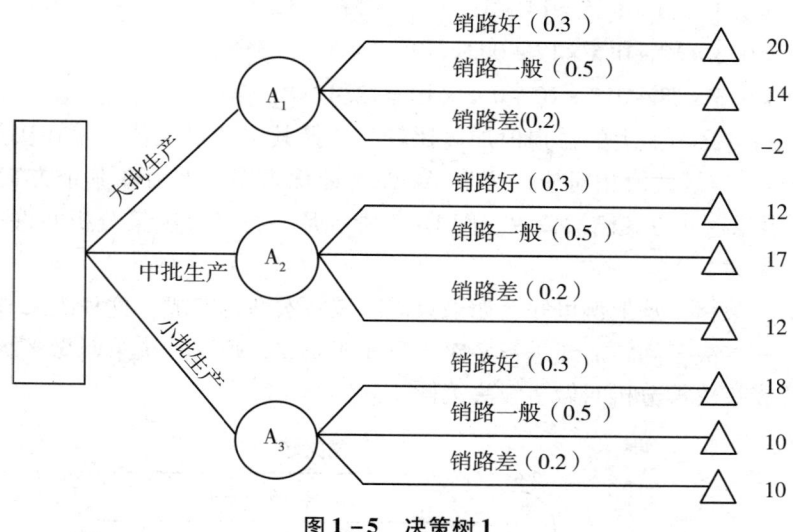

图1-5　决策树1

图中有关符号及画法说明如下：

□——表示决策点，从它这里引出的分枝叫作方案分枝，分枝数量与行动方案数量相同。决策节点表明从它引出的方案有待决策者进行分析和决策。

○——表明状态点，从它引出的分枝叫作状态分枝或概率分枝，在每一分枝上写明自然状态名称及其出现的概率。状态分枝的数量与自然状态数量相同。

△——表明结果点，将不同方案在各种自然状态下所取得的结果（如益损值）标注在结果节点的右边。

第二步，计算各种行动方案的益损期望值，并将计算结果标注在相应的方案节点上。图1-6所示方案A_1的益损期望值。

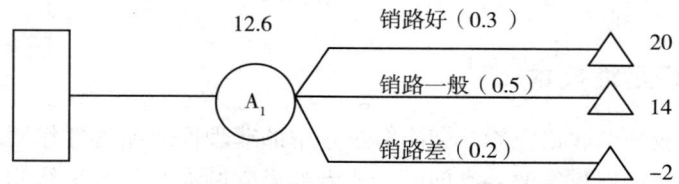

图1-6　方案A_1的益损期望值

期望值是指概率论中随机变量的数学期望值，在这里把每个行动方案看成是离散随机变量，所取之值就是每个行动方案相对应的益损值。因此离散随机变量的数学期望值为：

$$E(x) \sum_{i=1}^{m} P_i x_i$$

式中：$E(x)$——期望值；

x_i——第i离散随机变量，$i=1,2,3,\cdots,m$；

P_i——$x=x_i$时的概率。

根据以上期望值的求值公式，可求得例子中每一行行动方案的益损值为：

$E(A_1) = 0.3 \times 20 + 0.5 \times 14 + 0.2 \times (-2) = 12.6$

$E(A_2) = 0.3 \times 12 + 0.5 \times 17 + 0.2 \times 12 = 14.5$

$E(A_3) = 0.3 \times 18 + 0.5 \times 10 + 0.2 \times 10 = 12.4$

第三步，将方案节点上的益损值加以比较，选择其中的最大值，写在决策点的上方，如图1-7所示，与最大值相对应的方案 A_2 即为最优方案。然后在其余方案分枝上划上"//"记号，表示这些方案已被舍去。图1-7所示是一个经过决策分析并选择方案 A_2 为最优方案的决策树。

（2）多级决策树。从上例可知，如果只需决策一次即告完成，这种决策分析叫做单级决策；反之，有些决策问题需要进行多次决策才能完成，则这种决策叫做多级决策。应用决策树法进行多级决策分析叫做多级决策树。

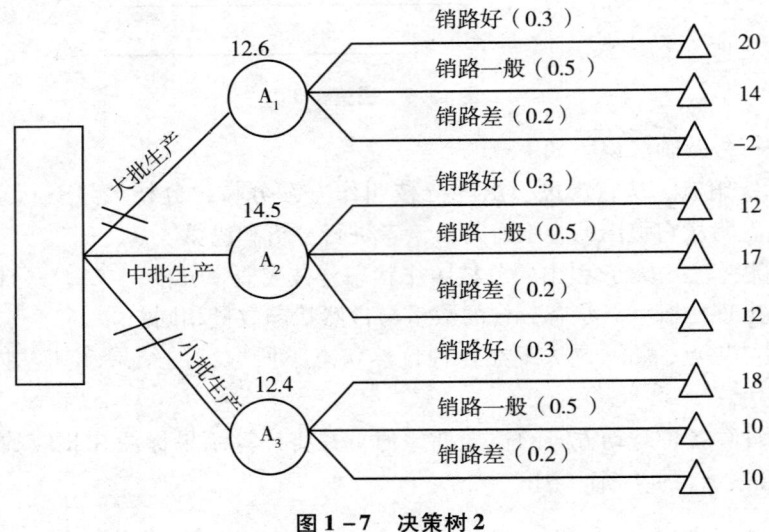

图1-7 决策树2

1.2.4 系统分析定性技术

对于诸如带有极强的政治色彩、在决策过程中的非理性或超理性作用突出，必须在价值观和实际价值之间加以权衡的一类问题，或者如果问题涉及的系统结构不清，收集到的信息不太准确，或是由于评价者的偏好不一，对所提方案评价不一致等，难以形成常规的数学模型时，可以采用定性的系统分析技术，例如因果分析法、KJ法、目标—手段分析法等。

1.2.4.1 因果分析法

因果分析法是利用因果分析图来分析影响系统的因素，并从中找出产生某种结果的主要原因的一种定性分析方法。系统某一行为（结果）的发生，绝非一种或两种原因所致，往往是由于多种复杂因素的影响所致。为了分析影响系统的重要因素，找出产生某种结果的主要原因，系统分析人员广泛使用了一种简便而有效的定性分析法——因果分析法。这种方法是在图中用箭头表示原因与结果之间的关系（图1-8），形象简单，一目了然。分析的问题越复杂这种方法越能发挥其长处，因为它把人们头脑中所想问题的结果与其产生的原因结构图形化。在许多人集中讨论一个问题时，这种方法便于把各种不同意见加以综合整理，从而使大家对问题的看法趋于一致。

1.2.4.2 KJ法

KJ法是一种直观的定性分析方法，它是由日本东京工业大学的川喜田二郎（Kauakida Jir）教授开发的。KJ法是从很多信息中归纳出问题整体含义的一种分析方法。它的基本原理是把每个信息做成卡片，将这些卡片摊在桌子上观察其全部，把有"亲近性"的卡片集中起来合成子问题，依次做下去，最后求得问题整体的构成。这种方法把人们对图形的思考功能与直觉的综合能力很好地结合起来，不需要特别的手段和知识，不论是个人或者团体都能简便地实行。因此，KJ法是分析复杂问题的一种有效方法。

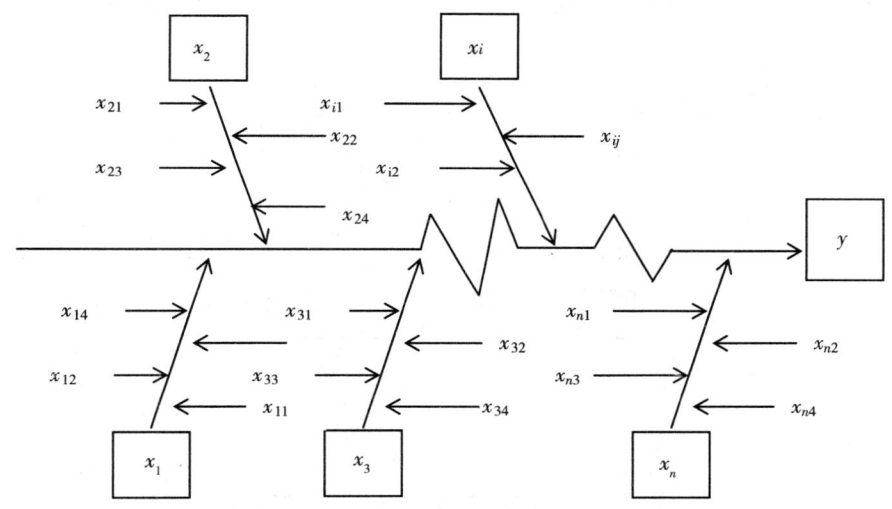

图1-8 因果分析图

KJ法的实施按下列步骤进行：

第一，尽量广泛地收集与问题可能有关的信息，并用关键的语句简洁地表达出来。

第二，一个信息做一张卡片，卡片上的标题记载要简明易懂。如果是团体实施，则要记载前充分协商好内容，以防止误解。

第三，把卡片摊在桌子上通过观全局，充分调动人的知觉能力，把有"亲近性"的卡片集中到一起作为一个小组。

第四，给小组取个新名称，其注意事项同步骤一。这个小组是由小项目（卡片）综合起来的，应把它作为子系统来登记。这个步骤不仅要凭直觉，而且要运用综合分析能力发现小组的意义所在。

第五，重复步骤三和四，分别形成小组、中组和大组，但对难以编组的卡片不要勉强地编组，可把它们单独放在一边。

第六，把小组（卡片）放在桌上进行移动，根据小组间的类似关系、对应关系、从属关系和因果关系等进行排列。

第七，将排列结果画成图表，即把小组按大小用粗线框起来，把一个个有关系的方框用"有向枝"（带箭头的线段）连接起来，构成一目了然的整体结构图。

第八，观察结构图，分析它的含义，取得对整个问题的明确认识。

1.2.4.3 目标—手段分析法

目标—手段分析法，就是将要达到的目标和所需要的手段按照系统展开，一级手段等于二级目标，二级手段等于三级目标，依次类推，便产生了层次分明、互相联系又逐渐具体化的分层目标系统（图1-9）。在分解过程中，要注意使分解的分目标与总目标保持一致，分目标的集合一定要保证总目标的实现。分解过程中，分目标之间可能一致，也可能不一致，甚至是矛盾的，这就是需要不断调整，使之在总体上保持协调。将总目标分解为若干个层次的分目标，需要有很大的创造性，要有丰富的科学技术知识与实践经验。目标分解需要反复地进行，直到满意为止。目标—手段分析法的实质是运用效能原理不断进行分析的过程。

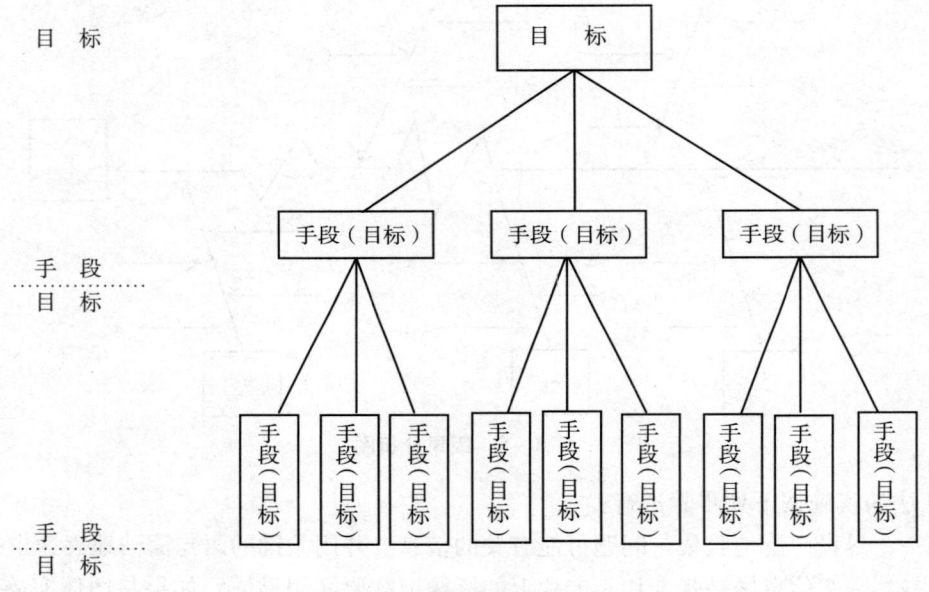

图1-9 目标—手段分析图

▶ 复习思考

1. 方案与整体方案有何区别与联系？
2. 系统分析在物流方案设计中有何作用与地位？
3. 系统分析定量技术与定性技术有何关系？

第 2 章

物流方案设计类型

▶ *学习要点*

- 熟悉项目可行性研究
- 熟悉项目论证与评估
- 熟悉项目建议书
- 熟悉商业计划书

2.1 项目可行性研究

2.1.1 可行性研究的概念

可行性研究（Feasibility Study），是指在调查的基础上，通过市场分析、技术分析、财务分析和国民经济分析，对各种投资项目的技术可行性与经济合理性进行的综合评价。可行性研究的基本任务，是对新建或改建项目的主要问题，从技术经济角度进行全面的分析研究，并对其投产后的经济效果进行预测，在既定的范围内进行方案论证的选择，以便最合理地利用资源，达到预定的社会效益和经济效益。

可行性研究必须从系统总体出发，对技术、经济、财务、商业以至环境保护、法律等多个方面进行分析和论证，以确定建设项目是否可行，为正确进行投资决策提供科学依据。项目的可行性研究是对多因素、多目标系统进行的不断的分析研究、评价和决策的过程。它需要有各方面知识的专业人才通力合作才能完成。可行性研究不仅应用于建设项目，还可应用于科学技术和工业发展的各个阶段和各个方面。例如，工业发展规划、新技术的开发、产品更新换代、企业技术改造等工作的前期，都可应用可行性研究。可行性研究自 20 世纪 30 年代美国开发田纳西河流域时开始采用以后，已逐步形成一套较为完整的理论、程序和方法。1978 年联合国工业发展组织编制了《工业可行性研究编制手册》。1980 年，该组织与阿拉伯国家工业发展中心共同编辑《工业项目评价手册》。中国从 1982 年开始，已将可行性研究列为基本建设中的一项重要程序。

2.1.2 可行性研究的内容

可行性研究大体可分为三个大的方面：工艺技术、市场需求、财务经济状况。

（1）全面深入地进行市场分析、预测。调查和预测拟建项目产品国内、国际市场的供需情况和销售价格；研究产品的目标市场，分析市场占有率；研究确定市场，主要是产品竞争对手和自身竞争力的优势、劣势，以及产品的营销策略，并研究确定主要市场风险和风险程度。

（2）对资源开发项目要深入研究确定资源的可利用量，资源的自然品质，资源的赋存条件和开发利用价值。

（3）深入进行项目建设方案设计，包括：项目的建设规模与产品方案、工程选址、工艺技术方案和主要设备方案、主要材料、辅助材料、环境影响问题、节能节水、项目建成投产及生产经营的组织机构与人力资源配置、项目进度计划、投资估算、融资分析、财务分析、国民经济评价、社会评价、项目不确定性分析、风险分析、综合评价等。

项目的可行性研究工作是由浅到深、由粗到细、前后连接、反复优化的一个研究过程。前阶段研究是为后阶段更精确的研究提出问题创造条件。可行性研究要对所有的商务风险、技术风险和利润风险进行准确落实，如果经研究发现某个方面的缺陷，就应通过敏感性参数的揭示，找出主要风险原因，从市场营销、产品及规模、工艺技术、原料路线、设备方案以及公用辅助设施方案等方面寻找更好的替代方案，以提高项目的可行性。如果所有方案都经过反复优选，项目仍是不可行的，应在研究文件中说明理由。但应说明，研究结果即使是不可行的，这项研究仍然是有价值的，因为这避免了资金的滥用和浪费。

除了以上所讲的项目可行性研究外，在实际中还有一种与投资密切相关的研究，称为专题研究，主要是为可行性研究（或初步可行性研究）创造条件，研究和解决一些关键性或特定的一些问题，它是可行性研究的前提和辅助。专题研究分类如下：

（1）产品市场研究：市场需求及价格的调查分析和预测，产品进入市场的能力以及预期的市场渗透、竞争情况的研究，产品的市场营销战略和竞争对策研究等。

（2）原料及投入物料的研究：包括基本原材料和投入物的当前及以后的来源及供应情况，以及价格趋势。

（3）试验室和中间试验专题研究：需要进行的试验和试验程度，以确定某些原料或产品的适用性及其技术经济指标。

（4）建厂地区和厂址研究：结合工业布局、区域经济、内外建设条件、生产物资供应条件等，对建厂地区和厂址进行研究选择。

（5）规模经济研究：一般是作为工艺选择研究的组成部分来进行的。当问题仅限于规模的经济性而不涉及复杂的多种工艺时，则此项研究的主要任务是评估工厂规模经济性，在考虑可供选择的工艺技术、投资、成本、价格、效益和市场需求的情况下，选择最佳的生产规模。

（6）工艺选择研究：对各种可能的生产技术工艺的先进性、适用性、可靠性及经济性进行分析研究和评价，特别是采用新工艺、新技术时这种研究尤为必要。

(7)设备选择研究：一些建设项目需要很多各类生产设备，并且供应来源、性能、价格相当悬殊时，需要进行设备研究。因为投资项目的构成和经济性很大程度上取决于设备的类型、价格和生产成本，甚至项目的生产效率也直接随着所选择的设备而变动。

(8)节能研究：按照节约能源的政策法规和规范的要求，提出节约能源的技术措施，对节能情况做出客观评价。

(9)交通影响评价：项目对城市交通的需求、带来的影响及对策。

2.1.3 可行性研究的实施

第一阶段：初期工作

(1)收集资料。包括业主的要求，业主已经完成的研究成果，市场、厂址、原料、能源、运输、维修、共用设施、环境、劳动力来源、资金来源、税务、设备材料价格、物价上涨率等有关资料。

(2)现场考察。考察所有可利用的厂址、废料堆场和水源状况，与业主方技术人员初步商讨设计资料、设计原则和工艺技术方案。

(3)数据评估。认真检查所有数据及其来源，分析项目潜在的致命缺陷和设计难点，审查并确认可以提高效率、降低成本的工艺技术方案。

(4)初步报告。扼要总结初期工作，列出所收集的设计基础资料，分析项目潜在的致命缺陷，确定参与方案比较的工艺方案。

初步报告提交业主，在得到业主的确认后方可进行第二阶段的研究工作。如业主认为项目确实存在不可逆转的致命缺陷，则可及时终止研究工作。

第二阶段：可选方案评价

(1)制定设计原则。以现有资料为基础来确定设计原则，该原则必须满足技术方案和产量的要求，当进一步获得资料后，可对原则进行补充和修订。

(2)技术方案比较。对选择的各专业工艺技术方案从技术上和经济上进行比较，提出最后的入选方案。

(3)初步估算基建投资和生产成本。为确定初步的工程现金流量，将对基建投资和生产成本进行初步估算，通过比较，可以判定规模经济及分段生产效果。

(4)中期报告。确定项目的组成，对可选方案进行技术经济比较，提出推荐方案。中期报告提交业主，在得到业主的确认后方可进行第三阶段的研究工作。如业主对推荐方案有疑义，则可对方案比较进行补充和修改；如业主认为项目规模经济确实较差，则可及时终止研究工作。

第三阶段：推荐方案研究

(1)具体问题研究。对推荐方案的具体问题作进一步的分析研究，包括工艺流程、物料平衡、生产进度计划、设备选型等。

(2)基建投资及生产成本估算。估算项目所需的总投资，确定投资逐年分配计划，合理确定筹资方案；确定成本估算的原则和计算条件，进行成本计算和分析。

(3)技术经济评价。分析确定产品售价，进行财务评价，包括技术经济指标计算、清偿能力分析和不确定性分析，进而进行国家收益分析和社会效益评价。

（4）最终报告。根据本阶段研究结论，按照可行性研究内容和深度的规定编制可行性研究最终报告。最终报告提交业主，在得到业主的确认后，研究工作即告结束。如业主对最终报告有异议，则可进一步对最终报告进行补充和修改。

2.1.4 可行性研究报告

可行性研究报告是可行性研究的一个宏观例子，可行性研究报告主要包括项目投资环境分析、行业发展前景分析、行业竞争格局分析、行业竞争财务指标参考分析、项目建设方案研究、组织实施方案分析、投资估算和资金筹措、项目经济可行性分析、项目不确定性及风险分析等方面。

2.1.4.1 可行性研究报告的特点

不论哪种类型的可行性研究报告都具有以下特点：

（1）专业性。可行性研究报告在论证项目的可行性时要涉及许多专业，通常要涉及基本建设、环境保护、市场预测、人员培训等方面内容，所以需要各方面专业人员分别开展深入研究，再进行科学的综合分析。

（2）科学性。内容要真实、完整、正确，研究目的要明确，研究过程要客观，要应用各种科学方法、科学推理，得出明确结论。可行性研究报告的结论要建立在定量分析基础上，这些定量化数据是根据科学技术和经济学原理，在调查研究基础上计算出来的，具有科学根据，并经得起时间考验。

（3）时效性。科技调查报告反映科技领域中某一急需认识的事物或某一急需解决的问题，所以，要及时、迅速地写出调查报告，才能实现其价值，发挥其作用。

2.1.4.2 可行性研究报告的用途

（1）用于企业融资、对外招商合作的可行性研究报告。此类研究报告通常要求市场分析准确、投资方案合理、并提供竞争分析、营销计划、管理方案、技术研发等实际运作方案。

（2）用于国家立项的可行性研究报告。此文件是根据《中华人民共和国行政许可法》和《国务院对确需保留的行政审批项目设定行政许可的决定》而编写，是大型基础设施项目立项的基础文件，发改委根据可行性研究报告进行核准、备案或批复，决定某个项目是否实施。另外医药企业在申请相关证书时也需要编写可行性研究报告。

（3）用于银行贷款的可行性研究报告。商业银行在贷款前进行风险评估时，需要项目方出具详细的可行性研究报告，对于国家开发银行等国有银行，该报告由甲级资格单位出具，通常不需要再组织专家评审，部分银行的贷款可行性研究报告不需要资格，但要求融资方案合理，分析正确，信息全面。另外在申请国家的相关政策支持资金、工商注册时往往也需要编写可行性研究报告，该文件类似用于银行贷款的可行性研究报告。

（4）用于申请进口设备免税。主要用于进口设备免税用的可行性研究报告，申请办理中外合资企业、内资企业项目确认书的项目需要提供项目可行性研究报告。

（5）用于境外投资项目核准的可行性研究报告。企业在实施走出去战略，对国外矿产资源和其他产业投资时，需要编写可行性研究报告报给国家发展和改革委或省发改委，需要申请中国进出口银行境外投资重点项目信贷支持时，也需要可行性研究报告。

在上述五种可行性研究报告中，第（2）（4）（5）准入门槛最高，需要编写单位拥有工程咨询资格，该资格由国家发展和改革委员会颁发，分为甲级、乙级、丙级三个等级。

2.1.4.3 可行性研究的作用及定位

大中型投资项目通常需要报请地区或者国家发改委立项备案。受投资项目所在细分行业、资金规模、建设地区、投资方式等不同影响，项目可行性研究报告（立项报告为简版可行性研究报告）均有不同侧重。为了保证项目顺利通过发改委批准完成立项备案，可行性研究报告的编制必须由专业有经验的咨询机构协助完成。

2.1.4.4 可行性研究报告撰写

撰写可行性研究报告要注意以下几点：

（1）必须亲自参加该项目的可行性研究，可行性研究报告的编写要尊重科学，尊重客观事实，要从客观实际出发看问题，不带主观偏见，不迎合"长官意志"，各种数据的推算和经济效益的分析要有科学根据。可行性研究报告要观点鲜明，对研究对象的"可行"或"不可行"要作出明确判断，不能模棱两可。

（2）在计算投资效果和社会效益时要认真、负责，尽可能具体、客观、真实、准确。在进行投资估算、产品成本核算时，要考虑到各种不确定因素，要留有余地。

（3）在具体写作可行性研究报告时，要层次分明，条理清晰，文字简洁、恰当。

2.1.4.5 可行性研究报告工作程序

国际上典型的可行性研究报告的工作程序分6个步骤。在整个程序中，雇主和咨询单位必须紧密合作。

第一步，开始阶段。要讨论研究的范围，细心限定研究的界限及明确雇主的目标。

第二步，进行实地调查和技术经济研究。每项研究要包括项目的主要方面，需要量、价格、工业结构和竞争决定市场机会，同时，原材料、能源、工艺需求、运输、人力和外部工程又影响适当的工艺技术选择。所有这些方面都是相互关联的，但是每个方面都要分别评价。

第三步，优选阶段。将项目的各不同方面设计成可供选择的方案。这里咨询单位的经验是很重要的，它能用较多的有代表性的设计组合制定出少数可供选择的方案，便于有效地取得最优方案，随后进行详细讨论，雇主要作出非计量因素方面的判定，并确定协议项目的最后形式。

第四步，对选出的方案做详细论证，确定具体的范围，估算投资费用、经营费用和收益，并作出项目的经济分析和评价。为了达到预定目标，可行性研究必须论证选择的项目在技术上是可行的，建设进度是能达到的。估计的投资费用应包括所有合理的未预见费用（如包括施工中的涨价预备费）。经济和财务分析必须说明项目在经济上是可以接受的，资金是可以筹措到的。敏感性分析则用来论证成本、价格或进度等发生偏差时可能给项目的经济效果带来的影响。

第五步，编制可行性研究报告。其结构和内容常常有特定的要求（如各种国际贷款机构的规定），这些要求和涉及的步骤，在项目的编制和实施中能有助于雇主。

第六步，编制资金筹措计划。项目的资金筹措在比较方案时，已作出详细的考查，其中一些潜在的项目资金会在贷款者讨论可行性研究时冒出来。实施中的期限和条件的改变也会导致资金的改变，这些都可以根据可行性研究的财务分析作相应的调整。最后，要作出一个明确的结论，以供决策者作出最终判断。

2.2 项目论证与评估

2.2.1 项目论证概述

项目论证是指对拟实施项目在技术上是否可行、经济上是否有利、建设上是否可行所进行的综合分析和全面科学论证的技术经济研究活动。其目的是为了避免或减少项目决策的失误，提高投资的效益和综合效果。

项目论证研究的对象一般包括工程项目、技术改造与设备更新项目、产品开发项目及技术发展项目等，它是各类项目实施前的首要环节。一般情况下，任何项目都要通过项目论证说明这个项目建设的条件是可靠的，采用的技术是先进的，经济上是有较大的利润可图的。项目论证报告也是筹措项目资金、进行银行贷款、开展设计、签订合同、进行施工准备的重要依据，只有经过项目论证认为可行的项目，才允许依次进行设计、实施和运行。

项目论证是第二次世界大战后在美国建立和发展起来的，后来在许多工业发达国家得到了普遍应用。因为它运用现代技术科学和经济科学的新成就，发展并形成了一套比较完善的理论和方法；它所研究的内容及其深度和广度，对指导项目的实施具有重要的使用价值。因此项目论证已成为各类项目实施必不可少的重要环节，目前在我国已得到了广泛的应用。

一般来说，通过项目论证应该回答以下几个方面的问题：
（1）本项目在技术上是否可行？
（2）经济上是否有生命力？
（3）财务上是否有利可图？
（4）需要多少资金？
（5）能否筹集到全部资金？
（6）需要多长时间能建立起来？
（7）需要多少物力、人力资源？

概括起来，可以说有三个方面：一是工艺技术，二是市场需求，三是财务经济。市场是前提，技术是手段，核心问题是财务经济，即投资赢利问题。其他一切问题，包括复杂的技术工作、市场需要预测等都是围绕这个核心，并为此核心提供各种方案。

2.2.2 项目论证的关键点

在项目论证的过程中应该把什么放到中心位置呢？这应该弄清楚，它实际上也是进行项目论证的出发点。一般来说项目论证的着力点如下：

（1）要站在咨询的立场上。也就是说要从咨询的立场上或者说是中立的立场上评价项目。因为在一个计划项目中往往涉及许多利害关系，比如出资者、政府机关、金融机构、咨询机构、实施单位以及受益者等多方面，因此就应由身份各异的利害相关者从不同的角度评价项目。而在这些相关者中，与最初的意志决定有关的就是咨询者对项目进行直接的项目论证。

（2）应提出多种替代方案。决策是否正确，只有通过对比才能作出判断。这是因为好与坏、优与劣都是就相互比较而言的。所以，如果没有多种可供实施的方案，当然也就不存在优化选择的必要，多种可供选择的方案实际上是进行评价选优的前提。在当代的技术经济条件下，要解决一个问题，总是可以根据不同的经验，从不同的角度构思出多种解决问题的途径和方法。

（3）对各种方案要做经济分析。每一种方案所实施的后果各有不同，项目论证的目的之一就是分析各方案在不同情况下所产生的后果，通过对每一方案的投入、经营费用及收益的综合分析与评价，就可对各方案进行优劣排序。

（4）决定最佳投资时期和投资规模。也就是说，项目论证应讲求从实际出发，多方案比较，讲求最佳化，力戒一般化的观点。项目的投资既不能太大，也不能太小；既不能太早，也不能太迟。这点需要通过经济分析加以论证。

（5）要提出可能实施的具体措施。对所论证的项目应该考虑其可能实施的具体措施，如果没有提出如何实施所论证的项目，那么对该项目的论证就没有任何价值。

（6）要把资源的有效利用放在中心位置。不同的资源有着不同的作用，同一资源在不同的情况下有不同的作用，所产生的效益也有所不同，这样就应该从全局的立场出发达到最佳利用资源的目的。

2.2.3 项目论证的内容

项目论证的内容主要包括：机会研究、初步项目论证与辅助（功能）研究。

机会研究是鉴别投资机会；初步项目论证是用于初步的项目选择与确定；项目论证是进一步的拟定项目；最后是评价和投资决定。辅助研究或功能研究是拟定项目阶段的一部分。这些研究通常是分开进行的，因为一个咨询机构可能并不具备各方面的合格人才或专门知识。但是，这几种研究的界限往往不易严格区分。

2.2.3.1 机会研究

机会研究是鉴定投资机会，它寻求的是投资应该用于哪些有发展的部门，这种投资给企业带来盈利，给国民经济带来全面的或多方面的好处。在市场经济条件下，机会研究经常是对几个投资机会或项目设想进行鉴定，其研究比较粗略，主要依靠情报资料的估计，而不是详细计算。机会研究应通过分析下列各点来鉴别投资机会或项目设想，一旦证明是可行的，需对它们进行详尽研究：

（1）在加工或制造方面有所需的丰富自然资源。

（2）为加工工业提供农业原料的现有农业布局情况。

（3）对某些由于人口或购买力增长而具有增长潜力的消费品以及对新研制产品的今后需求。

（4）在经济方面具有同样水平的其他国家中获得成功的同类制造业部门。

（5）与本国或国际的其他工业之间可能的相互关系。

（6）现有制造业通过前后工序配套，可能达到的扩展程度。

（7）多种经营的可能性。

（8）现有工业生产能力的扩大，可能实现的经济性。

（9）一般投资趋向及工业政策。

（10）生产要素的成本和市场供应情况。

（11）进口的情况以及出口的可能性。

机会研究又分一般机会研究和具体项目机会研究两种。根据当时的条件，决定进行哪种机会研究，或两种机会研究都进行。

一般机会研究：这种研究主要是通过国家机关或公共机构进行的，目的是通过研究指明具体的投资建议。它有以下三种情况，地区研究，查明某一特定地区贸易的各种可能机会；分部门研究，谋求在某一划定的分部门内的各种投资机会；以资源为基础的研究，以综合利用某一自然资源或工农业产品为出发点，谋求识别其各种投资机会。

具体项目机会研究：一般投资机会作出最初鉴别之后，即应进行这种研究，并应向潜在的投资者散发投资简介，实际上做这项工作的往往是未来的投资者或企业集团。具体机会研究比一般机会研究更为普遍，其定义为将项目设想转变为概略的投资建议。具体项目的机会研究目的是要促使投资者作出反应，因此它必须包括某些基本资料，仅仅列举可能具有一定潜力的产品就不够了。如果进行项目机会研究是要引起企业家的兴趣，那么在企业家作出积极反应时就应考虑进行初步项目论证。

2.2.3.2 初步项目论证

初步项目论证必须在更为详尽的研究报告中详细阐述项目设想，它是介于项目机会研究和详细项目论证之间的一个阶段。因为详细的项目论证是既费钱又费时间的工作，因此做一段初步项目论证可以对项目设想进行初步的估计。

这一研究的主要目的是确定：

（1）投资机会是否有前途，值不值得进一步作详细项目论证；

（2）确定的项目概念是否正确，有无必要通过项目论证进一步详细分析；

（3）项目中有哪些关键性问题，是否需要通过市场调查、试验室试验、工业性试验等做深入研究；

（4）是否有充分的资料足以说明该项目设想既非可行的建议，也对某一具体投资者或投资集团不具有足够的吸引力。

初步项目论证的结构与详细的项目论证基本相同，要概括以下内容：市场和工厂生产能力、原材料投入、地点和厂址、工艺技术和设备选择、土建工程、企业管理费、人力资源、项目实施及经济评价。

如果就投资可能性进行了项目机会研究，那么项目的初步论证阶段往往可以省去。如果关于部门或资源的机会研究包括足够的项目数据可继续进入项目论证阶段或决定终止进行这一研究，那么有时也可越过初步项目论证阶段。然而，如果项目的经济效果使人产生疑问，就要进行初步项目论证来确定项目是否可行，除非初步项目论证的某一方面已通过详尽的市场研究或一些其他的功能研究进行了深入的调查。可以通过捷径来决定投资支出和生产成本中的次要组成部分，但不能决定其主要组成部分。必须把估计项目的主要投资支出和生产成本作为初步项目论证研究的一部分，但并不一定只依靠确实的报价单作为估计根据，以往的项目数据可作为主要的参考。

2.2.3.3 辅助（功能）研究

辅助（功能）研究包括项目的一个或几个方面，但不是所有方面，并且只能作为初步项目论证、项目论证和大规模投资建议的前提或辅助。

辅助研究分类如下：

（1）对要制造的产品进行市场研究，包括市场的需求预测以及预期的市场渗透情况。

（2）原料和投入物资的研究，包括项目使用的基本原料和投入物资的当前和预测的可得性，以及这些原材料和投入的目前和预测的未来价格趋势。

（3）试验室和中间工厂的试验，根据需要进行试验以决定具体原料是否合适。

（4）设施选址研究，特别是对那些运输费用影响大的项目的设施选址十分重要。

（5）规模的经济性研究，一般作为技术选择研究的一个部分进行。如果牵扯到几种技术和几种市场规模，则分开进行这些研究，但研究不扩大到复杂的技术问题中去。这些研究的主要任务是在考虑各种选择的技术、投资费用、生产成本和价格之后，评价最经济的工厂规模。这种研究通常对几种规模的工厂生产能力进行分析，研究该项目的主要特性，并计算出每种规模的结果。

（6）设备选择研究。如果项目的设备涉及的部门多，来源分散，而且成本各不相同，就要做这种研究。一般在投资或实施阶段进行设备订货，包括准备投标、招标并对其进行评价，以及订货和交货。如果涉及巨额投资，项目的构成和经济性，在极大的程度上取决于设备的类型及其资本费用和经营成本，所选设备直接影响项目的经营效果。在这种情况下，如果得不到标准化的成本，那么设备选择研究就是必不可缺少的。

辅助研究的内容视研究的性质和打算研究的项目各有不同，但由于其关系到项目的关键方面，因此其结论应为随后的项目编制阶段指明方向。在大多数情况下，投资前辅助研究如果在项目论证之前或与项目论证一起进行，其内容则构成项目论证的一个必不可少的部分。

如果一项基本投入可能是确定项目可行性的一个决定因素，而辅助研究有可能表明否定的结果，那么应在初步项目论证或项目论证之前进行辅助研究。如果在所要求的对一项具体功能的详细研究过于复杂，不能作为项目论证的一部分进行，辅助研究则与初步项目论证或项目论证分头同时进行。如果在进行项目论证过程中发现，尽管作为决策过程一部分的初步评价可以早些开始,但比较稳妥的做法是对项目的某一方面进行更要详尽的鉴别,那么就在完成该项目论证之后再进行辅助研究。

辅助研究的费用必须和项目论证的费用联系起来考虑,因为这种研究的一个目的就是要在项目论证阶段节省费用。

2.2.4 项目论证的三要素

项目论证的三要素为质量、时间和费用。项目论证的质量,取决于项目咨询专家和工程师们的知识、经验和掌握足够的基础资料和情报。研究深度不同,对其质量的要求也有所不同。例如对投资的估计方法不同,投资费用的准确度就有所区别,如下表所示。

投资误差对比表

研究阶段	机会研究	初步项目论证	项目论证
投资误差百分比	±30%	±20%	±10%

研究的深度与时间、费用成正比:机会研究粗略,时间可能只要一个月;项目论证复杂而且详细,时间可能需要一两年。

各项投资前论证所占费用目前仍无既定的标准,这些费用因项目和研究报告的不同而异,取决于以下这样一些因素,如项目的规模和性质,投资前研究的类型、范围和深度,委托和承担这项研究的机构以及收集和估价必要材料所需的时间和精力。但是,总的来说,应按照估计的所需人工月数量决定项目论证的费用。项目论证所需期限可以从较简单的机会研究为一个月到复杂项目的详细论证为期一年或两年不等。

由于费用对各类投资前研究来说是极为重要的决定因素,因此如果外部机构承担这类研究,最好标明费用多少。各项投资前论证所占的费用大致如下:一项机会研究:占 0.2%~1.0%;一项初步项目论证:占 0.25%~1.5%;一项项目论证,视项目的大小,从小型项目占 1.0%~3.0% 到具有先进技术的大型项目占 0.2%~1.0% 不等。辅助研究和试验的费用不能与项目投资费用相联系,而必须按照其拟议中的范围和期限加以估计。

以上数字,只是提供概念,指出相对关系,并不是绝对的。项目咨询公司实际索取的费用可能有很大的不同,因为有像咨询人员的经验、所要涉及的工作范围、项目的复杂性、咨询人员的竞争及其业务情况等这样一些可变因素。

2.2.5 项目论证的基本程序

一个项目论证报告的编制,需要广泛的技术、经济和财务等方面的知识和技能。经过机会研究和初步项目论证后,才开始详细的项目论证。项目论证的目的是为投资决策提供技术、经济和财务依据,因而要分析各有关方面的因素,选择最佳方案并论证其生命力。

项目论证一般有如下七个主要的阶段或步骤,在各阶段中,咨询单位和雇主应在一起紧密合作:

第一步:开始阶段。主要是要明确问题,包括弄清论证研究的范围以及雇主的目标。

第二步:资料搜集与分析。包括实地调查以及技术研究和经济研究,每项研究所要包括的主要方面：需要量、价格、工业结构和竞争将决定市场机会，同时原材料、能源、工艺要求、运输、人力和外围工程又影响适当的工艺技术的选择。

第三步：建立各种可行的技术方案。为了达到目标通常会有多种可行的方法，因而就形成了多种可行的能够相互代替的技术方案。项目论证主要核心点是从多种可供实施的方案中选优，因此拟定相应的实施方案就成为项目论证的关键一步工作。在列出技术方案时，既不能把实际上可能实施的方案漏掉，也不能把实际上不可能实现的方案当作可行方案列进去。否则的话，要么致使最后选出的方案可能不是实际最优的方案，要么由于所提方案缺乏可靠的实际基础造成不必要的浪费。所以，在建立各种可行的技术方案时，应当根据调查研究的结果和掌握的全部资料进行全面和仔细的考虑。

第四步：方案分析阶段。方案分析阶段包括分析各个可行方案在技术上和经济上的优缺点；方案各种技术经济指标如投资费用、经营费用、收益、投资回收期、投资收益率等指标的计算分析；方案的综合评价与选优，如敏感分析以及对各种方案的求解结果进行比较、分析和评价，最后根据评价结果选择一个最优方案。

第五步：编制已选择好的方案。包括进一步的市场分析、方案实施的工艺流程、项目地址的选择及服务设施、劳动力及培训、组织与经营管理、现金流量及经济财务分析、额外的效果等。

第六步：编制项目论证报告。项目论证报告其结构和内容常常有特定的要求，这些要求和涉及的步骤，在项目的编制和实施中能有助于雇主。

第七步：编制资金筹措计划。项目的资金筹措在比较方案时，已作过详细考查，其中一些潜在的项目资金会在贷款者讨论可行性研究时冒出来。实施中的期限和条件的改变也会导致资金的改变，这些都应根据项目论证报告的财务分析作出相应的调整。同时应作出一个最终的决策，以说明项目可根据协议的实施进度及预算进行。

以上步骤只是进行项目论证的一般程序，而不是唯一的程序。在实际工作中，根据所研究问题的性质、条件、方法的不同，也可采用其他适宜的程序。

2.2.6 项目论证报告的格式

下面是项目论证研究报告的一般目录格式：

第一章：实施要点

项目论证报告应当在考虑了某一项目的各种备选方案后对其所有的基本问题作出明确的结论。为了叙述的方便，这些结论和建议应在概括这一研究报告的各个关键方面的"实施要点"中予以归纳。也就是说，实施要点这一章反映了项目论证报告各个章节的最关键部分及其最基本的结论，包括以下几个方面：项目背景和历史、市场和工厂生产能力、原材料和投入、坐落地点和厂址、项目设计、工厂机构和企业管理费用、人力、执行时间安排、财务和经济评价、结论。

第二章：项目背景和历史

为了保证项目论证报告取得成功，必须清楚地了解项目设想与一个国家的经济状况、一般发展和工业发展等情况如何相适应。

一般来讲本章主要包括以下几个方面：项目背景、项目主办者和（或）发起者、项目历史、预备性研究及有关调查的费用。

第三章：市场和工厂生产能力

在拟定项目之前，应当分门别类地确定当前市场有效需求的规模和组成情况，以便估计某一产品可能的市场渗透程度。销售所得收入也应在考虑技术、工厂生产能力、生产计划和销售战略等方面的情况下作出预计。必须在进行项目论证时提出这种预计，同时对产品定价、推销措施、经销系统以及费用给予适当考虑。

一旦有了销售预测，就要拟定一个详细的生产计划说明各项生产活动及其时间安排。项目论证这一阶段的最后步骤，就是要考虑各种可供选择的生产、投资支出和销售收益水平来确定工厂的生产能力。

也就是说，本章主要包括以下几个方面：需求和市场预测、产品和副产品的销售预测和销售、生产计划、工厂的生产能力。

第四章：原材料和投入

讨论关于制造规定的产品所需原材料和投入的选择和说明以及供应计划的确定和原材料费用的计算等。确定投入需要量与项目拟定的其他阶段，诸如确定工厂生产能力和地点以及技术和设备选择等都有密切的关系，因为这些问题都必然地相互影响。选择原材料和投入的主要根据是需求分析和由此得出的生产计划与工厂生产能力。

即本章主要包括以下两个方面：原材料和投入、供应计划。

第五章：坐落地址

项目论证报告必须说明适合于所考虑的项目的地址。应该从一个相当大的地理区域选择地点，还必须从中多考虑几个可供选择的地址，一旦选定地址就要研究建立和经营工厂对周围环境的影响。

也就是说，主要包括以下几个方面：坐落地点、地址、当地条件、对环境的影响。

第六章：项目设计

项目范围应不仅包括厂区，而且包括为供应投入、交付产品和提供辅助基本设施投资所需的其他全部活动。这种综合方法应有助于决定哪些投资必须由投资者或任何第三方承担。功能和实体布置是据以规定项目范围及其后设计工作的基础。

一旦了解了项目的整个范围，就应在已确定的工厂生产能力的基础上，决定所要采用的合适工艺过程，所需的机器和设备的类型和范围，以及所涉及的技术和设备的费用。

其次，必须规定各种结构和土建工程诸如厂房、辅助建筑物、工厂基础设施之类，并作出有关的成本估计。

即本章主要包括以下几个方面：项目布置、项目范围、技术、设备、土建工程。

第七章：组织机构和管理费用

项目设计和机构规划是密切相关的，因此应在一系列反馈工作中共同进行。制订机构规划将使得计算管理费用成为可能，而管理费用在有些项目中对项目的营利性可以有决定意义。要对管理费用作出现实估价，必须把组织可行地分成几个组成部分（生产、服务和行政等成本项目）。

即本章主要包括以下两个方面：组织机构、企业管理费用。

第八章：人力

在生产能力及所使用的生产过程确定之后，有必要对审议中项目的各级管理部门所需人员作出规定；对生产和其他有关活动进行估价时，应同时对项目各个阶段各级人员所需要的培训进行估计。

即本章主要包括以下两个方面：工人、职员。

第九章：项目执行时间安排

项目执行时期是指从决定投资到开始大规模生产这段时期。这一时期包括谈判和签订合同、项目设计、施工和试运转等若干阶段。如果计划不当，这个时期将会延长时间，以致影响项目的潜在盈利性。因此，制订项目执行计划的首要目的就是要确定执行时期所涉及的财务问题，以便在投产前和投产后筹措足够资金使项目得以实施。应对选择筹资办法（自有资本或贷款）以及延迟投资所引起的财务问题给予特别注意。

在执行时期，同时发生一系列相互作用的投资活动，涉及各种不同的财务问题。为了调节这些活动，在项目论证报告中应编制并提出最佳执行计划和时间安排。

即本章主要包括以下几个方面：项目执行的基本数据和活动、项目执行计划和时间安排的选择、项目执行的成本估计。

第十章：财务和经济评价

项目编制应当符合财务和经济评价的要求。项目论证报告前面各部分编写完毕后，下一步就是计算总投资费用。在许多情况下必须假定在项目论证研究阶段已经有了项目筹资的资料；然后再计算项目涉及的财务问题，并把它归入生产总成本中。在进行财务评价时最好采用动态评价方法，并结合采用敏感性分析。同时，还应从项目对国民经济的直接和间接影响方面对项目进行评价。

2.2.7　项目评估

项目评估指在项目可行性研究的基础上，由第三方（国家、银行或有关机构）根据国家颁布的政策、法规、方法、参数和条例等，从项目（或企业）、国民经济、社会角度出发，对拟建项目建设的必要性、建设条件、生产条件、产品市场需求、工程技术、经济效益和社会效益等进行评价、分析和论证，进而判断其是否可行的一个评估过程。

2.2.7.1　项目评估的特征

（1）一个独立的项目评估机构（或投资咨询机构）对委托部门负责或对委托评估的项目负责，这个委托部门可以是政府机构、投资贷款银行，也可以是独立的法人（企业）。由于代表和维护利益的角度不同，独立的项目评估机构（投资咨询机构）更能摆脱部门、地区的行政干预和局限性。

（2）可行性研究报告只提供多方案比较依据，而项目评估报告通常是对多方案择优。因而，项目取舍的依据（决策依据）是项目评估报告。

（3）项目评估从大局出发，因而更能保证宏观与微观、全局和局部利益的统一，这样也就更能避免投资失误。

（4）项目评估是投资决策科学化、程序化和公正性的有力保证。项目评估有它的既定程序、评价方法和决策原则，还有一套比较完整的评估理论。

2.2.7.2 项目评估的内容
（1）建设必要性、现实性、可行性和市场预测的评估。
（2）建设条件的评估。
（3）技术方案的评估。
（4）机构设置和管理机制的评估。
（5）社会经济效果的评估。

2.3 项目建议书

2.3.1 项目建议书概述

2.3.1.1 项目建议书的概念
项目建议书又称立项报告，是项目建设筹建单位或项目法人，根据国民经济的发展、国家和地方中长期规划、产业政策、生产力布局、国内外市场、所在地的内外部条件，提出的某一具体项目的建议文件，是对拟建项目提出的框架性的总体设想。往往是在项目早期，由于项目条件还不够成熟，仅有规划意见书，对项目的具体建设方案还不明晰，市政、环保、交通等专业咨询意见尚未办理。项目建议书主要论证项目建设的必要性，建设方案和投资估算也比较粗，投资误差为±30%左右。

项目建议书是由项目投资方向其主管部门上报的文件，目前广泛应用于项目的国家立项审批工作中。它要从宏观上论述项目设立的必要性和可能性，把项目投资的设想变为概略的投资建议。项目建议书的呈报可以供项目审批机关作出初步决策。它可以减少项目选择的盲目性，为下一步可行性研究打下基础。

2.3.1.2 项目建议书的目的
项目建议书是项目发展周期的初始阶段，是国家选择项目的依据，也是可行性研究的依据。

项目建议书是项目发展周期的初始阶段基本情况的汇总，是国家选择和审批项目的依据，也是制作可行性研究报告的依据。涉及利用外资的项目，只有在项目建议书批准后，才可以开展对外工作。提供的项目建议书包括项目的战略、市场和销售、规模、选址、物料供应、工艺、组织和定员、投资、效益、风险等，将使您的投资机会研究或项目规划设想的效益前景更可信，使项目更具吸引力，更具可行性。

项目建议书批准后，可以着手成立相关项目法人。民营企业（私人投资）项目一般不再需要编写项目建议书，只有在土地一级开发等少数领域，由于行政审批机关习惯沿袭老的审批模式，有时还要求项目方编写项目建议书。外资项目，目前主要采用核准方式，项目方委托有资格的机构编写项目申请报告就可。

2.3.2 项目建议书的内容

2.3.2.1 项目建议书的主要内容

(1) 项目建议书基础内容。项目建议书（又称立项申请）是项目建设筹建单位或项目法人，根据国民经济的发展、国家和地方中长期规划、产业政策、生产力布局、国内外市场、所在地的内外部条件，提出的某一具体项目的建议文件，是对拟建项目提出的框架性的总体设想。对于大中型项目，有的工艺技术复杂，涉及面广，协调量大的项目，还要编制可行性研究报告，作为项目建议书的主要附件之一。

根据不同行业类别，可行性研究内容的侧重点差异较大。

(2) 项目建议书编制要求。根据现行规定，建设项目是指一个总体设计或初步设计范围内，由一个或几个单位共同组成，经济上统一核算，行政上实行统一管理的建设单位。因此，凡在一个总体设计或初步设计范围内经济上统一核算的主体工程、配套工程及附属设施，应编制统一的项目建议书；在一个总体设计范围内，经济上独立核算的各工程项目，应分别编制项目建议书；在一个总体设计范围内的分期建设工程项目，也应分别编制项目建议书。

项目建议书的编制应符合以下几个要求：

内容真实：项目建议书涉及的内容及反映情况的数据，应该尽量真实可靠，减少偏差及失误。其中所运用的资料、数据，都要经过反复核实，以确保内容的真实性。

预测准确：项目建议书是投资决策前的活动，具有预测性及前瞻性。它是在事件没有发生之前的研究，也是对事务未来发展的情况、可能遇到的问题和结果的估计。因此，必须进行深入的调查研究，充分的占有资料，运用切合实际的预测方法，科学的预测未来前景。

论证严密：论证性是项目建议书的一个显著特点。要使其有论证性，必须做到运用系统的分析方法，围绕影响项目的各种因素进行全面、系统的分析，包括宏观分析和微观分析两方面。

2.3.2.2 项目建议书基本框架

第一章：总论

(1) 项目名称。

(2) 承办单位概况（新建项目指筹建单位情况，技术改造项目指原企业情况）。

(3) 拟建地点。

(4) 建设内容与规模。

(5) 建设年限。

(6) 概算投资。

(7) 效益分析。

第二章：项目建设的必要性和条件

(1) 建设的必要性分析。

(2) 建设条件分析：包括场址建设条件（地质、气候、交通、公用设施、征地拆迁工作、施工等)、其他条件分析(政策、资源、法律法规等)。

(3)资源条件评价(指资源开发项目):包括资源可利用量(矿产地质储量、可采储量等)、资源品质情况(矿产品位、物理性能等)、资源赋存条件(矿体结构、埋藏深度、岩体性质等)。

第三章:建设规模与产品方案

(1)建设规模(达产达标后的规模)。

(2)产品方案(拟开发产品方案)。

第四章:技术方案、设备方案和工程方案

(一)技术方案

(1)生产方法(包括原料路线)。

(2)工艺流程。

(二)主要设备方案

(1)主要设备选型(列出清单表)。

(2)主要设备来源。

(三)工程方案

(1)建、构筑物的建筑特征、结构及面积方案(附平面图、规划图)。

(2)建筑安装工程量及"三材"用量估算。

(3)主要建、构筑物工程一览表。

第五章:投资估算及资金筹措

(一)投资估算

(1)建设投资估算(先总述总投资,后分述建筑工程费、设备购置安装费等)。

(2)流动资金估算。

(3)投资估算表(总资金估算表、单项工程投资估算表)。

(二)资金筹措

(1)自筹资金。

(2)其他来源。

第六章:效益分析

(一)经济效益

(1)销售收入估算(编制销售收入估算表)。

(2)成本费用估算(编制总成本费用表和分项成本估算表)。

(3)利润与税收分析。

(4)投资回收期。

(5)投资利润率。

(二)社会效益

第七章:结论

第八章:附件

建设项目拟选位置地形图;在自有地皮上建设,要附市规划部门对项目建设初步选址意见（规划要点或其他文件）。国家限制发展的或按国家及市政府规定需要先由行业主管部门签署意见的项目，要附有关行业主管部门签署的审查意见。

外商投资项目要附以下材料：

（1）会计师事务所出具的外商资信证明材料。

（2）合营各方的营业执照（复印件）。

（3）合营各方签署的合营意向书（境内单位要有上级主管部门的意见）。

两个或两个以上境内单位合建的项目要附以下材料。

（1）合建各方签署的意向书（要有上级主管部门的意见）。

（2）合建各方的营业执照（复印件）。

（3）其他附件材料。

2.4 商业计划书

2.4.1 商业计划书概述

商业计划书，也称作商业策划书。是指为一个商业发展计划而做的书面文件。一般商业策划书都是以投资人或相关利益载体为目标阅读者，从而说服他们进行投资或合作。商业计划书是创业者手中的武器，是提供给投资者和一切对创业者的项目感兴趣的人，向他们展现创业的潜力和价值，说服他们对项目进行投资和支持。因此，一份好的商业计划书，要使人读后，对下列问题非常清楚：

（1）公司的商业机会。

（2）创立公司，把握这一机会的进程。

（3）所需要的资源。

（4）风险和预期回报。

（5）对你采取的行动的建议。

（6）行业趋势分析。

商业计划不是学术论文，它可能面对的是非技术背景但对计划有兴趣的人，比如可能的团队成员，可能的投资人和合作伙伴，供应商，顾客，政策机构等，因此，一份好的商业计划书，应该写得让人明白，避免使用过多的专业词汇，聚焦于特定的策略、目标、计划和行动。商业计划的篇幅要适当，太短，容易让人不相信项目的成功；太长，则会被认为太啰唆，表达不清楚。适合的篇幅一般为20~40页长（包括附录在内）。

2.4.2 商业计划书的内容

从总体来看，写商业策划的原则是：简明扼要；条理清晰；内容完整；语言通畅易懂；意思表述精确。商业计划书一般包括如下七大部分内容：

第一部分：项目简介。

一页纸的"项目简介"是商业计划书中最重要、也是最挑战你文笔的内容。好比电视广告，它如果不能在10秒钟内引起观众的兴趣，观众就会按遥控器换频道。

虽然"项目简介"像是你的商业计划书的"迷你版"，但它并非要包含商业计划书的每一个方面。

用一句话来清晰地描述你的商业模式，即你的产品或服务；

用一句话来明确表述为什么你的创新及时解决了用户的问题，填补了市场的空缺；

用一句话（包括具体数字）来描述巨大的市场规模和潜在的远景；

用一句话来概括你的竞争优势；

用一句话来形容你和你的团队是一个"成功组合"；

用一句话（包括具体数字和时间）来概述你将如何在最短的时间内让投资人赚翻；

用一句话来陈述你希望融多少钱、主要用来干什么。

第二部分：产品/服务。

产品和服务就是你的商业模式，也就是将来你的公司将靠什么去赚钱。

别说什么"要成为中国最大的……"也别说自己是"最好最好的……"最忌讳空洞的语言，要具体数字说话。

第三部分：开发市场。

市场可以从三个方面看：宏观的、微观的、以及具体你如何开发自己的市场。

宏观的：如果你所能得到的宏观市场数据是从互联网站上下载的免费报告，这一类的信息适可而止，VC/PE（风险投资/股权投资）们也都在浏览互联网。重要的是与你的产品直接相关的市场数据，即你的微观市场、你力所能及的市场，这些数据越详细越好，著名经济信息研究机构华经纵横建议：如果自己没有这些数据就购买专业机构相关报告，即使你没有这些数据VC/PE自己都会去找的，你有"服务意识"的话，不如先把VC/PE要做的工作都先给做了，这样你拿到钱的时间也可能会提前。

然后，你要说明你如何来行之有效地做市场，别斗胆说你需要1000万去做媒体广告建立企业品牌，初创的公司是没钱玩那些奢侈游戏的；你不如说"已经和海尔达成意向，通过他们的渠道进行捆绑在全国推广……"

第四部分：竞争对手。

没有哪家公司没有任何竞争对手。比如说，你研发了一种全新的节能空调，VC都会去行业老大那里打听，比如看看海尔是不是有同类的产品，或者问问海尔为什么自己不研发这类产品，再让海尔谈谈对这类产品的看法和观点……

要是竞争对手也是创业公司，别怕，你应该比他们做得更好，只要你的产品比竞争对手的更先进，投资者会支持你，到时候也许投资者把对手给收购了，这不就解决了竞争的问题吗？

第五部分：团队成员。

具体挖掘一下你的真实才能，你是学习什么专业的，曾在公司里担任什么职务，做过些什么项目……团队是VC/PE投资的对象，也是VC/PE重点关注的内容，记得除了包装你自己以外，别忘了把你的团队成员也作详细介绍。

第六部分：收入。

创建公司就像盖一座高楼，什么时候地基落成、什么时候封顶、什么时候交钥匙都是工程中的关键节点。对于早期的创业公司来说，投资者最关心的是公司的产品什么时候能够顺利通过各种测试推向市场？什么时候公司账上开始有收入进来？公司什么时候能达到盈亏持平？

当然，持平并不是投资者的最终目的，公司收支打平了，投资者就有信心给你更多的钱去扩大规模、去进一步发展。创业者们应该明白，无论你创立什么样的公司，账面收支持平越早越好。一个公司开始有收入了，说明公司的产品有市场价值；一个公司盈亏持平，说明它是有盈利潜力的；只有具有盈利能力的公司，才是真正有价值的公司，因而才会有更多的 VC/PE 青睐。

第七部分：财务计划。

财务预测是商业计划书中最重要的部分之一。通常 VC/PE 对有兴趣的项目一定会要求详细的财务介绍。记住：至少做 3 年的财务计划，最好做 5 年，把重点放在第一年。

2.4.3 商业计划书的用途

2.4.3.1 沟通工具

商业计划书可以用来介绍企业的价值，从而吸引到投资、信贷、员工、战略合作伙伴，或包括政府在内的其他利益相关者。

一份成熟的商业计划书不但能够描述出你公司的成长历史，展现出未来的成长方向和愿景，还将量化出潜在盈利能力。这都需要你对自己公司有一个通盘的了解，对所有存在的问题都有所思考，对可能存在的隐患做好预案，并能够提出行之有效的工作计划。

2.4.3.2 管理工具

商业计划书首先是一个计划工具，它能引导你走过公司发展的不同阶段。

一份有想法的计划书能帮助你认清挡路石，从而让你绕过它。很多创业者都与他们的雇员分享商业计划书，以便让团队更深刻的理解自己的业务到底走向何方。

大公司也在利用商业计划，通过年度周期性的反复讨论和仔细推敲，最终确定组织未来的行动纲要和当年的行动计划，并让上级和下级的意志得到统一。

商业计划书也能帮助你跟踪、监督、反馈和度量你的业务流程。

优秀的商业计划书将是一份有生命的文档，随着团队知识与经验的不断增加，它也会随之成长。

当你建立好公司的时间轴及里程碑，在一个时间段后，你就能衡量公司实际的路径与开始的计划有什么不同了。越来越多的公司都在开始利用年度周期性的计划工作，总结上一周期的成功与不足，以便调整集体的方向与步骤，进而奖优罚劣，激励团队的成长。

2.4.3.3 承诺工具

最容易被人忽略的是，商业计划书也是一个承诺的工具。这点，在企业利用商业计划书执行融资工作的时候体现最为明显。

和其他的法律文档一样，在企业和投资人签署融资合同的同时，商业计划书往往将作为一份合同附件存在。与这份附件相对应的,是主合同中的对赌条款。对赌条款和商业计划书,将共同构成了一个业绩承诺:当管理人完成或没有完成商业计划书中所约定的目标,投资人和企业家之间将在利益上如何重新分配。

在辅助执行公司内部管理时,商业计划书也是一个有效的承诺工具。在上级和下级就某一特定目标达成一致以后,他们合作完成的商业计划书就记录下了对目标的约定。这样的约定,将成为各类激励工具得以实施的重要基础。

商业计划书也体现了上级对下级的承诺。公司战略的得以展开,必然意味着必要的资源投入。只有经过慎重思考的战略,才能够让领导人具有必要投入的决心。人们可以原谅因为具体环境的变化、知识的增长而带来行动计划乃至战略的调整,但是,却没有任何人愿意和一个朝三暮四、朝令夕改、不具备战略思考能力的领导人共同工作。

2.4.4 商业计划书的撰写

2.4.4.1 执行总结

是商业计划的一到两页的概括。包括:

(1) 本商业(Business)的简单描述(亦即"电梯间陈词")。
(2) 机会概述。
(3) 目标市场的描述和预测。
(4) 竞争优势。
(5) 经济状况和盈利能力预测。
(6) 团队概述。
(7) 提供的利益。

2.4.4.2 产业背景/公司概述

(1) 详细的市场描述,主要的竞争对手,市场驱动力。
(2) 公司概述应包括详细的产品/服务描述以及它如何满足一个关键的顾客需求。
(3) 一定要描述你的进入策略和市场开发策略。

2.4.4.3 市场调查和分析

这是表明你对市场了解程度的窗口。一定要阐释以下问题:

(1) 顾客。
(2) 市场容量和趋势。
(3) 竞争和各自的竞争优势。
(4) 估计的市场份额和销售额。
(5) 市场发展的走势(对于新市场而言,这一点相当困难,但一定要力争贴近真实)。

2.4.4.4 公司战略

阐释公司如何进行竞争,它包括三个问题:

(1) 营销计划(定价和分销;广告和提升)。
(2) 规划和开发计划(开发状态和目标;困难和风险)。
(3) 制造和操作计划(操作周期;设备和改进)。

2.4.4.5 总体进度安排

公司的进度安排,包括以下领域的重要事件:

(1) 收入。

(2) 收支平衡点和正现金流。

(3) 市场份额。

(4) 产品开发介绍。

(5) 主要合作伙伴。

(6) 融资。

2.4.4.6 风险、问题和假定

(1) 创业者常常对于公司的假定和将面临的风险不够现实。

(2) 说明你将如何应付风险和问题(紧急计划)。

(3) 在眼光的务实性和对公司的潜力的乐观之间达成仔细的平衡。

2.4.4.7 管理团队

(1) 介绍公司的管理团队,一定要介绍各成员与管理公司有关的教育和工作背景。

(2) 注意管理分工和互补。

(3) 介绍领导层成员,商业顾问以及主要的投资人和持股情况。

2.4.4.8 企业经济状况

介绍公司的财务计划,讨论关键的财务表现驱动因素。一定要讨论如下几个杠杆:

(1) 毛利和净利。

(2) 盈利能力和持久性。

(3) 固定的、可变的和半可变的成本。

(4) 达到收支平衡所需的月数。

(5) 达到正现金流所需的月数。

2.4.4.9 财务预测

(1) 包括收入报告,平衡报表,前两年为季度报表,前五年为年度报表。

(2) 同一时期的估价现金流分析。

(3) 突出成本控制系统。

2.4.4.10 假定利益

这是你的"卖点",包括:

(1) 总体的资金需求。

(2) 在这一轮融资中你需要的是哪一级。

(3) 你如何使用这些资金。

(4) 投资人可以得到的回报。

(5) 可能的投资人退出策略。

▶ **复习思考**

1. 项目可行性研究的主要内容有哪些？
2. 项目论证与评估的基本程序是怎样的？
3. 项目建议书适用于什么样的情况？
4. 商业计划书的用途有哪些？

第二篇

现代物流方案设计案例

本书中的第二篇（第3～8章）为作者指导本校学生参加历届全国大学生物流设计大赛的获奖方案中的截取内容，其中的数据来源于当时大赛方提供的案例，现在来看这些数据比较陈旧。之所以还选用这些数据，是考虑到它们对结论的支撑，对本书重点论述的方案的设计方法、步骤等内容无实质影响。第3～8章共6个设计方案，其设计的基础和依据是当届全国大学生物流设计大赛案例（也就是说，要阅读本书第3～8章还需要对照相应案例，这些案例是免费资源，可以在中国物流与采购联合会官方网站下载），该案例面向全国参赛队伍统一公布，然后各参赛队根据案例进行方案设计。这个规则具体见第3～8章每一章的"背景介绍"，也可参看本书最后的附录部分。作者指导武汉纺织大学学生参加了五届全国大学生物流设计大赛（迄今为止共有五届，第六届2019年4月份进行），历届均入围决赛并获奖（获奖信息可在中国物流与采购联合会官方网站上查询）。

第3章

快递网络优化方案设计

▶ 背景介绍

此方案节取自2011年"顺丰杯"第三届全国大学生物流设计大赛获奖作品《顺丰速运：逆风下的风险思变》（有删节）。该方案的背景案例为"顺丰杯"第三届全国大学生物流设计大赛案例，详见中国物流与采购教育网（www.clpp.org.cn）。在学习本方案前，需要预先阅读"顺丰杯"第三届全国大学生物流设计大赛案例。

▶ 学习要点

- 了解快递业的发展现状
- 熟悉需求量预测技术
- 熟悉优化模型的建立与重构

▶ 方案摘要

本方案以考虑风险因素为指导思想，以国内新型运输方式——高速铁路为切入点，在对高铁进行可行性分析的基础上，融合其他传统速递运输方式，建立顺丰速运网络的三步走发展战略，即在风险条件下的区域—全国—全球性网络优化及重构，并对顺丰速运的流程进行了风险识别、风险分类和风险规避。方案先根据国民经济运行状况、快递行业发展情况,对顺丰速运进行了SWOT分析,确定了顺丰速运发展战略。接着,对国内快递行业未来需求,采取了ARIMA、回归和综合因素三种方法进行预测,预见并设法规避需求的不确定性这一最大风险。然后以轴辐式网络模型为基础,建立在风险条件下的顺丰速运区域、全国以及全球速运混合模型,并采用启发式算法,利用MATLAB编程计算,解决顺丰速运在风险条件下的网络运输方式选择、线路优化等相关问题。在上述战略分析的基础上,对顺丰速运的运作层进行风险分析,即对顺丰速运的收件、中转和派件三大作业流程优化,采用鱼骨分析法,对顺丰速运流程进行风险识别。从事前预防、事中控制和事后补救三方面入手,规避关键风险点。运用流程图来集成整个优化过程。本方案中,风险管理思想贯穿始终,利用混合轴辐式模型解决顺丰速运网络优化与重构问题,利用流程优化解决顺丰速运流程中存在的风险问题。同时,做到战略管理与运作管理统一,力求从根本上为顺丰速运提供一套基于风险条件下的行之有效的方案。

3.1 快递业发展现状分析

3.1.1 快递业发展背景

中国的快递行业经过近30年的发展,已经成为国民经济不可或缺的重要组成部分。目前逐渐形成了三大市场主体,分别为以UPS、FedEx、DHL、TNT为代表的四大国际快递企业,以EMS、民航快递、中铁快运为代表的国有快递企业,和以顺丰、申通、宅急送等为代表的民营快递企业。市场中存在着规模不等的快递企业两万多家。

国际快递公司,占据国内快递业中的高端业务——国际快递,因而也是利润最高的业务。由于国际快递服务必须具备综合的运输能力,遍布全球的网络布局,先进的信息控制技术,该业务领域的门槛高,我国从事该业务的快递公司并不多,主要是四大国际快递公司占主要的市场份额,市场集中度较,而国内快递公司在该领域的市场份额已经从20世纪90年代的80%下降到不足20%。四大快递公司的强大实力和完善的国际网络比较如表3-1所示。

表3-1 四大快递公司竞争力对比表

基本情况	快递公司	UPS	FedEx	DHL	TNT
总部		亚特兰大	孟菲斯	布鲁塞尔	阿姆斯特丹
运营网络(覆盖中国)		500	220	318	1 200
自有飞机数		600架左右	670架左右	420多架	50多架
自有车辆(全球)		14.9万部车	14万部车	7.62万部车	2.3万部车
优势业务		快递地面服务	快递,供应链	物流,快递	直邮,快递
优势地区		北美洲	北美洲、亚洲	欧洲、亚洲	欧洲
中国业务开始时间		1988年	1984年	1986年	1988年

国有快递公司企业经过多年的发展已经形成了一定的规模,主要有 EMS、中外运、中铁快运及民航快递。中国邮政快递拥有覆盖全国,沟通城乡,连接世界,集水、陆、空等多种运输手段和投递方式的集散式立体实物投递网,中国邮政 EMS 在全国大中城市建有 201 个较大规模的邮件处理中心,覆盖 2300 多个县级以上城市。目前 EMS 以其众多的服务网点,绝对优势业绩在整个国内快递市场处于领导地位。

自 1988 年以来,国内民营快递公司每年都以 120% ~ 200% 的速度递增,远远高于国内快递市场的增速。民营快递企业主要从事同城快递,其业务占全国市场份额的 75% 以上。我国民营快递市场主要集中在广州、深圳为中心的珠江三角洲,以江浙沪为中心的长江三角洲和以北京、天津为中心的环渤海地区,内陆地区和部分经济发达的地级城市比例会比较小。国内快递公司竞争力对比如表 3 - 2 所示。

表 3 - 2 国内快递公司竞争力对比表

快递公司 基本情况	顺丰速运	申通快递	宅急送	EMS
总部	深圳	上海	北京	北京
全球	韩国、新加坡	无	无	200 多个国家和地区
中国	近 200 个大中城市	800 多个城市	2 000 多个城市	近 2 000 个城市
自有飞机数	11 架飞机	—	无	自有飞机 12 架
自有车辆(全球)	4 000 部	—	1 900 部	20 000 部
员工总数	72 000 名	30 000 名	15 000 名	中国:20 000 多名
优势业务	文件和包裹	文件和包裹	异地包裹	文件和包裹
优势地区	珠三角	长三角	华北	全国
成立时间	1993 年	1993 年	1994 年	1985 年
近期动态	组建自用航空公司	—	计划香港上市	政企分开;物流和快递合并

顺丰速运作为民营快递企业,在民营快递行业中竞争力占据第一位,但是在国内快递企业相比较,其竞争力排在第二位,仅次于 EMS,这是非常难得的。但是顺丰快递在这种环境下,暗藏着的风险:

(1)前面有跑得很远的"标兵",后有逼得很近的"追兵"。顺丰速运与跨国快递公司比较,不可同日而语,与国内国有企业 EMS 比较也存在巨大差距。同时,国内民营快递企业申通、圆通等,与顺丰差距很小,稍微放松,就有被超越的可能。

(2)同质化竞争严重。我国快递业中 70% 左右是异地快递,25% 是同城,只有 5% 是国际快递,但是快递业收入却反了过来,只有 5% 业务量的国际快递,收入却可以达到 35%,占业务量 70% 的异地快,其收入只占 50%。

(3)行业门槛低,服务质量不稳定。国内快递企业在近几年快递业中,快递延误比例为 60% 左右,快件毁损丢失比例约为 30%,快递的投诉中有关延误、损毁和丢失一直都是最主要的问题。如图 3 - 1、表 3 - 3 所示。

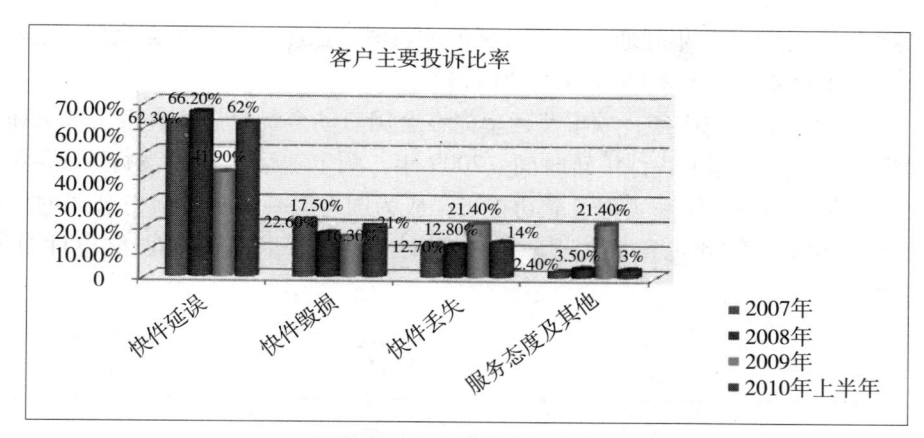

```
                    客户主要投诉比率
70.00% 66.20%
      62.30%    62%
60.00%
50.00%   41.90%
40.00%
30.00%        17.50%      21.40%    21.40%
20.00%   22.60%      12.80%
              10.36% 21% 12.70%  14%
10.00%                            2.40% 3.50% 3%
    0
      快件延误  快件毁损  快件丢失  服务态度及其他
                                              ■ 2007年
                                              ■ 2008年
                                              ■ 2009年
                                              ■ 2010年上半年
```

图 3-1 客户主要投诉比率图

表 3-3 快递行业投诉问题调查表

（2008 年 4 月到 2009 年 11 月）

序号	项目	频数	累积频数	累积频数百分率（%）
1	快件延误	2 905	2 905	42.80
2	快件丢失及短缺	1 511	4 416	65.07
3	快件毁损	982	5 398	79.53
4	服务态度差	647	6 072	89.47
5	代收货款	388	6 460	95.18
6	违规收费等情况	198	6 658	98.10
7	其他	129	6787	100

3.1.2 快递 SWOT 分析

3.1.2.1 顺丰速运优势（Strengths）

（1）网络覆盖范围广。顺丰速运在全国建立了自主经营、自有资源规模化的"直营式"网络。这种网络经营模式便于同一指挥和运作，服务标准统一、质量稳定，安全性能高，可以实现对客户的统一结算，能最大限度地保障客户利益。

在国内，顺丰速运已建有 3 个分拨中心、10 个一级中转场、93 个二级中转场、2 200 多个营业网点，覆盖了国内 31 个省、自治区和直辖市，近 250 个大中城市及 1 300 多个县级市或城镇，公司经营本部下设华南、华北、华中、华东、东南和海外 6 个分部。其中，3 个分拨中心位于深圳宝安国际机场物流园区国内货运村、山东潍坊航空物流园和北京空港物流基地。

在港澳台地区均有网点分布。在香港，网点覆盖了 18 个行政区中的 17 个（离岛区暂未开通）；在澳门，于 2008 年 10 月份开始提供收派件服务；在台湾，覆盖了台湾省台北、桃园、新竹、台中、彰化、嘉义、台南、高雄等主要城市。

在国际方面，于 2010 年开通了韩国、新加坡收派件服务，网络覆盖全区。（之前开通到俄罗斯的快递业务，已于 2009 年 4 月 30 日暂停）

（2）服务能力强。2003 年，顺丰速运率先在全国启动全货机运输，租用包机和机腹进行快递转运，这大大缩短了快件中转时间。2009 年，顺丰速运"逆风飞行"，成立了顺丰速运航空有限公司，并于年底实现了成功首飞，成为国内第一个自有航空公司的民营快递企业，快件中转能力因此也得到提升。与此同时，推出了特安快递、航空即日到（图 3-2）等服务。

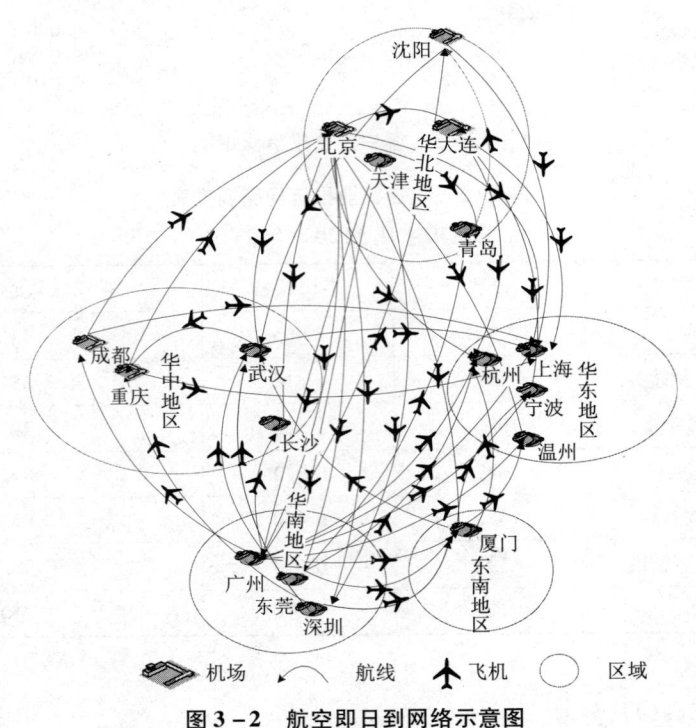

图 3-2 航空即日到网络示意图

（3）与战略伙伴合作。2009 年，顺丰速运以较少的资金投入，通过与深圳市泰海有限公司合作，组建了顺丰速运航空有限公司，出资比例为 1∶3，共 1 亿人民币。这次合作，达到了"四两拨千斤"的效果，成为首个拥有飞机的民营快递企业。

顺丰速运通过与 IBM 共同合作开发，设计开发出了成熟的 ASURA（阿修罗）营运系统，显著提高了顺丰速运工作效率和营运管理水平。

（4）信息系统发达。顺丰速运一直以来都注重信息系统的完善，以快速响应顾客的需求。建立了成都呼叫中心和合肥呼叫中心，辐射华南、华东、华中、华北等地区。通过外包、合作、自主研发三种手段，研制了资源调度系统、自动分拣系统、第二代手持终端系统、客户关系管理系统等近 40 多个，涉及营运类、客服类、管理报表类、综合类四大模块，信息系统发达。

（5）团队强大。顺丰速运秉承着德才兼备、品德优先、共同成长的人才观，吸引了无数全国各地的有志之士投身到快递事业中，他们的到来为顺丰速运的发展奠定了良好的基础。顺丰速运人才结构合理，人才涵盖范围广，包括收派员、会计管理师、人力资源高级经理、网络规划经理、财务高级经理等102类高级人才。他们的到来为顺丰速运注入了活力，提供智力支持。

3.1.2.2 顺丰速运劣势（Weaknesses）

（1）国内快递市场集中程度高。就地区而言，国内快递主要集中在珠三角、长三角和环渤海地区。区域的集中带来竞争的加剧。根据国家统计局2008年统计年鉴数据显示（表3-4），华东地区快递业务占全国快递市场的43%，中南地区占29%，这两地区业务量占到全国的82%，可见集中程度之高，尤其是在华东地区。而西北、西南、东北、华北四个地区总共只占18%，仅为华东地区的近1/3。

表3-4　2008年我国快递市场各区域分布情况

地区	市场占有率（%）	统计结果
华北	15	■■■■■■■■■■■■■■■
东北	4	■■■
华东	43	■■■
中南	29	■■■■■■■■■■■■■■■■■■■■■■■■■■■
西南	6	■■■■
西北	3	■■

（2）现行航空网络缺陷：

① 航空网络规划方式不科学。顺丰速运航空公司采用经验规划，其缺点表现在两个方面：

A. 从事网络规划的相关人员，根据顺丰速运历史数据和个人经验进行判断，并仅将单条航线的需求量分析作为开设航线的主要评价指标；这样人为造成运载率的下降。

B. 在航线的选取过程中经常出现对其他公司效益较好的航线跟风的情况，没有考虑所选航线对顺丰速运现有网络的协同作用，忽略了航线网络结构的整体性，没有把系统的思想应用到航线网络结构的构建中，无法获得航线网络的规模经济性及范围经济性，进而实现航线规划对整个网络运行效率的提升作用。

② 现行航空网络运营模式的局限性。目前，顺丰速运采用点对点式和环形式运营模式，该种模式存在着明显的不足之处，表现在两方面：

A. 只考虑两个城市间运量而不考虑或无法顾及航线间的衔接问题，尚未从网络层次上配置航线资源，只是简单的运送系统，装载率低，难以形成网络规模经济，造成资源浪费。同时，顺丰速运往返地间的运量具有极其不均衡的特点，导致飞机运输能力过剩或不足，全货机无法充分发挥其价值。

B. 现行网络模式对枢纽机场起到不必要的分流，降低了枢纽机场的装载率，并形成竞争。

（3）人才流失严重。中国快递咨询网首席顾问徐勇接受采访时曾说，中国民营快递企业人次流失率高达50%，而正常的人才流失率应该控制在15%以下。人才流失不仅造成企业人力资源成本的极大浪费，而且使企业竞争力严重下降。顺丰速运和我国其他民营快递企业一样，缺乏专业的管理人员和技术人才，在合肥呼叫中心，经营本部员工积极性减弱，造成人才管理不当，流失严重，流失率达18%左右。

(4) 流程运行弊端。顺丰的标准化快件操作流程主要包括收发、中转和派送这三大环节，收件和派件是其中的重点流程。

收件流程是指收派员从接受订单到上门收取快件直至将快件运回分点部的过程，而整个流程中的风险是无处不在的，关键的风险主要来自那些不确定性的因素，主要是在上门收件、货件检查、运单填写、交件交款交单这些作业流程中的收派员的业务技能、道德水平不高以及客户的道德风险这些方面。

中转流程是指快件到达中转场开始，经卸车、分拣直至快件离开等一系列操作过程，而流程运行的弊端主要存在于快件卸车、解包、分拣、扫描、装车这些作业流程中员工、仓管员、客服部人员的业务技能和技术设备风险。

派件流程是指自快件交接完后，派件员将快件准确无误地派送到客户手中这一过程，流程运行出现的关键风险主要来自快件派送前需要与客户联系、确认客户身份以及客户拒收时的处理流程没有严格按照标准化的作业处理流程来处理。

整个快件流程运行的根本问题是对于流程中出现的关键风险点没有一套科学的风险管理方法，导致快件的安全性、时效性得不到保证。

(5) 缺乏风险意识。2009年，IBM面向全球1200多位CFO和资深金融专业人士进行了调研。根据发布的《2008年全球财务总监调查报告》调查显示，收入超过50亿美元的企业中有62%在过去的三年中遭遇了重大风险事件。其中，42%的企业都承认缺乏应急准备。毫无疑问，这个世界存在太多的风险。而中国企业能够做好风险管理的是少之又少，顺丰速运也不例外。

顺丰速运流程、网络、人员管理等方面呈现出很多弊端，快递业的投诉率问题一直没有得到很好的解决，这给顺丰速运敲了一个警钟。在这个充满风险的时代，顺丰速运应未雨绸缪，树立忧患意识。

3.1.2.3 顺丰速运机会（Opportunities）

(1) 国内快递业发展迅速。21世纪以来，我国快递业保持25%及以上速度发展。根据中华人民共和国国家邮政局2008年数据显示：我国规模以上快递企业业务收入累计完成408.4亿，较2007年同比增长19.2%；业务量累计完成15.1亿件，同比增长25.9%，可见发展速度之快、潜力之大。国内历年快递市场规模及增长率，如图3-3所示。

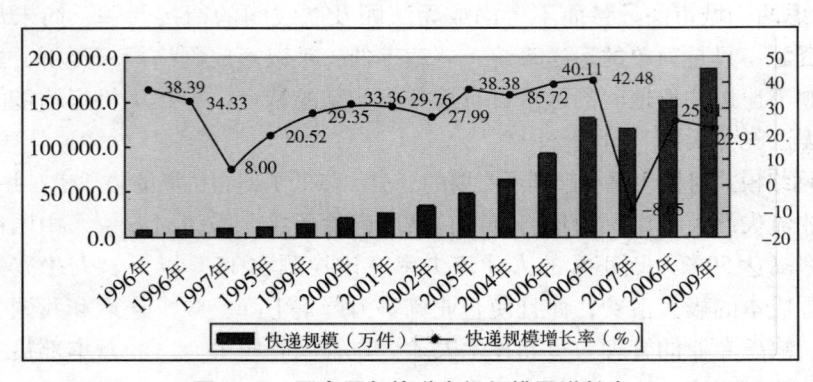

图3-3 国内历年快递市场规模及增长率

在这一宏观背景下,为顺丰速运发展提供了良好的宏观环境。乘此良机,顺丰速运应加快扩张步伐。

(2) 快递需求市场新气象。2010年12月24日,发改委、商务部等6个部委官员和国务院5家顶级研究机构的专家最近都对江苏苏北的东风村进行了调研,专家称这个村为"网络小岗村",并将这种经营模式称为"沙集模式"。东风村靠网上销售拼装家具,创造了年产值3亿多元的产业,而这正是依靠电子商务、网络的普及,这些都与快递业的发展密不可分。在当地有10几家快递公司,快递员不断地在村里穿梭取货,将这些货物发往全国的主要一线城市。

"沙集模式"为快递业发展带来了新的业务增长点。顺丰速运在以杭州为核心的华东市场,可以借此良机,抢占这块新市场。

(3) 高铁时代来临。高铁网络分布情况及其发展趋势,为顺丰速运由区域性快递企业发展为全国性快递企业的战略目标提供了新的思路和发展方向。根据铁道部《中长期铁路网规划》及其调整说明,到2020年将建立省会城市及大中城市间的快速客运通道,规划"四纵四横"、9个城际客运系统。届时,200公里/小时及以上时速的高速铁路建设里程将超过1.8万公里,将占世界高速铁路总里程的一半以上。

利用高速铁路进行快递转运,具有很强的可行性:

① 功能上的互补性。高铁运输受需求因素影响,具有间歇性特征。在白天,客流量大,高铁主要用于客运;到了晚上,人流量骤减,高铁不得不缩减班次,资源被闲置。而快件运输具有相反的特征。在白天,快递员忙于收派件业务,到了下午和晚上的时候,才将快件集中到分拨中心,进行区域间的快递转运。为此,在晚上,可以利用高铁强大的网络资源进行快递转运。这样不仅不会与客运冲突,相反弥补了夜间需求量小而造成资源闲置的缺陷,客运与货运在功能上是互补关系。

② 发展上的一致性。高铁网络的建设条集中在经济发达、人口稠密、消费能力大的城市、城镇,而这一条件也是快递网络布局的基本前提,二者在发展方向上是一致的。

③ 巨大的潜在优势。高铁运输虽然在运输成本上与航空相比,不占优,但高铁运输具有运载量大、运行风险小、发车频度密集、转运次数少,并实现"门到门"服务等优势,这是航空运输所不及的。

因此,如何利用高铁网络,达到顺丰速运由区域性快递企业发展为全国性快递企业的目标,将是本方案要解决的问题。

(4) DHL网络成功经验。据资料记载,DHL在美国犹他州和俄亥俄州建立了2个包裹快递轴辐式网络枢纽中心,使得运营总成本下降了5%~10%。这为顺丰速运网络优化提供了发展方向。同时,顺丰速运网络具有建立轴辐式网络特征及条件。

顺丰速运全网网络分为二层,分拨中心与分拨中心之间构成了一张主网,并使用航空进行干线运输,模式为轴(Hub)——轴(Hub);各分拨中心内部,以分拨中心为枢纽点,对全区各区部、分部、点部快件进行集散,这构成了一张子网,采用公路、铁路等方式进行支线运输,模式为辐(Spoke)——轴(Hub)或轴(Hub)——辐(Spoke)。

全国范围内各分拨中心主网和子网构成了一张空中与地面相结合的立体网络。子网对主网进行喂给——疏散,主网对子网进行疏散——喂给,二者相辅相成,如图3-4所示。

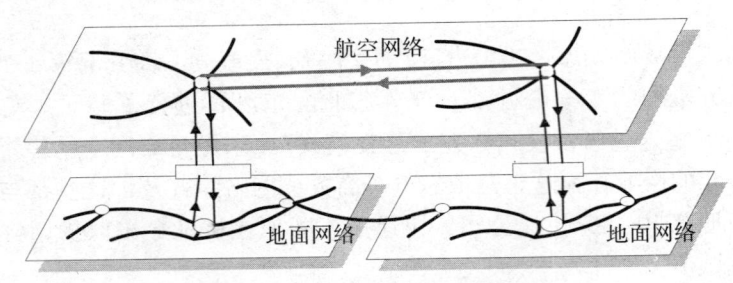

图3-4 喂给—疏散网络示意图

顺丰速运航空有限公司的成立,为建立轴辐式网络带来了契机。拥有3架全货机,可以实现全天通航。其中,空客A300大机型货机,最大运载量40吨,这具有很强的货运能力。同时,航空枢纽港通常是我国交通最便利的地方。这3方面条件为顺丰速运网络优化与重构准备了充分条件。

轴辐式网络相比点对点式、环飞式,其通过各区部在航空枢纽点中转,使得网络运营具有规模效应、结构经济、服务便利等优势。

DHL辐式网络经验为顺丰速运优化现有网络提供了思路。那该如何建立轴辐式网络呢?也是本方案下面要解决的问题。

(5)国家政策支持。2009年10月1日起,开始实施新的《中华人们共和国邮政法》。在新通过的《邮政法》里,第六章第五十一条——第六十条对民营快递企业的经营范围、经营条件、管理办法等相关内容进行了规定。至此,我国快递业取得了合法的法律地位,改变了过去"老鼠会"形象。

2007年起,国家统计局、国家邮政总局正式将民营快递业务量纳入统计范畴,民营快递企业法律地位得到进一步提升。这为顺丰速运发展带来了良好的政策支持,不再因"快递经营不合法"缴罚金。

3.1.2.4 顺丰速运威胁(Threats)

(1)需求的不确定性。自2001中国加入WTO后,我国经济飞速增长,这也带动了快递业的繁荣,业务量节节高升。虽然和平与发展是时代的主题,这给世界经济发展也带来了一个相对稳定的发展环境,但是少数敌对国家仍未放弃"对华政策",贸易摩擦不断。这都影响着我国经济正常运行,并且影响我国快递业的发展因素众多,其中任何一个因素的变动都会对国内快递市场需求造成巨大的波动。未来的需求量仍然充满着不确定性,不确定性就意味着风险的存在。

(2)国际快递企业强势进入。国际四大快递巨头,占据着世界上绝大部分的国际快递市场,网络覆盖全球各地,并且广泛使用飞机转运,网络运营能力强,具有很强的竞争优势。顺丰速运若想拓展国际快递业务,则不得不面对来自它们的挑战。

同时,四大巨头不断同国内快递企业合并,以达到扩张国内快递市场的目的,这给国内快递市场带来了巨大的冲击,并且向我国民营快递赖以生存的"低成本"战略发起挑战。

根据中国财经报道,2007年底FedEx开始降价,到2008年6月10日为止,一共做出了四次降价,并推测所谓的"10+2"模式。这一价格比国内所有的快递价格都要低,是一种不正当竞争行为。FedEx 妄图通过降价来占领我国快递市场,此举是不符合市场经济公平竞争原则的,也是不道义的,注定失败。

目前,顺丰速运仅开通了港澳台、新加坡、韩国3个地区的国际快递业务,后2个地区是在2010年才开通。对俄罗斯的快递业务已于2009年5月1日暂停。

(3) 国内快递企业竞争加剧。在国内,EMS 网络覆盖全国各地及遍布全球,这是顺丰速运无法比拟的。

同其他民营快递企业相比,顺丰速运的核心网络主要集中在广东省,若想拓宽其他地区市场,顺丰速运则不得不面临来自本地区快递企业的竞争。申通快递占据上海快递市场,以此为核心向华南、华北、华中三个方向扩张;宅急送占据北京快速市场,凭借北京是我国政治中心的优势,也虎视眈眈华南市场。而这两个地区包涵了我国快递市场最集中的二个地区。2008 年,上海和北京两地快递业务量之和为 42 747 万件,广东省是 32 524.3 万件。

可见,这两地市场潜力之巨大,但顺丰速运若想进一步拓展这两地的业务,则不得不面对以申通、宅急送为首的民营快递企业竞争的压力。

(4) 航器固有风险。顺丰速运使用飞机进行快递在区域间的转运时,不得不面对飞机自身存在着的运输风险。其表现在运量小,易受天气、航空管制等随机因素影响,运输成本高等方面。其中,因航器晚点造成的风险是最大的。以 2010 年 12 月 31 日这天不同航空公司准点率(图 3-5)来说明使用飞机的风险,平均准点率仅为 80%。

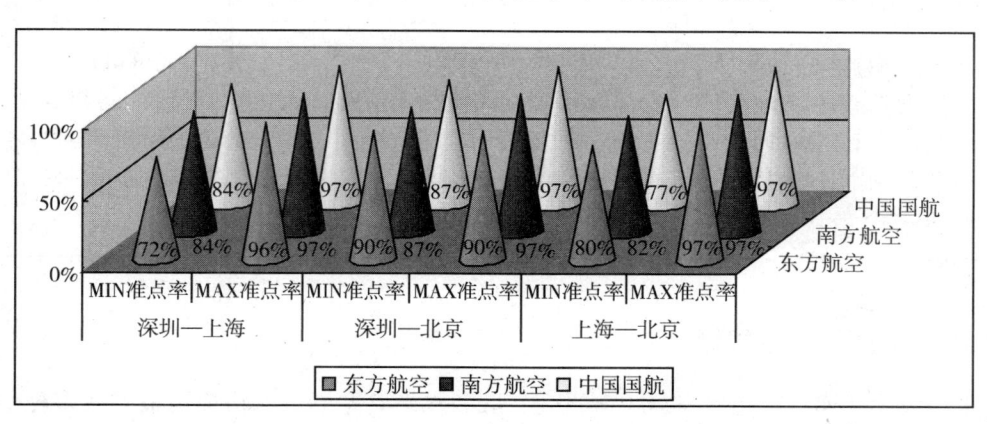

图 3-5 不同航空公司准点率情况

(5) 政策风险。快递政策法规走向不明,企业市场环境不确定,快递企业的决策和经营在很大程度上受到政策环境变化的影响,但当前与快递业有关的政策环境并不明朗,行业地位尚处于不确定之中,这已成为非邮政快递企业进一步发展所面临的最大困惑。没有统一的市场监管组织、快递市场政策法规不健全、多头管理、导致快递市场的正常秩序一直未能形成。随着不同层次进入者的增加,快递企业急剧增多,行业竞争越来越激烈,开始呈现无序竞争状态。顺丰速运在进行网点建设时,要考虑到地方的政策风险问题,将会为顺丰速运在全国范围内的扩张设置一道无形的障碍。

通过对顺丰速运进行全面、系统的 SWOT 分析,清楚地把握了顺丰速运企业自身存在的竞争优势和不足,了解周围环境所呈现潜在的机遇和潜伏的危机。基于此,本方案制定了相应的发展战略与对策,以解决顺丰速运目前所面临的问题和未来发展方向。构建 SWOT 矩阵,如表 3-5 所示。

表 3-5 顺丰速运 SWOT 分析

内部因素 外部因素	优势(Strengths) (1) 网络覆盖范围广 (2) 服务能力强 (3) 与战略伙伴合作 (4) 信息系统发达 (5) 团队强大	劣势(Weaknesses) (1) 国内快递市场集中程度高 (2) 现行网络缺陷 (3) 人才流失严重 (4) 现行流程运行弊端 (5) 缺乏风险意识
机会(Opportunities) (1) 国内快递市场发展迅速 (2) 快递需求市场新气象 (3) 高铁时代来临 (4) DHL 轴辐式网络经验 (5) 国家政策支持	SO 战略 (1) 充分利用国家政策,大力推进网络建设 (2) 利用航空货运、信息优势等抢占新市场 (3) 充分利用现有的硬件、软件优化业务流程	WO 战略 (1) 学习 DHL 网络成功经营,优化全网布局适应市场竞争 (2) 把握高铁发展动态,将网络由区域推向全国 (3) 细化业务流程,进行流程的风险管理
威胁(Threats) (1) 需求的不确定性 (2) 国际快递企业强势进入 (3) 国内快递行业竞争加剧 (4) 航器存在固有风险 (5) 政策风险	ST 战略 (1) 对国内快速市场需求预测,把握发展方向 (2) 密切关注竞争对手动态	WT 战略 (1) 针对现行网络缺陷制定相应的策略,优化、重构网络 (2) 针对流程运行中的弊端,设计行之有效的流程,进行流程风险管理

3.1.3 快递业战略规划

根据我国快递行业近年发展十分迅速,服务水平参差不齐,快速运输方式多样性,特别是高速铁路的出现,为顺丰速运的快速布局服务网络提供了千载难逢的契机。本方案确立了以风险因素为核心的指导思想,在高铁运输可行性分析的基础上,提出顺丰速运的"三步走"发展战略(区域—全国—全球)。

第一步:顺丰速运近期战略(2010~2013 年)

目前,顺丰速运网络集中在广东、上海和北京沿海一带大中城市,建立了较为完善的航空、公路运输网。同时,该区域的高铁网还不健全,且主要是短途高铁。预计在未来几年里,顺丰速运快件仍将以航空干线运输为主。但是,现有航空网络运输危机四伏,风险问题突出。在近期内,如何解决区域网络问题,已迫在眉睫。为此,制定顺丰速运的近期战略:

(1) 建立起具有优势的顺丰速递的区域性服务网络。

(2) 确立以华南市场为中心,强力辐射和巩固华东市场。

(3) 依托高速铁路,沿武广高铁,开拓华中(武汉城市圈)市场;依托京沪高铁,强化华北(环渤海地区)市场。

第二步:顺丰速运中期战略(2014~2020年)

到2020年将建成"四纵四横"纵贯全国大部分地区的高铁网络。顺丰速运以此为契机,在夜间利用高铁进行快件转运,实现"次日达"服务。那时,石武客运专线、武广客运专线和合武高速铁路等高铁,将组成以武汉为枢纽的高铁运输网,并与郑西高速铁路、京沪高速铁路等遥相呼应。届时,从武汉东达华东、西临西南、南抵华南、北至华北,战略位置凸显。为此,如何打赢这场"高铁战",是顺丰速运必须思索的问题。为此,制定顺丰速运的中期战略:

(1) 初步建立起顺丰速递全国性的服务网络。

(2) 以华南(深圳)、华东(上海)和华中(武汉)市场为中心,建立全国主枢纽中心。

(3) 依托高速铁路,沿郑西高铁,开拓西北和中原市场;依托石武高铁,建立起以武汉为中心的全国高铁速递运输网络。

第三步:顺丰速运长期战略(2021~2060年)

经过前两次调整后,顺丰速运成为全国性的快递公司,继续领跑全国快递行业。此时,顺丰速运应该乘势而入,大举进军国际快递市场,以保证在未来的发展中占得先机。为此,制定顺丰速运的长期战略:

(1) 在较长时间内建立起顺丰速递的国际性服务网络骨架。

(2) 以华南(深圳)为中心,在整合全国资源网络的基础上,依托国际上将要规划的——云南到泰国,到新加坡的高速铁路,来强化东南亚快递市场,逐步开拓其他国家市场。

3.2 风险条件下快递需求预测

3.2.1 快递行业影响因素

影响我国快递发展的因素可以总结为需求因素、供给因素和风险因素三大类。其中,需求因素反映了快递业产生、发展的条件;供给因素则是从保障这些条件得以实现的角度来考虑的;风险因素则是对需求因素和供给因素进行修正,使考虑问题更加全面、细致。

3.2.1.1 需求因素

(1) 国内生产总值(GDP)。经济发展到一定阶段是快递业产生的根本原因。在我国改革开放浪潮中,涌现了一批优秀的民营快递企业。顺丰速运、上海申通快递公司、北京宅急送公司等民营快递企业就是基于此背景成立的。

从国内生产总值与快递市场规模来看，统计结果表明，快递市场与经济发展呈正相关关系，相关程度为 0.916。在 1995 年至 2008 年中，GDP 每增加 1%，快递市场规模增加 3.01%。

2003 年"非典"过后，我国经济都保持在 9% 以上的速度增长，2007 年更是到达 11.9% 的增速，即使在 2008 年遭遇百年一遇的金融危机，仍然有 9% 的增长。由统计得出快递与经济间的数量关系，可以预计这一时期我国快递业每年至少保持 27% 以上的增长速度。实践表明，快递规模实际增长正是如此，这一时期，快递业迎来了发展的黄金时期。

（2）进出口贸易。统计表明，快递市场规模增长与进出口规模的增长呈线性正相关关系。外贸对快递市场规模的影响，表现在两个方面：

① 经济全球化趋势进一步加深，我国成为"世界工厂"，从全球各地进行来样加工、来料加工、进料加工等贸易形式依然在进行，商品货样需要快递企业在不同国家进行传递，这正是对外贸易带来的发展机遇。顺丰速运最早开始是做大陆出口至香港相关商品货样起家的。

② 在快递企业推出的服务中，国际快递业务指国际紧急信函、文件资料、金融票据、国际包裹等，这也依赖于国际贸易的繁荣。

外贸和快递发展均受经济影响，经济的微小变动，将会带来业务量的巨大变动，二者变动幅度、方向基本是一致的。

（3）物流发展水平。快递市场规模的增长也与物流规模的增长呈线性正相关关系。据统计，2008 年我国经济社会物流总额达到 89.90 万亿元，比上年增长 7.51%，虽然受到金融危机的影响，但我国物流业仍保持和经济发展差不多的发展速度。

航空周转量虽小，2008 年仅占全国货运的 0.11%，但其发展迅速、潜力大，而这与快递业务发展是密不可分的。使用航空进行快递中转，已成为体现快递企业综合实力的主要方面。国际四大巨头在全球建立了完善的航空运输网络，运营能力之强，是其他快递企业无法具备的。顺丰速运也已成立了航空货运公司。

（4）电子商务。快递发展与电子商务发展呈正相关关系。随着互联网的普及和上网人数的迅速增长，电子商务迅猛发展，网上购物消费方式已成为人们生活的一部分，快递成为这一方式的保障。2001 年至 2008 年，中国互联网人数增长速度为 38.44%，2008 年网民数达 2.21 亿人，居全球首位。巨大的消费市场是快递业发展的动力。

信息化进程地不断加快，电子商务快速发展，拓宽了快递业务，同时快递业也保障着电子商务的发展，二者相辅相成。

3.2.1.2 供给因素

供给方面影响快递市场发展的主要因素有：交通运输网络的发展，特别是航空、高速公路及兴起的高铁，及资金投入、技术约束和人才供给等。

快递市场发展与交通运输条件的改善密切相关，特别是航空和高速公路。1995 年至 2008 年，中国铁路里程增长速度为 2.18%，公路里程增长速度为 10.28%，民用航空航线里程增长速度为 6.49%，其中国际航线里程增长速度为 9.12%（表 3 – 6）。这表明我国公路发展最迅速，航空运输次之，这都支撑着我国快递业的发展。

表3-6 各种运输线路长度　　　　　　　　　　　　单位：万公里

年份（年）	铁路营业		公路		民航航线	
	里程	国家路电气化里程	里程	高速公路	里程	国际航线
1995	6.24	0.97	115.70	0.21	112.90	34.82
1996	6.49	1.01	118.58	0.34	116.65	38.63
1997	6.60	1.20	122.64	0.48	142.50	50.44
1998	6.64	1.30	127.85	0.87	150.58	50.44
1999	6.74	1.40	135.17	1.16	152.22	52.33
2000	6.87	1.49	140.27	1.63	150.29	50.84
2001	7.01	1.69	169.80	1.94	155.36	51.69
2002	7.19	1.74	176.52	2.51	163.77	57.45
2003	7.30	1.81	180.98	2.97	174.95	71.53
2004	7.44	1.86	187.07	3.43	204.94	89.42
2005	7.54	1.94	334.52	4.10	199.85	85.59
2006	7.71	2.34	345.70	4.53	211.35	96.62
2007	7.80	2.40	358.37	5.39	234.30	104.74
2008	7.97	2.50	373.02	6.03	246.18	112.02

3.2.1.3 风险因素

需求的不确定性是影响国内快递市场发展最主要的风险因素。其中，国民经济运行情况是最根本的因素。GDP增长率与快递市场规模存在1：3.01的数理统计关系。国民经济运行的微小波动，将会给快递市场带来巨大的影响，存在积极和消极两方面。国内经济每增加1%，将会使得快递规模扩大3.01%；假使国内经济下滑较厉害，则会对快递市场造成毁灭性的打击。

供给的不确定性表现在两个方面。第一，国家航空网络、公路网络、铁路网络及配套基础设施满足不了快递运输要求，滞后甚至阻碍快递业发展。第二，使用某种运输方式时，其自身存在的劣势所带来的风险，即系统风险。它包括两层涵义：一是选用某种运输方式的风险；二是选用该种方式时晚点等因素带来的风险（建立轴辐式网络模型风险点来源）。系统风险的存在，会带来运行成本的增加，服务质量的降低，顾客体验小于预期，会造成赔偿、流失等一系列后果。

3.2.2 快递行业需求预测

需求的不确定性是风险管理中最大的风险。因此，若能准确预测我国未来的快递业发展趋势，可以以此为契机，把握良好的发展机遇，在激烈的竞争中赢得先机。本方案根据影响我国快递的主要因素，结合数量统计知识，使用自回归积分滑动平均模型

(ARIMA)、趋势外推法和综合因素趋势法，三种方法对我国快递需求量进行预测，并对预测结果进行比较分析。做到近期预测与中长期统一，定性分析与定量分析相结合，提供多套选择方案。

3.2.2.1 模型数据说明

我国快递市场规模数据统计由两部分构成，邮政快件和非邮政快件。邮政快件专指EMS特快专递，非邮政快件可以推断为民营快递和国际快递。2006年之前，国家统计局所统计的快件业务量只指EMS特快专递，民营和国际快递业务并未统计在内，这不能代表我国整个快递业的发展水平。2007年后，国家统计局才将民营快递业纳入统计范围，这一时期的数据是代表整个快递市场业务量（表3-7）。

表3-7 我国历年快递市场规模

单位：万件

年份（年）	邮政快件	非邮政快件	快递市场规模
1995	5 562.70	1 390.70	6 953.40
1996	7 096.60	2 244.10	9 340.70
1997	6 878.90	3 209.00	10 087.90
1998	7 667.70	4 490.00	12 157.70
1999	9 091.30	6 634.50	15 725.80
2000	11 031.40	9 941.20	20 972.60
2001	12 652.70	14 564.80	27 217.50
2002	14 036.20	20 798.80	34 835.00
2003	17 237.80	30 967.10	48 204.90
2004	19 771.90	46 134.40	65 906.30
2005	22 880.30	69 461.30	92 341.60
2006	26 988.00	10 4583.10	131 571.10
2007	—	—	120 189.60
2008			151 329.30
2009			185 484.80

在快递市场规模中，我国快递呈上升趋势。其中，邮政快递与非邮政快递总量上也是随年份不断上涨，但非邮政快递市场增长趋势明显快于邮政市场，如图3-6所示。民营快递业作为非邮政快递市场的主要组成部分，其趋势在很大程度上代表了民营快递市场的发展方向。2006年非邮政快递市场占到快递市场的80%，且这一趋势将不断扩大。预计在未来一段时间内，我国非邮政快递市场仍将以40%的速度增长。

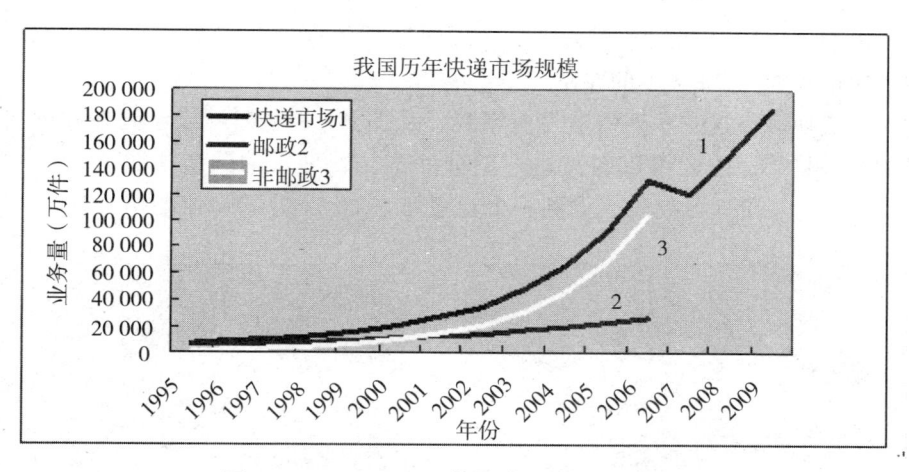

图 3-6　1995~2009 年快递市场构成及趋势

从快递市场规模自相关、偏自相关图可以看出，自相关系数趋向 0 的速度相当缓慢，且滞后 2 阶以后自相关系数才落入 2 倍标准差范并且呈现一种三角形形式，这是具有单调趋势的时间序列典型的自相关图的形式，进一步表明序列是非平稳的，即具有趋势性，并且是向上的趋势（图 3-7）。

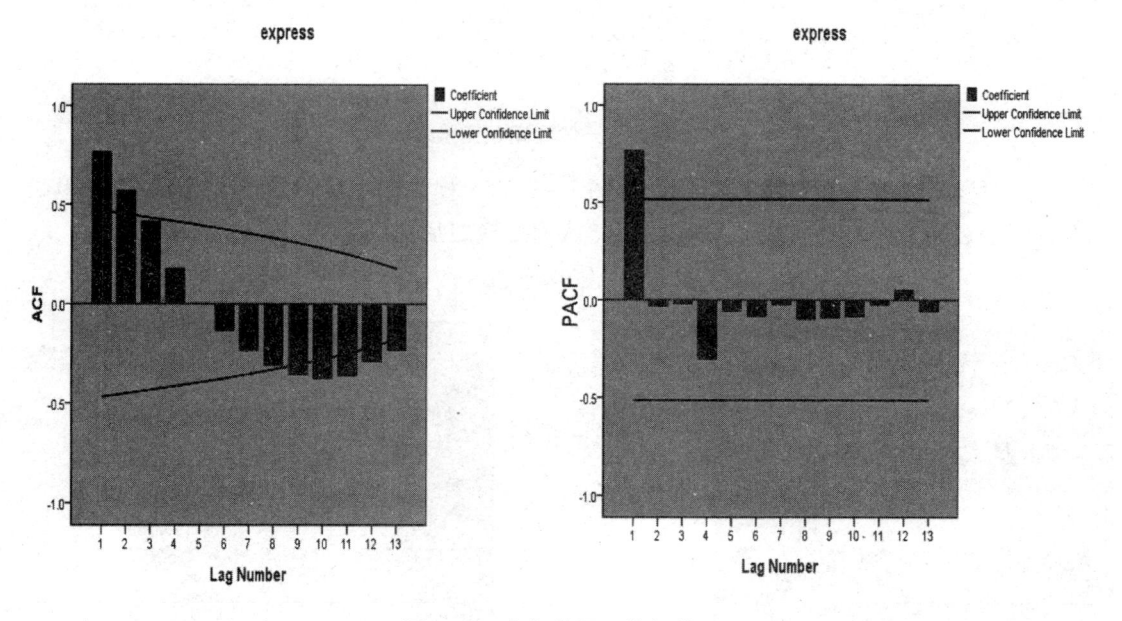

图 3-7　自相关图、偏相关图

3.2.2.2　快递行业需求预测模型

（1）预测模型 1—ARIMA 模型（短期预测）。在短期内预测 2010 年我国快递需求量，根据之前快递市场规模所呈现的特征，可以采用 ARIMA（Autoregressive Integrated Moving Average）进行预测。

由于我国快递市场规模有着非常明显的指数趋势，因此可以对它取对数运算，以消除指数趋势的影响，进行序列的平滑处理。将取对数后的序列命名为 y_t，即 $y_t = \ln(NX)$。变换后的快递市场如图 3-7 中的左图。

经过这一变换后，这一序列依然没有平稳，从图 3-8 左图可以看到在序列 $\{y_t\}$ 中存在明显的增长趋势，因此可以对其进行差分处理，处理后的图形如图 3-8 中的右图。将序列 $\{y_t\}$ 进行一阶差分处理，得到一个新序列 $\{X_t\}$，即 $X_t = (1-B)Y_t$。

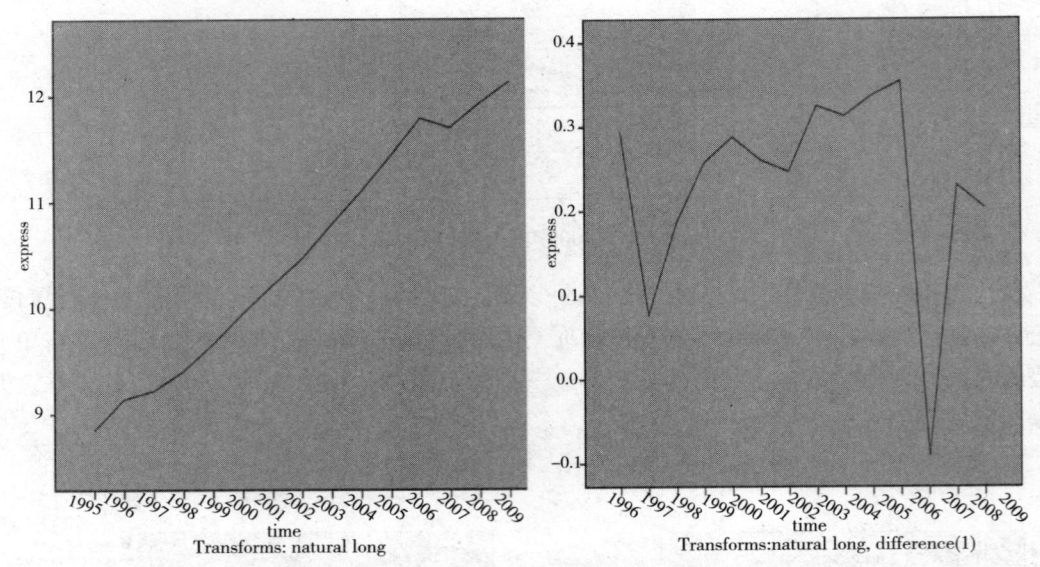

图 3-8　经自然对数、一阶逐期差变换后的快递市场

经过对数变换和一阶差分变换后，从图 3-9 的子相关图中可以看出，滞后期 $k=0$ 之后相关函数衰减，且均落入随机区间，因此认为变换之后的新序列 $\{X_t\}$ 已经平稳。

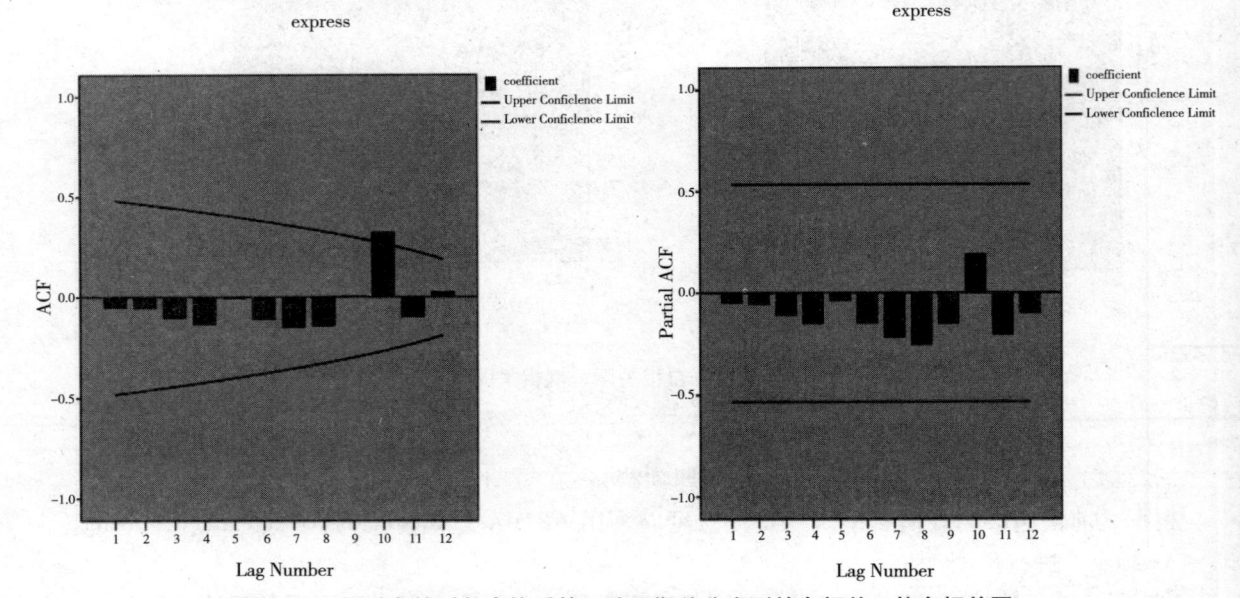

图 3-9　经过自然对数变换后的一阶逐期差分序列的自相关、偏自相关图

再从变换后的序列的偏自相关函数（图 3-9 右图）来看，均落入随机区间。因此，经过自然对数变换后的快递市场需要量序列所选定的模型为 ARIMA（0，1，0），见表 3-8。在 SPSS 运行 ARIMA（0，1，0）后结果（见表 3-9）。

表 3-8　模型描述

Model ID	express	Model_1	Model Type ARIMA（0，1，0）

从 ARIMA 拟合的结果来看，图表 3-9 表明拟合度 R^2 为 0.946，显著性水平 P 值为 0，这表明使用 ARIMA（0，1，0）进行分析的效果很好。残差 ACF/PACF 图（图 3-10）均落入随机区间，更加验证了该模型分析的合理性。

表 3-9　模型统计量

Model	Number of Predictors	Model Fit statistics								Ljung-Box Q (18)			Number of Outliers
		Stationary R-squared	R-squared	RMSE	MAPE	MEA	MaxAPE	MaxAE	Normalized BIC	Statistics	DF	Sig.	
express-Model_1	1	.004	.946	1.437E4	8.111	6.279E3	38.296	4.603E4	19.523	.	0	0	0

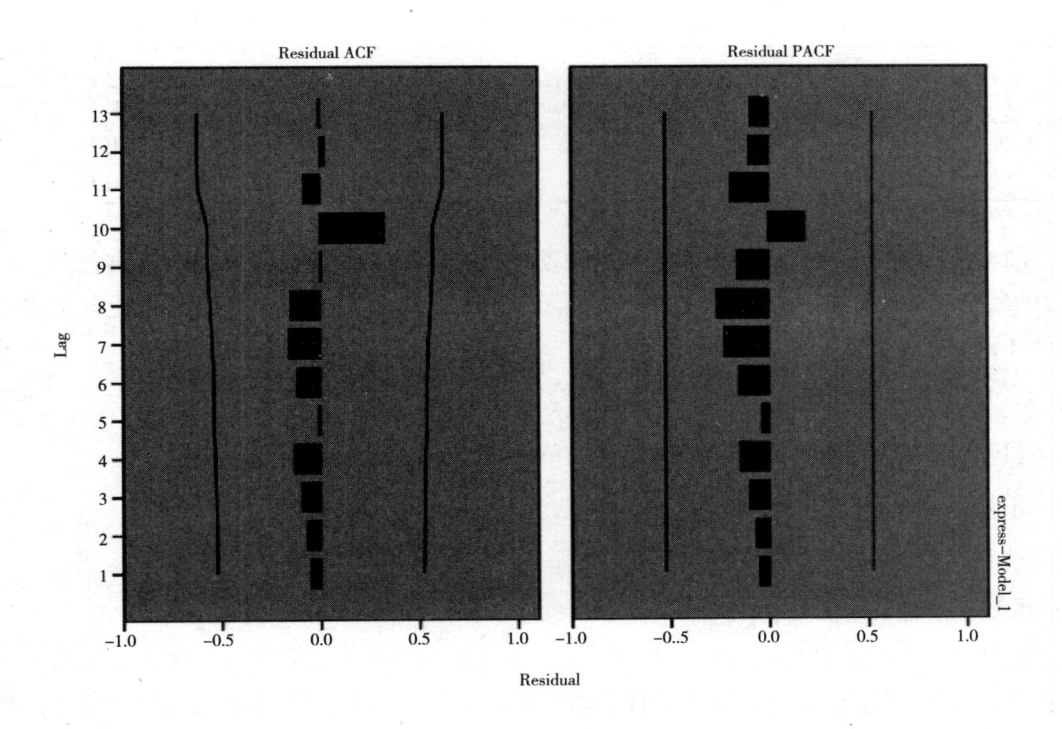

图 3-10　残差 ACF/PACF 图

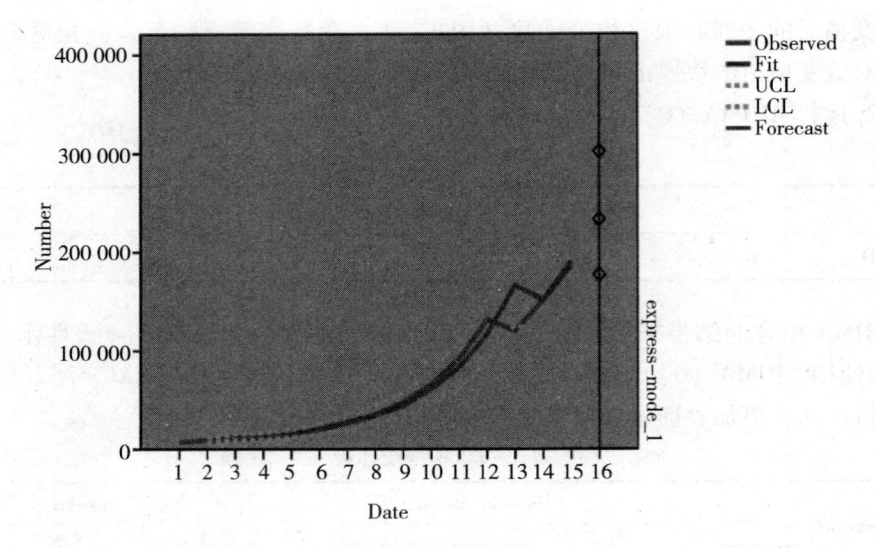

图 3-11 序列图

表 3-10 及相应的序列图 3-11 表明，第 16 个序列值为 23.04 亿件，即 2010 年我国快递市场需求量为 23 3035.36 万件。进一步分析预测结果得知，2010 年的快递需求量在 (177 129.03, 302 023.83) 万件的区间内。

表 3-10 预测

Model		16
express-Model_1	Forecast	2.3E5
	UCL	3.0E5
	LCL	1.8E5

(2) 预测模型 2—趋势外推预测（中长期预测）。鉴于我国快递业的高速发展趋势，根据 1995~2009 年我国快递业务曲线的特征，本方案拟定以下模型对我国快递业务量进行拟合（y 为快递业务量，x 为时间序列）：

① Liner：拟合直线方程 $\hat{y} = b_0 + b_1 x$。

② Quadratic：拟合二次曲线方程 $\hat{y} = b_0 + b_1 x + b_2 x^2$。

③ Exponential：拟合指数方程 $\hat{y} = b_0 e^{b_1 x}$。

④ Power：拟合乘幂曲线模型 $\hat{y} = b_0 x^{b_1 x}$。

⑤ S：拟合 S 型曲线：$\hat{y} = e^{(b_0 + b_1/x)}$。

根据回归方程的显著性检验（F 检验）、回归系数的显著性检验（T 检验）以及拟合度 R^2 值（样本决定系数）来确定最优预测模型，本方案应用 SPSS 软件进行回归分析，其中显著性水平 $\alpha = 0.05$，回归结果如表 3-11 和图 3-12 所示。

在上述输出结果中，比较 F（显著性检验）和 R^2（拟合度）知，幂函数模型、指数模型和生长曲线模型的统计量及方差分析分析结果完全一致，R^2 均为 0.989，且根据各自的回归系数（Sig.）为 0，所得的回归方程也相同。但 S 形曲线的显著性检验（F）是 1149.151，大于其他曲线，表明快递的显著性水平高，时间和快递之间的线性关系显著，优于其他曲线。因此，本方案选择 S 形曲线作为我国快递市场业务量预测的曲线。

表 3-11 模型汇总和参数估计值

Dependent Variable Express（因变量表达式）

Equation	Model Summary					Parameter Estimates		
	R Square	F	df_1	df_2	Sig.	Constant	b_1	b_2
Linear	.872	88.500	1	13	.000	-2.475E7	1.239E4	
Quadratic	.873	88.975	1	13	.000	-1.235E7	.000	3.097
Power	.989	1148.593	1	13	.000	.000	498.955	
S	.989	1149.151	1	13	.000	509.472	-9.989E5	
Exponential	.989	1147.719	1	13	.000	7.484E-213	.249	

The independent variable is time.（自变量是时间）

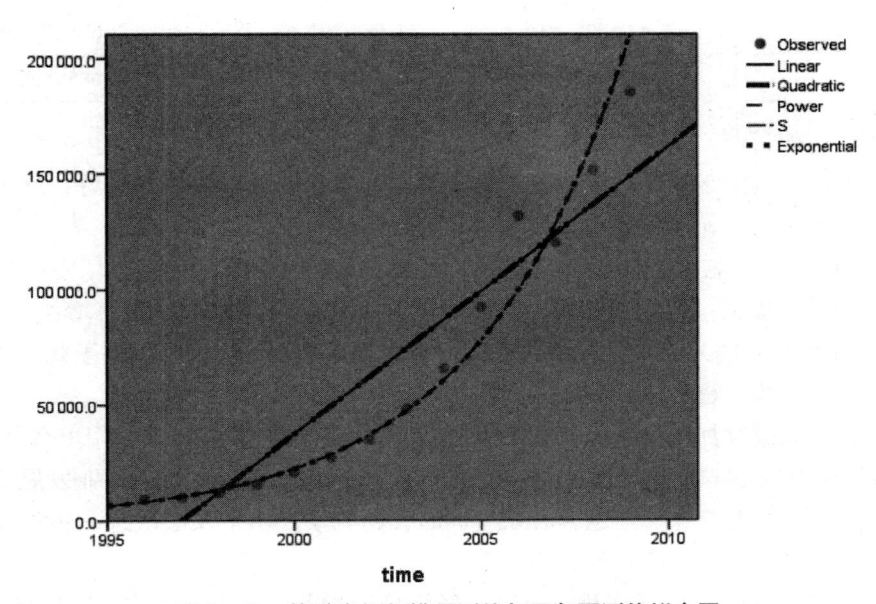

图 3-12 快递市场规模观测值与回归预测值拟合图

根据 S 模型回归分析输出的变量可得到回归方程如下：

$$\hat{y} = e^{509.472 - \frac{998904.151}{x}}$$

根据 S 形曲线模型可以预测我国快递业务量 2010~2020 年的业务量情况，如表 3-12 所示。

在正常情况下（FIT_1 值），按照预测测算，我国快递业务量会在 2016 年突破 100 亿大关。此时，我国快递市场保持年均28%的增长速度，也即GDP保持每年9.5%左右的增长率，这一结论与历年的实际情况是相符合的。类似的在 LCL_1 和 UCL_1 都有相似的结论。可归纳为，国内快递市场最早将在2014年达到100亿，最迟也在2017年左右进入，可见快递发展之迅速。

表3-12　运用S形曲线模型预测的2010~2020年国内快递市场业务量（一）　　单位：万件

年份（年）	FIT_1	LCL_1	UCL_1
2010	269 692.85	199 328.98	364 895.41
2011	345 298.11	2 534 45.75	470 439.08
2012	441 989.85	321 974.79	606 740.14
2013	565 618.84	408 696.63	782 792.54
2014	723 650.83	518 372.62	1 010 220.27
2015	925 610.05	656 997.24	1 304 044.98
2016	1 183 643.73	832 114.72	1 683 677.07
2017	1 513 240.83	1 053 216.46	2 174 194.87
2018	1 934 146.49	1 332 239.48	2 807 995.64
2019	2 471 525.53	1 684 191.68	3 626 925.90
2020	3 157 442.24	2 127 935.58	4 685 029.74

注：AFIT_1：表示平均点估计值；ALCL_1：表示平均下限值；AUCL_1：表示平均上限值。

趋势外推法可以宏观预测我国中长期快递市场业务量，预测效果也较好，同理，用此方法也可以预测区域快递市场业务量，这将为区域网络规划提供重要依据。

(3) 预测模型3—综合因素预测（中长期预测）。从影响国内快递市场发展的因素可知，GDP是快递发展最主要因素，快递市场规模与GDP增长率存在经济每增加1%，快递市场增加3.01%的数量关系。这一结论已得到实践的检验，是合理的。基于此，通过预测我国未来的经济形势，也可以预测未来我国快递市场。

情景一：中国继续加快改革，扩大对外开放，经济持续高速增长，GDP年增长率为10%~12%，外贸进出口年增长率在20%以上，国家政策鼓励并支持快递业发展，并不断完善交通网络，加大对高铁、航空等开发。同时，物流发展水平及层次进一步提高，电子商务融入人们的生活，网上购物行为普及等。

情景二：中国保持现有改革开放政策，经济稳定增长，GDP年增长率为8%~10%，外贸进出口年增长率为15%左右，保持现有快递业发展政策，继续执行《中长期铁路网规划》。同时，物流发展水平按现有速度发展，电子商务、网上购物等理念逐步融入人们的生活等。

情景三：中国改变改革开放政策，经济低速增长，GDP增长率为8%以下，外贸进出口年增长率在10%以下，限制快递业发展，采取一系列严格的限制性政策措施，若对国内快递市场实行专营、采取比较苛刻的快递市场准入，交通网络规划不能按期执行。同时，网上购物遭到人们的反感等。

根据以上预测 2010~2020 年的三种情景，可以得到与之对应的快递业务量，如表 3-13 所示。

情景一是在乐观形势下来预测我国的快递业务量，预计将在 2015 年突破 100 亿，此时快递保持年均 33.11% 的增长率。情景三是在悲观形势下来预测我国未来的快递业务量，年均增长率 18.06%，到 2020 年才到达 100 亿。而情景二是比较贴近实际情况的。从风险管理的角度，为了预防需求风险对快递市场的影响，将考虑最坏的情况下市场需求的情况。

表 3-13 用综合因素预测的 2010~2020 年国内快递市场业务量（二）　　单位：万件

年份（年）	情景一	情景二	情景三
2010	246 898.82	235 732.63	218 983.35
2011	328 647.02	299 592.60	258 531.75
2012	437 462.04	380 752.24	305 222.58
2013	582 305.72	483 898.02	360 345.78
2014	775 107.15	614 985.99	425 424.23
2015	1 031 745.13	781 585.70	502 255.84
2016	1 373 355.94	993 317.26	592 963.25
2017	1 828 074.09	1 262 406.91	700 052.41
2018	2 433 349.42	1 604 392.94	82 6481.88
2019	3 239 031.42	2 039 022.99	975 744.51
2020	4 311 474.72	2 591 394.32	1 151 963.96

3.2.3　预测结果及风险分析

对于我国未来快递市场业务需求量，采用了 ARIMA 模型、趋势外推法和综合因素趋势法三种方法进行预测。其中，ARIMA 是短期预测，后两种方法是中长期预测。

采用 ARIMA 模型预测 2010 年我国快递市场业务量为 23.04 亿，这与国家邮政总局 2011 年 1 月 25 日公布的《国家邮政局公布 2010 年邮政行业运行情况》数据相比较，预测结果与实际值仅相差 856.66 万件，误差很小。可见使用 ARIMA 模型预测近期我国快递市场需求量是合理的，而使用趋势外推法和综合因素趋势法预测结果就较差了。

比较回归预测与因素趋势预测知，回归预测结果变动较小，变动幅度 1%~3%，而因素趋势预测变动幅度为 6%~15%。两种预测方式之所以存在如此大的差异，是由经济增长幅度变动这一风险因素决定的。

趋势外推法属于定量分析，其预测的结果是建立在 GDP 保持在 9% 左右增长率基础上的，这同情景二的形势下的预测条件一致的。但是，若这一前提变化了，那么回归预测值则会存在较大的误差。根据历年我国经济形势判断，未来年份国内经济较大变动的可能性较小，即该种风险对回归预测值的影响小，所以回归预测值在经济增长率稳定在 9% 左右时是可信的。

因素综合预测是定性预测在考虑各种风险的情况下做出的判断，其中国内经济发展形势是最主要的风险。考虑了不同经济增长情况下的国内快递市场需求。同理，根据历史经验判断这一风险变动的概率小，维持在9%左右增长率的可能性是很大的，但是也不应排除变动的可能性。因此，因素综合预测则，弥补了趋势外推法预测值的缺陷，两种方法具有互补性。

基于以上分析，若GDP增长率在9%左右，回归预测值和综合因素预测情况下的情景二，得出结论是一致的，二者仅相差一年。使用其中任何一种预测方式，都可以说明未来11年我国快递发展状况。若GDP增长率在8%及以下，回归预测值及其上、下限值就不能合理预测未来需求量，而综合因素预测弥补了这点，它考虑了GDP变动大的情形。

因此，对于我国快递市场需求预测，一定要结合国民经济运行情况。

3.3 快递网络优化与重构模型

按照风险管理条件下，近期区域网络优化、中期全国网络重构和长期全球网络展望的战略思想，本方案与之对应，分别建立了相应的模型。

首先，建立区域混合轴辐式网络优化模型。该模型是解决近期区域网络优化问题的。目前，在广东、上海和北京一线沿海地区，顺丰速运主要是以航空运输进行跨区域快递集散，运营网络较成熟。但在运行过程中存在规划和运营上的问题，该模型可以对相关问题进行优化。模型由两部分构成，一个是主干网络模型，另一个是子网络模型。

该模型是基础模型，中期、长期网络模型是在此基础上变动的。同时，该模型可以由区域推广到全国，由航空推广到高铁。

其次，建立区域航空—高铁混合轴辐式网络重构模型和考虑风险条件下的全国航空—高铁混合轴辐式网络重构模型。该模型是解决中期全国网络重构问题的。区域航空混合轴辐式网络模型及其推广模型，是考虑单一干线运输方式时的情形，并没有考虑航空和高铁同时并用的情况。

本方案给出的模型是在风险管理条件下复杂情形的模型，即同时使用航空和高铁两种干线运输方式。对于单种运输方式下的全国混合轴辐式网络模型也是类似的。

最后，建立考虑全球风险条件下的航空混合轴辐式网络优化模型。该模型是解决长期全球展望问题的。

3.3.1 网络优化模型

顺丰速运现行的航空网络系统是"点对点"和环飞模式，这种方式存在着固有的缺陷。考虑到顺丰速运现有航空线路集东部沿海一带特点，本方案建立了区域航空混合轴辐式网络模型。

区域混合轴辐式网络分为4个网络，其中1个主网和3个子网。主网是指以深圳、上海和北京为航空枢纽点间的干线运输。3个子网分别是深圳子网、上海子网和北京子网。在子网内部，各区部间有直达线路。

3.3.1.1 区域混合轴辐式网络主网模型

深圳、上海和北京三个航空枢纽点间的货运规划问题，可以归集为主干网模型。建立主干网模型可以规划分拨中心间每日航次以及班机数量。区域航空混合轴辐式网络主干模型为：

$$\min Z = \sum_{k=1}^{K}\left(T_k^f \cdot \sum_{\substack{i,j \in K \\ i \neq j}}\right) + \sum_{k=1}^{K}\left(T_k^V \cdot \sum_{\substack{i,j \in H \\ i \neq j}} x_{ijk} d_{ij}\right) + C_{\text{sori}} \cdot \left(\sum_{\substack{l \in f'(I) \cap \{I\} \\ k \in T \cup H}} q_{lk} + \sum_{\substack{l \in T \cup H-f'(I)-\{I\} \\ k \in f'(I) \cup \{I\}}} q_{lk} - \sum_{h \in H} \sum_{\substack{i \in f'(h) \\ j \in f'(h) \\ i \neq j}} v_{ij} q_{lk}\right)$$

(3-1)

s. t.

$$\sum_{k=1}^{K}(CAP_k \cdot x_{hgk}) > \max\left(\sum_{\substack{j \in f'(g) \cup \{g\}}} q_{hj} + \sum_{\substack{i \in f'(h) \\ j \in f'(g) \cup \{g\}}} q_{ij}, \sum_{\substack{i \in f'(h) \cup \{h\}}} q_{gi} + \sum_{\substack{j \in f'(g) \\ i \in f'(h) \cup \{h\}}} q_{ji}\right) h, g \in H, h \neq g$$

(3-2)

$$x_{ijsk} = x_{jisk} \quad i, j \in H \quad i \neq j \quad k = 1, 2, \cdots, K \quad V_{ij} \in \{0, 1\}$$

(3-3)

上述模型中，决策变量为：

x_{ijk}：分拨中心 i 到分拨中心 j 使用的第 k 种飞机的台数

$$i, j \in H \quad i \neq j \quad k = 1, 2, \cdots, K$$

其中：式（3-1）是目标函数，表示采用航空运输的轴辐式网络主干网的运营成本。其中，第一项为固定运输成本，第二项为可变运输成本，第三项为分拣成本。分拣成本与经过分拨中心的货量成正比。经分析，分拨中心 h 需要进行分拣的货物共分为以下七大类。

（1）从分拨中心 h 下属的区部运来，并准备发往其他分拨中心（或该分拨中心下属的区部）的货物。

（2）从其他分拨中心（或该分拨中心下属的区部）运来，准备发往分拨中心 h 所属区部的货物。

（3）分拨中心 h 受理、并准备发往其他分拨中心（或该分拨中心下属的区部）的货物。

（4）从其他分拨中心（或该分拨中心下属的区部）运来，准备运往分拨中心 h 的货物。

（5）分拨中心 h 下属的区部受理，目的地为分拨中心 h 的货物。

（6）分拨中心 h 受理、并准备发往其下属的区部的货物。

（7）从分拨中心 h 下属的一个区部运往另一个区部的货物。

因此，分拣成本可表示为式（3-1）中的第三部分。从表达式中可以看出，由于所有货物均需经分拨中心转运，而每个区部只属于一个分拨中心，因此，在各区部发货及到货量已知的情况下，经过每个分拨中心到每个分拨中心的货量为已知量，其分拣成本中并未包含决策变量。由此，优化时可将这部分成本从目标函数中去除，而不影响优化结果。

由于本模型中分拨中心内区部间有直达线路的存在，所以经直达线路运输的货物不再需要通过分拨中心，因此，计算分拣成本时应将这部分货量去掉。于是，分拣成本表示为：

$$C_{\text{sort}} \cdot \left(\sum_{\substack{l \in f'(I) \cup \{I\} \\ k \in T \cup H}} q_{lk} + \sum_{\substack{l \in T \cup H-f'(I)-\{I\} \\ k \in f'(I) \cup \{I\}}} q_{lk} - \sum_{h \in H} \sum_{\substack{i \in f'(h) \\ j \in f'(h) \\ i \neq j}} v_{ij} q_{lk}\right)$$

式（3-2）为车载量约束。从分拨中心 h 运输到分拨中心 g 的货物包括以下类别：

（1）发货站为分拨中心 h，到达站是分拨中心 g。

(2) 发货站为分拨中心 h，到达站是分拨中心 g 下属区部。
(3) 发货站为分拨中心 h 下属区部，到达站是分拨中心 g。
(4) 发货站为分拨中心 h 下属区部，到达站是分拨中心 g 下属区部。

这样，从分拨中心 h 运输到分拨中心 g 的每日货量为：

$$q_{hg} + \sum_{j \in f'(g)} q_{hj} + \sum_{i \in f'(h)} + \sum_{\substack{j \in f'(g) \\ i \in f'(h)}} q_{ij} \quad (3-4)$$

也可以写成：

$$\sum_{j \in f'(g) \cup \{g\}} q_{hj} + \sum_{\substack{j \in f'(g) \cup \{g\} \\ i \in f'(h)}} q_{ij} \quad (3-5)$$

同理，从分拨中心 g 运输到分拨中心 h 的每日货量为：

$$\sum_{i \in f'(h) \cup \{h\}} q_{gi} + \sum_{\substack{i \in f'(h) \cup \{h\} \\ j \in f'(g)}} q_{ji} \quad (3-6)$$

在分拨中心 h 和分拨中心 g 之间执行运输任务的飞机的总装载量应能够比这两者都大，即满足式（3-2）所描述的约束条件。式（3-3）表示从分拨中心 h 到 g 所需的飞机型号、数量要求一致。

3.3.1.2 区域混合轴辐式网络子网模型

本方案给出了深圳、上海和北京三个子网，每个子网是相互独立的，子网内部间有直达线路。建立子网模型，可以优化各子网的航线、班机型号、数量和飞机停靠站点、是否需要直达等问题。区域混合轴辐式航空网络子网模型为：

$$\min C_T = 2 \sum_{i=1}^{K} \left[T_k^F \sum_{l=1}^{N} x_{lk} + T_k^V \sum_{l=1}^{N} \left(x_{lk} \sum_{i \in f'(h) \cup \{h\}} y_{lij} d_{ij} \right) + T_k^F \sum w_{ijk} + T_k^T \sum (w_{ijk} d_{ij}) \right] \quad (3-7)$$

s. t.

$$\sum_{k=1}^{K} CAP_{lk} x_{lk} \geq \max \left\{ \sum \left[z_{li} \left(\sum q_{ij} - \sum v_{ij} q_{ij} \right) \right], \sum \left[z_{lj} \left(\sum q_{ij} - \sum v_{ij} q_{ij} \right) \right] \right\} l = 1, 2, \cdots, N \quad (3-8)$$

$$\sum_{k=1}^{K} CAP_k \cdot w_{ijk} \geq v_{ij} \max(q_{ij}, q_{ji}) i, j \in f'(h), i \neq j \quad (3-9)$$

$$\sum_{l=1}^{N} z_{li} = 1, \forall i \in f'(h) \quad (3-10)$$

$$z_{lh} = 1 \quad l = 1, 2, \cdots, N \quad (3-11)$$

$$z_{li} \geq y_{lij} \quad l = 1, 2, \cdots, N, i, j \in f'(h) \cup \{h\} \quad (3-12)$$

$$z_{lj} \geq y_{lij} \quad l = 1, 2, \cdots, N, i, j \in f'(h) \cup \{h\} \quad (3-13)$$

$$\sum_{i \in f'(h)} \left[\left(1 - \sum_{j \in f'(h) \cup \{h\}} y_{lji}\right) \sum_{j \in f'(h) \cup \{h\}} y_{lij} \right] = 1, l = 1, 2, \cdots, N \quad (3-14)$$

$$0 \leq \sum_{i \in f'(h)} \left(\sum_{j \in f'(h) \cup \{h\}} y_{lji} \sum_{j \in f'(h) \cup \{h\}} y_{lij} \right) \leq |f'(h)| - 1, l = 1, 2, \cdots, N \quad (3-15)$$

$$\sum_{j \in f'(h)} y_{ljh} = 1; l = 1, 2, \cdots, N \quad (3-16)$$

$$\sum_{j\in f'(h)} y_{lhj} = 0; l = 1,2,\cdots,N \tag{3-17}$$

$$0 \leq \sum_{j\in f'(h)\cup\{h\}} y_{lji} \leq 1, i\in f'(h); l = 1,2,\cdots,N \tag{3-18}$$

$$\sum_{j\in f'(h)\cup\{h\}} y_{lij} = 1, i\in f'(h); l = 1,2,\cdots,N \tag{3-19}$$

$$y_{lhi} = 0 \quad l = 1,2,\cdots,N; j\in f'(h) \tag{3-20}$$

$$\sum_{i\in f'(h)}\sum_{j\in f'(h)\cup\{h\}}(y_{lij}d_{ij}/v) + \left(\sum_{i\in f'(h)} z_{li} - 1\right)T_{load} \leq T_{run} \quad l = 1,2,\cdots,N \tag{3-21}$$

$$v_{ij} = \begin{cases} 1, \text{if } \sum_{s=1}^{S}\sum_{k=1}^{K} w_{ijsk} \geq 1 \\ 0, \text{orelse} \end{cases}; i,j\in f'(h), i\neq j \tag{3-22}$$

$$v_{ij} = v_{ji}; \quad i,j\in f'(h), i\neq j \tag{3-23}$$

$$w_{ijk} = w_{jik}; \quad i,j\in f'(h), i\neq j; k = 1,2,\cdots,K \tag{3-24}$$

$$y_{lij}\in\{0,1\}, Z_{li}\in\{0,1\}, W_{ijk}\in\{0,1\}, V_{ij}\in\{0,1\}$$

其中，式（3-7）是目标函数，表示采用航空运输的轴辐式网络子网 h 的运输成本，其中前两项为第一部分，表示经中转线路运输成本；后两项为第二部分，表示直达线路运输成本。中转线路运输成本等于去、回行线路的固定成本与变动成本之和，由于去行线路和回行线路是对称的，成本一致，所以可以用两倍的上行线路成本来表示。直达线路成本也是由固定成本和可变成本组成。区部的装卸成本与货量成正比，而各区部的货量为已知量，所以不必加在目标函数中。

约束条件说明：

式（3-8）表示中转线路飞机的载重量限制。对于同一条航线，从发出地到目的地各区部的货运需求量的总和应小于等于该线路所有飞机的装载量总和；从目的地往返出发地线路上各区部的货物到达量的总和应小于等于该线路所有飞机的装载量总和。由于出发地、目的地线路具有对称性，因此应同时满足以上两点，即：

该线路上所有飞机装载量之和 > max（沿途各站需求量子和，沿途各站到大量之和）。

式（3-9）表示直达线路飞机的载量限制，其中飞机的载容量也需要考虑能够同时满足往返货物运输的需要。

式（3-10）表示对子网 h 中的任何区部，有且只有一条去行（或回行）线路经过该站点。

式（3-11）表示每条去行（或回行）中转线路一定经过分拨中心 h 一次。

式（3-12）和式（3-13）描述了决策变量 z_{li} 和 y_{lij} 之间的关系，表示若去行（或回行）中转线路，经过边 (i,j)，则区部 i 和 j，均在线路 l 上。

式（3-14）表示在每一条去行中转线路上，有且只有一个起点站；图 3-13 列举了上行线路中各类站点出入度的特征。

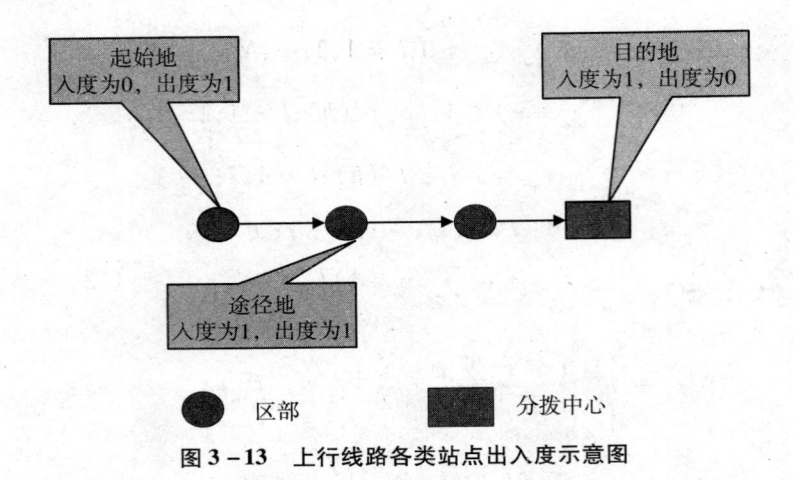

图 3-13 上行线路各类站点出入度示意图

起点地的特征是入度为 0，出度为 1。对区部 i 来说，其入度为 $\sum_{j \in f'(h) \cup \{h\}} y_{lji}$，出度为 $\sum_{j \in f'(h) \cup \{h\}} y_{lij}$。若区部 i 为起始地，则以下式子应成立：

$$\sum_{j \in f'(h) \cup \{h\}} y_{lji} = 0 \quad i \in f'(h), l = 1, 2, \cdots, N$$
$$\sum_{j \in f'(h) \cup \{h\}} y_{lij} = 1 \quad i \in f'(h), l = 1, 2, \cdots, N \tag{3-25}$$

上述两个表达式可合并写成一个表达式：

$$\left(1 - \sum_{j \in f'(h) \cup \{h\}} y_{lji}\right) \sum_{j \in f'(h) \cup \{h\}} y_{lij} = 1 \quad i \in f'(h), l = 1, 2, \cdots, N \tag{3-26}$$

因此，每条上行线路有且只有一个起点地就可以表示为式（3-14）。

式（3-15）表示在每一条中转去行（或回行）线路上，途经站的个数下限为 0，上限为 $|f'(h)|-1$。途经站的特征是入度、出度均为 1，即满足：

$$\sum_{j \in f'(h) \cup \{h\}} y_{lji} \sum_{j \in f'(h) \cup \{h\}} y_{lij} = 1 \quad i \in f'(h), l = 1, 2, \cdots, N \tag{3-27}$$

则本约束可表达为式（3-15）。

式（3-16）和式（3-17）表明分拨中心 h 是每一条中转上行线路的终点站。对某一条上行线路而言，其终点站的特征是入度为 1，出度为 0。分拨中心的入度为 $\sum_{j \in f'(h)} y_{ljh}$，出度为 $\sum_{j \in f'(h)} y_{lhj}$。因此分拨中心 h 应满足式（3-16）和式（3-17）。

式（3-18）和式（3-19）表示对上行线路而言，任意区部的入度为 0 或 1，出度均为 1。

式（3-20）表示分拨中心 h 不能作为去行线路的起始站。

式（3-21）表示中转线路运行时间限制，某线路上飞机单程运行时间等于飞机的在途时间加装卸时间，而装卸时间与沿途停靠的站点数成正比。

式（3-22）表示决策变量 w_{ijk} 和 v_{ij} 之间的关系。

式（3-23）表示直达线路往返之间在线路方面的对称性。

式（3-24）表示直达线路往返之间在车型和车辆数方面的对称性。

区域航空混合轴辐式网络模型可以推广到全国和高铁方式，区域的扩大和运输方式的改变，是不会对模型造成改变的。由于 $k=1,2$，若 $k=1$ 表示使用航空，那 $k=2$ 表示高铁，反过来也成立。因此，本方案没有给出这三类模型。

3.3.2 网络重构模型

前面建立了区域航空混合轴辐射网络优化模型，但这只是考虑了航空或高铁中的一种运输方式，而没有考虑航空—高铁混合情况下的模型。因此，本方案建立了区域航空—高铁混合轴辐式网络重构模型。

航空主网和子网问题已在前面优化。现在加入高铁后，出现有的高铁同属于两个子网，如何将铁路站点划归到合适的子网、使得总成本最小是模型考虑的重点之一。同时，航空和高铁两种运输方式并存，二者存在着分流和竞争关系，是否联合使用可以使得总成本小于使用其中一个，也是模型将解决的问题。

3.3.2.1 区域航空—高铁混合轴辐式主网模型

区域航空—高铁混合轴辐式主干网模型，是指考虑航空—高铁两种干线运输方式总成本问题。其主干网模型为：

$$\min Z = \sum_{s=1}^{S}\sum_{k=1}^{K}\left(T_{sk}^{F}\cdot\sum_{\substack{i,j\in H\\i\neq j}}x_{ijsk}\right) + \sum_{s=1}^{S}\sum_{k=1}^{K}\left(T_{sk}^{V}\cdot\sum_{\substack{i,j\in H\\i\neq j}}x_{ijsk}d_{ij}\right) + $$
$$C_{\text{sort}}\left(\sum_{\substack{l\in f'(I)\cup\{I\}\\k\in T\cup H}}q_{lk} + \sum_{\substack{l\in T\cup H-f'(I)-\{I\}\\k\in f'(I)\cup\{I\}}}q_{lk} - \sum_{h\in H}\sum_{\substack{i\in f'(h)\\j\in f'(h)\\i\neq j}}v_{ij}q_{lk}\right) \quad (3-28)$$

s. t.

$$\sum_{s=1}^{S}\sum_{k=1}^{K}(CAP_{sk}\cdot x_{hgsk}) \geqslant \max\left(\sum_{j\in f'(g)\cup(g)}q_{hj} + \sum_{\substack{i\in f'(h)\\j\in f'(g)\cup(g)}}q_{ij}, \sum_{i\in f'(g)\cup(g)}q_{gi} + \sum_{\substack{i\in f'(g)\cup(g)\\i\in f'(h)\cup(h)}}q_{ji}\right)$$
$$h,g\in H, h\neq g \quad (3-29)$$

$$x_{ijsk} = x_{jisk},\ i,j\in H,\ i\neq j,\ k=1,2,\cdots,K;\ S=1,2 \quad (3-30)$$

$$d_{1lk} + d_{2lk} = q_{ij},\ \text{且}\ d_{slk}\geqslant 0,\ S=1,2;\ V_{ij}\in\{0,1\} \quad (3-31)$$

其中，式（3-28）是目标函数，表示采用航空—高铁两种运输方式的混合轴辐式网络主干网的运营成本。其中，第一项为固定运输成本，第二项为可变运输成本，第三项为分拣成本。式子涵义与前面模型类似。

式（3-29）、式（3-30）、式（3-31）是约束条件。其中，式（3-29）表示运输工具的运输能力的限制。在分拨中心 h 和 g 之间执行运输任务时，使用某种方式进行运输的供应能力大于这二者间的运量的需求要求。式（3-30）表示往返运输工具的型号、数量都要求一致。式（3-31）表示不论使用哪种运输方式，其各种运输工具的运量之和等于总的运量。

3.3.2.2 区域轴辐式航空—高铁网络子网模型

在区域航空—高铁混合轴辐式网络子网模型中，将解决高铁站点的归属问题，使得高铁线路上各站点归属某个子网后，其总成本是最小的。其子网模型为：

$$\min C_T = 2 \sum_{s=1}^{S} \sum_{k=1}^{K} \left[T_{sk}^F \sum_{l=1}^{N} x_{lsk} + T_{sk}^V \sum_{l=1}^{N} \left(x_{lsk} \sum_{\substack{i \in f'(h) \\ j \in f'(h) \cup (h)}} y_{lij} d_{ij} \right) + T_{sk}^F \sum w_{ijsk} + T_{sk}^V \sum (w_{ijsk} d_{ij}) \right]$$
(3-32)

s. t.

$$\sum_{s=1}^{S} \sum_{k=1}^{K} T_{sk}^V x_{lsk} \geq MAX \left\{ \sum_{l=1,2,\cdots,N} \left[z_{li} (\sum q_{ij} - \sum v_{ij} q_{ij}) \right], \sum \left[z_{lj} (\sum q_{ij} - \sum v_{ij} q_{ij}) \right] \right\}$$
(3-33)

$$\sum_{s=1}^{S} \sum_{k=1}^{K} CAP_{sk} \cdot w_{ijsk} \geq v_{ij} \cdot \max(q_{ij}, q_{ji}) \quad i,j \in f'(h), i \neq j$$
(3-34)

$$y_{lij} \in \{0,1\}, Z_{li} \in \{0,1\}, W_{ijk} \in \{0,1\}, V_{ij} \in \{0,1\}$$

其中，式（3-32）是目标函数，表示采用航空—高铁两种运输方式的轴辐式网络子网 h 的运输成本。其中，前二项为第一部分，表示中转线路运输成本，包括固定成本和可变成本两方面。后二项为第二部分，表示直达线路运输成本，同样包括固定成本和可变成本。

式（3-33）、式（3-34）是约束条件。式（3-33）表示中转线路两种运输工具的载重量限制；式（3-34）表示直达线路运输工具的载量限制，载容量也需要考虑能够同时满足往返货物运输的需要。其他约束条件同时也需要满足采用航空运输的式（3-8）~式（3-24）。

区域航空—高铁混合轴辐式网络模型不仅适用于区域间航空—高铁问题，也可以推广到全国，基本思路同上，不再赘述。同时，该模型的提出，为顺丰速运扩张网络提供了新的思路，依托高铁进行快递在不同区域间的转运。到2020年，我国将建成"四纵四横"的客运专线，这为顺丰速运应用高铁快运带来了契机。

3.3.3 风险条件下的网络重构

区域航空混合轴辐式网络模型和区域航空—高铁混合轴辐式网络模型，对地区的网络进行优化、重构，但现行网络存在的问题并不能全部解决。为此，本方案构造了混合轴辐式重构模型。该模型从风险管理的角度，建立了全国混合轴辐式网络。

考虑风险条件下的混合轴辐式网络模型，它包括三类风险，即快递需求风险、使用运输方式的风险和晚点的风险，其中快递需求风险是最主要的风险。顺丰速运由于往返两地间的货量极不均衡，造成航空资源的不足或过剩，这就是由于快件需求风险因素造成的。在本章第二节中，对我国快递市场进行了分析和需求预测，在一定程度上可以降低需求风险，但无法规避运输风险和晚点风险。

对于第二类风险，即运输风险，它所造成的成本增加可以分为使用该种运输方式的固定成本和变动成本。固定成本包括分拨场地租赁费或自建费、固定资产折旧、员工工资、保险费、维修费、装卸搬运费、货运服务费等，变动成本包括燃料费和原材料费，受业务量和运距影响大。在使用轴辐式网络时，提高了运输方式的装载率，按吨公里计算的运营成本较低，这也是使用轴辐式网络的优势所在。固定成本不随风险的变动而变动，是相对稳定的。

第三类风险，晚点风险的衡量它包括赔付成本和隐性成本两种。赔付成本指若顺丰速运提供"航空即日到"服务，因航空或火车晚点造成不能在22点前送达，顾客以此为由拒绝付款，并要求支付违约金，所带来成本的增加。隐性成本指因晚点造成顾客的实际的服务小于预期，而在未来时期拒绝顺丰速运服务或转向其他快递公司，所造成客户流失的成本。晚点造成的风险是潜在的、长期的，且不易衡量。

基于以上考虑，本方案在区域航空—高铁混合轴辐式网络模型的基础上构建了基于风险视角下的全国航空—高铁混合轴辐式网络模型。

其中包括5个网络，其中1个主网和4个子网。主网即深圳—上海—北京—武汉航空—高铁枢纽点间的快递转运。4个子网分别是深圳子网、上海子网、北京子网和武汉子网。网络模型中有12条高速铁路，包括现有11条和在建的京沪高速铁路。下面从风险管理的角度，对全国航空—高铁线路相关问题进行优化。

3.3.3.1 全国航空—高铁混合轴辐式主网模型

从风险角度来建立全国航空—高铁混合轴辐式主网模型，其目的与前面建立的区域航空—高铁混合轴辐式主网模型一样，不同的是考虑了风险。主网模型假设只考虑晚点的风险，即运输方式风险不存在的情况。其主网模型为：

$$\min Z = \sum_{s=1}^{S}\sum_{k=1}^{K}\left(T_{sk}^{F} \cdot \sum_{\substack{i,j \in H \\ i \neq j}} x_{ijsk}\right) + \sum_{s=1}^{S}\sum_{k=1}^{K}\left(\cdot T_{sk}^{V} \cdot \sum_{\substack{i,j \in H \\ i \neq j}} \beta_{ijsk} x_{ijsk} d_{ij}\right) +$$

$$C_{\text{sort}} \cdot \beta_{ijsk} \cdot \left(\sum_{\substack{l \in f'(l) \cup \{l\} \\ k \in T \cup H}} q_{lk} + \sum_{\substack{l \in T \cup H - f'(l) - \{l\} \\ k \in f'(l) \cup \{l\}}} q_{lk} - \sum_{h \in H}\sum_{\substack{i \in f'(h) \\ j \in f'(h) \\ i \neq j}} v_{ij} q_{lk}\right) +$$

$$\sum_{s=1}^{S}\sum_{k=1}^{K}\left(T_{sk}^{V} \cdot \sum_{\substack{i,j \in H \\ i \neq j}}(1-\beta_{ijsk}) \cdot x_{ijsk} d_{ij}\right) + C_{\text{sort}} \cdot (1-\beta_{ijsk}) \cdot$$

$$\left[\left(\sum_{\substack{l \in f'(l) \cup \{l\} \\ k \in T \cup H}} q_{lk} + \sum_{\substack{l \in T \cup H - f'(l) - \{l\} \\ k \in f'(l) \cup \{l\}}} q_{lk} - \sum_{h \in H}\sum_{\substack{i \in f'(h) \\ j \in f'(h) \\ i \neq j}} v_{ij} q_{lk}\right) + T_{\text{loss}} + T_{\text{comp}}\right] \quad (3-35)$$

s.t.

$$\sum_{s=1}^{S}\sum_{k=1}^{K}(CAP_{sk} \cdot x_{hgsk}) \geqslant \max\left(\sum_{j \in f'(g) \cup (g)} q_{hj} + \sum_{\substack{i \in f'(h) \\ j \in f'(g) \cup (g)}} q_{ij}, \sum_{i \in f'(h) \cup (h)} q_{gi} + \sum_{\substack{j \in f'(g) \\ i \in f'(h) \cup (h)}} q_{ji}\right)$$

$$(3-36)$$

$$h, g \in H, h \neq g$$

$$x_{ijsk} = x_{jisk}, \ i, j \in H \ i \neq j, \ k=1, 2, \cdots, K; \ S=1, 2 \quad (3-37)$$

$$d_{1lk} + d_{2lk} = q_{ij}, \ \text{且} \ d_{slk} \geqslant 0, \ S=1, 2 \quad (3-38)$$

$$V_{ij} \in \{0, 1\} \quad 0 \leqslant \beta \leqslant 1$$

其中，式（3-35）是目标函数，表示在运输工具晚点风险下，采用航空—高铁混合轴辐式网络主干网的运营成本。前三项为第一部分，表示运输工具不晚点时的成本，依次是固定成本、可变成本和分拣成本，固定成本不受风险的影响。后二项为第二部分，表示晚点时发生的成本,包括赔付成本和隐性成本两部分。

式(3-36)～式(3-38)是约束条件。式(3-36)表示运输工具的数量限制,式(3-37)表示往返运输工具的型号、数量都要求一致,式(3-38)表示各种运输工具的运量和等于总的运量。

3.3.3.2 全国航空—高铁混合轴辐式子网模型

子网模型考虑了使用运输工具和晚点两类风险,在此种条件下,其模型为:

$$\min C_T = 2\left\{\sum_{s=1}^{S}\sum_{k=1}^{K}(1-\alpha_{sk})(T_{\text{loss}}+T_{\text{comp}}) + \sum_{s=1}^{S}\sum_{k=1}^{K}\left[T_{sk}^{F}\sum_{l=1}^{N}x_{lsk}+\alpha_{sk}\cdot\beta_{sk}\cdot\right.\right.$$
$$\left.T_{sk}^{V}\sum_{l=1}^{N}\left(x_{lsk}\sum_{\substack{i\in f'(h)\\ j\in f'(h)\cup(h)}}y_{lij}d_{ij}\right) + T_{sk}^{F}\sum w_{ijsk}+\alpha_{sk}\cdot\beta_{sk}\cdot T_{sk}^{V}\sum(w_{ijsk}d_{ij})\right] +$$
$$\sum_{s=1}^{S}\sum_{k=1}^{K}\left[T_{sk}^{F}\sum_{l=1}^{N}x_{lsk}+\alpha\cdot(1-\beta)\cdot T_{sk}^{V}\sum_{l=1}^{N}\left(x_{lsk}\sum_{\substack{i\in f'(h)\\ j\in f'(h)\cup(h)}}y_{lij}d_{ij}\right) +\right.$$
$$\left.\left.T_{sk}^{F}\sum w_{ijsk}+\alpha\cdot(1-\beta)\cdot\left(T_{sk}^{V}\sum(w_{ijsk}d_{ij})+T_{\text{comp}}\right)\right]\right\} \quad (3-39)$$

$$\sum_{s=1}^{S}\sum_{k=1}^{K}CAP_{sk}\cdot x_{lsk} \geq \max\left\{\sum\left[z_{li}(\sum q_{ij}-\sum v_{ij}q_{ij})\right],\sum\left[z_{lj}(\sum q_{ij}-\sum v_{ij}q_{ij})\right]\right\}$$
$$l=1,2,\cdots,N \quad (3-40)$$

s.t.

$$\sum_{s=1}^{S}\sum_{k=1}^{K}CAP_{sk}\cdot w_{ijsk} \geq v_{ij}\max(q_{ij},q_{ji}); i,j\in f'(h), i\neq j \quad (3-41)$$

$$d_{1lk}+d_{2lk}=q_{ij},\text{且}\ d_{slk}\geq 0, S=1,2 \quad (3-42)$$

$$y_{lij}\in\{0,1\}, Z_{li}\in\{0,1\}, W_{ijk}\in\{0,1\}, V_{ij}\in\{0,1\} \quad 0\leq\alpha\leq 1, 0\leq\beta\leq 1$$

其中,式(3-39)是目标函数,表示考虑运输工具是否运行和运输工具是否晚点的情形下,采用航空—高铁两种运输方式的轴辐式网络子网 h 的运输成本。目标函数可分为三个部分,第一项表示运输工具不运行时的成本,第二项运输工具运行且不晚点时的成本,第三项表示运输工具运行但晚点时的成本,且加入了对客户赔偿这部分。

式(3-40)～式(3-42)是约束条件。式(3-40)表示中转线路两种运输工具的载重量限制;式(3-41)表示直达线路运输工具的载重量限制,载重量也需要考虑能够同时满足往返货物运输的需要;式(3-42)表示各种运输工具的运量和等于总的运量。其他约束条件同时也需要满足采用航空运输的式(3-8)～式(3-24)。

3.3.3.3 考虑风险条件下的顺丰速运全球混合轴辐式重构模型

目前,顺丰速运在我国港澳台、新加坡、韩国等地开通了国际快递业务。本方案考虑到顺丰速运的发展战略,给出了基于风险管理视角下的全球航空混合轴辐式网络优化模型。

该模型考虑了汇率、关税等因素对航空运输轴辐式网络的影响,并结合两类风险,化简后的模型为:

$$\min Z = \begin{bmatrix} \sum_{k=1}^{K} \left[\alpha_k \cdot \left(T_k^{V1} \cdot \sum_{\substack{i,j \in H \\ i \neq j}} x_{ijk} d_{ij} + T_k^{V2} \cdot \sum_{\substack{i,j \in H \\ i \neq j}} x_{ijk} \cdot t_{ij} \right) \right] + C_{\text{sort}} \cdot \alpha_k \\ \left(\sum_{\substack{l \in f'(I) \cup \{I\} \\ k \in T \cup H}} q_{lk} + \sum_{\substack{l \in T \cup H - f'(I) - \{I\} \\ k \in f'(I) \cup \{I\}}} q_{lk} - \sum_{h \in H} \sum_{\substack{j \in f'(h) \\ i \neq j}} v_{ij} q_{lk} \right) \end{bmatrix} (r_{ij} + r_{ji}) +$$

$$\sum_{k=1}^{K} \left(T_k^F \cdot \sum_{\substack{i,j \in H \\ i \neq j}} x_{ijk} \right) + (1 - \alpha_k)(T_{\text{loss}} + T_{\text{comp}})(r_{ij} + r_{ji}) \tag{3-43}$$

3.4 快递网络模型求解与应用

3.4.1 网络模型求解策略

本文以成本最小化为目标，以各种运输工具的型号数量和运输工具运行路线为决策变量，以运输工具的载货量、运输工具的运行时间和线路设置为主要约束条件，对子网和主干子网分别建立数学模型。由于主干子网的优化依赖于普通子网的优化结果，先对普通子网进行优化，得到结果后再对主干子网进行优化；在普通子网中，按照采用基于距离和基于货量的贪婪启发式算法向子网内增加直达线路，每增加一次直达线路，对剩余的货量按照层级轴辐式网络的优化办法进行多轮优化，把每次优化的结果记录下来，最后对所有优化结果进行比较，找到其中最好的解；采用分枝定界法，可求得主干子网的最优车辆组合。

3.4.1.1 求解策略

采用贪婪启发式算法在普通子网中逐步添加直达线路，使得每次添加的直达线路最大限度地降低运营成本。在确定子网后，再选择主干网络。

（1）策略1：对某一普通子网，将两区部之间的距离按升序排序。首先在距离最短的区部之间增加直达线路，计算因为该直达线路而增加的运输成本。然后，将该线路所运输的货量从子网中去掉，按照得到的新货量对网络进行层级轴辐式网络运载优化，得到一个新的成本值，该成本值与增加直达线路前的成本值进行比较，其差即为因引入直达线路而减少的运输成本。另外，由于经直达线路运输的货物不需要经过分拨中心，因此使得分拨中心的分拣量降低，分拣成本由此降低。将因直达线路增加的成本和减少的成本进行对比，若减少的成本值较大，则说明本直达线路设置有利，加以保留。这样按照区部之间的距离，不断在区部之间增加直达线路，直到某两区部之间的直达线路不能降低成本为止。

（2）策略2：按照区部之间的货量进行迭代计算，对任一普通子网，首先在货量最大的区部对之间引入直达线路，然后依次在货量次大的区部对之间引入……直到增加的直达线路不能降低成本为止。各个普通子网之间没有变量交叉，可独立求解。求得最优结果后，变量 v 成为已知量，此时再用分枝定界法求得主干子网的最优解即可。本模型所提出的问题可以得到解决。

3.4.1.2 求解步骤

步骤1：对每一个普通子网执行以下操作：

（1）采用分枝定界和回溯法的思路缩小搜索空间，分别求得子网中线路数 N 的下限 N_{min} 和上限 N_{max} 的值和可能的运输工具的型号组合。

（2）对 N_{min} 和 N_{max} 之间的每一个 N 值，利用层级式遗传算法进行优化，得到一组近似最优解。

（3）比较上述近似最优解，取成本最低的解作为该子网的最优运载规划结果。

步骤2：对主干子网采用分枝定界法求最优解。

步骤3：将主干子网和所有普通子网的优化结果合起来即为整个网络的最优运载规划，其总成本为各子网总成本的和。

3.4.2 网络优化模型应用

本部分基于武广高铁，将上面建立的区域轴辐式网络应用到实际中。由于高铁还未开展货运业务，算例中的数据是调整分析的基础上结合铁路运输进行的。高铁的固定成本主要考虑人工费、仓库租金、水电费。假设在武广各站点，以武汉为起点，到每个站点都有10 000件快件需要运输，湖北地区工作人员月工资2 000元，湖南地区工作人员月工资2 100元，广州地区工作人员月工资2 500元。假设每个站点都有一个分拣中心，武汉、长沙、广州是200平方米，其他站点均为100平方米，租金均为10元/米，水电费与面积成比例，200平方米为200元，100平方米是100元。根据相关资料，每件快递的重量是2.68 kg，每件快递的包装费为0.97元。表3-14是武广各站点之间的距离。

运用上面的求解策略，用matlab软件编程计算，对所有算例（包括下面的模型求解）的优化计算过程。

表3-14 武广高铁各站点间距离表 单位：公里

	武汉	咸宁	赤壁	岳阳	长沙	株洲	衡山	衡阳	耒阳	郴州	韶关	清远	广州
武汉	0	85	128	215	362	414	488	539	594	692	842	986	1 069
咸宁	85	0	43	130	267	339	403	454	509	607	757	901	987
赤壁	128	43	0	87	234	286	360	411	466	564	714	858	941
岳阳	215	130	87	0	147	199	273	324	385	477	627	771	854
长沙	362	267	234	147	0	52	126	177	232	330	480	624	707
株洲	414	339	286	199	52	0	74	125	180	278	428	572	655
衡山	488	403	360	273	126	74	0	51	106	204	354	498	581
衡阳	539	454	411	324	177	125	51	0	55	153	303	447	530
耒阳	594	509	466	385	232	180	106	55	0	98	248	392	475
郴州	692	607	564	477	330	278	204	153	98	0	150	194	377

续表

	武汉	咸宁	赤壁	岳阳	长沙	株洲	衡山	衡阳	耒阳	郴州	韶关	清远	广州
韶关	842	757	714	627	480	428	354	303	248	150	0	144	227
清远	986	901	858	771	624	572	498	447	392	194	144	0	83
广州	1 069	987	941	854	707	655	581	530	475	377	227	83	0

依据铁路运输的运价规则，运价＝基价1＋基价2＊运价公里，由于是运快件，用22号运价来计算，即基价1为0.117元/10kg 基价2为0.00075元/10kg公里，下面都是武汉到各个地方的成本，则有关计算如下。

可根据以上已知条件得出优化前的各项运输成本。表3－15是经计算的相关成本。

表3－15 武广各站点运输相关成本表　　　　　　　　　　　　　　　单位：元

到站	运价	固定成本	可变成本	总成本
咸宁	0.2308	70 200	10 318.41	80 518.41
赤壁	0.2630	69 100	10 404.84	79 504.84
岳阳	0.3283	69 100	10 579.71	79 679.71
长沙	0.4385	72 500	10 875.18	83 375.18
株洲	0.4775	73 600	10 979.70	84 579.70
衡山	0.5330	72 500	11 128.44	83 628.44
衡阳	0.5713	72 500	11 230.95	83 730.95
耒阳	0.6125	72 500	11 341.50	83 841.50
郴州	0.6860	72 500	11 538.48	84 038.48
韶关	0.7985	72 500	11 839.98	84 339.98
清远	0.9065	86 100	12 129.42	98 229.42
广州	0.9065	86 100	12 296.25	98 396.25

在武广高铁线上可以确立武汉、株洲和清远三个站点为线路的主要中转点，可以起到优化的作用。在此基础上，考虑到区域优化问题，以武汉为起点，分别计算运至湖北、湖南和广东的运输优化线路安排。相关线路优化见表3－16 优化后的网络线路表。

表3－16 优化后的网络线路表　　　　　　　　　　　　　　　　　　单位：元

网络	线路	固定成本	可变成本	中转成本
主网	武汉—株洲—清远	228 800	12 365.1	0
线路	武汉—咸宁—赤壁	99 100	24 000	533.99
	武汉—株洲—岳阳—长沙—衡山—衡阳—耒阳—郴州	272 500	105 000	4512.45
	武汉—清远—韶关—广州	186 100	54 000	1 474.00

采用建立的区域轴辐式网络模型，运用给定的算法，得到的武广高铁的优化网络图。

图 3-14 是相关的成本比较。可以看出，优化后的成本比优化前降低了 8.7%。与此同时，减少列车的停靠站将节省更多的运行时间，在降低成本的同时也起到了提高效率的作用。

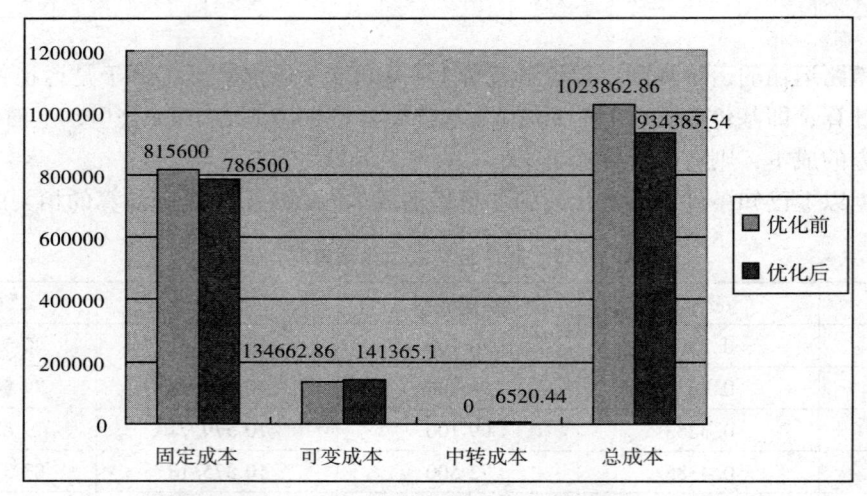

图 3-14　优化前与优化后的结果比较（单位：元）

3.4.3　网络重构模型应用

在上例的基础上，考虑高铁线路和区域扩大问题，由于高铁建设成本要求高，在许多区域还没有开通，当区域扩大后，需要采用传统的航空运输来进行运输。根据快递行业的特点，在经济较发达的地区业务需求较大，本文分析环渤海、长三角和珠三角地区的快递市场，将武广高铁和京沪高铁与航空运输结合起来，考虑在全部采用航空运输的情况与结合高铁和航空的运输方式下，并结合运输工具正常运行和准点的概率，在不同情形下的成本，应用本文建立的模型。在计算过程中，假定航空的固定成本主要有员工工资和其他相关固定投资；可变成本主要有燃油费、燃油附加费、飞机起降费和快件的包装费（表 3-17、表 3-18）。

表 3-17　波音飞机航空运输成本

机型	单小时成本			业载（吨）
	每天飞行 4 小时	每天飞行 6 小时	每天飞行 8 小时	
B737	4.5	4	3.5	14
B757	7.5	7	6.5	28
A300	8.5	8	7.5	40

表 3-18 高铁运行相关成本

车型	武广高铁线		郑西高线	京沪高铁线		
	CRH2C	CRH3	CRH2C	CRH380A	CRH380B	CRH3-350
载重（吨）	14	17	14	18	20	21
固定成本（元/万单）	75 000	77 000	78 000	80 000	83 000	85 000
可变成本（元/km·kg）	1.5	1.2	3.2	1.2	1.1	1.0

表 3-19~表 3-21 是顺丰速运在环渤海、长三角和珠三角地区的主要运营城市以及不同城市对之间的距离和飞机不晚点的概率，分别以北京、上海和广州分区域来分析整个运输网络的构建与优化问题。

表 3-19 北京地区城市对运行表　　　　　　　　　　　　　单位：千米

编号	城市对	距离	准点率	编号	城市对	距离	准点率
01	北京—上海	1 042	0.933	20	天津—大连	385	0.839
02	北京—广州	1 857	0.928	21	天津—青岛	500	0.862
03	北京—石家庄	280	1.000	22	天津—沈阳	662	0.89
04	北京—天津	110	1.000	23	天津—烟台	391	0.91
05	北京—秦皇岛	280	1.000	24	秦皇岛—济南	426	1.000
06	北京—济南	363	0.963	25	秦皇岛—大连	200	1.000
07	北京—大连	456	0.903	26	秦皇岛—青岛	439	1.000
08	北京—青岛	523	0.931	27	秦皇岛—沈阳	378	1.000
09	北京—沈阳	631	0.912	28	秦皇岛—烟台	1 166	1.000
10	北京—烟台	505	0.938	29	济南—大连	470	0.962
11	石家庄—天津	263	1.000	30	济南—青岛	299	1.000
12	石家庄—秦皇岛	211	0.868	31	济南—沈阳	786	0.833
13	石家庄—济南	273	0.808	32	济南—烟台	393	0.935
14	石家庄—大连	750	0.833	33	大连—青岛	299	0.891
15	石家庄—青岛	670	0.713	34	大连—沈阳	395	0.803
16	石家庄—沈阳	950	1.000	35	大连—烟台	160	0.860
17	石家庄—烟台	530	1.000	36	青岛—沈阳	1 475	0.884
18	天津—秦皇岛	285	1.000	37	青岛—烟台	240	1.000
19	天津—济南	274	1.000	38	沈阳—烟台	561	0.990

表 3-20 上海地区城市对运行表　　　　　　　　　　　　　单位：千米

编号	城市对	距离	准点率	编号	城市对	距离	准点率
01	上海—南通	121	1.000	03	上海—蚌埠	492	1.000
02	上海—南京	393	0.990	04	上海—徐州	520	0.990

续表

编号	城市对	距离	准点率	编号	城市对	距离	准点率
05	上海—杭州	489	1.000	18	南京—宁波	436	1.000
06	上海—温州	654	0.938	19	蚌埠—徐州	189	1.000
07	上海—宁波	152	1.000	20	蚌埠—杭州	484	1.000
08	南通—南京	262	1.000	21	蚌埠—温州	883	1.000
09	南通—蚌埠	408	1.000	22	蚌埠—宁波	752	1.000
10	南通—徐州	422	1.000	23	徐州—杭州	520	0.99
11	南通—杭州	280	1.000	24	徐州—温州	980	1.000
12	南通—温州	570	1.000	25	徐州—宁波	736	1.000
13	南通—宁波	310	1.000	26	杭州—温州	448	1.0000
14	南京—蚌埠	184	1.000	27	杭州—宁波	158	0.790
15	南京—徐州	374	1.000	28	温州—宁波	269	1.000
16	南京—杭州	277	1.000	29	上海—广州	1540	0.910
17	南京—温州	673	0.807				

表 3–21 广州地区城市对运行表　　　　　　　　　　　　　　　单位：千米

编号	城市对	距离	准点率	编号	城市对	距离	准点率
01	广州—深圳	200	1.000	15	韶关—湛江	416	1.000
02	广州—韶关	143	1.000	16	韶关—厦门	924	1.000
03	广州—汕头	352	0.960	17	韶关—福州	703	1.000
04	广州—湛江	326	0.930	18	韶关—泉州	675	1.000
05	广州—厦门	512	0.952	19	汕头—湛江	672	0.830
06	广州—福州	573	0.946	20	汕头—厦门	225	0.931
07	广州—泉州	823	0.935	21	汕头—福州	500	0.842
08	深圳—韶关	40	1.000	22	汕头—泉州	363	0.877
09	深圳—汕头	572	1.000	23	湛江—厦门	1 500	1.000
10	深圳—湛江	300	0.990	24	湛江—福州	1 312	1.000
11	深圳—厦门	465	0.914	25	湛江—泉州	2 123	1.000
12	深圳—福州	831	0.920	26	厦门—福州	280	0.990
13	深圳—泉州	526	0.920	27	厦门—泉州	95	1.000
14	韶关—汕头	480	1.000	28	福州—泉州	250	1.000

在以环渤海、长三角和珠三角地区为中心的全国运输网络中，分别以北京、上海和广州为主要的中转站点分析整个网络的优化问题。表 3–22 为优化的结果，其中：

在北京子网：主要城市包括石家庄、天津、秦皇岛、济南、大连、青岛、沈阳、烟台。其中天津和济南为分拨中心，连接京沪高铁，北京子网中的其他城市之间的运输为空运。在天津和济南存在中转问题，是高铁和航空的混合运输，认为在天津和济南之间采用高铁，其他都采用航空运输的方式，是在快速的基础上节省成本。

在上海子网：主要城市包括南通、南京、蚌埠、徐州、杭州、温州、宁波。同理，货物在南京、蚌埠、徐州为其分拨中心，其余线路都为航空运输；先将货物运至南京、蚌埠、徐州进行中转，其他城市间采用航空运输。

在广州子网：主要城市包括深圳、韶关、汕头、湛江、厦门、福州、泉州，货物先运至韶关中转，其余线路都为航空运输。

表3-22 全国运输网络优化结果表

网络		线路
主网		北京—上海—广州
子网	北京	北京—石家庄—天津—秦皇岛—济南—大连—青岛—沈阳—烟台
	上海	上海—南通—南京—蚌埠—徐州—杭州—温州—宁波
	广州	广州—深圳—韶关—汕头—湛江—厦门—福州—泉州

优化网络的确定，是基于总成本的最小化。根据给定的基础数据，运用文中的模型，通过选择运输方式和运输工具的型号以及运输线路，可以确定成本最小的运输线路，即最优运输网络。表3-23是在选择线路过程中的相关成本。在进行网络优化前，考虑在所有的区域都采用航空运输，则计算出的总运输成本为8 521 230元。在经过计算的优化后，运输总成本为优化后成本为7 754 718.72元，比优化前节约了766 512.28元。

表3-23 优化后的相关成本表　　　　　　　　　　　　　　　　　　　单位：元

分区	运输方式	到站点	型号	固定成本（元）	可变成本（元）	中转成本（元）	总成本（元）
北京	高铁	天津、济南	CRH380A	85 000	330 000	61 149.84	3 491 329.84
			CRH380B				
			CRH3-350				
	航空	石家庄—秦皇岛—大连—青岛—沈阳—烟台	B737	310 000	2 705 180	0	
			B757				
			A300				
上海	高铁	南京、蚌埠、徐州	CRH380A	85 000	190 000	95 463.53	1 857 893.53
			CRH380B				
			CRH3-350				
	航空	南通—杭州—温州—宁波	B737	160 000	1 327 430	0	
			B757				
			A300				

续表

分区	运输方式	到站点	型号	固定成本（元）	可变成本（元）	中转成本（元）	总成本（元）
广州	高铁	韶关	CRH2C	75 000	260 000	21 845.35	2 405 495.35
			CRH3				
	航空	深圳—汕头—湛江—厦门—福州—泉州	B737	240000	1 827 650	0	
			B757				
			A300				

3.4.4 影响因素风险分析

在实际运输过程中，许多因素都会影响运输的成本，在建立模型的过程中，只能考虑主要的影响因素。根据方案中给定的成本最小化模型，成本主要由运输的业务量和运输的距离确定。

图3-15分析的是在采取高铁运输的情形下，运输业务量和运距同时变化时，与整个运输成本的关系。由图可知，高铁总成本与业务量所在平面，随着业务量的增加，总运输成本保持较快的增长速度；在高铁总成本和运输距离所在平面，高铁成本则随着运距的增减变化而快速变化，这是因为业务量平面投影的直线斜率小于运输距离所在平面投影的直线斜率，由于运输的运价与运输的距离正相关，即运输距离对高铁成本的影响较大。因此高铁成本对运输距离更敏感。也就是说，随着运输距离的增加，在运输价格增加的同时，也增加了更多的不确定性。

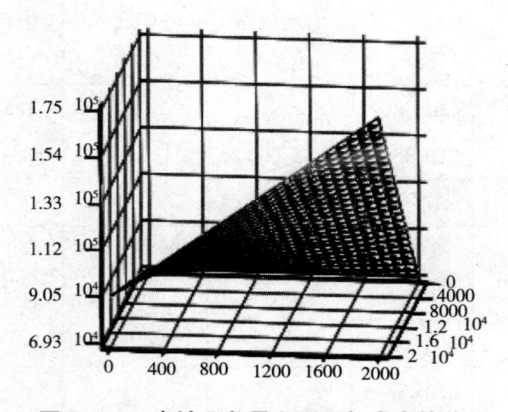

图 3-15 高铁业务量和运距与成本的关系

图3-16分析的是在采取航空运输方式下，运输的业务量和运输距离与成本的关系。与上面的分析相似，运输总成本随着业务量和运输距离的增加而增加。但经过比较分析，业务量所在平面的斜率大于距离所在平面的斜率，即业务量对成本的影响较大，是因为飞机的承载量是有限制的，而且航空运输成本一般比较高。在采取航空运输模式时，更多的要考虑业务量对运输总成本的影响。

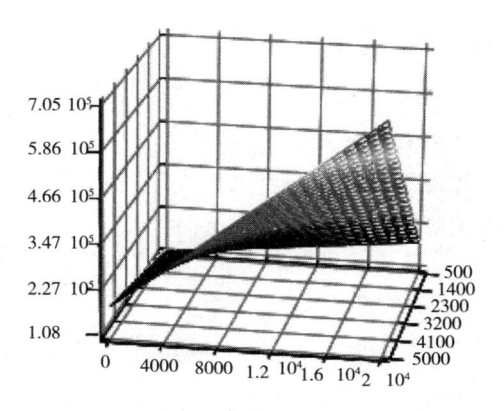

图 3-16 航空业务量与运距成本的关系图

▶ **方案总结**

在本部分，基于前面的分析，为解决顺丰速运当前的运输网络优化问题，考虑到风险因素，建立成本最小化的模型，在体现出顺丰速运优势的同时，通过运输网络的优化来达到成本最小化的战略，并以数据来进行验证。

通过建立基于不同区域的运输成本模型，利用武广高铁线路，对湖北省、湖南省和广东省三个省份内的运输线路进行优化，以武汉、株洲和清远为主干网路，可以分别确定出最优的线路。得出以下结论：

(1) 确定以武汉、株洲和清远为分拨中心的主干网，辐射范围有湖北、湖南和广州。

(2) 以武广高铁在湖北（咸宁和赤壁），湖南（株洲、岳阳、长沙、衡山、衡阳、耒阳和郴州）和广州（清远、韶关和广州）的站点为子网。

(3) 采用轴辐式网络运输，优化后的成本比优化前节约了 8.7% 的成本。与此同时，减少列车的停靠站将节省更多的运行时间，在降低成本的同时也起到了提高效率的作用。

我国快递行业的业务大部分集中在长三角、珠三角和环渤海等经济比较发达的区域，当市场由区域扩大到全国后，以上海、广州和北京为代表的主网的运输线路上交叉使用高铁和航空运输，对各个主网线路进行优化。考虑到运输方式的多样性和风险，通过以上算例证明：

(1) 通过混合轴辐式的网络建立以上海、广州和北京为主网的全国服务网络，加强华南地区网络建设的同时，通过武广高铁来联系武汉，向华中地区拓展，逐步建立全国主枢纽中心，对各个主网线路进行优化。

(2) 在上海子网中南京、蚌埠、徐州为其分拨中心，以高铁为运输方式，其他城市间采用航空运输；广州子网中货物先运至韶关中转，其余线路都为航空运输；在北京子网，以天津和济南为分拨中心，其他都采用航空运输的方式，在高时效的基础上节省成本。

(3) 基于高铁和航空运输两种运输方式的混合轴辐式网络，与单独使用一种运输方式相比，节约了 8.99% 的成本，高铁晚点率较低，混合运输提高运输工具的时效性。

(4) 从影响快递运输成本的因素考虑，在不同的运输方式下的主要影响因素不同：高铁运输受距离的影响明显，航空运输受业务量的影响明显。

▶ **复习思考**

1. 快递网络在快递业发展中有何作用?
2. 快递需求预测对于快递网络优化有何意义?
3. 快递过程中存在哪些风险?

第4章 快递物流系统方案设计

> **背景介绍**

此方案节取自"顺丰杯"第三届全国大学生物流设计大赛获奖作品《基于价值链的顺丰速运网络系统集成》(有删节)。该方案的背景案例为"顺丰杯"第三届全国大学生物流设计大赛案例,详见中国物流与采购教育网(www.clpp.org.cn)。在学习本方案前,需要预先阅读"顺丰杯"第三届全国大学生物流设计大赛案例。

> **学习要点**

- 了解物流价值链与物流价值链分析
- 了解物流竞争力模型
- 熟悉物流节点选址与规划
- 熟悉物流流程优化

> **方案摘要**

本方案运用价值链和网络系统集成理论,对顺丰物流价值链进行系统分析与诊断,建立了顺丰物流竞争力模型,从战略定位、网络优化、增值服务和绩效评价四个方面进行系统设计,针对顺丰的"小众市场"提出基于"小众价值"的顺丰竞争优势,达到FIRST的战略目标。本方案通过导入依据价值链理论,将顺丰的价值增加环节分为基本服务活动(网络设计、节点选址、流程优化等)和增值服务活动(代收货款、电子商务、员工管理等)。通过运用最小割模型和禁忌搜索法等理论对顺丰网络现状进行优化和资源整合,从整体和全局的角度对顺丰公司进行优化、对流程进行重组。同时,通过对顺丰客户需求分析,完善顺丰客户分类,并在此基础上对顺丰的VIP客户开展有针对性的增值服务,抓住现在物流业向电子商务发展的机遇和前景,充分利用顺丰先进的信息系统平台,重点优化了代收货款和电子商务增值服务项目。基于价值链的顺丰速运网络系统集成,关注顺丰的核心竞争力和竞争优势的提升,并最终将顺丰打造成为领先(FIRST)国内的快递业的典范。

4.1 快递物流价值链分析

4.1.1 价值链分析模型

价值链（Value Chain）理论是由迈克尔·波特首先提出的。价值链分析（Value Chain Analysis），把企业内外价值增加的活动分为基本活动和支持性活动，基本活动涉及企业生产、销售、进料后勤、发货后勤、售后服务。支持性活动涉及人事、财务、计划、研究与开发、采购等，基本活动和支持性活动构成了企业的价值链，如图4-1所示。

企业要保持的竞争优势，实际上就是企业在价值链某些特定的战略环节上的优势。运用价值链的分析方法来确定核心竞争力，就是要求企业密切关注组织的资源状态，要求企业特别关注和培养在价值链的关键环节上获得重要的核心竞争力，以形成和巩固企业在行业内的竞争优势。企业的优势既可以来源于价值活动所涉及的市场范围的调整，也

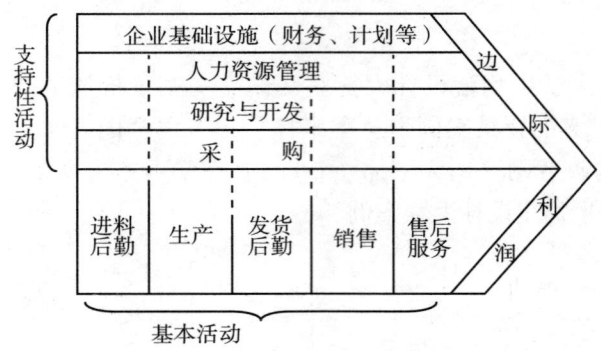

图4-1 波特价值链模型

可来源于企业间协调或合用价值链所带来的最优化效益。

价值链列示了总价值，包括价值活动和利润。价值活动是企业所从事的物质上和技术上的界限分明的各项活动，这些活动是企业创造对买方有价值的产品的基石。利润是总价值与从事各种价值活动的总成本之差。价值活动分为两大类：基本活动和支持性活动。基本活动是涉及产品的物质创造及其销售、转移买方和售后服务的各种活动。支持性活动是辅助基本活动，并通过提供采购投入、技术、人力资源以及各种公司范围的职能支持基本活动。

顺丰在国内快递业中的市场定位为中高端市场，这是个小众市场。小众市场所形成的"小众价值"，成了对顺丰贡献最大的环节。本方案把价值链理念导入顺丰，提出符合顺丰自身发展的顺丰物流价值链（Logistics Value Chain）。

4.1.2 快递物流价值链

价值链理论认为，每一个企业都是在设计、生产、销售、发送和辅助其产品的过程中进行种种活动的集合体。所有这些活动可以用一个价值链来表明。企业的价值创造是通过一系列活动构成的，这些活动可分为基本活动和辅助活动两类，价值链在经济活动中是无处不在的，上下游关联的企业与企业之间存在行业价值链，企业内部各业务单元的联系构成了企业的价值链，企业内部各业务单元之间也存在着价值链联结。价值链上的每一项价值活动都会对企业最终能够实现多大的价值造成影响。

顺丰作为速递企业，其每个速递环节都占据着举足轻重的地位，要想使顺丰整体竞争力提高，那么每个环节都必须贡献出最大的价值，这样环环相扣最终形成一个具有强大竞争力的价值链网络，而把每个环节之间的节点做到最佳衔接就显得十分关键。因此，网络优化（Network Optimization）对于提高顺丰的整体实力则是重中之重。通过网络的优化来实现重点突破，从而带动全局，解决大部分问题、提升整体竞争力。

网络优化的关键在于如何更大程度地实现网络系统集成（Network System Integration），使得资源得到最大程度的利用。网络系统集成是一种思想、观念和哲理，是一种指导信息系统的总体规划、分步实施的方法和策略，它不仅包含技术，还包含艺术成分。从广义角度看，包含人员的集成、企业内部组织的集成、各种管理上的集成、各种技术上的集成、计算机系统平台的集成等；从狭义角度看，系统集成的主要对象和内容包括人员的集成、硬件的集成、软件的集成、信息的集成等。它的理论和实践意义就在于它能够最大限度地提高系统的有机构成、系统的效率、系统的完整性、系统的灵活性等，简化系统的复杂性，并最终为企业提供一套切实可行的完整的解决方案。

价值链和网络系统集成这两个理论的共通之处在于从整体和全局的角度对企业进行优化、对流程进行重组，从而实现整体价值的最大化。因此，顺丰进行网络优化将是必然之选。同时，价值链将企业活动分为基本活动和附加活动，基本活动也即网络优化、流程设计等；而附加活动则指向为除基本活动以外的增值服务。增值服务是建立在基本活动的基础之上的，网络优化的顺利实现是开展增值服务的基础；附加活动是基本活动的延伸，即增值服务是对基本服务的发展和创新，有利于提升企业和客户的价值，实现双赢。

本方案引用价值链理念提出针对顺丰速运网络的系统集成，包含了顺丰网络发展战略、顺丰网络规划与布局、顺丰网络信息平台等一系列软、硬件，为满足客户的个性化需求及提升物流（或速运）竞争优势而提供一体化的解决方案。

4.1.3 快递价值链分析

根据对顺丰案例问题和自身资源能力的分析，结合价值链分析模型，创造性地提出了针对顺丰价值链分析模型。把顺丰的价值活动分为基本活动和增值服务，对于每个活动进行分类并加以分析：

基本活动：网络布局、流程优化、呼叫中心等；

增值服务：代收货款、电子商务、信息系统等。

基本活动是顺丰的根本，是利润的源泉所在；增值服务是支撑，保障基本活动的实施进行，提高服务质量和效率。

顺丰价值链分析模型如图4-2所示。

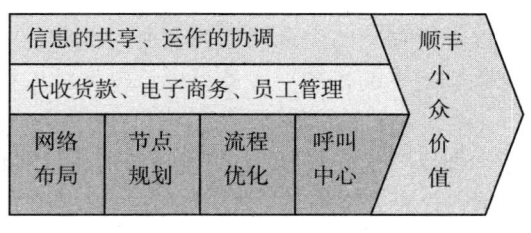

图4-2 顺丰价值链模型图

4.2 快递物流竞争力模型

4.2.1 物流竞争力模型概述

通过分析顺丰的价值链，要寻求"小众价值"，并最终达到提升竞争优势的目标，需从提升顺丰的物流竞争力开始。物流竞争力（Logistics Competitiveness）是一个综合指标，包含了定位、集成、反应和测评四个方面，如图4-3所示。

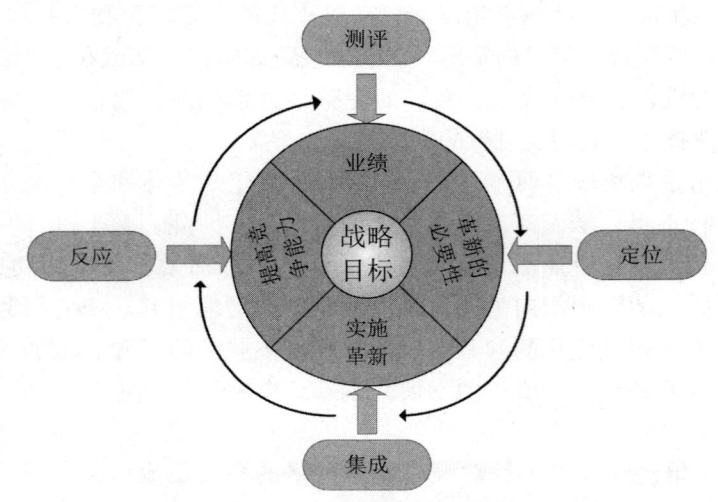

图4-3 世界级物流模型

4.2.1.1 定位

即定位竞争力，它来自于以市场和资源为导向的战略管理的应用，指的是如何将物流在企业内部从战略到结构上的定位。拥有世界级物流的企业认为市场战略、采购战略、研发战略、生产战略及物流战略是紧密联系在一起的，而物流的组织结构、人员结构以及物流网络结构，即所有的物流资源，都是与企业的整体战略和部门战略融为一体的。

4.2.1.2 集成

即集成竞争力，来自于以物流概念为基础的系统思维，指如何具体实施物流战略。拥有世界级物流的企业能够在企业内部和企业之间建立一种协调机制，并利用这一机制实现物流总成本的控制、服务目标、物流的流程思想和跨职能的观念。

4.2.1.3 反应

即反应竞争力，来自于以物流观念为基础的应用思想。物流系统的存在没有自身的目的，其运行是为了服务于客户，而存在的唯一目的也是为客户创造价值。拥有世界级物流的企业的优势也在于此，他们利用自身快捷而灵活的物流系统，去满足处于不断变化中的客户需求。

4.2.1.4 测评

它是物流能够出色地完成其他职能的必要条件。物流体系、流程的效率和有效性必须是可测量的，以便能够及时地对其进行控制调整，确保既快又省地达到目标。拥有世界级物流的企业都有一个内部和外部的"监控"方式，由它来为物流的定位、集成和反应提供信息。

本方案在价值链和系统集成理论的基础上，以网络优化为重点，整合并利用物流竞争力模型，有针对性地提出顺丰的物流竞争力模型。

4.2.2 快递物流竞争力模型

针对定位、集成、反应和绩效测评四个方面，顺丰物流竞争力模型包括：顺丰战略定位、顺丰网络优化、顺丰增值服务和顺丰绩效评价。

4.2.2.1 顺丰战略定位

顺丰的战略定位为：FIRST——国内领先的竞争优势。以网络优化和增值服务为两大战略重心，并将两者进行融合，以增值服务为特色对网络进行优化，针对快递业高中端市场形成"小众价值"。

4.2.2.2 顺丰网络优化

在快递过程中，网络优化即将各种快递资源进行集成，以便发挥快递各个环节的协同效应和协调机制，进而实现快递总成本的控制、快递服务目标的实现、快递流程的优化和重组。

4.2.2.3 顺丰增值服务

增值服务作为提高客户满意度的一项重要途径，体现了快递企业对于客户需求的快递反应。顺丰利用快递网络体系对客户进行快速反应，满足处于不断变化中的客户需求，创造物流价值并使快递企业和客户实现双赢。

4.2.2.4 顺丰绩效评价

建立一套可测量的快递物流体系、流程的效率和有效性，顺丰能够及时地对其进行控制和调整，确保顺丰战略定位、顺丰网络优化和顺丰增值服务能够有效果和有效率地达到目标。

顺丰物流竞争力分析模型如图4-4所示。

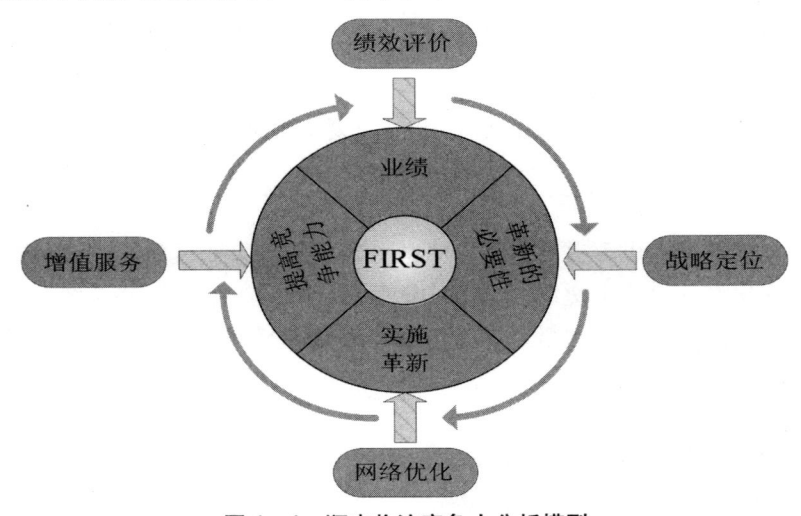

图4-4 顺丰物流竞争力分析模型

4.2.3 快递物流竞争力特征

在顺丰物流竞争力模型中,顺丰物流竞争力特征由一系列指标构成。这些指标的优劣也就是优秀企业与其他企业的区别所在,也即顺丰竞争力的关键。这些指标具有广泛的适用性,因此这些指标为顺丰提高竞争力的努力方向提供了重要依据。

具体的物流竞争力特征如表 4-1 所示。

表 4-1 物流竞争力特征

战略定位			
战略	网络	供应链	组织
很高的基础服务水平、内部流程整合、市场定位	设立当地代表处、基于不同时段的不同解决办法、投资	伙伴的战略定位、组织之间的扩展、权力影响	授权许可、流程、学习、动态、小组、忠诚度、可能性
网络优化			
合作强度	信息交换前期准备	标准化	纪律
任务的专业化、准则、成果分配	信息交换约定、信息交换形式	标准流程、实施、行业标准	成果的可预见性和精确性、报酬机构
信息技术	信息交换能力	简化	
信息技术的革新、集成度、计划的支持	技术、难易度	重组、模块化、"少就是多"的思想	
增值服务			
理念	适应能力	对客户重要的	灵活性
客户服务、客户满意度、客户成功	"脱胎换骨"、同步化、订单执行	"蚕茧式"的全面服务、物流(速递)渠道	程序化、延期、横向供应
绩效评价			
功能评价	对比	流程评价	
范围、精确性	内部、行业内、跨行业	成本、客户、物流(速递)渠道	

通过建立顺丰物流竞争力模型,本方案针对顺丰从顺丰速运集团物流战略定位、顺丰速运集团网络优化设计、顺丰速运网络增值服务设计和顺丰速运网络系统绩效评价四个部分形成基于价值链的顺丰速运网络系统集成整体方案。

4.3 快件物流量预测分析

顺丰物流战略的制定,建立在对顺丰未来若干年业务发展规模预测的基础之上。预测是决策的重要依据之一,通过参照国内 GDP,以及快递行业的发展现状,并结合顺丰自身发展实际情况，对顺丰快件物流量需求进行预测。

4.3.1 国内快递业务量预测

在国内的邮政快递业市场中，2009 年全国规模以上快递企业业务量累计完成 18.6 亿件，比 2008 年增长 22.8%；2010 年前三季度，快递业务实现整体快速增长，规模以上快递服务企业完成快递业务量 16.4 亿件，同比增长 22.4%。预计未来快递行业的业务量和业务收入依然保持同比 20% 以上的高速增长，各板块业务量收同比增幅最低也在 15% 以上，变化幅度在 2 个百分点以内。

国内 1990~2008 年邮政业务与 GDP 的增长情况如表 4-2 所示。

表 4-2 国内邮政业务与 GDP

年份（年）	邮政快件	增长率	函件（万件）	包裹（万件）	GDP（亿元）	经济增长率（%）
1990	343	—	54.87	9 690.1	18 667.8	3.80%
1991	567	65.34%	52.11	9 590.9	21 781.5	9.20%
1992	959	69.14%	57.18	10 948	26 923.5	14.20%
1993	2 156	124.82%	68.7	13 964.5	35 333.9	14%
1994	4 020	86.46%	76.5	15 908.2	48 197.9	13.10%
1995	5 563	38.38%	79.55	15 641	60 793.7	10.90%
1996	7 097	27.60%	78.68	7 096.6	71 176.6	10%
1997	6 879	-3.10%	68.55	6 878.9	78 973	9.30%
1998	7 332	6.60%	65.51	7 667.7	84 402.3	7.80%
1999	9 091	24.00%	60.52	9 091.3	8 677.1	7.60%
2000	11 031	21.30%	77.71	11 031.4	99 214.6	8.40%
2001	12 653	14.70%	86.93	12 652.7	109 655.2	8.30%
2002	14 036	10.90%	106.01	14 036.2	120 332.7	9.10%
2003	17 238	22.80%	103.84	17 237.8	135 822.8	10%
2004	19 772	14.70%	82.81	19 771.9	34 822.31	10.10%
2005	22 880	15.70%	73.51	22 880.3	159 878.2	10.40%
2006	26 988	18%	71.31	9317.5	211923.8	11.10%
2007	120 190	345.34%	69 5034.4	9103.3	249 530.6	11.90%
2008	151 329	25.91%	729 775	16 004.1	300 670	9.00%

根据 1990~2008 年我国快递业务曲线的特征,拟用 S 型曲线模型对这十年的快递业务量进行拟合(y 为快递业务量,x 为时间序列):

S 型曲线模型(S):

$$y = e^{(b_0 + b_1/x)} \qquad (4-1)$$

根据回归方程的显著性检验(F 检验)、回归系数的显著性检验(T 检验)以及拟合度 R^2 值(样本决定系数)来确定最优预测模型,应用 SPSS 软件进行回归分析,其中显著性水平 $\alpha = 0.05$。

回归结果如表 4-3、表 4-4 以及图 4-5、图 4-6 所示。

表 4-3 模型描述

模型名称		MOD_ 8
因变量	1	VAR00002
	2	VAR00003
	3	VAR00004
	4	VAR00005
	5	VAR00006
	6	VAR00007
方程	1	指数[a]
自变量		VAR00001
常数		包含
其值在图中标记为观测值的变量		未指数

注:该模型要求所有非缺失值为正数。

表 4-4 变量处理摘要

		变量					
		因变量					
		VAR00002	VAR00003	VAR00004	VAR00005	VAR00006	VAR00007
正值数		19	17	19	19	19	19
零的个数		0	0	0	0	0	0
负值数		0	1[a]	0	0	0	0
缺失值数	用户自定义缺失	0	0	0	0	0	0
	系统缺失	0	1	0	0	0	0

注:无法计算复合模型、幂模型、S 模型、增长模型、指数模型或 Logistic 模型。最小值为 -0.030。

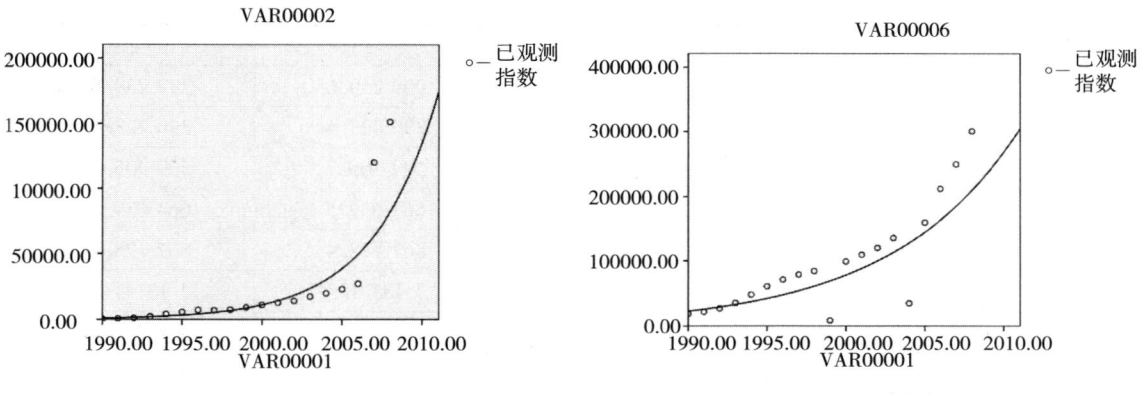

图 4-5　S 型曲线拟合图　　　　　图 4-6　生长曲线拟合图

在上述输出结果中，S 型曲线（S）的显著性检验（F）大于其他曲线，表明快递的显著性水平高，时间和快递之间的线性关系显著，优于其他曲线。因此，可选择 S 型曲线作为我国快递业务量预测的曲线。本文选择生长曲线模型（Growth）和 S 型曲线（S）作为我国快递的模拟曲线。从下图中也可以清晰看出生长曲线与历史数据曲线拟合程度非常高。

由回归分析表可得 S 曲线参数：$b_0 = 539.906$，$b_1 = -1\,061\,255.34$。

根据 S 型曲线模型回归分析输出的变量可得到回归方程如下：

$$y = e^{\left(539.906 + \frac{-1\,061\,255.34}{x}\right)} \tag{4-2}$$

根据生长曲线模型回归分析输出的变量可得到回归方程如下：

$$y = e^{(-521.785 + 0.266x)} \tag{4-3}$$

根据 S 型曲线模型的公式可以预测到 2020 年国内快递业务量的情况，如表 4-5 所示。

表 4-5　国内快递业务需求预测 1

年份（年）	快件需求量（万件）	残差	下限值	上限值
2009	115 319	-21.1878	52 161.36	255 042.4
2010	149 981.7	-24.6091	67 744.67	332 157.4
2011	195 012.4	-28.1735	87 934.17	432 605.8
2012	253 497	-31.6543	114 076.9	563 451.2
2013	329 435.4	-34.6869	147 909.9	733 896.5
2014	428 010.8	-36.6955	191 671.4	955 930.9
2015	555 937.9	-36.8117	248 244.8	1 245 174
2016	721 913.6	-33.7188	321 341.8	1 621 973
2017	937 198.6	-25.511	415 739	211 2837
2018	1 216 370	-9.43114	537 579.6	2 752 297
2019	1578293	18.46489	694 761	3 585 334
2020	2 047 376	63.73024	897 430.7	4 670 540

根据生长曲线模型的公式预测的我国快递业务量的情况，如表 4-6 所示。

表 4-6 国内快递业务需求预测 2

年份（年）	快件需求量（万件）	残差	下限值	上限值
2009	299 240	0.00036	299 239.6	299 239.6
2010	390 428	0.00129	390 428.4	390 428.4
2011	509 406	−0.00484	509 405.7	509 405.7
2012	66 4639	0.00402	664 639.5	664 639.5
2013	867 178	0.00057	867 178.4	867 178.4
2014	1 131 438	0.00036	1 131 438	1 131 438
2015	1 476 227	−0.00286	1 476 227	1 476 227
2016	1 926 085	−0.00435	1 926 085	1 926 085
2017	2 513 031	0.00235	2 513 031	2 513 031
2018	3 278 839	0.00025	3 278 839	3 278 839
2019	4 278 016	0.00038	4 278 016	4 278 016
2020	5 581 678	0.00593	5 581 678	5 581 678

应用上述模型来预测我国快递业务量（图 4-7、图 4-8），可预测未来我国的快递需求量在 S 型模型预测值和生长曲线预测值之间，见表 4-7。

图 4-7 预测的 12 年国内快递需求量

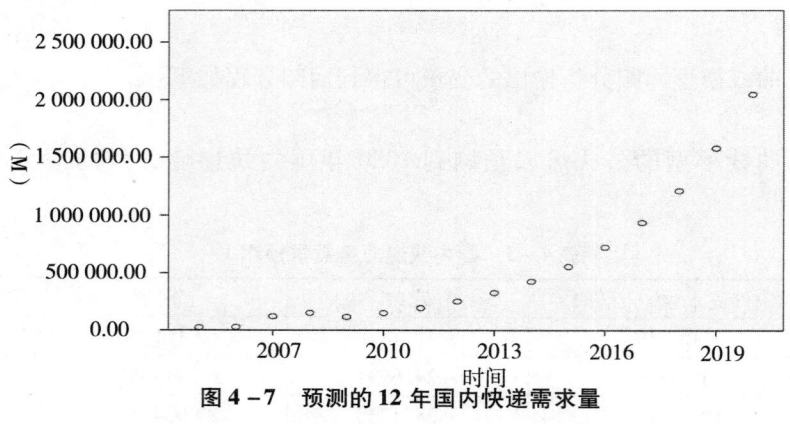

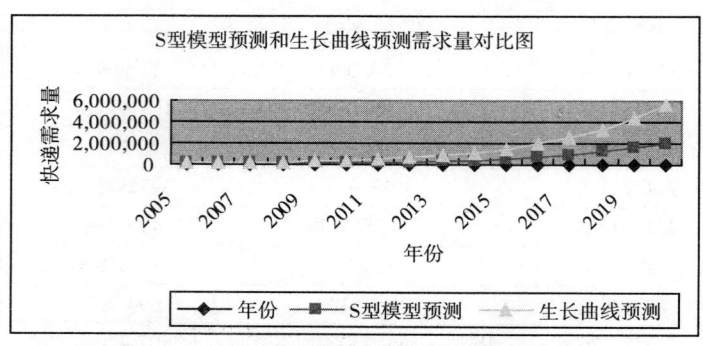

图 4-8 S 型预测和生长曲线预测的需求量

表4-7 国内快递需求量预测区间

年份（年）	S形曲线模型预测的需求量（万件）	生长模型预测的需求量（万件）
2009	115 319	299 240
2010	149 981.7	390 428
2011	195 012.4	509 406
2012	253 497	664 639
2013	329 435.4	867 178
2014	428 010.8	1 131 438
2015	555 937.9	1 476 227
2016	721 913.6	1 92 6085
2017	93 7198.6	2 513 031
2018	1 216 370	3 278 839
2019	1 578 293	4 278 016
2020	2 047 376	5 581 678

从以上图表分析中可以看出，我国快递业的需求量的平均增长率为30%左右，将在2020年达到200亿件左右。

4.3.2 顺丰快递业务量预测

以顺丰在2009年的数据为例，全年业务量达到3.5亿票，年均增长速度达到50%。顺丰的呼叫中心预测集团公司的业务量将会以每年不低于35%的速度增长。

2009年全国规模以上快递企业业务量累计完成18.6亿件，同比增长22.8%，而顺丰在2009年的快递业务量达到3.5亿，占整个快递行业的18.8%，若仍以此比例为其未来的市场份额，可预测顺丰在未来10年的业务量，如表4-8所示。

表4-8 顺丰快递业务量预测

年份（年）	S形曲线需求量（万件）	生长模型需求量（万件）	平均值	顺丰业务量1	顺丰业务量2
2009	115 319	299 240	207 279.5	38 968.546	35 000
2010	149 981.7	390 428	270 204.85	5 0798.51	47 250.5
2011	195 012.4	509 406	352 209.2	66 215.33	63 787.0
2012	253 497	664 639	459 068	86 304.78	86 113.7
2013	329 435.4	867 178	598 306.7	112 481.66	116 252.4
2014	428 010.8	1 131 438	779 724.4	146 588.18	156 940.2
2015	555 937.9	1 476 227	1 016 082.45	191 023.50	235 410.3

续表

年份（年）	S形曲线需求量（万件）	生长模型需求量（万件）	平均值	顺丰业务量1	顺丰业务量2
2016	721 913.6	1 926 085	1 323 999.3	205 219.89	317 803.9
2017	937 198.6	2 513 031	1 725 114.8	324 321.58	426 705.8
2018	1 216 370	3 278 839	2 247 604.5	422 549.65	516 051.7
2019	1 578 293	4 278 016	2 928 154.5	550 493.05	596 668.8
2020	2 047 376	5 581 678	3 814 527	717 131.08	805 502.9

对比发现，根据未来10年邮政行业业务量和顺丰在未来的市场份额计算出的顺丰未来10业务量是在顺丰的预计增长范围之内的。到2020年，顺丰的业务量可达到70亿，若全国的邮政业务在2020年可达到200亿件，则顺丰可占到35%。未来十年，我国快递业的发展前景更加广阔，顺丰的快递业务量必将更加乐观。

通过对这些数据的深入分析和预测，加强对快件业务增长趋势的有效把握，有利于更好地了解顺丰的企业发展速度和规模，为顺丰制定自身发展战略目标，明确发展方向，稳步实现发展步骤和预期，提供了有用资料。同时，为其扩大服务范围，提高网络优化程度，加快网络建设提供有价值的参考。此外，为顺丰不断提高自身服务质量，建立新的增值服务项目，完善网站建设，逐步拓展电子商务等快递业新行服务领域提供必要的数据支持，使顺丰能够不断完善自身企业管理，加强企业自身建设，为实现顺丰的行业领先打下坚实的基础。

4.4 快递发展战略的制定

根据对顺丰未来10年快件物流量的预测，结合顺丰发展实际，本方案提出顺丰的发展战略为成为基于FIRST的具有国内领先竞争优势的民营快递企业。

4.4.1 快递发展战略核心思想

"FIRST"是顺丰核心价值观的英文简写，分别取诚信（Faith），正直（Integrity），责任（Responsibility），服务（Service），团队（Team）的首个字母组合而成。

4.4.1.1 顺丰价值观

价值观是企业的灵魂和精神所在，是构建企业竞争优势、稳健发展的支柱，它支撑企业赢得客户和未来。

价值观是顺丰文化的核心，它不仅是员工的共同信念，也是全体顺丰人的承诺与实践。顺丰力求塑造"知行合一"的价值观，让价值观的内涵通过员工的所想、所行体现出来，形成一股精神的力量，深深熔铸在企业的凝聚力、竞争力、生命力之中。

在价值观的昭示下，让正确的处事态度渗透到顺丰每一位员工的心中，凝聚前进的合力，也希望通过员工的一言一行将企业价值观传递给客户，让客户感知顺丰内外一致的品牌形象，让顺丰在服务中改善、完美自己。

4.4.1.2 顺丰的愿景（图4-9）
- 成为最值得信赖和尊敬的速运公司。
- 为员工提供一份满意和值得自豪的工作。
- 快速、安全、准确地传递客户的信任。
- 成为速运行业持续领先的公司。
- 承担更多的社会责任。

图4-9 顺丰发展目标

4.4.2 快递发展战略环境分析

4.4.2.1 顺丰发展环境 PEST 分析

PEST 分析是指对企业的整个宏观环境的分析，主要是根据不同行业和企业的自身特点和经营需要从政治、经济、技术和社会这四大类影响企业的主要外部环境因素进行分析。根据顺丰所制定战略来进行 PEST 分析的结果如表4-9所示。

表4-9 顺丰发展环境的 PEST 分析

政治 Policy	（1）"十一五规划"将物流业纳入十大振兴产业之中
	（2）国家宏观政策扶持
	（3）国家相关部委出台文件，促进物流行业的规范和发展
	（4）国家开始重视低碳经济，坚持走可持续发展之路
经济 Economy	（1）中国经济保持高速增长
	（2）预计物流行业增长速度将远远高于 GDP 增长速度
	（3）中国市场信用体系不完善
	（4）绝大多数产品供过于求，买方对物流的需求有更多的发言权
	（5）中国油价逐渐与世界油价接轨
	（6）银行存款存息下调，但个人存款人数递增
社会 Society	（1）中国传统文化难以接受五物流中共赢的观念，很难结成共赢的伙伴关系
	（2）人们的生活节奏加快，变得越来越忙，同时也越来越"懒"，越来越多的人不再愿意直接走到终端完成购买，而是先会通过网络，手机等方式来进行购物，人们越来越重视速度与效率
	（3）中国大部分企业在交易基础方面，重情感、轻法制，建立在情感基础上的合作是不稳定的，不稳定的合作关系会增加成本，不利于长期投资
技术 Technology	（1）物流技术高速发展，物流管理水平不断提高
	（2）公路交通发展呈现三大趋势
	（3）绿色物流将成为新的增长点
	（4）云计算和无线通信技术的飞速发展

4.4.2.2 顺丰发展波特五力分析

波特五力分析模型主要用于竞争战略的分析，是从微观的角度来对整个行业状况进行分析，以此分析一个行业的基本竞争态势。在该模型中涉及的五种力量包括：新的竞争对手入侵，替代品的威胁，买方议价能力，卖方议价能力以及现存竞争者之间的竞争。具体的分析如图 4-10 所示。

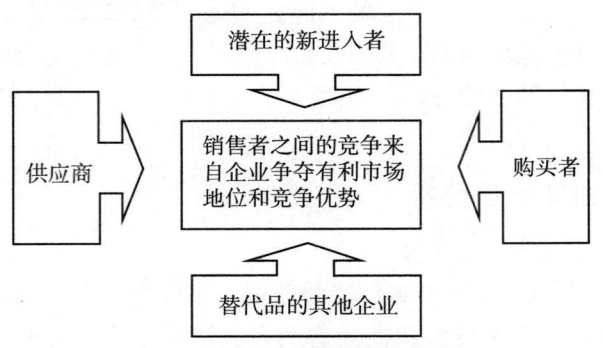

图 4-10　波特五力分析模型图

以上这五种力量竞争的状况及综合程度，决定行业的竞争激烈程度，从而决定着行业中最终的获利潜力和资本流向该行业的强度，这一切最终决定企业保持高效益的能力。

结合顺丰速运集团实际情况，得出快递行业的波特五力战略分析图，如图 4-11 所示。

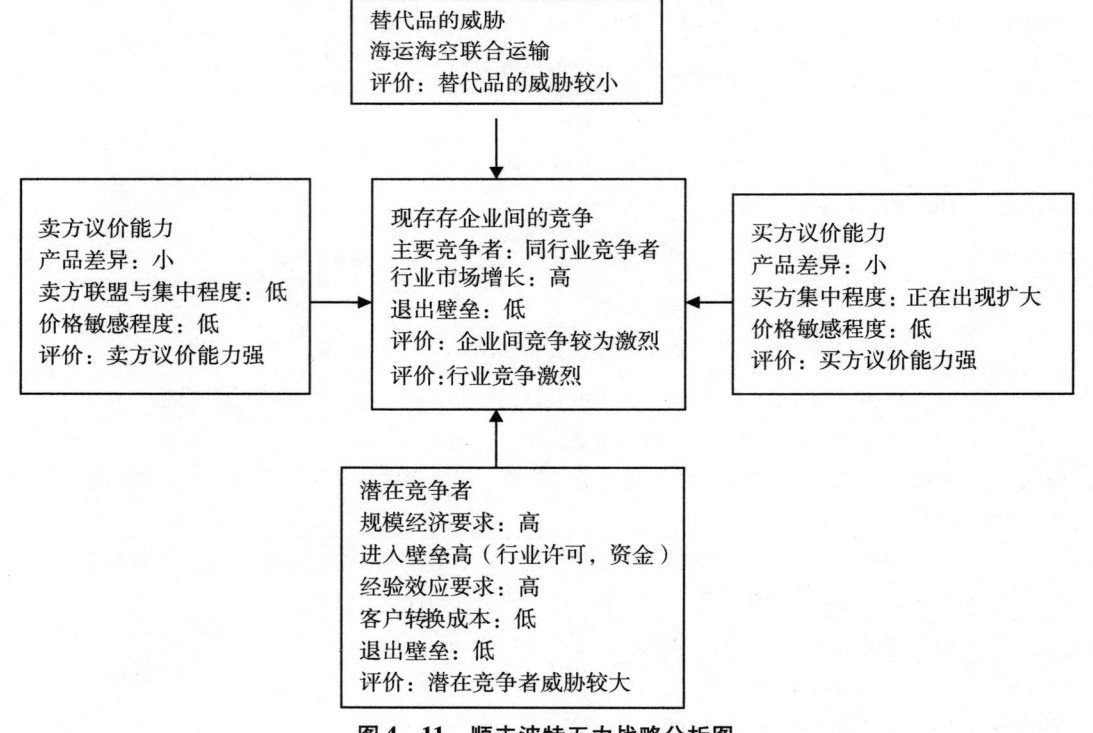

图 4-11　顺丰波特五力战略分析图

4.4.2.3 供应商的议价能力

一般来说，满足如下条件的供方集团会具有比较强大的讨价还价力量：

（1）供方行业为一些具有比较稳固市场地位而不受市场激烈竞争困扰的企业所控制，其产品的买主很多，以至于每一单个买主都不可能成为供方的重要客户。目前快递行业竞争十分激烈，外资快递企业、中国本土民营企业数量很多，对于广大消费者来说，可供选择的范围很大，从这一点上来说，供应商议价能力不强。

（2）供方各企业的产品各具有一定特色，以至于买主难以转换或转换成本太高，或者很难找到可与供方企业产品相竞争的替代品。顺丰速运航空即日达项目在国内处于领先水平，对于追求快件时效的客户来说，供应商具有一定的议价能力。

4.4.2.4 购买者的议价能力

购买者主要通过其压价与要求提供较高的产品或服务质量的能力，来影响行业中现有企业的盈利能力。其购买者议价能力影响主要有以下原因：

（1）购买者的总数较少，而每个购买者的购买量较大，占了卖方销售量的很大比例。目前，我国快递市场呈现出客户数量多、小批量服务的特点，从这一角度看，购买者议价能力不强。

（2）卖方行业由大量相对来说规模较小的企业所组成。大量的小型或私人快递公司在利润的驱使下孕育而生。这些小公司的业务多是经营同城快递，部分已具备区内城际间快递服务能力。这些小公司在一定程度上提高了购买者的议价能力，使行业利润下降。

（3）购买者所购买的基本上是一种标准化产品，同时向多个卖主购买产品在经济上也完全可行。目前，各个快递公司纷纷推出差异化的产品以吸引客户，提高了购买者的议价能力。

4.4.2.5 潜在竞争者进入的能力

潜在进入者是行业竞争的一种重要力量。新加入者一方面会带来生产能力的扩大，带来对市场占有率的要求，引起与现有企业的激烈竞争；另一方面，新加入者要获得资源，从而可能使行业成本升高，这两方面都会导致行业的获利能力下降，对本行业带来很大的威胁，其进入能力取决于"进入壁垒"。进入壁垒的决定因素主要有规模经济壁垒，必要资本壁垒，产品差别化壁垒和政策法规壁垒。

（1）规模经济壁垒。由于在国内业务部分缺乏规模经济的效应。在潜在利润的驱动下，大量的小型或私人快递公司孕育而生。一方面抢夺快递市场份额；另一方面扰乱了市场秩序。这些小公司的业务多是经营同城快递，部分已具备区内城际间快递服务能力，主要以京津地区，长江三角洲和珠江三角洲为主，甚至这些小公司有相当一部分是没有营业执照的非法快递公司。

中国国际快递业务一般是由规模较大的快递服务商来经营和运作的，只有具备一定规模和实力的快递公司才有可能在激烈的市场竞争中不被淘汰。在我国快递市场上，EMS、FedEx、DHL、UPS、TNT 五大快递企业占据着中国国际快递市场的大部分份额，这五家快递企业在中国取得的业绩有赖于他们在全球范围内建立了庞大的服务网络，拥有集散快件货物的能力及完善的信息系统,具有中小企业无法比拟的规模效应。

(2) 必要资本量。企业要提供优质的快递服务,需要使用专业化、技术优良的快递设施、设备,需要庞大的快递网络和快递信息系统的支持,这些方面所需要的资本量是巨大的。网络布点建设对快递企业提供高水平的服务异常重要。据预测,目前在国内新开办一个快递取派件站点,仅前期投入需 100 万元左右,由于中国疆域辽阔,想经营国内城际快递业务保守估计也得投入和建设 30~50 个站点。国内网络的完善与否直接影响着企业在快递市场中的竞争力,建立和完善在中国国内的网络,都需要大量的资金支持,这对于意欲迈入中国快递市场的中小企业来说是个无法逾越的壁垒。

(3) 产品差别化壁垒。目前中国快递市场已经形成各具特色的服务市场,并且市场集中度仍有不断提高的趋势,对其他后进入该行业的企业形成一种阻滞作用。

(4) 政策法规壁垒。对于快递市场,在政策壁垒方面,《邮政法》中邮政专营权利的规定:国家信息产业部、对外经济贸易合作部和国家邮政局颁布文件规定,国际货物运输代理企业必须在有关邮政部门办理委托手续,期限届满后未有办理手续的,不得继续经营信件和具有信件性质物品的寄递业务。

4.4.2.6 顺丰在行业内竞争者的现实竞争能力

(1) 顺丰国内快递竞争对手清单。快递行业因为其起步较晚,准入门槛较低,市场监管力度弱,并且由于相关法律法规的严重滞后,所以市场上的快递企业多而杂,但是综合网络和服务水平等各方面因素来进行比较,顺丰速运集团的主要行业竞争对手,如表 4-10 所示。

表 4-10 顺丰国内快递竞争对手清单

竞争死对头	EMS、大田快递
直接竞争者	宅急送、民航快递、中铁快运、中外运敦豪、天地快递、申通
间接竞争者	小红马、天天等小快递公司
潜在竞争者	UPS、FedEx 等跨国快递巨头

EMS 是国内快递行业领袖,其网络发达、实力强大,是顺丰快递重点侵蚀的对象,但是目前 EMS 管理的灵活度比以前增加很多。因为业绩指标的压力,现在 EMS 的价格打折变得非常混乱,一些城市给客户的最低折扣竟然达到 6.5 折,这是以前不可思议的。另外从服务方面,EMS 也做了较多改善,所以成了其他快递公司的最大对手。

大田与顺丰有许多相似之处,包括定位、价格、产品等。另外,小红马、天天快递等区间内的快递和顺丰竞争激烈,并抢夺这一部分市场份额。从 2006 年起,顺丰最大的竞争对手变成了 Fedex、UPS 等世界快递巨头,市场份额的争夺难度加大。

(2) 顺丰主要竞争对手价格分析。参与国内快递业务的快递公司,因各自定位不同,所以价格策略和价格水平也各有千秋,如表 4-11 所示。

表 4-11 顺丰主要竞争对手价格分析

EMS	行业领袖，价格较高，在价格制定上基本不考虑竞争和成本的因素，不同重量等级的续价也无任何变化
大田	大田与顺丰在价格上比较，跨区价格两者比较接近，而区内价格顺丰全面低于大田，且幅度很大。顺丰的价格对所有客户均不打折
	跨区价格：江浙沪－华南区（广东），在9kg以下顺丰价格略低于大田。但9kg以上，顺丰价格高于大田，并且价格差距越来越大。上海—北京，在所有公斤段顺丰价格都低于大田，但价格差距不大。基本可以说明顺丰在低公斤具有价格优势，验证了顺丰定位于小件包裹和文件市场的事实
	区内价格：顺丰要远低于大田。以0.5~20kg为例大田在A区是15~112元；B区是20~143元，但顺丰是10~50元
宅急送	价格低，在中端市场非常有竞争力
	由于可选择的承诺时限多元化，所以相应价格也有多种选择；价格灵活，从主要城市间的定价来看，几乎每两地间单独采用一套价格，并且跟运输方式和成本有密切关系
顺丰	采用竞争定价法，在自己关注的包裹市场上，在跨区包裹市场与强有力的竞争对手 EMS 和大田一较高低
	顺丰在三个主要集散中心之间，特别是从北京和上海到珠三角的往返件价格、速度优势明显，体现出顺丰快递争取跨区包裹的市场目标

（3）顺丰主要竞争对手网络比较。网络是快递公司赖以生存的核心竞争优势，表4-12是一些网络较有优势的快递企业的网络覆盖情况。

表 4-12 顺丰主要竞争对手网络覆盖情况

产品类型	顺丰	EMS	大田	宅急送
覆盖省份数量	18	31	30	31
主要操作站点数量	75	136	83	122
华东区操作站点数量	22	—	26	30
华南区操作站点数量	33	—	25	36
华北区操作站点数量	20	—	32	56

除 EMS 在网络上占有绝对优势以外，其他竞争对手若以主要操作站点数量为评估指标，网络覆盖能力从大到小依次是：宅急送，大田，顺丰。具体情况如表4-13所示。

表 4-13 顺丰主要竞争对手的操作站点情况

EMS	EMS 依托中国邮政的邮局布点，网络最为发达，全国各地皆能到达
顺丰	在华南区网络覆盖能力第一，基本可以覆盖所有城市；在华东区分公司数量比大田多，在华北区一般只在省会城市和大中城市有网络
	主要的网络优势在华南，其次是华东，再次是华北
	主要集散中心在北京、上海、杭州、广州、深圳和厦门，最大的是深圳
	网络自营，不找任何代理
	包机往返于集散中心之间
宅急送	网络覆盖广，目前可覆盖3000多个城市，甚至连某些乡镇都能送达
	网络分内网和外网两类，所谓内网，指的是宅急送全权所有的自营快递站点，外网指的是通过操作代理实现取派的站点随着宅急送业务的快速发展，外网占比不大，全国只有100家左右
	宅急送网络发展模式：（1）02、03年，在全国各地大量投资建设快递站点；（2）对于次要城市，先通过外网实现网络布局，一旦某一外网货量达到经济规模，宅急送则接管并独立运营

从以上分析来看，顺丰速运集团应该属于扭转型，即市场空间是巨大的，但是自身有很多不足，如产品的市场定位为中高端，服务质量与价格匹配度不够，网络覆盖率不足等。

4.4.3 快递物流发展战略规划

4.4.3.1 顺丰发展战略目标

顺丰的经营战略及发展定位是非常明确的。在2008年，集团就确定了未来发展的战略目标，如表 4-14 所示。

表 4-14 顺丰发展战略规划

顺丰发展的战略目标	顺丰明确的战略定位	顺丰未来的发展方向
在十年内，发展成为国内领先、国际有一定影响力的大型速递企业集团。顺丰集团将积极抓住国内速递行业高速发展的市场机会，迅速做大做强，在追求规模扩张的同时，兼顾盈利能力和抗风险能力的同步增长。同时，将始终注重核心竞争力的建设，力求获得持续、健康的成长，为顺丰的百年基业奠定基础	扎根中端，发展中端产品，逐步拓展中高端。顺丰集团核心目标市场定位为中高端市场。不断推动中端客户群的迅速扩展，逐步向中高端客户群拓展和延伸，提升目标客户群的价值。顺丰集团的核心产品定位为中高端，与目标市场和客户定位相匹配，服务于中高端市场，在致力于提供质量稳定的标准产品/服务来满足目标客户基本需求的同时，研究开发各种增值服务，努力构建合理的产品体系，以满足更广泛类型的中高端客户的差异化需求	立足核心业务、强化支持手段、稳步拓展多元化业务。顺丰集团将坚持以速递业务为核心业务，通过整合航空和地面关键资源、发展强大的信息系统等支持手段，保障核心业务领域的竞争力；以相关多元化为业务主要延伸方向，积极探索仓储配送服务、电子商务等与速递业务相关的多元化领域，并作为种子业务加以培育，储备未来业务新兴增长点

此外，顺丰集团在目前基本覆盖全国的运营网络基础上，未来将在重点发展珠三角、

长三角和环渤海经济圈的速递业务的同时,根据战略需要和投资收益兼顾的原则,逐步拓展和加深加密中西部的营业网点建设。在国内市场取得领先地位的基础上,适度推进速递业务的国际化经营。近、中期,主要面向中国周边地区和部分与中国经济贸易来往比较密切的发达国家,力求首先在一些重点地区站稳脚跟,取得一定的市场份额再逐步拓展。并发展出一套具有较强竞争力、且适合顺丰未来借以大力拓展国际化业务的经营模式,培养出一支具有国际化视野和能力的管理团队。顺丰将始终保持高度的社会责任感,力争成为受人尊重的企业公民。

4.4.3.2 顺丰战略方案设计

本方案在充分对顺丰自身情况分析的基础上,结合行业发展的趋势与市场导向,进行了针对顺丰的战略方案设计,战略分为三个方面,即为：网络优化设计、网络增值服务设计和信息系统集成平台设计。对进行网络优化设计,实现网点的高效运作,提高整体竞争力；通过网络增值服务设计,拓展服务范围,实现服务多元化发展,以满足客户对个性化服务越来越多的需求；加强和整合信息系统平台,实现各系统间的相互协作,为高质量的顺丰服务提供强有力的信息保障。具体战略方案设计内容如表4-15所示。

表4-15 顺丰战略方案设计表

要素	内容
顺丰网络优化设计	以节点规划和线路优化为基础,以资源整合和快速响应为目标,横向考虑快递业务流程优化,纵向包括各级分拨中心规划；在充分满足客户需求和向大客户提供个性化服务的基础上,充分集成顺丰资源,实现网点的高效运作,提供顺丰的整体竞争力
顺丰网络增值服务设计	通过对客户的需求进行管理和分类,把顺丰的客户分为四大类,针对不同的群体采用不同的营销策略进行管理；结合客户需求和顺丰的自身实力,在对顺丰服务整理和分析的基础上,开展实施新的增值服务,如代收货款、电子商务配送,以满足客户的个性化需求
顺丰信息系统集成平台设计	积极研发和引进先进信息技术和设备,逐步提升作业设备的自动化水平,建立起具备行业领先水平的信息系统,实现了对快件流转全过程、全环节的信息监控、跟踪、查询及资源调度,促进了快递网络的不断优化,快速响应了客户的需求。同时,构建一套主动服务的信息系统体系来支撑劳动密集与技术密集型于一体的快递企业,是顺丰努力的发展方向

4.4.3.3 顺丰战略实施阶段

对顺丰的发展战略进行了实施规划,分为三个阶段：顺丰近期规划(2015年以前)：解决现有问题。有效地通过本方案计划的实施和优化,解决顺丰现有的不足,资源整合力度提高,实现服务的不断优化和升级；顺丰中期规划(2015~2020年)：逐步提升整体竞争力。立足核心业务、强化支持手段、稳步拓展多元化业务。顺丰坚持以速递业务为核心业务,通过整合航空和地面关键资源、发展强大的信息系统等支持手段,保障核心业务领域的竞争力；顺丰远期规划(2020年以后)：国内领先,进军国际市场。顺丰作为国内快递业的佼佼者,有着强大的生命力和竞争力。通过前期的发展,借助于多元化的市场的机制与国际快递企业结成战略联盟，共享资源，共同发展，积极拓展国际市场。

对于顺丰速运集团未来发展各时期的远景规划，如图4-12所示。

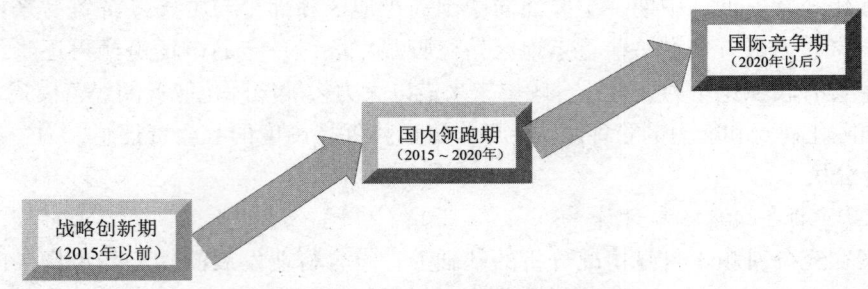

图4-12 顺丰集团未来发展规划图

顺丰发展战略的有效实施要分阶段，有步骤、健康、稳步地推进，具体战略实施规划如表4-16所示。

表4-16 顺丰战略发展实施规划表

阶段	战略描述
顺丰近期规划（2015年前）	解决现有问题。竞争领先期：有效地经过通过本方案计划的实施和优化，解决顺丰现有的不足，资源整合力度提高，服务不断优化和升级。公司的管理得到提升、业务能力大大加强；公司的经营规模持续取得突破性增长；自主航空公司较快能够开始投入运营；初步确立了在国内市场的领先地位。
顺丰中期规划（2015～2020年）	逐步提升各方面竞争力和优势。立足核心业务、强化支持手段、稳步拓展多元化业务。以相关多元化为业务主要延伸方向，积极探索仓储配送服务、电子商务等与速递业务相关的多元化领域，并作为种子业务加以培育，储备未来业务新兴增长点。服务区域主要面向中国周边地区和部分与中国经济贸易来往比较密切的发达国家，力求首先在一些重点地区站稳脚跟，取得一定的市场份额再逐步拓展。
顺丰远期规划（2020年后）	国内领先，跻身国际竞争市场。借助于多元化的市场机制，可以与国际快递企业结成战略联盟，共享资源，共同发展，积极拓展国际市场。发展出一套具有较强竞争力、且适合顺丰未来借以大力拓展国际化业务的经营模式，培养出一支具有国际化视野和能力的管理团队。

4.5 快递物流网络节点选址

4.5.1 节点选址的步骤

4.5.1.1 顺丰网络节点选址目标

通过分析顺丰网点现状，在充分考虑业务量和服务水平的前提下，运用数学模型对顺丰目前在全国各个地区的节点进行整合重选，并进行网络的优化设计。

顺丰网络节点选址的总体目标是：以节点整合为基础，以提高资源利用率为目标，在快递响应客户需求的前提下，充分集成顺丰资源，实现网点的高效运作，提升顺丰的整体竞争力。

根据顺丰未来业务量的预测及总体发展战略，制定网络节点选址的具体目标如下：在近期（2015 年以前）进行资源的整合，实现华东、华南等区域航空资源的优化配置，在中期（2015~2020 年）扩大网络覆盖范围，加快在华中、西南、西北的节点和网络建设，在远期（2020 年以后）辐射全国，填补国内服务区域的空缺，把服务扩展到亚洲、美洲乃至世界。

4.5.1.2 顺丰网络节点选址原则

（1）顺丰网络节点选址的原则。战略性原则。顺丰网络节点的选址，要具有战略意义，就是在近期（2015 年以前）通过计划的实施和优化，以整合网点，资源利用率提高，服务不断优化和升级。中期（2015~2020 年）根据战略需要和投资收益兼顾的原则，逐步拓展和加深加密中西部的营业网点建设。远期规划（2020 年以后）首先主要面向中国周边地区和部分与中国经济贸易来往比较密切的发达国家，加快海外网点建设，扩大市场份额后再跻身国际竞争市场。

适应性原则。顺丰的节点选址必须与国家"十二五"规划的经济发展方针、政策相适应，与物流资源分布和需求分布相适应，与企业未来的发展战略相适应，在不同的发展阶段根据内外部环境作出不同的规划。

协调性原则。顺丰网络节点的选址应将物流网络作为一个大系统来考虑，尤其是航空枢纽的选址，应使其设施设备在地域分布、物流作业生产力和技术水平等方面互相协调。

经济性原则。顺丰网络节点的选址定在哪个地区或哪个省市，其未来物流活动辅助设施的建设规模及建设费用，以及运费等物流费用是不同的，选址时应以总费用最低作为其经济性原则，寻求在较高服务水平基础之上的物流成本最小化。

（2）顺丰网络节点选址的影响因素分析。由于快递活动的时效性和快递产品的特殊性，顺丰网络节点选址要考虑很多因素，主要包括自然环境、经营环境、基础设施等，具体如表 4-17 所示。

表 4-17 顺丰网络节点选址的影响因素

自然环境因素	气象条件	顺丰的快递产品一般为存储周期很短的产品，要选择合理的自然环境，防止产品老化。快件一般采用纸箱外包装，因此应防潮防水
	地质条件	
	水文条件	
经营环境因素	经营环境	顺丰网点选址的最终目标是要满足客户需求，因此应保证在任何时候向中转场或分点部配送快件时，都能满足物流需求，使客户获得快速满意的服务
	商品特征	
	物流费用	
基础设施	交通运输	顺丰的网络节点靠近交通枢纽进行布局，可以提高运输的速度和产品可达性
	公共设施	
其他因素	土地资源	顺丰网络节点的选址要兼顾区域与城市规划用地及城市的生态建设等因素，尤其是航空枢纽的选址，更要考虑到当地的生态环境
	环境保护	
	周边状况	

4.5.1.3 顺丰网络节点选址所需条件及步骤

（1）顺丰选址的基本条件。顺丰网络节点的选址需要考虑到各个区域的需求条件、运输条件、配送服务条件、用地条件、法制条件、管理与情报职能条件、流通职能条件等，以明确建立网点的必要性、目的及方针，进而明确范围。

（2）顺丰选址所需的数据。包括顺丰在该城市目前的快件业务量、未来某一时期的预测快件业务量、建设节点的成本费用和该城市到其他城市之间的距离，结合机场吞吐能力、货运车辆数、作业人员数、装卸搬运方式和费用等因素综合分析。

（3）顺丰选址的步骤。

①选址约束条件分析，包括顺丰现在和未来的顾客、业务量分布情况和自身的服务能力。

②搜集整理资料，掌握顺丰在各区域的业务量、费用、物流设施的数量和配送路线。

③地址筛选，考虑各种因素后，就可以初步确定选址范围，即确定初始候选地点。

④定量分析，针对顺丰各区域的不同情况选用不同的模型进行计算，得出结果。

⑤结果评价，结合市场适应性、土地购置和服务质量等评价结果的可行性和现实意义。

⑥复查，分析其他影响顺丰选址因素对计算结果的相对影响程度，对计算结果进行复查。

⑦确定选址结果，通过复查后，则计算所得的结果可作为最终的计算结果。

4.5.2 航空枢纽选址

4.5.2.1 顺丰航空枢纽选址步骤及模型选用

（1）顺丰航空枢纽选址的步骤。

①选址约束条件分析，顺丰公司目前主要的航空运输业务量见附表，顺丰未来的业务量预计以每年35%的速度增长。包括顺丰航空业务的集中范围、各地区航空业务量的现在和未来的分布情况，以及顺丰自身的运输能力、配送区域的范围和服务条件等。

②搜集整理资料，掌握顺丰在各区域的航空业务量、货机运行费用、全货机或散航的数量和主要航线等信息。

③地址筛选，考虑各种因素后，就可以初步确定选址范围，即确定初始候选地点。

④定量分析，采用聚类分析、集合覆盖模型和层次分析法对航空枢纽进行层层筛选。

⑤结果评价，结合市场适应性、土地购置和服务质量等条件对所得结果进行评价，看其对顺丰是否有现实意义及可行性。

⑥复查，分析其他影响顺丰航空枢纽选址的因素对计算结果的相对影响程度，对计算结果进行复查。

⑦确定选址结果，得出满意解。

（2）顺丰航空枢纽选址模型的选用。目前，对于设施选址模型，主要分为连续性和离散型。连续性模型考察连续空间内所有可能的点，其代表性的方法是重心法。离散型模型则是从有限的几个可行点里寻找最优的点，离散选择问题主要包括中值问题、覆盖问题、中心问题、多产品问题、动态问题、多目标问题、路径选址问题、网络中心选址问题八大问题。其代表模型有覆盖模型、Kuehn-Hamburger 模型、Baumol-Wolf 模型、Elson 混合整数规划模型和双层规划模型。

针对案例提出的问题,结合顺丰公司目前在各地区中转场分部情况,既要考虑其中转场能够覆盖每一特定区域,又要保证整体成本最低,资源得到有效利用,因此首先运用聚类分析进行航空区域划分,再选用集合覆盖进行初选,这两个模型都是从距离上对某一范围内的城市进行分区分类,适合在较多的城市中选取小部分符合条件、能覆盖某一范围的点,逐步缩小候选地址的范围,以便在较多的城市中快速定位,然后采用层次分析法对候选点进行评分,它较加权因素评分法更客观,极大地降低了在赋权重和评分过程中的主观性,而且它考虑的因素较全面,使模型的解更具有可行性和现实意义,因此较为适合用于航空枢纽等需考虑因素较多的网络节点选址。

4.5.2.2 顺丰航空枢纽选址模型

(1) 网络枢纽聚类分析。类 G_i 与 G_j 之间的距离为两类最近样品的距离,即:

$$D_{ij} = \min_{X_j \in G_j, X_i \in G_i} d_{ij} \tag{4-4}$$

设类 G_p 与 G_q 合并成一个新类记为 G_y,则任一类 G_k 与 G_y 的距离是:

$$D_{kr} = \min_{X_i \in G_i, X_j \in G_j} d_{ij} = \min \{D_{kp}, D_{kq}\} \tag{4-5}$$

最短距离法聚类的步骤如下:

①利用电子地图测量两城市间的距离,得一距离阵记为 $D_{(0)}$,如下,开始每个样品自成一类,这时 $D_{ij} = d_{ij}$。

$$D_{(0)} = \begin{matrix} d_{11} & d_{12} & d_{13} & \wedge & d_{1n} \\ d_{21} & d_{22} & d_{23} & \wedge & d_{2n} \\ d_{31} & d_{32} & d_{33} & \wedge & d_{3n} \\ \wedge & \wedge & \wedge & \wedge & \wedge \\ d_{n1} & d_{n2} & \wedge & \wedge & d_{nn} \end{matrix} \tag{4-6}$$

②找出 $D_{(0)}$ 的非对角线最小元素,设为 D_{pq},则将 G_p 和 G_q 合并成一个新类,记为 G_y,即 $G_y = \{G_p, G_q\}$。据所测数据,首先将上海和无锡归为一类。

③给出计算新类与其他类的距离公式:

$$D_{kr} = \min \{D_{kp}, D_{kq}\} \tag{4-7}$$

将 $D_{(0)}$ 中第 p、q 行及 p、q 列用上面公式并成一个新行新列,新行新列对应 G_y,所得到的矩阵记为 $D_{(1)}$,即上海和无锡。

④对 $D_{(1)}$ 重复上述对 $D_{(0)}$ 的(2)、(3)两步得 $D_{(2)}$;如此下去,直到所有的元素并成一类为止。

(2) 集合覆盖模型。

①假设条件。假设顺丰在全国的所有航空枢纽备选点都为航空节点,城市之间的距离

全部通过实测距离计算；本模型不考虑车辆数量及配送线路；假设节点容量即为需求点的需求量；本模型不考虑车辆空载率；忽略地租等因素的影响，认为建立一个网点的固定成本相同；根据顺丰公司次晨达的业务需要及本区域的实际情况，设定航空枢纽的最大服务半径不超过500KM。

②模型建立。考虑到航空枢纽必须进行航空运输，在选择航空枢纽备选点时只能选择有机场的城市。针对每个城市，采用集合覆盖模型确定候选航空枢纽的候选地址。模型的数学描述为：在N个节点中，用最小数量设施去覆盖所有的点。其目标函数为：

$$\min j = \sum_{j \in N} x_j$$

约束条件：

$$\sum_{j \in B(i)} x_j \geq 1, i \in N \qquad (4-8)$$

$$\sum_{j \in A(j)} d_i y_{ij} \leq C_i x_j, j \in N \qquad (4-9)$$

$$x_j \in \{0, 1\}, i \in N \qquad (4-10)$$

$$y_{ij} \geq 0, i, j \in N \qquad (4-11)$$

式中：N——节点的数量；

d_i——第i个节点的需求；

C_j——节点j的容量；

$A(j)$——节点j所覆盖的节点集合；

$B(i)$——可以覆盖节点i的节点j的集合；

x_j——1，假如第j个节点被选定；0，第j个节点未被选定；

y_{ij}——节点i需求中被分配给节点j的部分。

式（4-8）最小化了网点的数目，式（4-9）确保每个节点城市的需求都能得到满足，式（4-10）是对每个节点城市的服务能力的限制，变量x_j的约束保证了在一个候选地点最多设立一个航空枢纽。

③模型求解。找出每一个节点到备选节点的距离小于最佳经济里程的所有点的集合$A(j)$，即每一候选地所辐射的节点集合$A(j)$；根据已知条件求出可以为每一节点服务的候选城市的集合$B(i)$；比较$A(j)$和$B(i)$，从能覆盖最多节点的候选点开始，依次选取各候选点，直到能覆盖区域内所有的点。

④模型评价。根据能覆盖区域内所有节点的候选点个数来确定模型在该方案中的优劣，若能以极小的候选点数覆盖所有节点，则模型的适应性强，否则需要再进行筛选。结合市场适应性、购置土地条件、服务质量等，对计算所得结果进行评价，若其具有现实意义及可行性，则为最终结果。

（3）层次分析模型。

①建立航空枢纽选址的层次分析模型，选择影响各候选点区位的因素，包括目标层、准则层、子准则层和方案层。

②针对各个因素和准则构造两两比较判断矩阵（表 4-18）。

表 4-18 两两比较判断矩阵。

表度	定义（比较要素 i 和 j）
1	要素 i 和 j 一样重要
2	要素 i 比 j 稍微重要
3	要素 i 比 j 较强重要
5	要素 i 比 j 强烈重要
7	要素 i 比 j 绝对重要
倒数	当比较要素 j 和 i 时

③构造针对子准则层的判断矩阵（表 4-19）。

表 4-19 针对子准则层的判断矩阵

要素 i	定义（比较城市 m 和 n）
1	城市 m 和 n 一样重要
2	城市 m 比 n 稍微重要
3	城市 m 比 n 较强重要
5	城市 m 比 n 强烈重要
7	城市 m 比 n 绝对重要
倒数	当比较城市 n 和 m 时

④权重系数的计算，计算各层次对于系统的总排序权重，得到各方案对于总目标的总排序，权重最大者即为最优解。

4.5.2.3 顺丰华东航空枢纽选址

顺丰在全国的服务区域中，华东区为其业务最完善、发展最快的区域，因此将顺丰在华东区原有的三个航空枢纽以及其他业务量较多的城市进行比较，选出一个作为华东区的航空枢纽进行快件中转，以整合资源

（1）全国航空区域划分。顺丰速运集团目前在全国共有 17 个城市开通航空收寄业务，不同城市之间的航空资源利用情况不同，航空业务量占顺丰业务总量的 40% 左右，平均每年以 40% 的速度增长。现有的全货机航线基本都是"点对点"以及"环型"飞行模式，航线覆盖面小，部分航段装载率过低，往返流向上货量极不均衡，在现有的飞行模式下无法继续投入全货机资源。

本方案对顺丰航空资源进行合理利用和整合，并对顺丰在全国的航空网络进行区域划分，以及各个区域进行合理规划和管理。考虑到17个城市存在经济地理和自然地理位置上的相似性，本方案选用聚类分析法对顺丰全国服务区域进行划分，然后在区域内进行航空枢纽的选址。

通过上述模型，求解结果如图4-13所示。

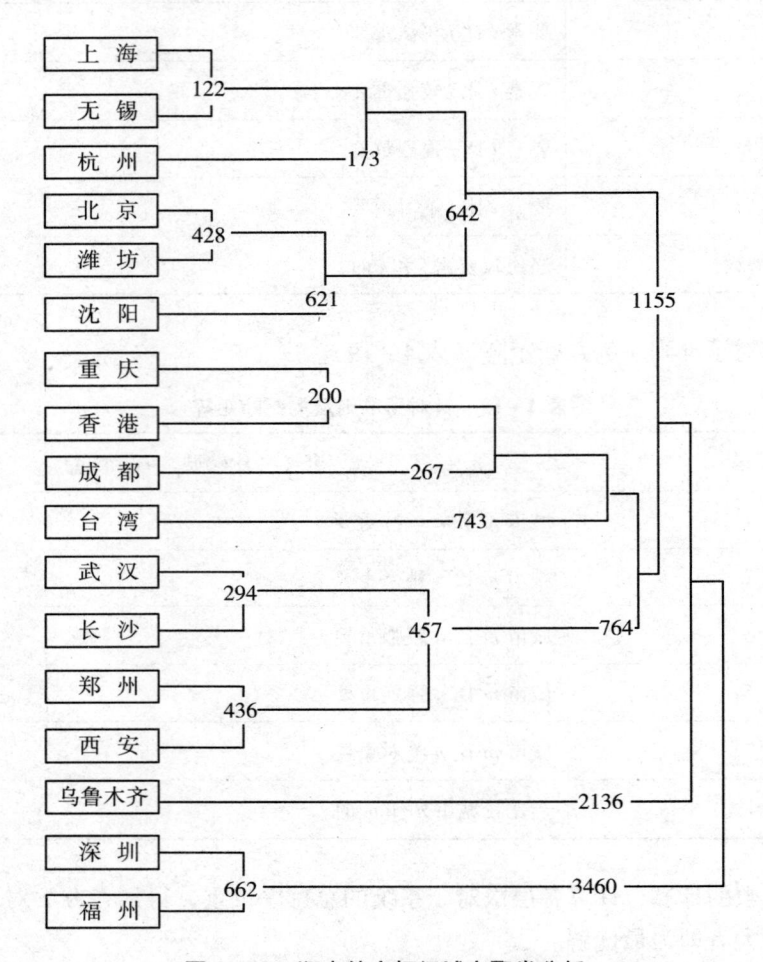

图4-13 顺丰航空枢纽城市聚类分析

根据最短距离聚类法，将顺丰在全国航空区域划分为六大板块：
① 上海、无锡、杭州为华东板块。
② 北京、潍坊、沈阳为华北板块。
③ 重庆、成都为西南板块。
④ 武汉、长沙、郑州、西安为华中板块。
⑤ 乌鲁木齐距离其他城市都较远，为西北板块，辐射整个西北区域。
⑥ 深圳、福州、香港、台湾为华南板块。

通过在六大板块航空枢纽的选址，顺丰航空网络的构建，如图 4-14 所示。

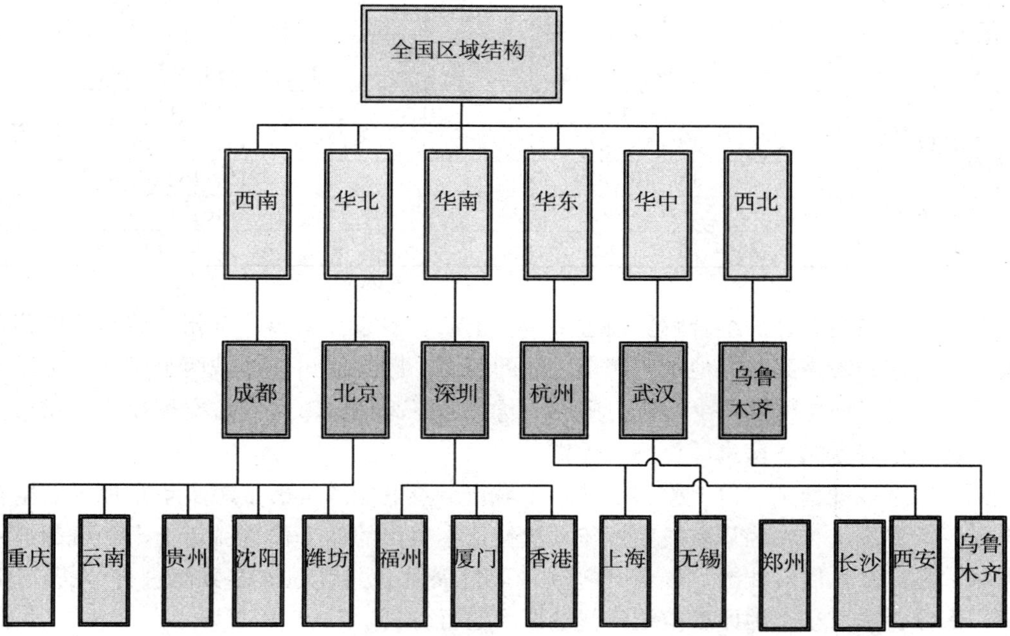

图 4-14 顺丰航空网络架构

(2) 候选地址初选。

第一步，找到每一个节点到备选节点的距离小于 500 公里（公路干线最佳经济里程）的所有点的集合 $A(j)$。从节点上海 1 开始，节点无锡、杭州、宁波、舟山、常州、苏州、南通均满足辐射距离小于 500 公里；根据相同原理，求出可以为每一个节点服务的候选城市的集合 $B(i)$，在这里两者是一样的，如表 4-20 所示。

表 4-20 候选城市的服务范围

城市	$A(j)$	$B(i)$
上海 1	1，3，4，5，8，15，16，17	1，3，4，5，8，15，16，17
南京 2	2，3，4，12，14，15，16，17	2，3，4，12，14，15，16，17
无锡 3	3，4，5，6，8，12，14，15，16，17	3，4，5，6，8，12，14，15，16，17
杭州 4	4，5，6，7，8，9，10，15，16，17	4，5，6，7，8，9，10，15，16，17
宁波 5	5，6，7，8，9，16，17	5，6，7，8，9，16，17
温州 6	6，7，9，10	6，7，9，10
金华 7	7，9，10	7，9，10
舟山 8	8，9，16，17	8，9，16，17
台州 9	9，13，14	9，13，14
衢州 10	10	10

续表

城市	$A(j)$	$B(i)$
徐州 11	11	11
盐城 12	12, 13, 14, 15, 16, 17	12, 13, 14, 15, 16, 17
连云港 13	13, 14	13, 14
淮安 14	14, 15, 16	14, 15, 16
常州 15	15, 16, 17	15, 16, 17
南通 16	16, 17	16, 17
苏州 17	1, 2, 3, 4, 5, 8, 12, 15, 16, 17	1, 2, 3, 4, 5, 8, 12, 15, 16, 17

第二步，确定合适的组合解。通过分析，上海、南京、无锡、杭州、苏州、徐州、盐城为候选城市，考虑到与其他华东城市之间的距离，删除徐州、盐城两个城市，考虑苏州与上海较近且目前主要利用上海进行中转，优先考虑其他城市作为航空枢纽候选城市。因此，候选城市有上海、南京、杭州、无锡。

（3）候选地址精选。以上模型仅从各个城市节点的距离考虑了顺丰华东地区航空枢纽的选址，但要进一步精确华东航空枢纽，从初选中得出的四个候选城市上海、杭州、南京和无锡，还需要从周转能力、经营环境、行业发展及公共设施等多方面进行分析。因此，采用层次分析法对华东地区航空枢纽候选城市进行分析。

①建立航空枢纽选址层次分析法模型。根据原案例提供的航空业务量以及各城市的实际发展状况，顺丰华东区航空枢纽选址的评价因素和评价标准列举如图 4-15 所示。

②根据选址评价因素和评价标准，可做出顺丰航空枢纽选址三级指标模型（表4-21）。

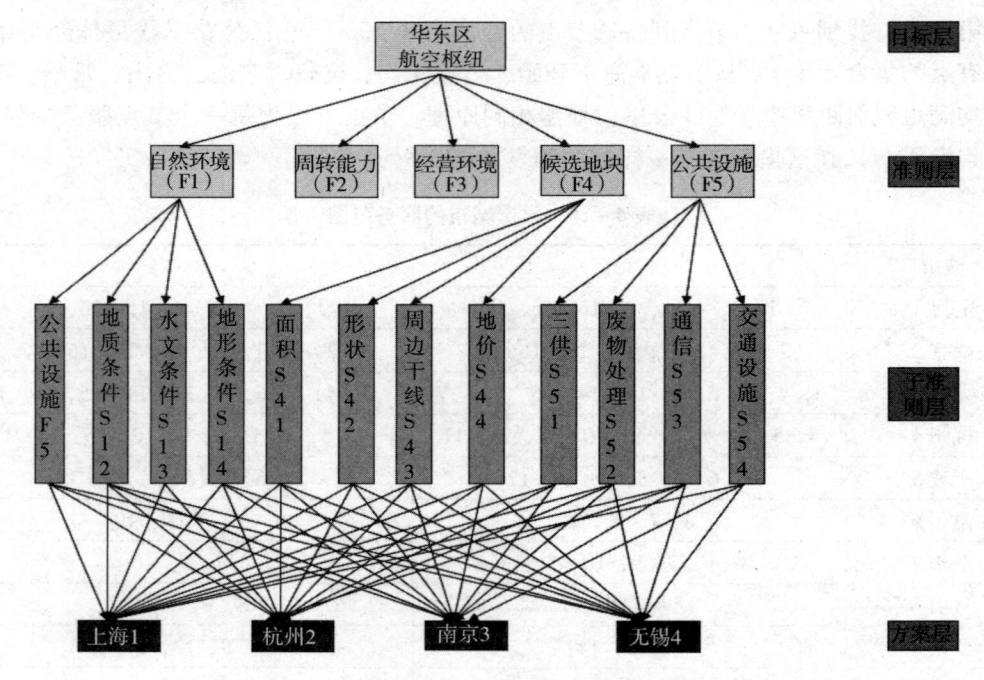

图 4-15 华东区航空枢纽选址评价因素和评价标准

表 4-21 航空枢纽选址指标模型

第一级指标	第二级指标	第三级指标
自然环境（F1）	气象条件（S11）	
	地质条件（S12）	
	水文条件（S13）	
	地形条件（S14）	
候选地块（F4）	面积（S41）	
	形状（S42）	
	周边干线（S43）	
	地价（S44）	
公共设施（F5）	三供（S51）	供水（T511）
		供电（T512）
		供气（T513）
	废物处理（S52）	排水（T521）
		固体废物（T522）
	通信（S53）	
	交通设施（S54）	

③构造第三层（子准则层）和第二层（准则层）的判断矩阵。针对指标 S51，T511、T512 和 T513 三个三级指标同等重要，即判断矩阵为：

$$\boldsymbol{B}_{S51} = \begin{bmatrix} 1 & 1 & 1 \\ 1 & 1 & 1 \\ 1 & 1 & 1 \end{bmatrix} \tag{4-12}$$

对于 S52，T521、T522 两个三级指标，T522 比 T521 较强重要，即判断矩阵为：

$$\boldsymbol{B}_{S52} = \begin{bmatrix} 1 & 3 \\ 1/3 & 1 \end{bmatrix} \tag{4-13}$$

指标 F1，S11、S12、S12 和 S14 四个二级指标同等重要，即：

$$\boldsymbol{B}_{F1} = \begin{bmatrix} 1 & 1 & 1 & 1 \\ 1 & 1 & 1 & 1 \\ 1 & 1 & 1 & 1 \\ 1 & 1 & 1 & 1 \end{bmatrix} \tag{4-14}$$

针对指标 F4，S41、S42、S43 和 S44 四个二级指标中，候选地块的形状和地价较为重要，可由如下判断矩阵表示：

$$\boldsymbol{B}_{F4} = \begin{bmatrix} 1 & 7 & 1 & 3 \\ 1/7 & 1 & 1/3 & 1/2 \\ 1 & 3 & 3 & 3 \\ 1/3 & 2 & 1 & 1 \end{bmatrix} \tag{4-15}$$

针对指标 F5，S51、S52、S53 和 S54 四个指标中，其重要性也不同，可用如下判断矩阵来表示：

$$B_{F5} = \begin{bmatrix} 1 & 2 & 4 & 1/2 \\ 1/2 & 1 & 1/2 & 1/5 \\ 1/4 & 2 & 2 & 1/4 \\ 2 & 5 & 4 & 1 \end{bmatrix} \qquad (4-16)$$

以上判断矩阵可用线性代数的矩阵运算模型求解最大特征值和特征向量，得到的特征向量即权重系数，运用 CR、CI 和 RI 指标对得到权重进行一致性检验，看权重分配是否合理，当判断 B 的 $CR<0.1$ 或者 $K=n$，且 $CI=0$ 时，认为 B 具有满意的一致性，即权重分配合理。

运用线性代数矩阵运算模型计算特征值和权重，对于判断矩阵 B_{S51}，最大特征值为 $\lambda_{max}=3$，特征向量为 $K_{51}=(1/3\ \ 1/3\ \ 1/3)^T$，$CR=0<0.1$，因此，此判断矩阵具有一致性，求出的权系数恰当。同理，判断矩阵 B_{S52} 的权重系数为 $K_{52}=(0.75\ \ 0.25)^T$，B_{F1} 的权重系数为 $K_{F1}=(0.25\ \ 0.25\ \ 0.25\ \ 0.25)^T$，$B_{F4}$ 的权重系数为 $K_{F4}=(0.45\ \ 0.083\ \ 0.277)^T$，$B_{F5}$ 的权重系数为 $K_{F5}=(0.283\ \ 0.095\ \ 0.119\ \ 0.503)$，权重系数均恰当。

④构造第一层（目标层）的判断矩阵。

对于选址目标而言，F1、F2、F3、F4 和 F5 五个指标判断矩阵为：

$$B = \begin{bmatrix} 1 & 1/2 & 1/5 & 1/2 & 1/2 \\ 2 & 1 & 1/4 & 1 & 1 \\ 5 & 4 & 1 & 4 & 4 \\ 2 & 1 & 1/4 & 1 & 1 \\ 2 & 1 & 1/4 & 1 & 1 \end{bmatrix} \qquad (4-17)$$

使用矩阵运算模型求出特征向量为 $K=(0.076\ \ 0.139\ \ 0.506\ \ 0.139\ \ 0.139)$，$CR=0.06<0.1$，求出的权重系数恰当。

针对四个备选点，设 1 为上海（虹桥、浦东机场），2 为杭州（萧山机场），3 为南京（禄口机场），4 为无锡（硕放机场），其各个因素的评分可采用因素评分法，如表 4-22 所示。

表 4-22 各备选点的因素评分

因素	1	2	3	4
自然环境	70	80	75	65
周转能力	85	90	75	70
经营环境	85	70	75	70
候选地块	60	80	80	60
三供	80	90	75	65
废物处理	75	80	70	70
通信	80	80	70	70
交通设施	90	85	80	70

根据各个备选点的因素评分和权重，可得单因素评价矩阵为：

$$R_{F5} = \begin{bmatrix} 80 & 90 & 75 & 65 \\ 75 & 80 & 70 & 70 \\ 80 & 80 & 70 & 70 \\ 90 & 85 & 80 & 70 \end{bmatrix} \quad (4-18)$$

判断矩阵 B_{F5} 的权重系数为 $K_{F5} = (0.283 \quad 0.095 \quad 0.119 \quad 0.503)$，因此，可得公共设施的二级综合评价为 $B_{F5} = [81.555 \quad 85.345 \quad 76.445 \quad 73.615]$；一级指标的权重即特征向量为 $K = (0.076 \quad 0.139 \quad 0.506 \quad 0.139 \quad 0.139)$，由 R_{F5} 和其他一级指标，可得一级综合评价单因素矩阵为：

$$R = \begin{bmatrix} 70 & 80 & 75 & 65 \\ 85 & 90 & 75 & 60 \\ 85 & 70 & 75 & 70 \\ 60 & 80 & 80 & 60 \\ 81.555 & 85.345 & 76.445 & 73.615 \end{bmatrix} \quad (4-19)$$

因此，$B = [79.82 \quad 81.345 \quad 75.821 \quad 70.446]$。依据层次分析法的原理，将四个备选点中综合得分由高到低排序，排名为 2、1、3、4，即排在前两位的是杭州和上海，因此，顺丰宜选择杭州作华东区的航空枢纽，辐射和服务整个华东地区；顺丰在上海预计业务量以 40% 的速度上涨，杭州以 35% 的增速发展，未来随着业务量的增长，可以在华东区扩建一个航空枢纽上海，同时作为未来顺丰的国际航空枢纽，承接着国际快递业务的中转。

4.5.2.4 华中西南航空枢纽选址

华中、西南区域对顺丰未来的发展具有极大的战略意义，目前，顺丰在该区域没有航空枢纽，因此，将以华中西南六省为例，选出区域航空枢纽，以扩大其在华中西南区的市场份额。

根据航空区域划分，顺丰公司在华中、西南六大省市已开通航线，包括其中的武汉、西安、郑州、长沙、重庆、成都、贵州、云南，主要有华中西南地区的 8 个城市；航线基本采取"点对点"以及"环型"飞行模式，航线覆盖面小，航空资源利用率低。

(1) 候选地址初选。因此，综合华中、西南六大省市的航空、基础设施、经济水平等多项条件，对华中、西南航空资源进行整合，选出区域航空枢纽，以区域航空枢纽辐射整个区域，改变顺丰公司目前航空运行模式，整合航空资源。设城市编号为 1. 武汉，2. 西安，3. 郑州，4. 长沙，5. 成都，6. 重庆，7. 昆明，8. 贵阳。各城市之间的距离如表 4-23 所示。

表 4-23 华中西南区主要城市的距离表

备选点	武汉	西安	郑州	长沙	成都	重庆	昆明
西安	650						
郑州	450	430					

续表

备选点	武汉	西安	郑州	长沙	成都	重庆	昆明
长沙	300	770	730				
成都	980	610	1010	910			
重庆	760	570	890	650	270		
昆明	1270	1180	1510	1080	640	630	
贵阳	870	870	1120	650	530	330	440

第一步，根据各城市之间的距离表，找到每一个节点到备选节点的距离小于500公里（华中或西南区内部距离）或600公里（整个华中西南区域）的所有点的集合 $A(j)$。根据相同原理，求出可以为每一个节点服务的候选城市的集合 $B(i)$，由于所有城市只要条件满足，均可被选为航空枢纽，在这里两者是一样的，如表4－24所示。

表4－24 候选城市的服务范围

城市	$A(j)$	$B(i)$
武汉1	3，4	3，4
西安2	3，5，7	3，5，7
郑州3	1，2	1，2
长沙4	1，8	1，8
成都5	2，7，8，10	2，7，8，10
重庆6	2，5，8，10	2，5，8，10
昆明7	2，6，10	2，6，10
贵阳8	7，8，9	7，8，9

所选城市要想覆盖华中区的绝大多数备选城市，按照集合覆盖的原理，在华中区选择西安、郑州、武汉和长沙才能覆盖所有城市，因此华中区的候选点有四个；西南区的各城市中，要覆盖全部城市，必须选择成都、重庆、昆明和贵阳，才能覆盖除了武汉和郑州以外的所有城市。

第二步，确定合适的组合解。计算出各个候选点到其他各个城市的平均距离（表4－25）。

表4－25 候选点到其他各城市的平均距离

候选点	武汉	西安	郑州	长沙
平均距离	851.1	796.7	986.7	788.9
候选点	成都	重庆	昆明	贵阳
平均距离	680	861.7	1266.7	1 036.7

由于昆明和贵阳到其他各个城市的平均距离都较远，超过了1 000km，因此选择的备选城市应除去昆明和贵阳。即在华中、西南区初选的航空枢纽为武汉、西安、郑州、长沙、成都和重庆。

（2）候选地址精选。以上模型仅从各个城市节点的距离考虑了华中、西南区航空枢纽的选址，但要进一步精确航空枢纽，从初选中得出的六个候选城市，还需要从周转能力、经营环境、行业发展及公共设施等多方面进行分析。因此，采用层次分析法对华中、西南地区航空枢纽候选城市进行分析。

①层次分析模型的构建。建立华中、西南地区航空枢纽选址的层次分析模型，如图4-16所示。

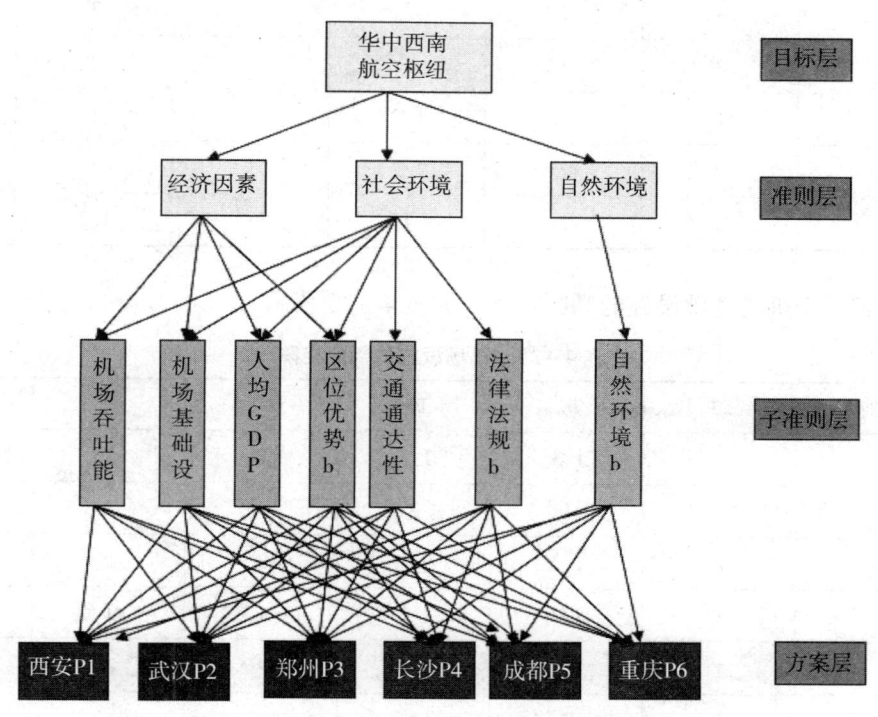

图4-16 华中、西南航空枢纽层次分析法模型

②构造针对子准则层 *B* 的判断矩阵（表4-26）。

表4-26 子准则层 *B* 的判断矩阵

项目	机场吞吐能力	机场基础设施	人均GDP	区位优势	交通通达性	法律法规	自然环境
机场吞吐能力	1	0.333	2	3	5	3	2
机场基础设施	3	1	2	3	3	5	2
人均GDP	0.5	0.5	1	2	3	1	1
区域优势	0.333	0.333	0.5	1	5	3	1
交通通达性	0.2	0.333	0.333	0.2	1	3	2
法律法规	0.333	0.2	1	0.333	0.333	1	1
自然环境	0.5	0.5	1	1	0.5	1	1

③构造相对于各子准则的判断矩阵。构造相对于机场吞吐能力的判断矩阵,如表4-27所示。

表4-27 机场吞吐能力的判断矩阵

机场吞吐能力	P1	P2	P3	P4	P5	P6
P1	1	1/3	1/2	1	3	1
P2	3	1	2	3	3	1/2
P3	2	1/2	1	2	2	1
P4	1	1/3	1/2	1	1	1
P5	1	1/5	1/2	1	1	3
P6	3	2	1	1/3	1/3	1

构造相对于机场基础设施的判断矩阵,如表4-28所示。

表4-28 机场设施的判断矩阵

机场基础设施	P1	P2	P3	P4	P5	P6
P1	1	1/3	1/2	1	3	1
P2	3	1	2	3	3	1/2
P3	2	1/2	1	2	2	1
P4	1	1/3	1/2	1	1	1
P5	1	1/5	1/2	1	1	3
P6	3	2	1	1/3	1/3	1

构造相对于人均GDP的判断矩阵,如表4-29所示。

表4-29 人均GDP的判断矩阵

人均GDP	P1	P2	P3	P4	P5	P6
P1	1	1/3	1/2	1	3	1
P2	3	1	2	3	3	1/2
P3	2	1/2	1	2	2	1
P4	1	1/3	1/2	1	1	1
P5	1	1/5	1/2	1	1	3
P6	3	2	1	1/3	1/3	1

构造相对于经济区域优势的判断矩阵,如表4-30所示。

表4-30 经济区域优势的判断矩阵

经济区域	P1	P2	P3	P4	P5	P6
P1	1	1/3	1/2	1	3	1
P2	3	1	2	3	3	1/2
P3	2	1/2	1	2	2	1
P4	1	1/3	1/2	1	1	1
P5	1	1/5	1/2	1	1	3
P6	3	2	1	1/3	1/3	1

构造相对于交通通达性判断矩阵,如表4-31所示。

表4-31 交通通达性的判断矩阵

交通通达性	P1	P2	P3	P4	P5	P6
P1	1	1/3	1/2	1	3	1
P2	3	1	2	3	3	1/2
P3	2	1/2	1	2	2	1
P4	1	1/3	1/2	1	1	1
P5	1	1/5	1/2	1	1	3
P6	3	2	1	1/3	1/3	1

构造相对于法律法规的判断矩阵,如表4-32所示。

表4-32 法律法规的判断矩阵

法律法规	P1	P2	P3	P4	P5	P6
P1	1	1/3	1/2	1	3	1
P2	3	1	2	3	3	1/2
P3	2	1/2	1	2	2	1
P4	1	1/3	1/2	1	1	1
P5	1	1/5	1/2	1	1	3
P6	3	2	1	1/3	1/3	1

构造相对于自然环境的判断矩阵,如表4-33所示。

表4-33 自然环境的判断矩阵

自然环境	P1	P2	P3	P4	P5	P6
P1	1	1/3	1/2	1	3	1
P2	3	1	2	3	3	1/2
P3	2	1/2	1	2	2	1
P4	1	1/3	1/2	1	1	1
P5	1	1/5	1/2	1	1	3
P6	3	2	1	1/3	1/3	1

④权重系数计算。第三层诸方案经过第二层对第一层的权重系数计算,如表4-34所示。

表4-34 权重系数计算

		C1	C2	C3	C4	C5	C6	C7	总计
	O	0.121	0.363	0.338	0.095	0.083	0.134	0.133	
P1	A1	0.1238	0.3938	0.2344	0.1238	0.1237	0.211	0.134	0.2370
P2	A2	0.1019	0.3116	0.4659	0.0731	0.0317	0.231	0.244	0.3006
P3	A3	0.0552	0.3803	0.4235	0.0860	0.0552	0.325	0.019	0.2590
P4	A4	0.0642	0.2560	0.1724	0.4838	0.0316	0.412	0.226	0.2073
P5	A5	0.1238	0.3938	0.2344	0.1238	0.1238	0.1156	0.336	0.2679
P6	A6	0.1124	0.1134	0.2134	0.2234	0.1567	0.1145	0.334	0.2123

根据层次分析法原理及计算,最后在华中地区选择武汉作为枢纽,在西南以成都为枢纽,辐射整个区域,如图4-17所示。

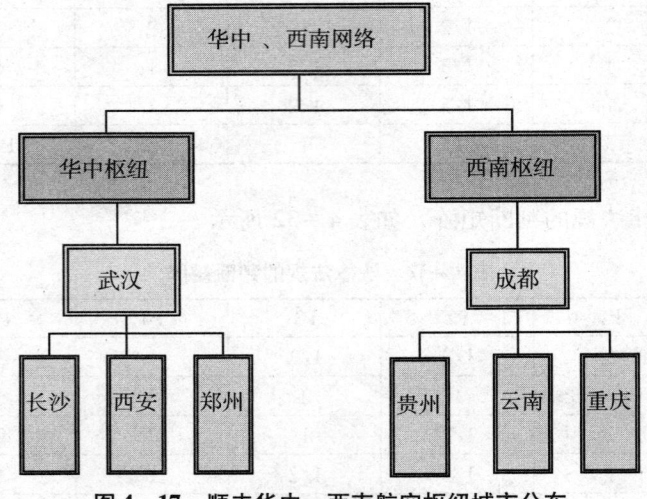

图4-17 顺丰华中、西南航空枢纽城市分布

4.5.3 陆运枢纽选址

华南区是顺丰的发源地,也是业务量最大的区域之一,但在闽粤区主要采用陆运干线运输配以散航的方式进行快件中转,为了整合资源,将在华南区四个主要的城市深圳、福州、泉州和厦门中选出一个作为陆运干线枢纽,辐射整个区域。

4.5.3.1 顺丰陆运干线枢纽选址的步骤

(1)选址约束条件分析。顺丰公司目前主要的陆运干线运输业务量见案例表1,顺丰未来的业务量预计以每年35%的速度增长。需要收集将来该地区的业务量及顺丰自身的运输能力、配送区域的范围和服务条件等。

(2)搜集整理资料。掌握顺丰在华南区各城市的快递业务量主要运输线路等信息。

(3) 地址筛选。考虑各种因素后，就可以初步确定选址范围，即确定初始候选地点。

(4) 定量分析。采用最小割模型对候选点进行评价，并得出计算结果。

(5) 结果评价。结合市场适应性、土地购置和服务质量等条件对所得结果进行评价，看其对顺丰是否有现实意义及可行性。

(6) 复查。分析其他影响顺丰陆运干线枢纽选址的因素对计算结果的相对影响程度，对计算结果进行复查。

(7) 确定选址结果，得出满意解。

4.5.3.2 顺丰陆运干线枢纽选址模型的选用

从案例所给的数据和资料来看，华南区的业务量比较集中，且选址的主要目的是进行资源的整合，因此结合顺丰公司目前在各地区中转场分部情况，运用最小割模型进行选址，以成本最小化为目标，既考虑其中转场能够覆盖每一特定区域，又要保证整体成本最低，资源达到有效利用。此模型充分考虑了快递企业的特殊性，把快递产品细分为同城、城际和国内快件，对本方案的解决具有很强的针对性。

(1) 假设条件。设快递网点的最小割选址模型只考虑两种配送业务——同城快递业务和城际快递业务，所需的数据只考虑快递包裹量、单位收件成本、单位派件成本和快递单票价格、城市间距离和单位距离运输费用。

只有当某城市建立中转场才能开展该城市的同城快递业务，当两个城市都建立中转场才能开展两个城市间的城际快递业务。

快递一级中转场年固定运营费用包括软硬件投资费用、作业人员的规划及人工费用、固定资产的折旧费，车辆使用税等。

假设两城市间的往返方向上快件量相同，若不相同可采用拆分法。

(2) 模型建立。快递企业陆运干线枢纽的选址，是为了能最大满足各个用户群的需求，采用最小割模型求出最大流量，可得出最经济的选址点。以总成本最低为目标函数，考虑了同城快递和城际快递的成本和收益。

目标函数：

$$\max Z = \sum q_i \cdot (v_i - a_i - b_i) \cdot x_i + \sum \sum i \cdot q_{ij} \cdot (v_{ij} - c_{ij} \cdot l_{ij} - a_i - b_j) \cdot x_i \cdot x_j - \sum f_i \cdot x_I$$
$$x_i = 0,1, x_i = \{1,0\} \tag{4-20}$$

约束条件：$x_i = 0,1$（$i=1$，城市 i 建立分拨中心；$i=0$，城市 i 不建立分拨中心）

其中：q_{ij}——一年中城市 i 到城市 j 快递包裹量；

q_i——一年中城市 i 同城快递包裹量；

c_{ij}——城市 i 到城市 j 单位运量在单位距离运输费用；

l_{ij}——城市 i 到城市 j 距离；

v_{ij}——城市 i 到城市 j 单位运量价格；

v_i——城市 i 同城快递价格；

a_i——城市内部单位运量取货成本；

b_i——城市内部单位运量送货成本；

x_I——是否选择在城市 i 建立一级中转场；

f_i——建立一级中转场的年费用。

（3）模型转化。在实际中，随着备选城市数量的增多，算法的复杂度呈指数级别增长，效率过低，因此需要对模型进行转化。将目标函数进行转化为：

$$\max Z = \sum_{i=1}^{n}\sum_{j=1}^{n} q_{ij}(v_{ij} - c_{ij} \cdot l_{ij} - a_i - b_i) \cdot x_i \cdot x_j - \sum_{i=1}^{n}[f_i - q_i(v_i - a_i - b_i)] \cdot x_i \quad (4-21)$$

定义：

$m = n \cdot (n-1)/2$；

n——候选城市个数；

m——城际用户群数量；

p_i——快递企业在城市 i 建立一级中转场的年固定成本与从城市 i 的同城快递用户群取得的年收益之差，$p_i = f_i - q_i \cdot (v_i - a_i - b_i)$；

p_{ij}——快递企业从城际快递用户群 ij（表示从城市 i 到城市 j 快递的用户群，i 不等于 j，下同）取得的除去固定成本的年收益，$p_{ij} = q_{ij} \cdot (v_{ij} - c_{ij} \cdot l_{ij} - a_i - b_i)$。

对于城际快递用户群 ij，取得年收益 p_{ij} 的必要条件是满足用户需求的两个城市 i 和 j 的一级中转场同时成立。目标函数进一步转化为：

$$\max Z = \sum_{i=1}^{n}\sum_{j=1}^{n} x_i \cdot x_j \cdot p_{ij} - \sum_{i=1}^{n} x_i \cdot p_i \quad (4-22)$$

这个问题便可以抽象成一个有向图模型 $G(V, E, W)$，其中 V 表示该图的点集，包括 n 城市和 m 个用户群，城际快递用户群 ij 用 U_{ij} 表示，城市 i 用 c_i 用表示，点集中共 $n+m$ 个点，求出该网络图的最大流，即为某一区域干线网络能满足所有客户群且获利最大的最优选址。

（4）模型求解。分别求出各个用户群的数量，可看作各个地点的流量，构造网络有向图，可采用网络图 Ford-Fulkerson 标号法来求得最大流和最小割，得出能最大满足客户需求的候选点。同时，也可直接用 Lingo 软件编程解模。为了计算简便，可运用 ORS 软件直接解模。

（5）模型评价。此模型把客户需求当作各个需求点的容量，把快递企业的服务能力当作网络图中各条线上的流量，根据最大流和最小割得出最优选址。它充分考虑了快递企业的特殊性，因此较为简单实用。

以华南区为例，运用最小割模型求解，选择最优的城市建立顺丰在华南区的陆运干线枢纽，负责华南区域的快件中转。

4.5.3.3 华南区陆运干线枢纽选址

顺丰拟在华南（包括东南区）选择若干个城市建立快件干线运输、中转的陆运干线枢纽，即一级中转场，开展快递业务。

（1）假设条件及数据收集。鉴于顺丰快递在华南的网点非常多，为了算例的直观性，选取其中规模较大的深圳、泉州、福州和厦门 4 个城市作为备选，建立华南的陆运干线枢纽（一级中转场）。根据常数 x_i、q_i、v_i、a_i、b_i 得到 p_i，根据常数 c_{ij}、l_{ij}、q_{ij}、v_{ij}、a_i、b_i，这里快件重量统一取 10kg，同城快递价格为 19 元/10kg，城际快递包括两种，省内快递 30 元/10kg，区内或相邻区省际快递为 74 元/10kg。

借鉴物流行业配送中心的资料，顺丰快递一级中转场软硬件投资为 390 万元（表 4-35），一级中转场一般所需作业人员岗位以 300 个计算，年均工资水平深圳市以 3 000 元计算，福州为 1 800 元，泉州 1 500 元，厦门为 2 000 元，则得出各个城市的作业人员费用为：深圳 900 000 元，福州 540 000 元，泉州 450 000 元，厦门 600 000 元，一年按 350 个工作日计算。

表 4-35 一级中转场固定资产投资

项目明细	规格、型号	数量	单价（万元）	总价（万元）
可移动伸缩式皮带机（自动输送机）		1 套	250	250
集成化物流管理系统		1 套	24	24
物流监控系统		1 套	10	10
GPS 追踪系统		10	0.1	1
厢式货车	7.3T	10 辆	10	100
其他设备			5	5
总计				390

由一级中转场固定资产投资和工人工资水平可得出，顺丰在华南区建立一级中转场年固定运营费用为：深圳 480 万元，福州 444 万元，泉州 435 万元，厦门 450 万元。根据快递行业的业务总量和同城、城际快递所占的份额来估计和预测顺丰在华南区 4 个候选城市的业务总量、同城快递收入和城际快递收入情况（表 4-36）。

表 4-36 快递企业业务量及业务收入情况表

指标	单位	2010 年	比上年增长（%）	占比重（%）
一、业务量				
合计	万件	234 000	25.9	
其中：国内同城	万件	53 586	13.0	22.9
国内异地	万件	167 310	27.9	71.5
国际及港澳台	万件	13 104	24.8	5.6
二、业务收入				
合计	万元	5 746 000	20	

续表

指标	单位	2010年	比上年增长（%）	占比重（%）
其中：国内同城	万元	413712	28.5	7.2
国内异地	万元	3 143 062	28.5	54.7
国际及港澳台	万元	1 787 006	21.3	31.1
其他		402 220	19.4	7.0

由一级中转场运营的固定资产投资、各个候选城市的同城快递业务量、收派件成本、运输成本和单票收入，计算出各个候选点的年固定成本和利润额，如表4-37所示。

表4-37 一级中转场年运费和市区业务量

城市	深圳	福州	泉州	厦门
f_i（万元）	480	444	435	450
q_i（件）	218827.97	124219.76	145604.82	103284.54
v_i（元）	28	19	19	19
a_i（元）	5.4	4.9	4.5	4.9
b_i（元）	5.5	5.0	4.6	5.0
p_i（万元）	1 485.80	1 710.96	1 682.50	1736.01

顺丰中的粤闽干线的业务量，可得出省外件的业务量见表4-38。

表4-38 粤闽干线对开线路一览表

序号	干线名称	日均票数	平均重量	重量（kg）	车辆吨位数（t）	总里程	日均装载率
1	泉深1630	2 364	2.68	6 335.52	7.3	720	92%
2	泉深1900	2 129	2.68	5 705.72	7.3	720	90%
3	泉深0000	1 447	2.68	3 877.96	11.2	720	79%
4	厦深0030	927	2.68	2 484.36	7.3	650	75%
5	福深0050	582	2.68	1 559.76	11.2	840	51%
6	深泉1630	2 380	2.68	6 378.4	7.3	720	79%
7	深泉2330	2 594	2.68	6 951.92	7.3	720	85%
8	深福0300	3 518	2.68	9 428.24	11.2	840	90%
9	深厦0230	2 148	2.68	5 756.64	7.3	650	83%
10	深泉0400	2 270	2.68	6 083.6	11.2	720	74%
闽粤业务量汇总	深泉	7 244	2.68	19 413.92	泉深	5940	15919.2
	深福	3 518	2.68	9 428.24	深厦	2148	5 756.64
	福深	582	2.68	1 559.76	厦深	927	2 484.36

由粤闽干线对开线路一览表可估算出顺丰在华南区各个候选城市的城际快递业务量和建立中转场的固定成本，如表4-39所示。

表4-39 候选节点物流量汇总表

城市	物流量（件/日）	建立中转场固定成本（万元）
深圳	4 866 428	480
福州	333 740	444
泉州	2 284 005	435
厦门	437 005	450

深圳、福州、泉州与厦门四个城市间的距离如表4-40所示。

表4-40 各候选城市之间的距离

l_{ij}	深圳	福州	泉州
福州	840		
泉州	720	150	
厦门	650	220	70

省内快递，即泉州、福州和厦门三个城市之间的快递价格为30元/件；省际快递，即深圳到泉州、福州、厦门三地的快递价格为74元/件；深圳到泉州的快递业务尚未开通，假设开通后的价格为省际快递标准价格74元。各城市之间的单位距离运输费率为0.09元，即$a_{ij}=0.09$，各个节点之间的单位运输成本即为运输费率乘以节点之间的距离。

（2）模型建立。为了便于表述，对这6个用户群编号为1-6，令U1、U2、U3、U4、U5、U6分别代表深圳—厦门用户群、深圳—泉州用户群、深圳—福州用户群、福州—深圳用户群、泉州—深圳用户群、厦门—深圳用户群，用C1、C2、C3、C4分别代表深圳、福州、泉州和厦门四个城市。各节点之间的单位运输成本如表4-41所示。

表4-41 各个节点之间的单位运输成本

单位运输成本	深圳	福州	泉州
福州	13.76		
泉州	16.06	13.94	
厦门	19.8	12.42	6.3

根据模型的转化，构造有向图 G，如图 4-18 所示。

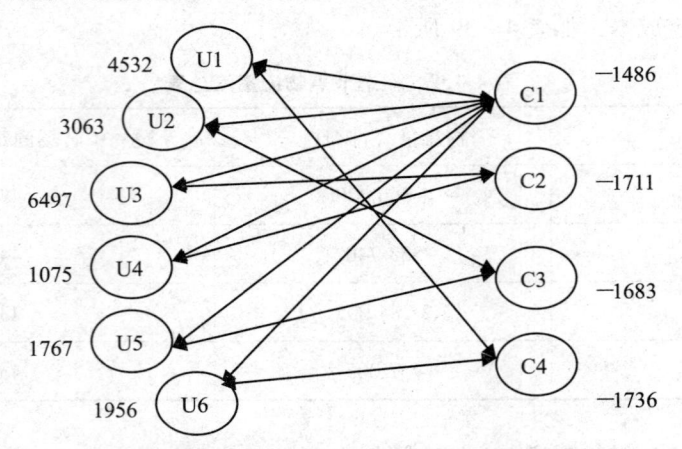

图 4-18　各用户群数量与一级分拨中心的年固定费用

（3）模型转化。根据图 4-18 所示，有向图 G 填上源点 S 和汇点 T 转化成的网络图 N，如图 4-19 所示。

此模型可采用 LINGO 软件编程求解。为了计算简便，采用 ORS 软件直接输入候选节点物流量和各节点之间的单位运输成本，得出顺丰华南区陆运干线枢纽各个候选点最小运输成本的候选节点，求出 4 个候选点的总运输成本，取其中最小者为最优选址。运算过程如下：

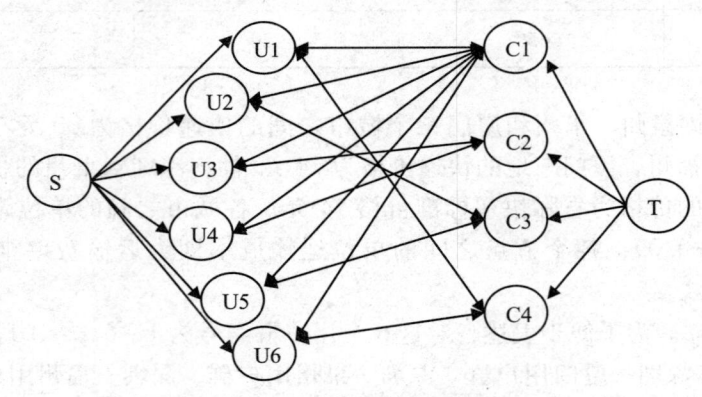

图 4-19　转化后的网络图

①以深圳为候选点。其他三个节点的成本为：福州的物流成本为 86 900 880 元，泉州的物流成本为 37 212 850 元，厦门的物流成本为 71 107 100 元，当以深圳为候选点时，4 个节点的物流总成本为 195 220 830。

②以福州为候选点。当以福州为候选节点时，其他三个节点的物流成本为：深圳 86 900 880 元，泉州 42 772 970 元，厦门为 72 338 200 元，4 个节点的物流总成本为 202 012 050。

③以泉州为候选点。当以泉州为候选节点时，其他三个节点的物流成本为：深圳 104 415 200 元，福州为 37 020 040 元，厦门为 34 830 250 元，候选点到各个节点的物流总成本为 176 265 490 元。

④以厦门为候选点。当以厦门为候选节点时，其他三个节点的物流成本为：深圳 86 900 880 元，泉州 37 327 480 元，福州为 66 436 740 元，4 个节点的物流总成本为 190 665 100 元。

综上，在这 4 个物流节点中，当以泉州为顺丰华南区陆运干线枢纽时，成本最低，为 176 265 490 元。

由于顺丰在华南区已有深圳作为其航空枢纽兼陆运中转场，但随着顺丰快件量的不断增长，其原有的节点无法满足整个区域的快件业务量需求，因此把华南区四个较大节点深圳，福州、泉州和厦门作为华南陆运干线枢纽的候选节点。经过 ORS 软件解模，最优选址点为泉州，运输总成本为 4 277.297 万元。因此将泉州作为顺丰在华南区新的陆运干线枢纽（即一级中转场），与深圳共同承担快件的中转。

顺丰分拨中心的分布如图 4-20 所示。

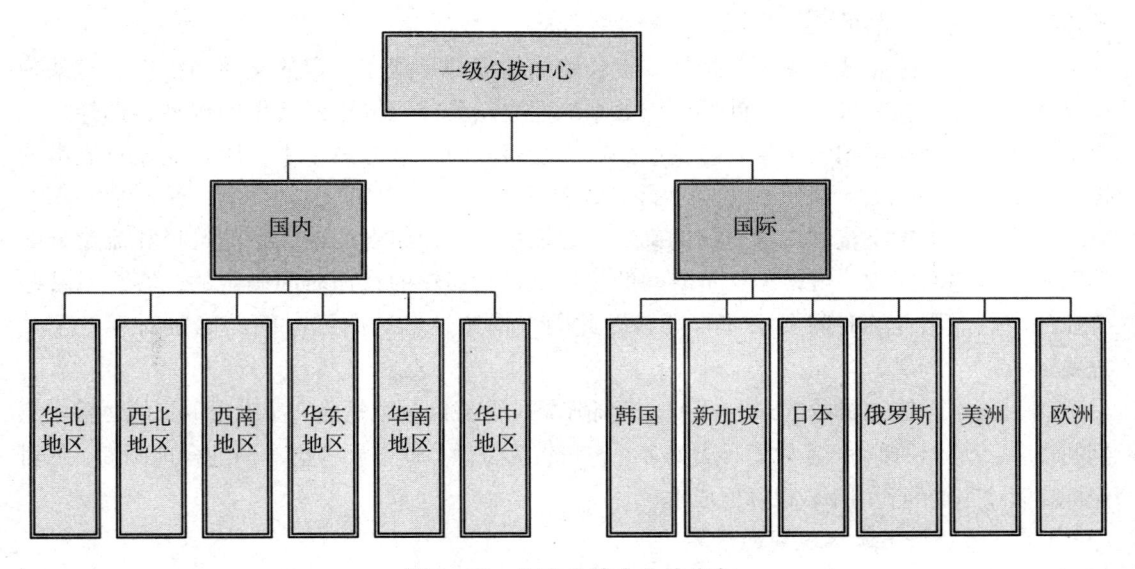

图 4-20 顺丰分拨中心的分布

（4）模型评价。最小割求解物流节点选址问题的主要优势是建模简单，模型求解可采用网络图、Lingo 或 ORS，方法多样；选出的节点充分考虑到了快递企业的特殊性——产品的地域差别和客户群数量，因此容易求出最优节点。

4.6 快递物流网络体系构建

4.6.1 网络规划的步骤

4.6.1.1 顺丰网络规划的目标

根据顺丰的战略目标，顺丰网络规划的总体目标是：以提高快件的响应速度、快速满足客户需求为目标,在整合现有资源的前提下,充分集成顺丰资源,实现网络的高效运作,提升顺丰在其核心业务即快件高时效方面的竞争力。

顺丰网络规划的具体目标如下:在近期(2015 年以前)对现有的网络进行整合,实现网络资源的优化配置,在中期(2015~2020 年)扩大网络覆盖范围,把网络延伸到华中、西南、西北的偏远地区,在远期(2020 年以后)将网络覆盖全国,并把服务扩展到亚洲、美洲乃至世界,建设国际快递网络。

4.6.1.2 顺丰网络规划的内容

顺丰网络系统设计与运行涉及运输业务模式、运输方式、运输工具和运输线路等多方面内容,因此对网络系统规划通常要对下问题进行决策:

(1)顺丰运输业务模式选择。顺丰运输模式的选择主要取决于运输业务在企业中的定位,作为快递企业,运输业务模式的优劣直接影响到顺丰快件处理的时效性,因此要根据整体发展战略和产品的特征来选择运输业务模式。

(2)顺丰运输路线的规划与选择。运输路线的规划是指在一定的交通网络中,对某种产品在供应地点与需求地点之间的供求关系的建立及具体运输路线所做的规划和选择,顺丰运输线路的合理规划与选择直接关系到产品能否及时送到客户手中,以及企业总成本的控制。

(3)顺丰运输批量和运输时间的确定。运输批量可以结合运输线路的选择和流量分配等问题,运输时间则一般根据交货时间的规定及货物运输的在途时间确定的,客户对某些企业的产品或服务的时间要求非常高,因此顺丰快递运输和收派时间的确定对客户至关重要。

(4)顺丰运输工具的配载与调度。运输车辆的配载问题在短途、小批量的支线运输中遇到的较多,顺丰快递的产品物资种类繁多、客户较为分散,就需要考虑车辆的合理调度,尽可能提高运输车辆的利用率,以降低成本。

4.6.1.3 顺丰网络规划的步骤

(1)顺丰速运网络现状分析。首先需要对顺丰现有的网络进行分析,找出其中资源利用率较低、网络容量不足的路径,并分析原因,同时需要对企业未来的业务量进行预测,确定网络规划的目标。

(2)找出顺丰网络规划的约束条件。顺丰物流网络规划不仅要考虑客户的需求量,更要考虑企业的硬件设施,如建立区域枢纽,需要具备一定规模的中转场,还要有足够的周转能力,以及企业的周边环境。

(3)构造顺丰速运网络规划模型。顺丰网络规划应采用图表模型,如网络图、最大流模型等,此类模型较为直观,可较好地模拟出网络路径。当然也可选用成本、利润等指标为目标函数,构建优化模型。

(4)顺丰速运网络规划模型求解。运用数学方法或模型对顺丰网络规划的方案进行分析,在各可行方案的财务分析中,主要应注意方案的费用和收益的比较,并结合运输主体的风险承受能力作出分析。

(5) 顺丰速运网络规划模型评价。具体的决策还要根据客观情况，结合定性分析来做出，只有定性分析，充分考虑无法量化的因素后才能得出最优的方案。

4.6.1.4　常见网络模式

网络规划常用的模式有中枢式、中枢辐射式和轴辐式几种模式，下面将以航空网络为例，介绍它们的概念和特点。

（1）中枢式。中枢式航线网络是指航空公司将一个或几个适当的机场作为中枢，中枢周边较小的城市间不直接通航，而是通过中枢进行有效中转完成衔接的一种航线网络布局模式。网络中的中枢称为"枢纽机场"，是整个航线网络的核心。网络布局呈现以枢纽机场为轴心向其他机场辐射的特点。

（2）中枢辐射式。中枢式航线网络与点对点式航线网络最大的不同在于，中枢式航线网络中航班之间有着非常紧密的联系。这种联系主要表现在航班空间和时间两方面的集中。从空间角度看，中枢辐射式航空模式取消了原有的中小城市间的直达航班，转为在枢纽机场进行中转，在枢纽点形成航班的汇集。从时间角度看，为了使航班间能够实现有效衔接，将中转航班安排在某时间段集中进港，继而在随后的时间段内安排航班集中出港。

（3）轴辐式。轴辐网络是一种双层网络结构，它是指客货的运输不允许采用城市对式（又称点对点式）的运输方式，而只允许先通过采用某一预先指定的枢纽点然后再从枢纽点转运到目的地，因此非枢纽点中的乘客或货物将汇集到枢纽点。轴辐网络形成双层网络结构，所有枢纽点之间可以相互完全连接，枢纽点与非枢纽点采用星型相连。枢纽点相连所生的网络被称为干线网络，非枢纽点与枢纽点相连接所构成的网络称为支线网络。由于乘客或货物在枢纽点汇集，因此枢纽点的运输量增加，从而在枢纽点之间的运输可以采用更大更有效率、成本更低的交通工具。

本方案采取中枢辐射式网络模式构建顺丰在全国的网络。中枢辐射式航空模式取消了原有的中小城市间的直达航班，转为在枢纽机场进行中转，在枢纽点形成航班的汇集，因此能提高航班载货率，节省航空运营成本，降低运输总成本；同时根据客户的需求来适量分配航班，将中转航班安排在某时间段集中进港，可以使航班间能够实现有效衔接，更好地满足客户需求。

4.6.2　快递网络规划设计

4.6.2.1　顺丰国内航空网络规划

目前，顺丰的航空运输业务量规模日益增长，已形成了较为完善的体系，但是它在全国的网络布局中仍有不合理之处，造成资源利用率低或资源不足、无法满足需求量。随着顺丰业务量的增长，必须在其原有的航空网络基础上进行优化，以充分利用航空资源，提高快件服务水平。

（1）资料收集。顺丰在全国主要城市的航空运输业务量见附表，各城市的代码如表4-42所示。

表 4-42 各城市代码表

代码	010	021	023	024	027	028	029	371	510
城市	北京	上海	重庆	沈阳	武汉	成都	西安	郑州	无锡
代码	536	571	591	731	755	852	886	991	
城市	潍坊	杭州	福州	长沙	深圳	香港	台湾	乌鲁木齐	

各个城市之间的直线距离如表 4-43 所示。

表 4-43 各城市间直线距离 单位：千米

城市	北京 1	上海 2	重庆 3	沈阳 4	武汉 5	成都 6	西安 7	郑州 8
上海 2	1 065							
重庆 3	1 935	1 950						
沈阳 4	625	1 190	2 680					
武汉 5	1 060	630	760	1 910				
成都 6	1 550	1 650	270	2 880	980			
西安 7	910	1 260	570	2 090	610	610		
郑州 8	625	995	890	1 580	450	1 010	430	
无锡 9	1 340	125	1 820	1 980	701	2495	1 380	870
潍坊 10	705	1 180	2 165	1 285	1 335	2 505	1 390	875
杭州 11	1 590	205	2 310	2 235	805	2 840	1 560	1 045
福州 12	2 330	820	1 965	2 740	955	2 435	1855	1 595
长沙 13	1 590	1 010	650	2 256	300	910	770	730
深圳 14	2 370	1 515	1 845	3 150	1 255	2 340	2 160	1 895
香港 15	1 990	1 240	1 100	2 360	960	1 125	1 450	1 395
台北 16	1 720	705	1 605	1 860	940	1 805	1 605	1 330
乌鲁木齐 17	2 425	3 270	3 305	3 905	3 545	3 025	2 570	3 080

城市	无锡 9	潍坊 10	杭州 11	福州 12	长沙 13	深圳 14	香港 15	台北 16
潍坊 10	1 050							
杭州 11	315	1 270						
福州 12	1 130	2 160	710					
长沙 13	1075	1 475	990	980				
深圳 14	1 730	2 270	1 495	840	850			
香港 15	1 220	1 675	1 055	715	650	30		
台北 16	730	1 315	600	260	920	810	800	
乌鲁木齐 17	4 030	3 340	4 165	4 425	3 895	4 730	3 430	3 730

（2）模型求解。根据各航空枢纽点之间的距离和业务量，采用网络图对模型求解，解

题过程及结果如表4-44所示。

表4-44 网络图各枢纽点的链数

节点编号	链数		连点	
1	干线链数	5	干线链	2-1065，5-1060，6-1550，11-1590，14-2370
	支线链数	2	支线链	4-625，10-705
2	干线链数	2	干线链	1-1065，14-1515
5	干线链数	4	干线链	1-1060，6-980，11-805，14-1255
	支线链数	3	支线链	7-610，8-450，13-300
6	干线链数	5	干线链	1-1550，11-2840，14-2340，5-1255，17-3025
	支线链数	1	支线链	3-270
11	干线链数	4	干线链	1-1590，5-1255，6-2340，11-1495，2-1515
	支线链数	1	支线链	9-315
14	干线链数	5	干线链	1-2370，5-1255，6-2340，11-1495，2-1515
	支线链数	3	支线链	12-840，15-30，16-810

（3）模型评价。经过设计规划，将顺丰全国网络划分为华北、华东、西北、华南、西南、华中六大区域。其中，华北枢纽为北京、华南枢纽为深圳、华东区域枢纽为杭州、华中区域枢纽为武汉、西南区域枢纽为成都，其中，由于西北区域目前开通航空业务的城市主要是乌鲁木齐，考虑到乌鲁木齐现有业务量较小，距离其他城市较远的特殊条件，考虑通过距离较近的华中区域枢纽进行中转。

4.6.2.2 顺丰国际航空网络规划

根据顺丰提供的案例及官方网站，知道顺丰在不断扩大国内网络的同时，走出国门，积极拓展国际市场，目前，在日本、韩国、新加坡以及俄罗斯四个国家开通国际业务。针对顺丰开通国际业务还处于初步和探索性阶段以及目前国际业务量情况，将顺丰国际业务主要根据三个分拨中心的地理位置的相邻性进行中转。如北京负责俄罗斯、日本、韩国；上海负责日本、韩国等东亚、美洲国家，深圳负责新加坡等东南亚、澳洲国家。

根据顺丰在国际快递业务量的估算和对未来业务量的预测，得出国际航空网络的规划。

4.6.2.3 华东区陆运干线优化

目前，顺丰华东地区采取三级中转的模式（图4-21），中转场之间通过干线直连，主要是第一种方式。通过对华东中转场的重新定位，上海为国际枢纽，杭州为华东航空枢纽，结合华东发展实际及未来业务量，选择第三种混合网络模式将是顺丰未来的网络模式。

骨干航空网络上形成以杭州为核心的Hub模式为主、城市之间直达为辅的网络模式。杭州区域性航空枢纽NDC，发挥中转功能，以南京、苏州、上海、无锡为辅助枢纽RDC，辅助枢纽之间实行直连，开展循环对开和交叉对开的运输模式。以网状结构覆盖和辐射整个华东地区。同时，能保证更多的快件通过航空枢纽进行中转，保证时效。

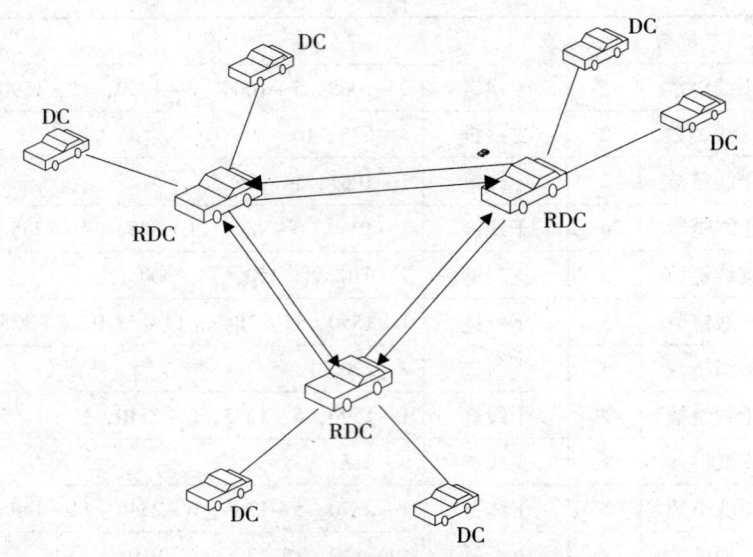

图 4-21　顺丰华东区原有运输模式

建立以上海为国际航空枢纽，杭州为华东航空枢纽中转中心 NDC，以南京、无锡、苏州为 RDC，通过开展地面网络实行各个中转中心的连接，开展航空快件从 NDC—RDC—DC 的层级运输模式，省内件 RDC—RDC、RDC—RDC—DC 的中转模式，具体运输模式如图 4-22 所示。

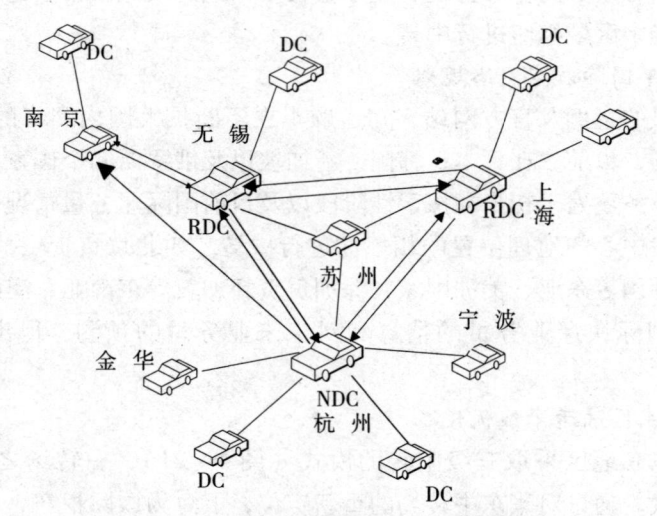

图 4-22　调整后的顺丰华东区运输模式

4.6.2.4　东南区陆运干线优化

根据华南和东南的一级分拨中心选址，在该区域采用中枢辐射式进行网络优化，即以深圳为华南的一级分拨中心，以泉州为东南的一级分拨中心，辐射各自的区域内部各节点并相互联接，以提高区域快件的周转效率和运输工具利用率。

4.6.2.5 航空—公路衔接规划

机场是城市对外交通的空中门户，机场一般远离市中心，距离市中心 30~50 千米，因此，与机场衔接的交通枢纽要突出快速性的特点。

顺丰在全国的网络包括空运网和陆运网，通过空运网保证时效，进行区域之间的衔接；通过陆运网进行区域内部的快件中转和集散，使顺丰的网络扩大延伸到全国各个区域。通过航空枢纽和陆运中转场的选址，航空和陆运干线的连接，顺丰的网络布局得到了调整，保证了快件周转和收派的时效性。运用飞机和货车相结合的运输方式，可以有效地利用资源，提高快件的周转效率。

顺丰网络分为航空和陆运两个部分，各部分又分别从区域枢纽、辐射城市和基层网点分别优化，包括节点选址、内部布局和流程优化，以达到各节点高效运作、线路精简畅通、资源优化利用的目标。顺丰速运网络总体布局如表 4-45 所示。

表 4-45　顺丰速运网络总体布局

区域	网络	区域枢纽 （一级分拨中心）	辐射城市 （二级分拨中心）	基层网点 （三级分拨中心）
全国	航空	深圳、北京、杭州、武汉、成都、乌鲁木齐	上海、无锡、潍坊、沈阳、郑州、西安、香港、重庆、福州、长沙、遵义、云南	南京、徐州、盐城、福州、厦门、宁波、金华、温州、淮安、南京、苏州
	陆运			
华东	航空	杭州	无锡、上海	南京、徐州、盐城
	陆运			
华南	航空	深圳	厦门、泉州	福州、厦门
	陆运			
华北	航空	北京	潍坊、沈阳	ZGC 分部
	陆运			
西南	航空	成都	重庆、云南、遵义	
	陆运			
华中	航空	武汉	郑州、长沙、西安	
	陆运			
西北	航空	乌鲁木齐	西北区	
	陆运			
国际 （国家）	航空	新加坡、韩国、日本、俄罗斯		

快件配送的规划和运作效率在很大程度上决定了快递的效率和成本，而快递网络的规划是否合理也决定了货物运输的时间性和经济性。顺丰要在满足客户时间要求和质量要求

的前提下,通过优化网络来提高快件配送的速度,提高快件操作的时效性,降低物流成本,合理进行资源的优化配置,以保有其核心竞争力。

4.7 快递物流网络节点规划

顺丰采取自建网点的形式拓展业务,其组织架构包括四级:顺丰总部、经营本部(华南、华东、华北、华中、东南、海外)、区部(以省为单位)、分部(以市为单位)和点部。顺丰的快件采用两级中转模式:集散点(点部)和集散中心(一级中转场、二级中转场)。顺丰的网络节点规划主要包括对各级中转场的规划和基层点部的规划。

4.7.1 规划模型的构建

4.7.1.1 节点规划 SLP 模型

SLP(Systematic Layout Planning,系统布置设计)方法,是理查德·约瑟提出的设施布置的经典方法,该方法采用严密的系统分析手段和规范的系统设计步骤进行系统布置设计,具有很强的实践性。在 SLP 方法中,可将研究工程布置问题的依据和切入点归纳为 5 个基本要素,分别是:产品(P)、数量(Q)、操作流程(R)、辅助部门(S)、时间安排(T)。其中 P、Q 两个基本要素是其他特征和条件的基础,只有在对上述各要素充分调查研究并取得全面准确的数据的基础上,绘制出相关的表格和关系图模型,有条理的分析计算,才能最终求得工程布置的最佳方案。SLP 方法的流程如图 4-23 所示。

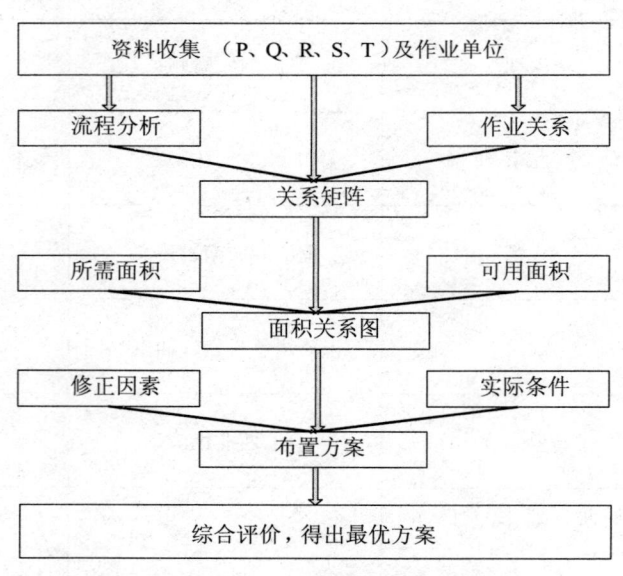

图 4-23 SLP 流程图

采用系统布置设计法来进行平面布置,对各作业单位之间的相互关系做出分析,把定性的相互关系密切程度由高至低分别用 A、E、I、O、U、X 及相应的 4、3、2、1、0、

−1分值表示，将物流与非物流相互关系进行综合，得到作业单位与其他作业单位的关系密切程度（表4−46、图4−24）。

表4−46 功能区各单位关联表

相关程度等级	相关程度说明	相关程度等级	相关程度说明
A	绝对重要	O	一般重要
E	特别重要	U	不重要
I	重要	X	禁止接近

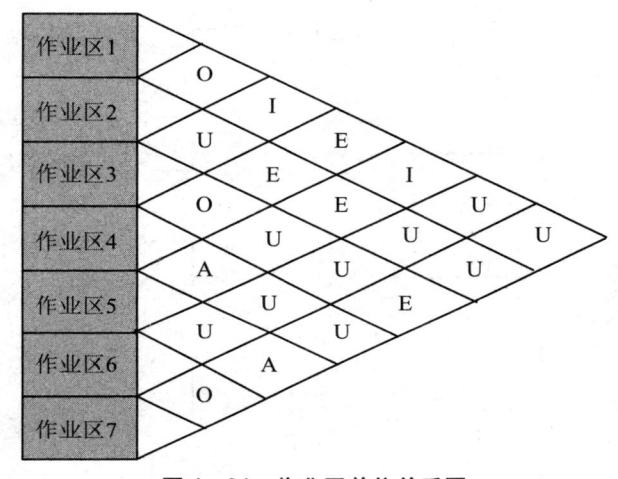

图4−24 作业区单位关系图

4.7.1.2 中转场货物种类及特点

中转场（Allocating Center）是专门从事分拨活动的经济组织，它又是集加工、理货、送货等多种功能于一体的物流据点。根据区域划分及中枢辐射式网络规划，顺丰一级中转场主要是进行陆运干线快件在航空运输之前的分拣处理工作，是航空与公路运输的最为重要的衔接点。

顺丰快递的中转场作为顺丰区域最为重要的中转枢纽，要辐射整个区域，提高快件处理效能，必须首先在中转场内部作出合理的分区和规划，打造一个大规模、多功能、高效率的服务平台，以更好地满足客户不断增长的需求。

在中转场，经中转的快件主要为货物（物流）及快递，货物要求有一定的仓库进行暂时或短期的储存，且要求中转场具有相关配套的装卸搬运机械设备，对配送能力要求较高；快递则需要进行快速中转，对时效性要求很高，要求中转场有较强的分拣中转能力，要求信息传递速度快，信息协调能力强。

4.7.1.3 中转场作业区域规划

顺丰中转场功能分区：进港区、仓储区、理货区、异常处理区、办公区、加工包装区、出港区。具体布置如图4−25所示。

中转场功能分区：

（1）进港区：进港车辆在引导人员引导下，经过扫描设备的扫描，进入所属区域车位，等待卸车。

（2）出港区：快件经过自动分拣系统分拣完毕和扫描后，等待包裹装车和运往机场的区域。

（3）理货区：管理快件信息和追踪信息、管理分拣设备的区域。

（4）办公区：用于工作人员进行日常办公和接待客户的区域。

（5）加工包装区：特殊包裹需要进行配送加工和处理的区域。

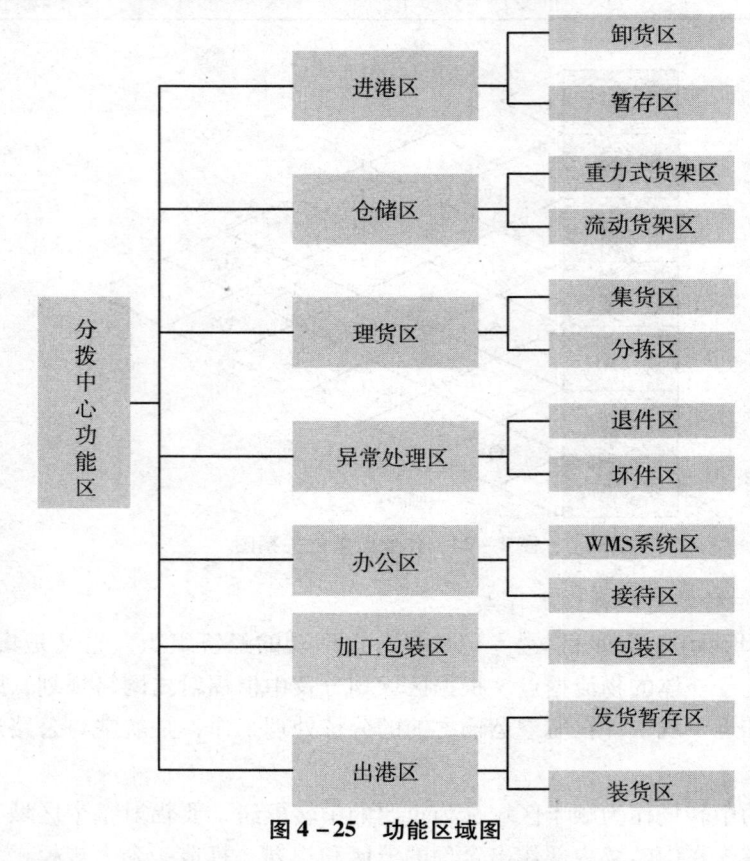

```
分拨中心功能区 ┬─ 进港区 ─┬─ 卸货区
              │          └─ 暂存区
              ├─ 仓储区 ─┬─ 重力式货架区
              │          └─ 流动货架区
              ├─ 理货区 ─┬─ 集货区
              │          └─ 分拣区
              ├─ 异常处理区 ─┬─ 退件区
              │              └─ 坏件区
              ├─ 办公区 ─┬─ WMS系统区
              │          └─ 接待区
              ├─ 加工包装区 ── 包装区
              └─ 出港区 ─┬─ 发货暂存区
                         └─ 装货区
```

图 4-25　功能区域图

（6）特殊处理区：对于需退回和不符合标准包裹等的处理区域。其中，包括退回的快件和损坏的坏件。

（7）储存区：主要用于储存大客户货物或暂时储放的货物。

4.7.1.4　中转场出入口规划

在中转场的各项规划中，出入口的规划十分重要，其合理与否直接影响到快件入库和出库的效率。因此，在规划设计时要遵循以下原则：

①其位置能使车辆快速安全地到达，不会产生交叉会车。

②出入口的大小要兼顾到主要车辆规格。

③出入口要与中转场仓库主通道相连，方便快件货物的进出。

不同的出入口配置有不同的特点及适用范围，具体如表 4-47 所示。

表 4-47　出入口特点比较

类型	特点
集中型	进出货共用一个货台，大多是在传送仓库中使用 优点：提高空间和设备利用率 缺点：作业管理困难，容易发生造成货物的混乱 适用：进出货频率低或进出货时间错开的仓库
中间型	优点：进出货作业分开，避免作业混乱，可以提高部分工具设备的利用率 缺点：仓库空间较大，进出货容易出现混乱的情况
分散型	进出货台各自独立 优点：进出货作业动线流畅，不会出现作业混乱 缺点：设备利用率低

根据顺丰在中转场所需要中转的货物类型及特点，主要选择分散型出入口作为其中转场布局的方式。

4.7.1.5　中转场储存区面积规划

作业区域空间规划在整个物流中心规划设计中占有重要的地位，这一规划的优劣将直接影响到运营成本、物流作业效率以及整个物流中心的效益。通过对各个区域的分析，可估计各区域的面积，同时还要估计各区域的内部通道、外面通道面积以及预留面积，最后确定各个区域的总面积。

（1）储存区面积：由于快递企业储存的货物都是周转快件的货品，且通常直接堆放，因此储存区面积的计算常用荷重计算法。

$$s = \frac{Q \times T}{T_0 \times q \times \alpha} \tag{4-23}$$

式中：s——仓库面积（m²）；

　　　Q——全年物料入库量（t）；

　　　T——物料平均储备天数；

　　　q——单位有效面积的平均承重能力（t/m²）；

　　　α——储存面积利用系数；

　　　T_0——年有效工作日数。

即通过公式：

$$\text{储存区面积} = \frac{\text{全年储存量（t）}}{\text{单位有效面积平均承重能力（t/m²）}} \times \frac{\text{物料平均存储天数}}{\text{年有效工作日（天）}} \times \frac{1}{\text{储存区面积利用率（\%）}}$$

求出仓库面积。

（2）通道宽度：通道宽度一般根据物料周转量、物料尺寸和库内搬运设备尺寸等决定单向还是双向运行，进而确定通道宽度（表 4-48）。

$$B = 2b + c$$

式中：B——双向通道最小宽度；

b——设备或物料宽度的最大值;

c——安全间隙。

即通过公式:

$$双向量小宽度 = 2 \times \max(物料宽度) + 安全间隙$$

可求出双向通道最小宽度。

双向通道最小宽度安全间隙一般取经验值 0.9m,快递企业的基层网点一般采用人工分拣方式,拣货也采用人工拣取方式,人工存取方式的库房内通道的最小宽度的经验值取 0.9~1.0m。

表 4-48 通道宽度计算表

通道类型	计算公式
主通道	主通道 = 2 辆堆高机宽度 + 0.9m
储存通道	储存通道宽度 ≥ 2 辆堆高机宽度 + 0.9m
人行通道	人行宽度为 $W = d * w * n / v$ 其中:人员通过速度 v,单位时间通过人数 n,两人并排行走所需最短距离 d,人身宽约 w,每一人员在通道上行走瞬间需要的空间为 $d * w$

通道类型和使用设备	宽度	转弯半径
中枢主通道	3.5~6m	
辅助通道	3m	
人行通道	0.75~1m	
重型平衡式堆高机	3.5~4m	3.5~4m
前置式堆高机	2.5~3m	2.5~3m
窄巷道式堆高机	2~2.5m(1 100mm * 1 100mm 托盘)	1.7~2m
人	0.5m	
手推车	1m	

(3)地面重叠堆垛高度计算也需要根据货物货高、堆码层数和抬货高度来确定。

$$HL = N \times HA + FA \quad (4-24)$$
$$He = HL + a \quad (4-25)$$

式中:HL——最大举升货高;

N——堆码层数;

HA——货高;

FA——抬货高度;

He——梁下有效高度;

a——梁下间隙。

其中,抬货高度 FA 一般采用经验值 0.3m,梁下间隙的经验值一般用 0.5m。

4.7.1.6 中转场流动线路规划

规划设计中转场的货物流动线路时,设计混合式的动线规划具体实施步骤如下:

①预估区域内的模块面积大小和长宽比例。

②决定进出港月台位置及场内物流路线。

③布置面积较大且长宽比例不易变更的区域。

④布置面积较小且长宽比例可变更调整的区域。

⑤布置行政管理和办公区域。

一般的流动路线有 I 形、L 形、U 形、S 形四种,作业区域间需要设置哪种流动路线形式,需要进行比较和分析,根据中转场出入口设计,选择 S 型布置作业区域及货物中心通道更符合实际情况(图 4-26)。

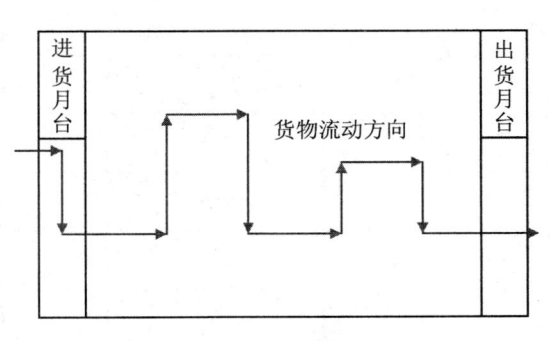

图 4-26 货物流动路径

4.7.2 一级中转场规划

4.7.2.1 功能区相对位置布置

根据 SLP 模型,分拣中心各个作业区相互关系如图 4-27 所示。

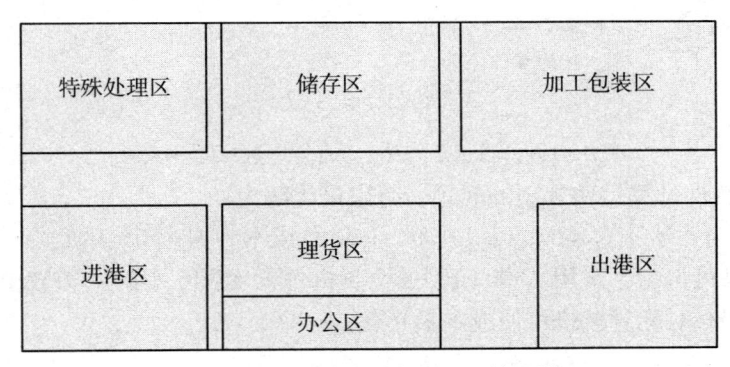

图 4-27 分拣中心各作业区关系图

重设后的分拣中心出入库布局由原来的直线型变为 U 型结构,这种结构根据中转场各个功能分区的关联程度和实际需要来布置。同时,根据客户分类,设置了大客户处理区,实施专人负责大客户快件等增值服务,留住大客户,吸引更多的中高端客户享受顺丰服务。

4.7.2.2 一级中转场航班配置

根据国外相关研究成果,航空运输业务需求的增长速度与 GDP、城市人口发展呈正相关关系。从实际的运行情况来看:571 出港的航班最多能够承担的货运量为 400t/d,755 进港的航班最多能够承担的货运量为 500t/d。

分析顺丰公司目前主要的航空运输,业务周转量最大的为北京和深圳两个城市。以深圳为例,根据其机型和单位成本,可建立航班配置模型,求出能满足需求量的最小成本。

深圳的日均快件周转量约为525t。建立航空快递供需（产销）不平衡的运输问题模型如表4-49所示。

表4-49 航空快递供需表

机型	单小时成本			业载（t）
	每天飞行4小时	每天飞行6小时	每天飞行8小时	
B737	4.5	4	3.5	14
B757	7.5	7	6.5	28
A300	8.5	8	7.5	40
Am	0	0	0	443
需求量	175	175	175	525

模型建立如下：
目标函数型为：

$$\min Z = \sum_{i=1}^{n} \sum_{j=1}^{n} C_{ij} X_{ij} \quad (4-26)$$

约束函数为：$\sum_{i=1}^{m} X_{ij} = a_i, i = 1, 2, \cdots, m$

$$\sum_{j=1}^{n} X_{ij} \leq b_j, j = 1, 2, \cdots, n$$

$$X_{ij} \geq 0, i = 1, 2, \cdots, m; j = 1, 2, \cdots, n$$

采用ORS软件计算运输规划的问题，得出最优解为：
$X_{32} = 15$，$X_{23} = 10$，$X_{22} = 40$，$X_{34} = 20$，运输总成本为$F = 565$万元。

从计算结果可得出，采用A300机型的全货机每天飞行6小时、B757机型的货机每天飞行6小时和8小时配置航班可使成本最小化。

4.7.3 二级中转场规划

4.7.3.1 二级中转场布局

顺丰的二级中转场主要承担着区域性的快件周转工作，内部布局与一级中转场类似，其作业流程区别于一级中转场的环节主要体现在快件的分拣上，二级中转场采用人工分拣方式，处理快件的时效性远远低于一级中转场。要做好二级中转场处理区时，需要先做好中转场内部规划布局。

在二级中转场内部规划中，计划增加代收货款处理区，顺应顺丰电子商务的发展。在代收货款处理区中，同时，在中转场内部布局中，同样设置大客户处理区，大客户是顺丰公司收入的重要来源。增设大客户处理区，实行大客户区别对待。

具体布置如图4-28所示。

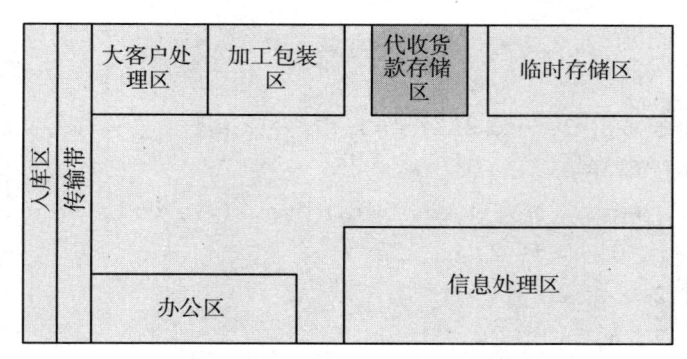

图4-28 二级中转场内部布置

4.7.3.2 车辆调度方式与配送路径

有时限双向配送车辆优化调度模型。在制订配送方案时，既要考虑将客户需要的货物从配送中心送到各个客户，又要考虑将客户产生或供应的货物从客户取到配送中心，分别确定送货的配送路线和取货的配送路线。

（1）模型描述。用多台配送车辆将客户需求的货物从配送中心送到各个客户，并将客户供应的货物从客户取到配送中心，每个客户的位置一定，其货物需求量和供应量一定，需求时间窗和供应时间窗也一定，每台配送车辆的载重量一定，其一次配送的最大行驶距离一定，要求合理安排车辆的配送路线和行车时间，使目标函数得到优化（这里设优化目标有两个：一是使配送总运距最短，二是使配送企业因未能将货物在客户指定的时间窗内送到或取走而遭受的惩罚最小）。

（2）模型约束条件。
①车辆在配送过程中的载货量不超过其最大载重量。
②每条配送路径的长度不超过配送车辆一次配送的最大行驶距离。
③每个客户的需求的货物必须送到，供应的货物必须取走。
④客户需求的货物要在客户指定的需求时间窗内送到，客户供应的货物也要在客户指定的供应时间窗内取走。

（3）模型建立。根据以上限定，硬时间窗双向配送车辆优化高度问题的求解思路，可建立硬时间窗双向配送车辆优化调度问题的基于直观描述的数学模型：

目标函数：

$$\min Z = \sum_{i=1}^{n} \left[\sum_{j=1}^{n} dr_{k(i-1)} r_{ij} + dr_{kn_k} r_{k0} \times \text{sign}(n_k) \right] \quad (4-27)$$

约束函数：

$$\sum qr_{ki} \leq Q_k$$

$$\sum ur_{kr} + \sum qr_{ij} \leq Q_k$$

$$\sum ur_{ki} \leq D_k$$

$$\sum dr_{k(i-1)}r_{ki} + dr_{kn_k}r_{k0} \times \text{sign}(n_k) \leq D_k$$

$$0 \leq n_k \leq 2L$$

$$\sum n_k = 2L$$

$$R_k = \{r_{ki} | r_{ki} \in \{1, 2, \cdots, 2L\}, i = 1, 2, \cdots, n_k\}$$

$$R_{k1} \cap R_{k2} = \varnothing, \forall k_1 \neq k_2$$

$$Sr_{k(i-1)} + tr_{k(i-1)} + ta \times (qr_{k(i-1)} + tr_{k(i-1)}r_{ki}) = sr_{ki}(i), i = 1, 2, \cdots, n_k$$

$$t_i = \max\{a_i - s_i, 0\} \quad i = 1, 2, \cdots, 2L$$

$$s_i \leq b_i, i = 1, 2, \cdots, 2L$$

$$\text{sign}(n_k) = \begin{cases} 1, & n_k \geq 1 \\ 0, & \text{其他} \end{cases}$$

(4) 模型分析。结合顺丰的实际情况，根据福建省的一个陆运干线枢纽和 3 个需求点坐标，客户的货物供应量和需求量，各个需求点的供应和需求时间窗、车辆的最大载重量和一次配送的最大行驶距离等，可把这 3 个客户拆分为 6 个客户，进而把模型转化为包括 6 个客户的单时间窗问题，客户 1~3 表示需求客户，货物需求量取原问题中客户的需求量，其供应量为 0，其要求服务的时间窗为原客户的需求时间窗，客户 4~6 为供应客户，其供应量为原客户的供应量，需求量为 0，其要求服务的时间窗为原客户的供应时间窗，两个客户的位置均与原客户相同。

目前，顺丰在整个华南区有 10 台配送车辆，车辆的载重量为 7.3 t 和 11.2 t 两种型号，需要向 6 个城市送快件和取快件，各自的需求量、供应量、时间窗、陆运干线枢纽到客户的运距和各个客户之间的距离如表 4-50 所示。

表 4-50 客户点坐标与需求量

客户编号	1	2	3	4	5	6
横坐标 x	8	38	22	8	38	22
纵坐标 y	10	27	20	10	27	20
距离 D_k (km)	720	150	70	720	150	70
货物需求量 q (t)	19.963	9.428	5.756	0	0	0
货物供应量 u (t)	0	0	0	34.595	1.559	2.484

设福建省陆运干线枢纽泉州的编号为 0，坐标为 (118.5E, 24.5N)，以泉州为中心点建立坐标系，则将各点坐标转化成相对坐标值。设 0 (30km, 20km)，用 1、4 代表深圳，2、5 代表福州，3、6 代表厦门。各客户之间的距离：深圳—福州：840km，深圳—厦门：650km，福州—厦门：220km。

设配送车辆在行驶过程中的平均行驶速度为 20km/h，一次配送的最大行驶距离不计，配送车辆在客户处的装货和卸货时间不计。要求使目标函数（配送总里程最短）得到优化。

(5) 模型求解。在用禁忌搜索算法对此问题求解时采用以下运行参数：对不可行路径的惩罚权重取 300km，迭代步数取 400，每次迭代共搜索当前解的 40 个邻居，禁忌长度取

5。随机求解 10 次,求得计算结果如表 4-51 所示。

表 4-51　禁忌搜索算法计算结果

计算次序	1	2	3	4	5
配送总距离（km）	1 898.2	1 907.4	1 903.3	1 904.2	1912.0
使用的车辆数	4	4	3	4	4
首次搜索到最终解的迭代步数	312	382	311	231	145
计算时间（s）	1.70	1.76	1.70	1.70	1.65
计算次序	6	7	8	9	10
配送总距离（km）	1 908.9	1 907.7	1 899.3	1 904.1	1 898.5
使用的车辆数	4	4	3	4	3
首次搜索到最终解的迭代步数	304	346	359	321	269
计算时间	1.70	1.71	1.69	1.70	1.71

（6）结果分析。从表 4-51 可看出,用禁忌搜索算法对上述模型的 10 次求解中,得到了质量较高的解,其配送总里程的平均值为 1 902.6 km,平均每条线路使用的车辆数为 3.7 辆,即到每个配送点共需要 7.4 辆车,比已知条件平均节省 2.6 辆,其中第 3 次得到的解最接近平均值,其配送总里程为 1 903.3km,这个解对应的 3 条配送路径分别为 0—1—4—3—5—2—6;0—3—5—2—6—1—4;0—2—6—1—4—3—5;即从泉州出发,分别依次向深圳、福州、厦门发车,向深圳发车采用 2.7 辆 11.2T 的车辆,即可采用两辆 11.2T 和 7.3T 的货车向深圳收递快件,向福州和厦门各采用两辆 7.3T 的货车收发快件,就可满足各个区域的需求量。

4.7.4　三级中转场规划

顺丰的网络节点除了一级和二级中转场外,还包括三级中转场,即基层网点,主要是各分部和点部,它们在功能上除了中转、收件、派件外,还直接与客户联系,能快速了解客户的需求,影响了客户对顺丰的满意度,因此,对基层网点的规划不仅要考虑平面布局和流程设计,还要对客户进行管理,以便及时地响应客户需求。

顺丰的基层网点实际上是一个小型的流通型配送中心和转运型仓库,基本上没有储存的功能,仅以转载和暂存周转类快件,或随进随出方式进行配装和送货,单件货物被整合,采用大小货车衔接运输的方式,以一定批量运输到各个节点。由于其收派件的效率直接影响到整个快件处理的时效性,对基层网点的合理布局和流程优化就体现了其重要性。

4.7.4.1　顺丰基层网点的布局

基层网点的布局主要是为了解决存储系统的大小、位置分配、存储拣货的方法和成本、效率权衡的问题,主要目标包括:空间利用最大化、设备利用最大化、人员利用最大化、物料损耗最小化、物料搬运高效化。

（1）基层网点的内部功能分区。基层网点类似于仓库,通常包括生产作业区、辅助生产区和行政生活区三大部分组成，而作业区根据其功能，可以将仓库内部作业区分为卸货验收区、储存保管区、配货发货区、加工区等组成。

各个区域的功能如表 4-52 所示。

表 4-52 各区域功能介绍

功能区		主要功能
作业区	发货暂存区	暂存经过检验、未能及时装车的货物
	卸货验收区	商品到达后的卸货、清点、检验、分类、入库等工作
	分拣区	进行货物分拣与配装作业
	加工区	根据客户需要进行必要的货物加工，包括分装、混装、包装等流通加工作业
	发货区	对货物进行查验、待送前暂存和发货，同时也包括运输货物的线路和接靠货车的站台、场地
辅助作业区		是为商品储运保管工作服务的辅助车间或服务站，也包括退货区、变电室、维修车间、车库和油库等
行政区		处理营业事务和内部指挥管理的场所

（2）基层网点作业区域面积规划。作业区域空间规划在整个物流中心规划设计中占有重要的地位，这一规划的优劣将直接影响到运营成本、物流作业效率以及整个物流中心的效益。通过对各个区域的分析，可估计各区域的面积，同时还要估计各区域的内部通道、外部通道面积以及预留面积，最后确定各个区域的总面积。

4.7.4.2 ZGC 分部规划设计

（1）ZGC 分部快件量 EIQ 分析和未来业务量预测。ZGC 分部 2009 年年收件量为 1 433 250 件，采用 ABCD 组合派工后，各个片区的平均增长率为 5.27%，可预测出 ZGC 分部在 2010 年及其后 5 年的业务量，如表 4-53 所示。

表 4-53 ZGC 分部业务量预测

年份（年）	预测业务量
2009	1 433 250
2010	1 508 782
2011	1 588 295
2012	1 671 998
2013	1 760 112
2014	1 852 870
2015	1 950 516

到 2009 年年底，顺丰快递在 ZGC 高科技园区有 187 人，分部下辖 6 个点部，每个点

部下辖5到10个组合区域，共37个组合区域，每个区域下辖1到4个单元区域，共50个单元区域，在 ZGC 分部的 16 个片区采用 ABCD 组合派工后，各片区的业务量快速增长。根据顺丰在这些片区内的业务量，为了更好地掌握订单信息和出入库数量，从订单特征分析物流状态，得出诸如从物流中心卷烟的规格分布及 ABC 分类、入出库频次及时间特征等内容，以对分点作出更合理的规划，可对顺丰在该区域内的进出库和暂存快件量进行 EIQ 分析，即从客户订单、品项、数量数据出发，进行出货特性的分析，并依此进行系统布局、出入库设备能力计算、自动化程度和装卸搬运系统进行设计。

由于快递企业运送的产品品项繁多，但是每一张订单上的产品品项是单一的，而且快递企业不需通过分析每一品项的出货量来确定库存的品种和数量，因此对 I 和 K 不作考虑，即在此不讨论 IQ、IK，单从时间维度上考虑订单量和出货量，如每日、每月、高峰日、高峰月等，不管是对于手工分拣线、半自动分拣线、还是全自动分拣线的卷烟分拣货格数量确定，结合顺丰的实际，选择 EQ（订单量）和 TQ（出货量）进行分析。业务量汇总情况如表 4-54 所示。

表 4-54 ZGC 分部在 16 个片区的收件量

片区名称	增长率	订单出货数量				收件占比	累计比例
		2009 年 9~12 月	2010 年 1~8 月	全年订单出货量（EQ）	累计出货量（TQ）		
HL1	2.10%	17 330	42 827	60 157	60 157	7.05%	7.05%
HL2							
KM1	2.21%	18 652	45 838	64 490	124 647	7.59%	14.64%
KM2							
ZC1	5.10%	12 699	35 788	48 487	173 134	5.20%	19.82%
ZC2							
ZF	4.41%	7 826	21 347	29 173	202 307	3.20%	23.04%
DH	4.78%	13 440	37 310	50 750	253 057	5.50%	28.54%
E-WORLD	4.08%	7 219	19 383	26 602	279 659	2.95%	31.49%
DH	4.78%	13 440	37 309	50 749	330 408	5.50%	36.99%
ZHY	4.05%	8 322	22 312	30 634	361 042	3.40%	40.39%
KC	5.72%	5 219	15 151	20 370	381 412	2.14%	42.53%
HJ	6.57%	8 277	25 016	33 293	414 705	3.40%	45.93%
XQD	11.82%	6 022	23 352	29 374	444 079	2.50%	48.43%
CYTD	6.36%	5 114	15 300	20 414	464 493	2.10%	49.53%
DH1	6.11%	6 043	17 865	23 908	488 401	2.48%	52.01%
总和		129 603	358 798	48 8401			

由表 4-54 可看出 ZGC 分部在各个片区内的业务量，收件市场份额较大的片区主要有 HL、KM、ZC 和 DH 四个片区。根据表 4-54 分析各片区业务量增长情况及 EQ 和 TQ 分布，如图 4-29、图 4-30 所示。

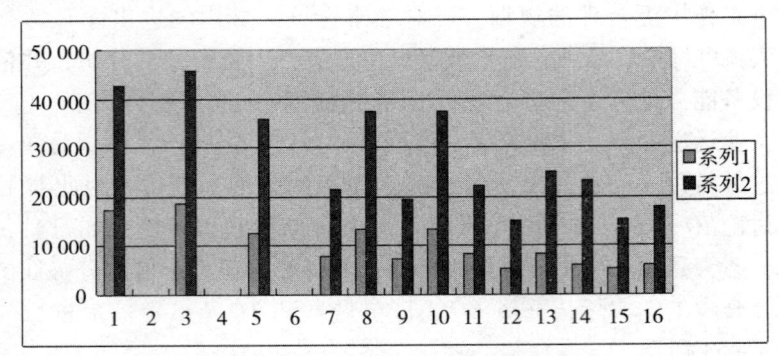

图 4-29 各片区业务量增长情况

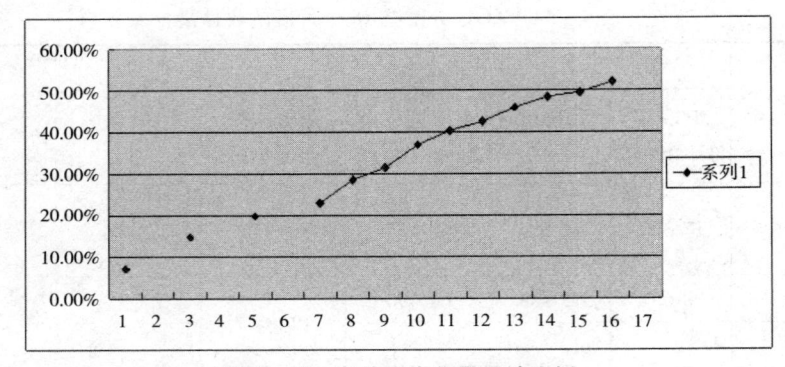

图 4-30 各片区出货量累计比例

由业务量分布图可用 ABC 分析法将一特定百分比内的主要订单或产品找出，以作进一步的分析及重点管理。通常先以出货量排序，以占前 20% 及 50% 的订单件数（或品项数），计算所占出货量的百分比，并作为重点分类的依据。如上表中，ZGC 分部在采用 ABCD 组合派工后的业务量增长到 488 401 件，因此它的分部平面布局、仓库容量、机器设备和员工效能必须能够满足现在和未来的需求量，据此对 ZGC 分部的布局和流程作出优化。如根据业务量的 EQ（订单量）分析可了解零售户每次订货的数量分布，决定着送货包装的单位，以及分拣系统和配送系统的效率；根据 TQ（出货量）可得出基于时间订单数量，进而分析系统能力需求，也是确定分拣系统能力、搬运设备能力、各暂存区能力等功能区和处理能力的规划依据。

（2）ZGC 分部移动仓库的选址因素考虑。ZGC 分部为了提高快件收派效率，缩短收派员在客户处的时间，采取在人口密集区建立移动仓库的模式，使分部的业务量和人均效能得到了很大的改善，因此，移动仓库的选址对提高快件收派时效性有很重要的影响。随着业务量的增长，移动仓库的选址也必须考虑更多的客户需求因素（表 4-55）。

表 4-55 移动仓库选址因素

分类	项目	考虑因素	详细说明
自然条件因素	气象条件	包括温度、风向、风力和降水量	应避免在降水量较多的地方受潮
	地质条件	地质坚实、平坦、干燥	重型货车和较重包裹堆码会对地面造成压力，坚实的地基可节省加固地面的建设成本
	水文和地形条件	选择地势较高的位置	防止快件受潮
经营环境因素	客户地理分布	客户集中的地区	应选在现在或未来需求量大的地区，可节省收派员在网点与客户之间的往返时间
	物流费用	包括原材料、运输、人工和建设成本	接近快递的服务需求如商业区和居民区，可缩短路程，降低运输费用
	服务水平	保证快速满足客户需求	移动仓库的布局必须保证客户在任何时候下单都能及时上门收件
基础设施方案	交通条件	方便的交通运输条件	应靠近主干道或车站等交通枢纽，在 ZGC 商业区，交通拥堵严重，仓库的选址和线路规划必须能应对突发状况
	公共设施	道路、通信等公共设施齐备	充足的水电热、燃气供应，场区周围要有固体废物处理能力和包装废弃物的回收利用
其他因素	国土资源利用	占地面积足够，周围还需留有足够的发展空间	应根据地价合理选择，同时，仓库的布局还要兼顾区域与城市规划用地的其他要素
	周边状况和环境保护	应尽可能降低对城市生活的干扰	大型转运枢纽，应设置在远离市中心区的地方，以改善大城市交通和生态状况

（3）ZGC 分部的内部功能分区。ZGC 分部作为顺丰的基层网点，除了需要具备其普遍性业务和功能外，还需要对中关村高科技园区的大客户进行管理，为其提供增值服务。为快速调整、适应需求量不断增长所带来的竞争压力，分部必须利用现有的服务资源，向核心大客户提供增值服务，因此在其内部功能划分和各区域面积规划上也需要体现其特殊性（表 4-56）。

表 4-56 ZGC 分部的内部功能区

功能区		主要功能
作业区	发货暂存区	暂存经过检验、未能及时装车的货物
	卸货验收区	商品到达后的卸货、清点、检验、分类、入库等工作
	分拣区	进行货物分拣与配装作业
	加工区	根据客户需要进行必要的货物加工，包括分装、混装、包装等流通加工作业
	发货区	货物查验、待送前暂存和发货，包括运输货物的线路和接靠货车的站台、场地
	退货区	投递失败和损坏的快件暂存区
办公区		处理营业事务和应急系统的场所，包括客户资料和相关文件
VIP 客户服务区		形成 VIP 客户绿色通道并对大客户进行管理，以向其提供差异化的服务

(4) ZGC 分部作业区域面积规划。根据对 ZGC 分部在未来 5 年的业务量的预测，可规划出其在未来的内部功能分区和各作业区域面积，以便对货物进行更方便的管理，向客户提供更快速的服务。

储存区面积：对周转快且直接堆放的货品，采用荷重计算法计算其储存区面积。ZGC 分部 2009 年收件量为 1 433 250 件，以票均重量为 2.68kg 计算，可得出 ZGC 分部 2009 年全年为 3 841.11 吨，由于储存物品的仓库地面荷载标准为 7.0kN/m²，可推导出单位有效面积平均承重能力的平均值为 0.5t/m²，仓库利用系数取经验值 0.4，年平均工作日 300 天，快件平均储备期为 0.5 天。

$$s = \frac{Q \times T}{T_0 \times q \times \alpha} = \frac{3\,841.11 \times 0.7}{300 \times 0.5 \times 0.4} \qquad (4-28)$$

通过条件可得出仓库面积为 44.8m²，2009 年 ZGC 分部的作业区域面积为 200m²，由此可看出仓库（发货暂存区和分拣区）所占的面积仅占 22.4%，对快递业务量不断增长的 ZGC 分部来说，必然会出现无法满足需求量的情况。

通道宽度：通道宽度一般根据物料周转量、物料尺寸和库内搬运设备尺寸等决定单向还是双向运行，进而确定通道宽度。顺丰对不符合运输要求的快件提供纸箱加固包装服务，其包装纸箱通常采用的规格是 360mm × 300mm × 200mm，但最大的规格六号纸箱规格为 700mm × 400mm × 320mm，而快递行业标准要求快件的单件包装规格任何一边的长度不宜超过 150cm，因此最大物料宽度为 0.4m，ZGC 分部主要采用人工分拣方式拣货，库房内通道的安全间隙的可取经验值 0.9 ~ 1.0m。

库房高度设计：在储存空间中，库房的有效高度要受货物的高度和其他因素的限制。顺丰对不规则快件的包装规格最大高度为 320mm，快递行业标准要求单件快件最高不得超过 1.5m，快件纸箱的承载力较小，至多能采用两层货物堆码，ZGC 分部采用人工拣取的方式，抬货高度可用经验值 0.3m，梁下尺寸也可用经验值 0.5m。

$$HL = N \times HA + FA = 2 \times 1.5 + 0.3 = 3.3m$$
$$He = HL + a = 2 \times 1.5 + 0.3 + 0.5 = 3.8m$$

由计算结果可看出，要使快件的包装箱能堆码两层，仓库的高度至少要达到 3.3m。

ZGC 分部作业区域平面布局：2009 年，ZGC 分部的作业区面积仅有 200m²，根据其业务量，可得出其原来的平面布局如图 4 - 31 所示。

由于需求量的不断增加，ZGC 分部的面积扩大到 600m²，内部布局也必须发生相应的改变，以满足其业务量的增长，优化后的内部布局如图 4 - 32 所示。

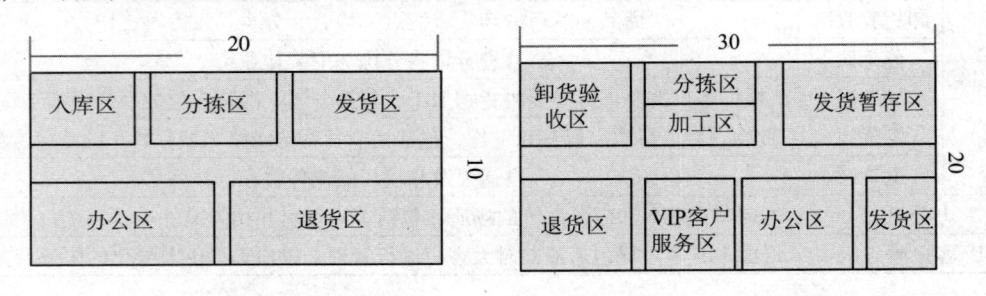

图 4 - 31　原作业区平面布局

图 4 - 32　作业区平面布局优化

4.8 快递物流流程优化设计

4.8.1 快件生命周期规划

快递网络是一个名副其实的多式联运网络，需要建立空中一张网、地上一张网；而完成整个快件生命周期一般需要经过收件—支线运输—中转—干线运输—中转—支线运输—派件这些环节（图4-33）。其中，支线运输指陆运线路，中转主要指中转场，干线运输指航空运输。对于快递公司来说，航空干线是速度和时间效益的重要保证，同时，要保证航空运输与陆运干线衔接融洽，达到整个快件生命周期的最短和最优，需要对其不同运输方式的衔接节点进行规划和设计。

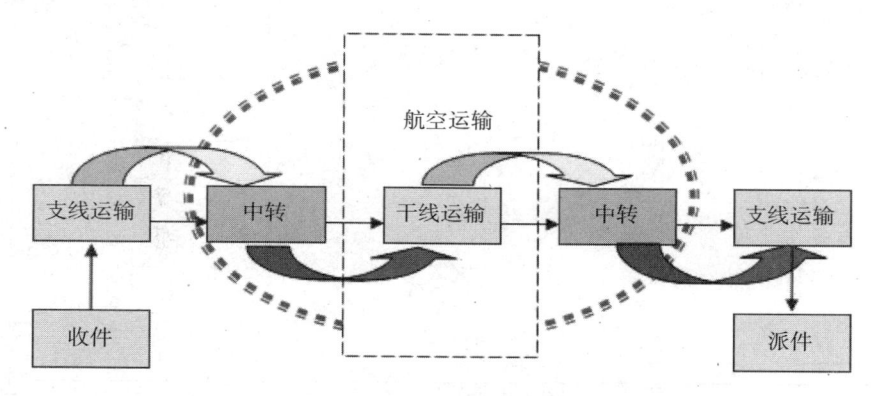

图4-33 顺丰快件生命周期

在收派件和运输线路环节，通过流程优化设计和航空、公路线路的规划设计来整合已有资源和业务；在航空和公路衔接的中转场环节，对顺丰公司中转场进行优化设计，在快件进入中转场后，主要的处理环节包括卸车、解包、分拣和装车，通过对案例的分析和讨论，要提高中转场处理时效，关键在于改变其分拣方式，通过可行性和必要性分析，在近中期实现半自动分拣，在远期实现全自动分拣。

顺丰快件具体操作流程如图4-34所示。

4.8.2 中转场战略目标

4.8.2.1 中转场问题分析

根据案例提供的资料以及调研，顺丰公司有四级中转场，因此相对于每一级中转场而言，具体分拣流程存在的主要问题也不同。在一级中转场，分析出影响其分拣速度的主要因素是人工分拣方式，在此环节，快件的平均耗时是120分钟；在二级中转场（区部），影响其中转速度的因素主要是装卸效率问题以及车辆调度问题；在三级中转场（分部），主要涉及快件预警机制，保证快件上下游畅通；在四级中转场（点部），建立揽件预警机制，保证特殊情况快件量较大时的畅通。顺丰四个层级中转场具体问题归纳如

图4-34 顺丰快件操作流程

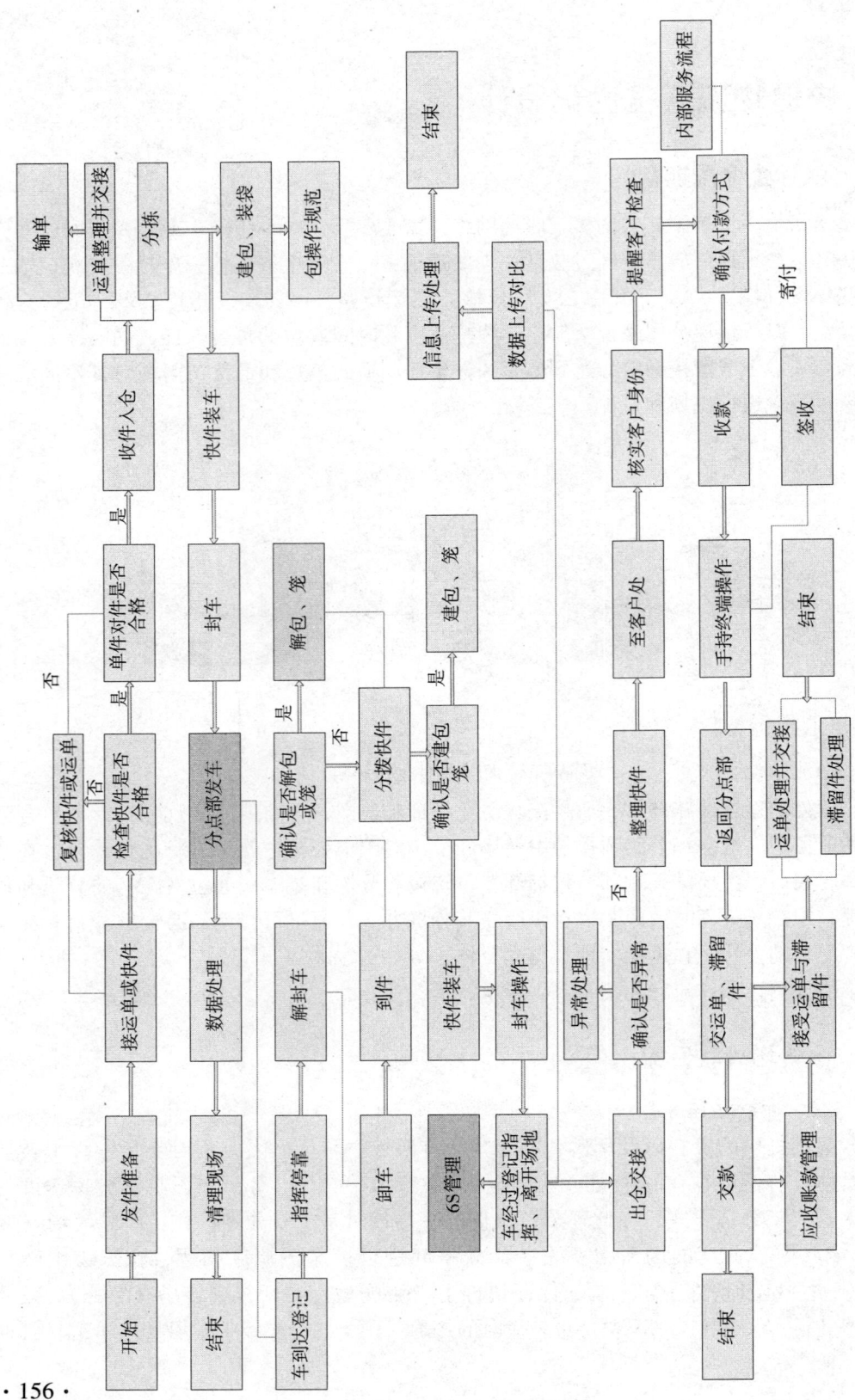

图 4-35 所示。

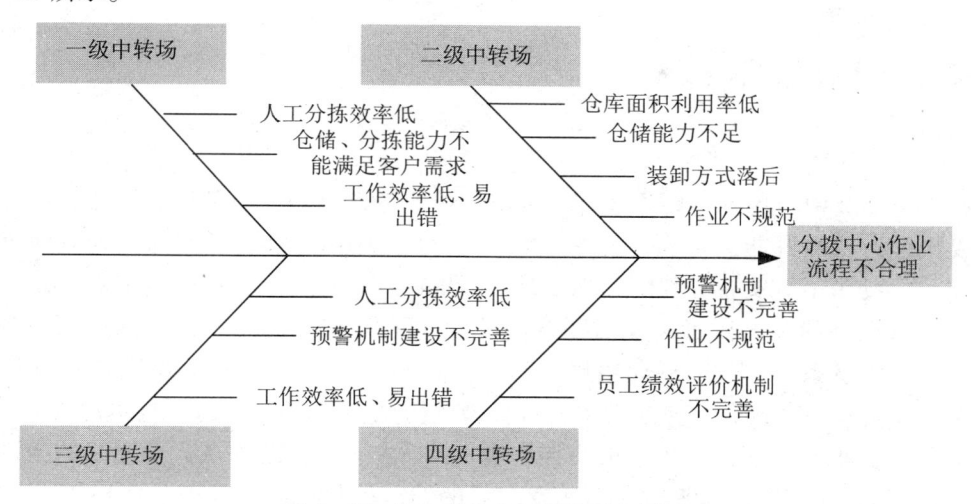

图 4-35 顺丰中转场问题分析鱼骨图

4.8.2.2 中转场流程优化战略目标

根据市场调查和顺丰案例以及顺丰业务量的预测,设计在近期(2015 年以前)顺丰一级中转场采取全自动分拣系统,在二级中转场采取半自动和人工相结合的方式;在中期规划(2016~2020 年)中,随着网点基本覆盖全国,电子商务、仓储配送等增值服务迅速发展,客户对快件速度要求越来越高,设计将根据顺丰业务量及市场环境将全自动分拣系统推广到二级中转场,逐渐实现全自动化,为巩固国内市场和扩展海外市场奠定基础。具体规划如下(表 4-57)。

表 4-57 顺丰中转场发展规划

阶段	时间	目标
近期发展规划 (投资建设期)	2011~2015 年	(1) 完成一级中转场内部规划及自动分拣设备的引入和场地变动工作 (2) 将二级中转场的装卸搬运方式从原有的纯人工方式过渡到机械化、信息化装卸操作方式 (3) 逐步推动一级、二级中转场电子商务配送业务的发展,设置电子商务特别处理区,紧随公司发展规划 (4) 三级中转场车辆调度和配置问题进一步优化,顺利实现与二级中转场衔接
中期发展规划 (高速发展期)	2016~2020 年	(1) 增加一级中转场的数量,全力建成一级中转场的全自动分拣系统,建成全自动中转场 (2) 完成二级中转场自动输送设备的投入 (3) 将半自动分拣方式逐步在三级中转场展开 (4) 规范四级中转场的建设
远期发展规划 (稳步发展期)	2020~2025 年	(1) 在东亚国家投入中转场的建设,稳定东南亚市场 (2) 扩大中转场增值服务项目,开展金融仓储等增值服务

4.8.3 快件物流流程规划

4.8.3.1 DMAIC 模型的引入

在顺丰四级中转场中,要寻找低成本与公司业务发展相匹配的流程方案,需要从客户角度出发,找出最能满足客户需求的操作流程。DMAIC 模型在流程管理方面具有重要作用,一般用于对现有流程的改造。D(Define)界定,界定是识别客户要求,确定影响客户满意度的关键因素;找准要解决的问题。M(Measure)量测,量测是校准产生的结果的测量系统,收集整理数据,为量化分析做好准备,对关键质量指标进行量测。A(Analyze)分析,分析是用多种统计技术方法找出存在问题的根本原因。I(Improve)改进,改进是确定影响 y 的主要原因 x,寻求 x 与 y 的关系,建立 x 的允许变动范围。C(Control)控制,控制是将主要变量的偏差控制在许可范围。DMAIC 模型的应用是一个循环过程。只有将 DMAIC 模型贯穿于整个快件生命周期,才能将整个操作流程缩到最短。

DMAIC 模型如图 4-36 所示。其中,D——Define(界定);M——Measure(测量);A——Analyze(分析);I——Improve(改进);C——Control(控制)。

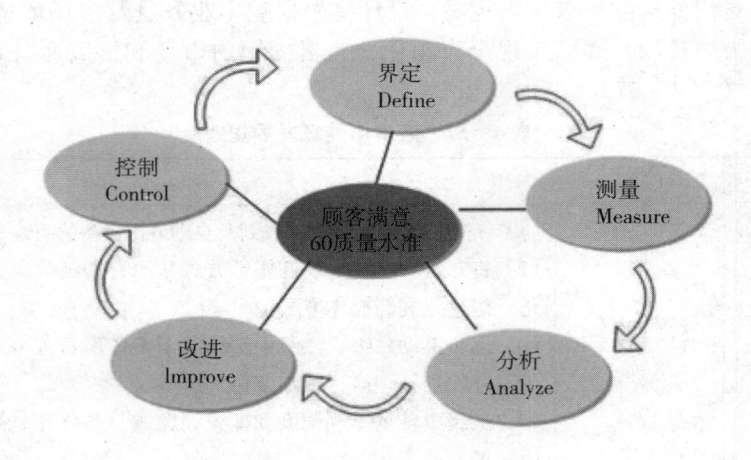

图 4-36　DMAIC 模型图

4.8.3.2 DMAIC 模型的实施

根据 DMAIC 流程分析理论,其实施基本按照以下五个连续的步骤完成(表 4-58)。

表 4-58 DMAIC 模型实施过程

阶段	主要工作
D 定义	（1）定义阶段D：确定顾客的关键需求并识别需要改进的产品或过程，将改进项目界定在合理的范围内
M 度量	（2）测量阶段M：通过对现有过程的测量，确定过程的基线及期望达到的目标，识别影响过程输出Y的输入Xs，并对测量系统的有效性做出评价
A 分析（更改过程？ Yes→重新设计过程，返回M度量；No→I改进）	（3）分析阶段A：通过数据分析确定影响输出Y的关键Xs，即确定过程的关键影响因素
I 改进	（4）改进阶段I：寻找优化过程输出Y并且消除或减小关键Xs影响的方案，使过程的缺陷或变异（或称为波动）降低
C 控制	（5）控制阶段C：使改进后的过程程序化并通过有效的监测方法保持过程改进的成果

优化快件操作流程是一个连续的循环过程，结合顺丰集团快件的生命周期，制定了适合顺丰集团的 DMAIC 操作步骤：

（1）在快件的整个生命周期，客户最需要的是安全、速度的快件服务，因此，需要对不同快件类型进行分类和管理，如同城快递和外地件，根据不同的快件类型进行界定，对整个快件的操作效率具有重要作用。

（2）在一定周期收集不同类型快件的收派时间，从快件的处理过程中分析出每个具体步骤的时间及所存在的问题。

（3）在分析出来的问题上，得出快件在中转中心，影响速度的关键因素在不同级别的中转场不同。在一级中转场，影响快件处理流程的关键因素是分拣方式；在二级中转场，影响快件操作流程的主要因素是出入库管理和储存管理；在三级中转场，影响快件操作流程的关键因素是信息处理；在四级中转场，影响快件操作流程的关键因素是收派员的管理问题。

（4）基于上述快件处理流程的问题分析，将进行有针对性的流程优化。将优化后的操作流程与原有操作流程进行对比，完成优化评价。

（5）对调整后的方案实施监控，制订下一步执行计划。

4.8.4 中转场流程优化

顺丰快递的分拣中心作为顺丰区域最为重要的中转枢纽，要辐射整个区域，提高快件处理效能，必须首先在分拣中心内部作出合理的分区和规划，打造一个大规模、多功能、高效率的服务平台，以更好地满足客户不断增长的需求。在规划的基础上，进行作业环节的优化，尤其是最为关键的分拣环节，根据顺丰未来两个五年发展期业务量的预测和市场分析，设计在近中期（2011~2020年）实施半自动分拣系统，在可预见的投资回收期内选择成本花费最少的设备投入争取快件处理时效，在远期规划（2020年以后）中，根据顺丰业务量的进一步增长，根据成本收入分析，实施全自动分拣，以最小的人力物力财力实施先进技术，应对国内国际竞争，积极拓展国际市场。

4.8.4.1 快件的基本特点

快件由于其生命周期较短，在中转中心中转停留时间较短，因此与一般货物的处理具有较大区别，快件在中转场的主要特点有：

(1) 快件生命周期较短，一般为1~2个小时。
(2) 处理时间集中，一般为上午9：00，下午18：00两个频次。
(3) 体积较小，规格比较简单。
(4) 质量较轻，可以通过输送带辅助分拣。

4.8.4.2 中转场基本流程

处理流程是指快递业务员对进入处理中心的快件进行分拣封发的全过程，顺丰中转场从车辆进港到装车出库，包括以下几个主要环节：

顺丰快件收件、派件操作流程如图4-37、图4-38所示。

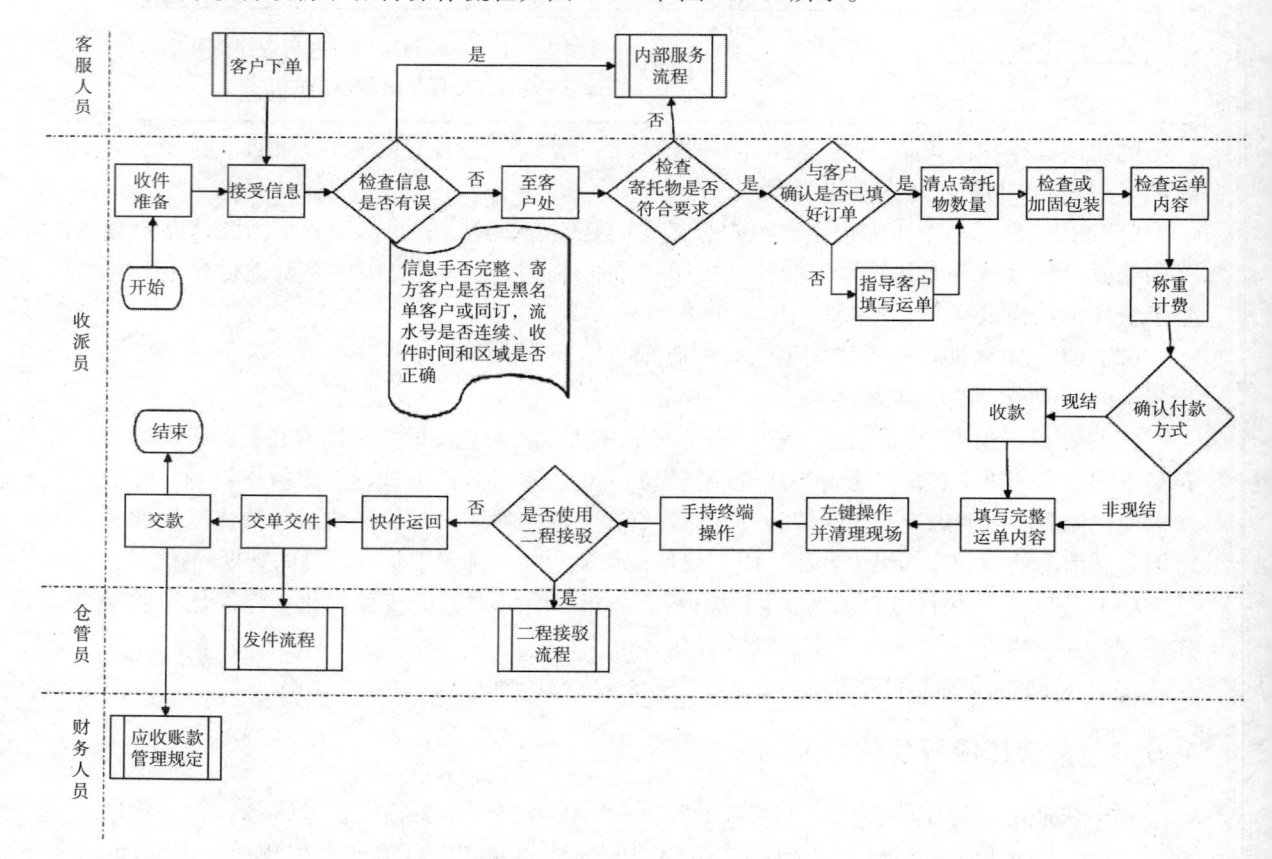

图4-37 顺丰收件操作流程

图 4-38　顺丰派件操作流程

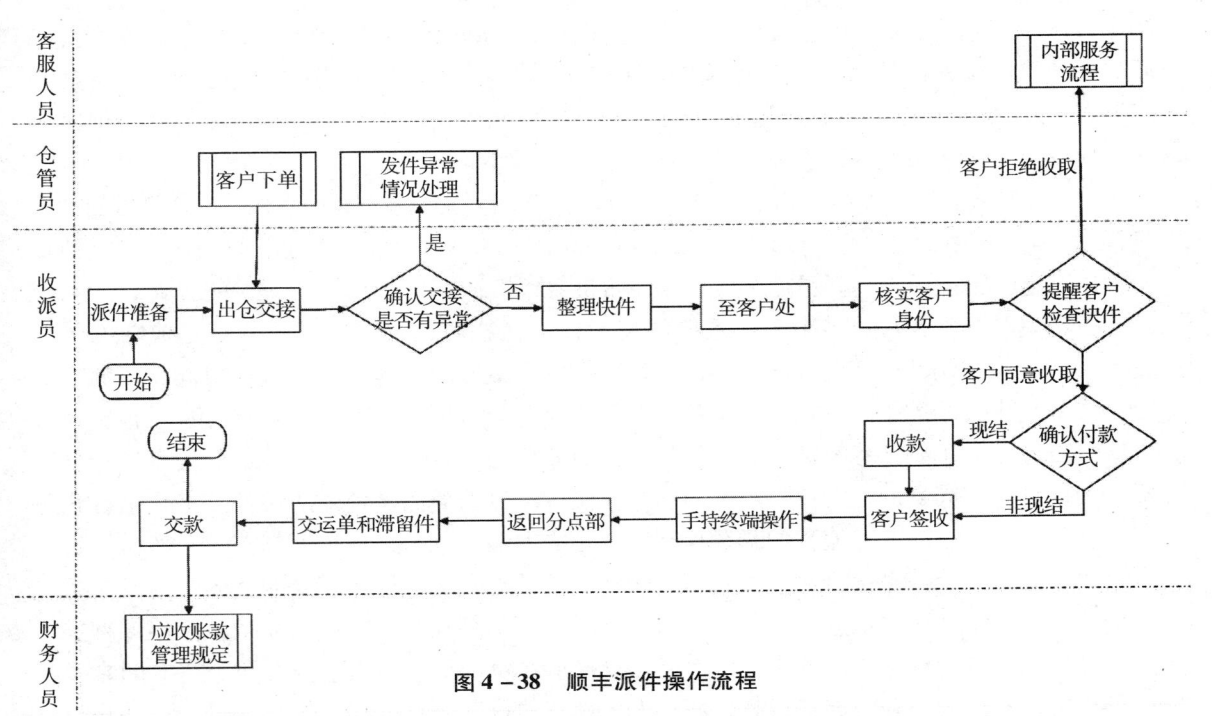

在卸车、解包、分拣、装车四个主要流程中，分拣流程如图 4-39 所示。

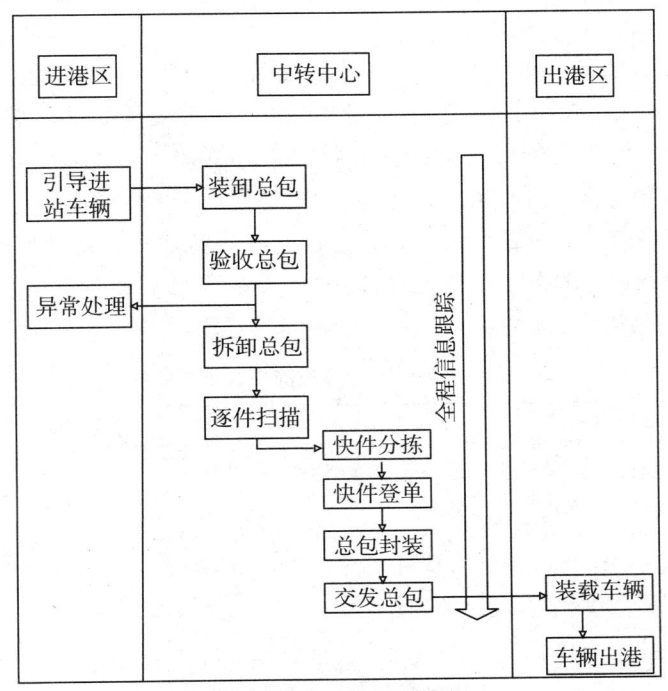

图 4-39　顺丰分拣流程

4.8.4.3　一级中转场流程优化

顺丰中转场分拣快件主要通过可移动伸缩式皮带机，可以直接伸到货柜车厢里面，可以节省人力、物力，提高分拣效率；货物上了皮带以后，汇流至主流水线，进入分拣大厅，员工站在流水线的两边，根据包裹运单上的客户地址或电话号码的地区号把属于自己负责的区的快件从皮带机上脱下来，属于同一区部的快件由操作人员根据运单上的详细地址，把快件按分部分成堆，在做完收件巴枪后装车。

  分拣作业主要是对分解下来的快件按照不同的标准分类、码放，进行到件、发件巴枪扫描的操作。主要是由指定的运作员站在不同的卡位面向快件传来的方向，根据快件上所标注的地区代码来进行分拣工作。将所分拣的快件从皮带机上卸载下来并放入事先规划好的区域。

  分拣是顺丰在快件中转中心最重要的流程，也是耗时最大的环节，分拣是成功的关键，要保证整个快件中转流程的时效性，就要在成本最低的前提下缩短分拣时间，而顺丰公司在一级中转场的平均处理时间均超过2个小时，是整个派送环节耗时最长的环节。

  分拣系统的主要任务是把要分拣的物品按照业务品种、快件种类或地址等信息进行分离，使同种类或同目的地的快件进入同一存储位置。自动分拣设备中的快件信息识别方式对设备的工作效率、业务流程的复杂程度、运营成本和业务的柔性拓展具有重要意义。目前世界上的自动分拣系统普遍采用二维条码和三维条码为快件特征信息的载体，通过对条码的识别获取快件相关信息。以条码作为信息载体的快件分拣作业流程复杂，需逐件扫描才能进行快件信息获取，因此工作效率低。操作员在每件货物扫描前需要花大量时间来寻找扫描的精确位置，人力成本过高，而且人工操作的效率以及读写正确率比较低。并且对于快件链上其他节点来说，货物的信息处于真空状态，查询货物信息过程烦冗，不能及时获取货物信息。

  根据市场调查，对比产品性价比，斜导轮分拣机的主要特点是：分拣效率一般为2 500～3 000件/小时，主要用于物件规格相对规整、分拣效率要求不很高的箱包类物件，如纸箱、周转箱等。堆块式分拣设备的主要特点：分拣效率一般为5 000～10 000件/小时，适合被分拣物件规格尺寸变化较大、包装相对规范的物件，该设备一般为直线型布置，分拣格口可单侧或双侧设置。叉带式分拣机的主要特点：分拣效率可达15 000件/小时，适合不同类型物件，特别是软包装物件的分拣，常用于邮政、机场、配送中心等行业。各类型分拣机的主要技术参数如表4-59所示。

表4-59 各类型分拣机的主要技术参数

类型	适合物件	技术参数	市场价格（元）	使用年限（年）
堆块式分拣机	适合被分拣物件规格尺寸变化较大、包装相对规范的物件	分拣效率为5 000～10 000件/小时	270万	15
斜导轮分拣机	用于物件相对规整、分拣效率要求不很高的箱包类物件	分拣效率为2 500～3 000件/小时	220万	15
交叉带式高速包裹分拣机	适合不同类型物件	分拣效率可达15 000件/小时 供包机效率≥2 000件/小时 条形码拒识率≤0.1% 整机运行噪声≤70db	290万	15

根据分拣机性能及顺丰公司需要,选择交叉带式分拣机作为顺丰分拣系统的主要设备,能够有效解决近中期顺丰分拣效能问题,且经过相关的成本计算,确定设备投入的回收期在 2~3 年。

要在成本最低和最大限度降低人工成本的前提下提高分拣效率,选择交叉带式分拣机对快件进行分拣处理。其基本工作方式:通过综合计算机网将分部和区部的快件信息传到处理中心,在快件经过卸车后,将贴有条形码的快件一面朝上。交叉带式分拣机配有自动称重、自动测量邮件尺寸以及固定式条码自动扫描装置。分拣机速度为 2m/s,分拣效率为 9 600 件/小时。具体实施如下:

① 贴上条形码的快件通过传输带进入主流水线,进入分拣机。

② 分拣机上方的条形码阅读装置自动识别快件的条形码,然后分拣机根据条形码信息,自动分拣系统根据托盘 ID 编号与相关地区格口关联,按不同城市进行分类。

③ 从分拣系统下来的快件通过分支流水线格口进入待处理区,由相关城市负责人员再次扫描和封包处理,准备装车,整个处理流程如图 4-40 所示。

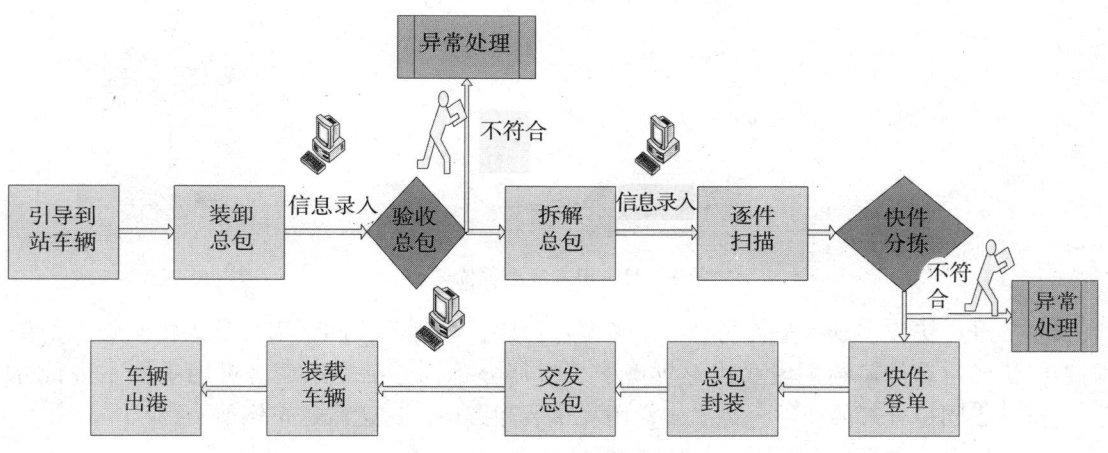

图 4-40 优化后的分拣流程

4.8.4.4 二级中转场流程优化

二级中转场处于公路干线和公路干线之间,连接一级中转场和三级中转场,在规模和业务量方面,小于一级中转场,大于三级中转场。在处理流程上,对其相应可以改进的环节进行优化设计,做好公路干线之间的衔接。

(1) 出入库流程模块。

① 出入库流程现状。出入库是快件进行中转的起始环节,在引导快件运输车辆停靠到指定的交接场地后,运作员打开车门,快件在出入库环节能够顺利进行,整体中转时间就会缩短。顺丰集团现有入库作业环节状况是:出、入库环节不能对货物进行有效管理,野蛮装卸、损坏包裹情况时有发生,且效率不高。为了解决上述问题,建议采用机械化作业来进行出入库管理。在出入区使用叉车、手推车设备进行装卸和搬运。

原有出入库装卸搬运操作流程如图 4-41 所示。

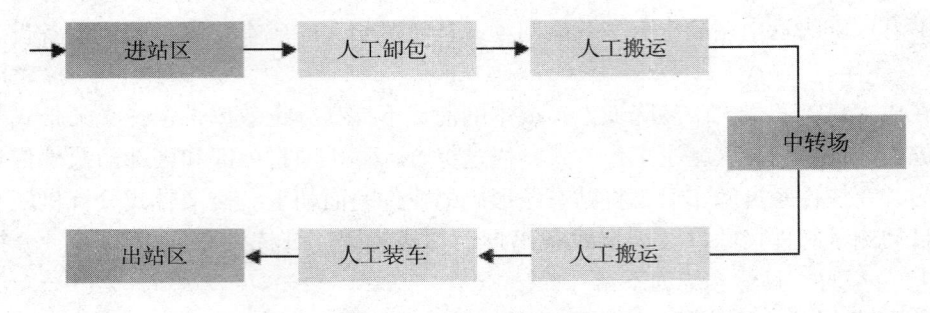

```
进站区 → 人工卸包 → 人工搬运
                            ↓
                          中转场
                            ↓
出站区 ← 人工装车 ← 人工搬运
```

图 4-41　出入库流程现状图

②出入库流程优化。为了有效改变野蛮装卸、损坏包裹的情况,设计利用叉车、手推车进行卸包、搬运后,优化后的操作流程,如图 4-42 所示。

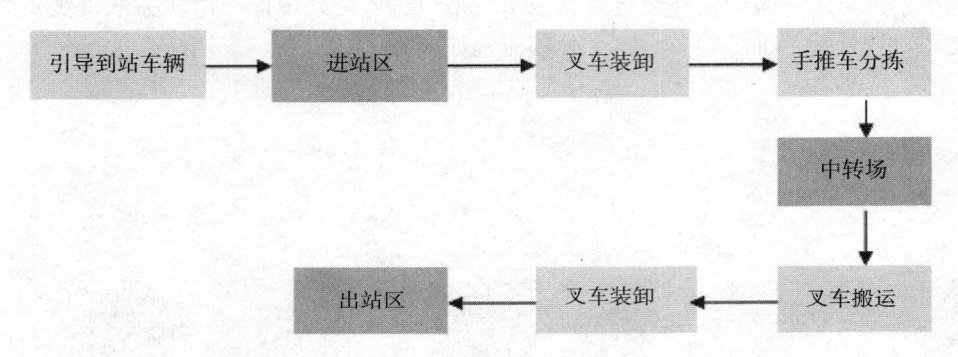

```
引导到站车辆 → 进站区 → 叉车装卸 → 手推车分拣
                                      ↓
                                    中转场
                                      ↓
出站区 ← 叉车装卸 ← 叉车搬运
```

图 4-42　出入库流程优化图

对于进口快件,进入中转场时,用叉车将快件从车辆上装卸下来,运到传输带上,传输带将快件自动传输到主流水线上供操作员进行分拣,分拣完毕后,再用手推车进行分拣,将属于同一分部的快件分拣出来,用叉车装卸搬运,送达派送车辆前。

(2) 储存流程模块。

①分类管理。分类管理是指将中转场的快件按照地区进行分类,在每个分区内,对快件按照时间先后顺序进行分类码放,以便最方便找到快件,并满足客户对时效的要求。

②存储货架选择。储存设备选择时主要考虑的因素包括物品的特性、存取性、出库量、搬运设备、结构等,也就是要根据各储区的功能和特性进行适当的选择。

货架主要有两类,托盘货架和重力式货架。重力式货架采用密集式流道储存货物,空间利用率可达 85%,适用于大量存放且需短时间出货的货品,适合少品种大批量货品的存放,因此,不适合在本方案中采用。托盘货架可任意调整组合,并且施工简易,费用经济,出入库存取不受物品先后顺序的限制,适用于叉车存取,一般使用 3 到 5 层。

因此,结合顺丰中转场产品特点,储存区货架采用重力式货架,分拣区采用现有笼车设备。

(3) 货位编号模块。货位编号的方法是指为整个中转场仓库内的货架编号,以提高货物的存储效率和拣取效率。具体编号方法如下:首先为整个仓库内所有货架按不同大客户分类编号,然后再对每个货架的货位按层、位编号,如图4-43所示。

货物入库后的储存和保管,结合上述方法,优化后的储存作业流程如图4-44所示。

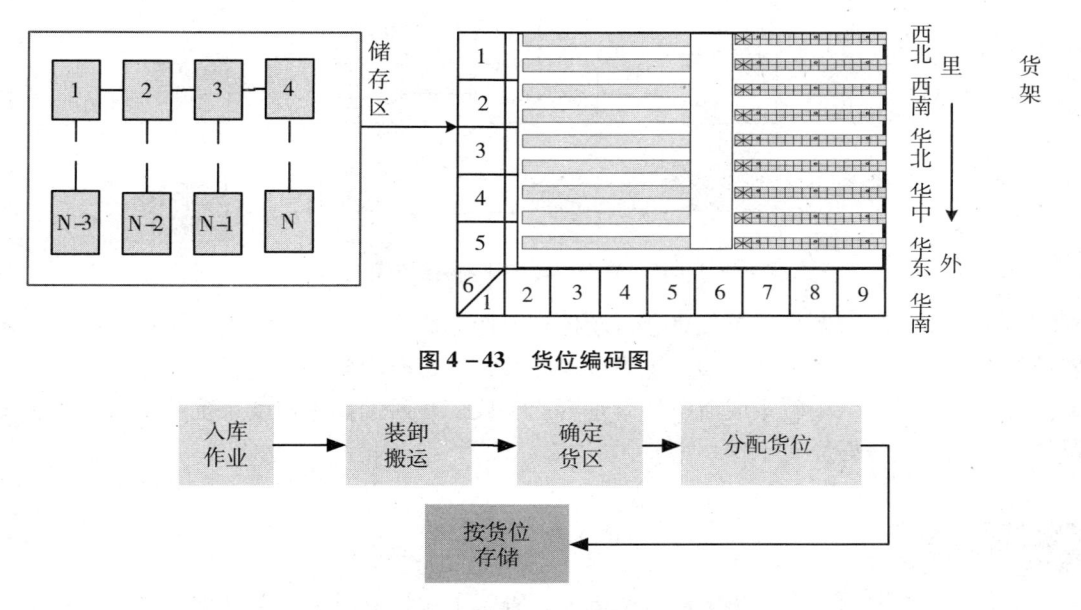

图4-43 货位编码图

图4-44 优化后的存储作业流程图

4.8.4.5 三级中转场流程优化

三级中转场主要位于市区部,区部主要是点部快件集散地,区部快件量的变化会直接影响整个快递链的处理能力。在快递旺季,尤其是春节期间,快件量急剧增长,要保证顺利度过快递旺季,要采取必要的应急处理措施。

顺丰原有的三级中转场作业流程如图4-45所示。

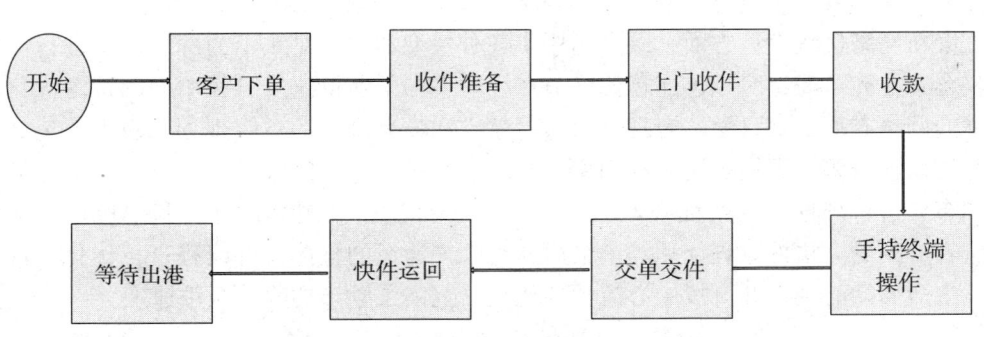

图4-45 顺丰原有三级中转场作业流程

建立快件预警机制,在客户下单时,根据揽投员手持终端设备,可以查询到预收快件量,通过数据汇总将传到中转场信息系统,管理人员根据信息确定是否需要调度车辆及传递快件量信息到二级中转场。

具体实施如图4-46所示。

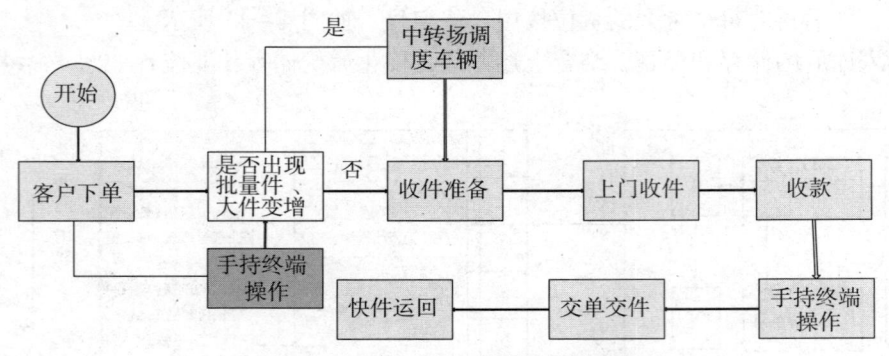

图 4-46 三级中转场预警机制流程图

在三级中转场，客户下单信息会自动传到手持终端，通过手持终端，揽投员能够有效监控是否出现批量件及大件变增，出现批量件及大件变增情况时，揽投员立即电话通知所在中转场，即时评估中转车或航空环节是否能承载，并通过资源调度系统（SCH）实施即时的车辆调度，做好应对工作。

▶ 方案总结

本方案在充分研读和分析案例的基础上，查阅了大量资料和相关文献，并结合顺丰自身的特点进行了方案的优化设计。

方案在基于价值链和网络系统集成的理论下，针对顺丰的发展状况和特点，提出了符合顺丰实际的价值链分析模型，并运用"世界级物流竞争力分析模型"对顺丰进行了分析和总结，在对顺丰快件量预测的基础上，制定发展战略，最终得出方案的设计方向。方案以网络优化为主导，增值服务为辅助，结合对顺丰信息系统和呼叫中心的整合和规划，进行方案设计并辐射解决其他方面的问题，使得快递过程中的每个环节都最大限度地贡献价值，形成一个具有强大竞争力的价值链网络，从而提升顺丰的整体实力。

方案在网络优化设计方面，综合运用了各种模型和方法对顺丰的网络现状进行优化和资源整合：首先，通过对顺丰速运网络节点、航空和干线枢纽及分拨中心的选址优化，使得顺丰的网络布局更加科学、合理；通过对航空和陆运网络的整合规划，极大地集成了顺丰现有的运输资源，提高了资源利用率。其次，在科学选址的基础上，对分拨中心的内部功能和布局进行规划，重点对 ZGC 高新科技园分部进行了规划设计，其中包括：ZGC 的布局、客户划分、快件流程优化等。最后，对顺丰速运的整体快件流程进行优化设计，包括快件生命周期的规划和分拨中心流程的优化，提高了顺丰的收、派件速度。

▶ 复习思考

1. 快递网络规划设计时需要考虑哪些因素？
2. 快递网络节点规划包含哪些内容？
3. 快递网络节点规划与快递网络规划有何关系？

第 5 章

冷链物流系统方案设计

▶背景介绍

本方案节取自"郑明杯"第五届全国大学生物流设计大赛获奖作品《基于大数据的郑明冷链精益物流系统方案设计》（有删节）。该方案的背景案例为"郑明杯"第五届全国大学生物流设计大赛案例，详见中国物流与采购教育网（www.clpp.org.cn）。在学习本方案前，需要预先阅读"郑明杯"第五届全国大学生物流设计大赛案例。

▶学习要点

- 熟悉冷链物流的概念
- 熟悉各种数量模型的建立
- 熟悉冷链物流系统设计过程

▶方案摘要

本方案从大数据的视角，以精益思想为指导，将建设精益冷链物流系统作为上海郑明现代物流有限公司（以下简称郑明）打造中国冷链物流第一品牌和实施发展战略的关键，分三个部分展开设计。

第一部分为郑明冷链精益物流系统方案背景分析。通过对冷链物流发展现状的分析，结合案例中郑明的发展战略，将方案设计主题确定为基于大数据的郑明冷链精益物流系统优化。通过对郑明冷链物流系统五个重要的组成部分，即冷链物流订单处理、冷链物流仓储、冷链物流运输、冷链物流配送、冷链物流监控的现状分析，有针对性地进行问题诊断。从"提高效率，降低成本"两个角度出发，优化郑明的冷链物流系统。

第二部分为郑明冷链精益物流系统方案设计。基于大数据的视角，在精益思想的指导下，将郑明现代冷链物流系统优化方案设计分为五个子方案，每个子方案都是针对郑明冷链物流系统中所存在的问题提出来的，通过融合精益思想的理念，综合运用线性规划、SLP、相关性分析、遗传算法等理论和方法建立数量模型，对冷链物流订单处理、冷链物流仓储、冷链物流运输、冷链物流配送及冷链物流监控进行优化。

第三部分为郑明冷链精益物流系统方案评价。对基于大数据和精益思想的冷链订单处理、冷链仓储、冷链运输、冷链配送和冷链监控构成郑明现代冷链精益物流系统，分别从五个方面进行方案评价。结果显示，优化后的方案能够降低郑明冷链物流成本，减少冷链产品货损及变质等问题，提高郑明冷链物流的效率与效益。

5.1 冷链物流现状分析

5.1.1 订单处理方面

（1）发货效率低。在郑明冷链物流中心，订单分拣作业流程方面是全程人工作业，拣选操作效率低，订单拣选所用时间长，出错率较高。

（2）订单整合方式不当。订单整合采用相对静态分析方法，多以单一某时间段的数据进行分析，而且数据取样受季节变动、循环变动、偶然变动等偶然因素的影响，这就造成对设备的选型与系统的扩展性考虑的不周全，缺乏对商品和客户动态管理的灵活性。

（3）不能满足动态客户管理。当客户的种类发生变化，反应不及时。例如，当A类客户变成B类客户时，公司反应不及时，仍选用A类客户的分拣方式，会造成其他可能变成A类客户的订单分拣不及时，导致客户满意度下降，从而影响郑明的信誉度。

（4）智能化程度低。在郑明冷链仓储作业中，从货物验收、分类储存、分拣打包到配送出库作业都是仓库质检员、仓管员、打包员等工作人员进行检查、拣选打包，工作劳动强度大，所用时间长，智能化程度低。

5.1.2 冷链仓储方面

郑明冷链物流仓储作业缺乏准确性，环节衔接时间耗费较长，造成不必要的物料移动和等待浪费，具体表现如下：

（1）冷链物流仓储布局不合理。

① 不同功能区的位置摆放不合理，使得生鲜产品在库内流动时，迂回倒流，产生了运输或移动浪费，冷链物流仓储内部作业流程运作效率降低。

② 货位分配有待改进。不合理的货位分配产生了动作浪费，增加了许多无谓的操作和搬移，使储货、拣货作业成本增高，出入库效率较低，传统的货架布局已无法适应日益增长的多样化的客户需求。

（2）冷链物流仓储作业效率低。

①入库操作人工依赖性强，入库效率低。生鲜产品入库时，信息记录人员需对货物信息进行手工记录，填写入库单，然后交由信息输入人员录入并打印条形码。当进入仓库的物品种类繁多且集中包装时，更是需要人工清点、登记，远远不能满足快速、准确入库的需要。

②存货统计缺乏准确性。由于条形码是纸质的，低温环境下经常出现由于条形码损坏

导致不能扫描的现象或者是人为的错误，导致条形码扫描成功率低，使存货统计不准确，影响冷链物流仓储的配送决策，影响冷链食品的品质，造成货物的无端损耗。

③出现错误，原因难以查明。当盘点货物的品类、数量与仓库管理系统中不符时，是很难快速准确查明出错原因的。因为很多原因都有可能出现差错，如货物入库时人工记录及录入信息有误，盘点错误，出库时由于品类多，人工拣货容易出现多拣或少拣的情况。所以要查出错误的原因，可能需要耗费大量时间和人力。

④出库延时。传统的条形码应用在大量货物需要扫描标签出库时，由于条形码需要直线对准扫描才能读取信息，往往造成进出货延时，大部分时候，无法提高效率，与冷链物流的时效性相悖。

5.1.3 冷链运输方面

（1）管理水平落后，时间浪费严重。冷藏车的调度不同于普通货车，在考虑车辆大小之外，还需要根据配送货物品类选择相应制冷功能的车辆。当公司运力不足，引入的社会车辆虽然也具有全程的冷链信息监控功能，但并不在公司的统一调度平台监控中，造成郑明外部车辆调度困难，由此带来的安全责任风险难以规避。公司因运输过程中食品腐烂而造成的损失每年可达 30 万元~50 万元人民币，其中大部分是由郑明选用的社会车辆监管不足以及冷链运输设备不完善造成的。

（2）运输体系不完善，运输成本偏高。冷链运输包含有固定成本、运输成本、货损成本及冷藏车的冷却成本等，是常温运输成本的几倍甚至几十倍。在运输中冷链产品出现大量损失，是致使冷链物流成本居高不下的重要原因。一些易腐食品售价中甚至有高达七成是用来补偿物流过程中损失的货物价值。而按照国际标准，冷链产品物流成本最高不超过其总成本 50%。可见冷链物流在运输环节中浪费了大量的社会资源与成本。

郑明由于缺乏完善的冷链物流运输体系，冷链运输技术和管理水平还不能适应现代社会和冷链物流发展的需求。物流运输各个环节存在信息阻塞，缺乏透明和畅通机制，环节脱钩的问题，造成冷链产品在运输途中发生无谓滞留。由于运输过程中的管理水平低，缺乏科学的运输调度决策，良好的线路规划设计方案，影响了冷链运输的速度，货损风险也随之增大，造成大量损耗的同时也使人们的食品安全方面存在着巨大隐患。

5.1.4 冷链配送方面

（1）冷链配送成本较高。冷链配送需求量具有季节变化性，配送成本较高。在销售淡季，仓库主要是进多出少，配送路径的不合理造成车辆空载率增高。

（2）难以实现共同配送。郑明的合作企业不同，客户要求的发货周期和规律都不一样，冷链配送的数量也不一样，但是郑明是按单配送，有订单就必须及时地送到客户所在地，这样车辆的空载率问题就无法避免，而不合理的路径规划导致了冷链配送成本的增加。

（3）配货作业复杂。生鲜产品的属性不同，对温度、湿度等环境条件的要求也不同，在配送的过程中会存在串味和货物分散的问题，但是为了满足客户的需求，给同一个客户配送不同的产品,并且能够及时地送到客户手中,又不浪费郑明的资源,要充分利用郑明和顾客产生的数据,设计出合理的路线规划方案。

5.1.5 冷链监控方面

(1)冷库监控技术相对落后。不少国外企业已经实现了冷库实时远程监控系统的研制和应用,集自动巡测、故障报警、故障定位、自动寻呼、自动记录、自动化管理、远程调试、冷库安装远程控制等功能为一体,该系统可以提供稳定可靠的制冷系统实时监控、集中控制、自动化管理。

(2)外部车辆监控不足。郑明公司因运输过程中食品腐烂而造成的损失每年可达30万元~50万元人民币,其中大部分是由郑明选用的社会车辆监管不足以及冷链运输设备不完善造成的。

(3)安全监控信息系统不完善。产品在生产流通中没有与各个阶段形成一套完整的标准,即使市场上发现有危害消费者的产品,不能立刻撤出该批次产品,也很难确定产品出现问题的环节,追究其事件的责任人。冷链监控存在冷库监控技术、质量安全监控信息系统不完善、外部车辆监控不足等问题,这些问题集中表现为监控系统的问题。现阶段郑明冷链物流在减少产品在仓储、配送的损失,控制产品在仓储、配送以及保障产品整个供应链的质量安全方面,需要有完善的冷库监控信息系统和冷链物流状态监控信息系统来保证。

5.2 冷链物流精益思想的提出

精益物流是运用精益思想对企业物流活动进行管理。主要以客户的需求为中心,即从顾客的角度进行研究,依据其需求判断什么样的活动可以产生满足需求的价值。从整个物流活动的角度出发,对活动进行分节,再对活动过程中的每一个环节进行分析,遵照整体价值产生所必须有的步骤和活动,去除不能提供增值的环节。根据不能中途断流、不能反复的绕流、不能有等候的存在、不做无用功的原则,定制优化处理方案,从而减少不必要的等候,以逐渐减少投入,创造越来越多的价值,提供顾客满意度高的物流服务,实现精细精准控制整个物流流程。在竞争日益激烈的冷链物流市场,以精益思想为指导是取胜的关键。

运用大数据进行预测和决策,可以促进郑明冷链物流作业的精准和高效,与精益思想相辅相成。两者的结合是提升郑明冷链物流水平的重要途径。

郑明冷链精益物流系统方案优化设计分为五个部分,具体思路如下:

(1)订单处理方面:由于郑明冷链订单处理存在发货效率低,人工依赖大,智能化程度低,缺乏对冷链订单的拣选分批和拣选路径选择的有效处理,造成冷链订单处理效率低。运用大数据技术和精益思想,预测客户可能出现的订单,提前做好准备,可以减少客户订单拣选的不必要的等待时间，避免拣选路径的迂回绕路等浪费，缩减郑明冷链订单处理的时间，提高效率以达到冷链订单拣选精准决策。

（2）仓储方面：由于郑明冷库布局存在不合理的地方，仓储运作对人工依赖大，缺乏对在库产品信息和状态的有效管理，因此产生了许多不必要的移动，同时也造成出入库效率较低，产品品质受到影响，从而妨碍了为顾客提供满意的服务。以精益思想为指导，通过 RFID 标签和标签读取器获取产品移动数据、位置数据和状态数可以为郑明仓储布局和流程作业减少不必要的物料移动，畅通收货、验货、上架、拣货、扫描、打包、装车等一系列环节，使仓储作业高效进行，达到提高每个仓库的智能化水平，提升每个物流节点的运作效率的目标。

（3）运输方面：处理好满足客户的个性化运输需求与运输规模效益之间的矛盾，其方法是在大数据下合理安排运输网络，进行合理车辆调度。使一次运输单元的规模从始点和末点开始形成向中间运程逐步集约化的增长梯度。精益运输要求我们消除运输过程中的一切不增值的环节，以减少运输过程中存在的非位移支出以及减少运输过程中的非位移时间。开展精益运输的必要条件是尽可能使运输信息充分化。目前正在大力推行的大数据技术及迅速发展的物联网趋势，为我们开展精益运输创造了极为有利的技术条件。

（4）配送方面：精益配送是冷链物流极其重要的环节，对冷链食品来说，配送时间的长短影响着产品的质量，优化配送路径可以缩短配送的时间，减少配送成本。在冷链配送过程中，配送线路合理与否对配送速度、成本、效益影响很大。设计合理、高效的配送路线方案，不仅可以减少配送时间，降低作业成本，提高企业的效益，而且可以更好地为客户服务，提高客户的满意度，维护企业良好的形象。所以，如何在物联网中运用大数据综合考虑各线路的车流量、客户分布状况、车辆的载重量以及其他车辆运行限制等因素，进行配送线路的规划，将直接关系到配送中心运作的成本和效率。

（5）监控方面：在问题诊断部分已经提出，郑明在库监控和在途监控技术相对落后，导致冷链产品管理不到位，温度、湿度得不到有效监控；在途运输过程中，对外部车辆监控不足，司机违规操作，中途关闭制冷设备等行为，导致冷链中断。通过监控系统，对在库和在途冷链产品的温度、制冷设备开关机实施监控。郑明冷链精益物流监控系统通过对冷链货物进行全程监控，最大限度地减少因为温度不达标而造成的不必要的损失，从而减少无用功，达到准时的要求。

5.3　冷链精益物流订单系统设计

5.3.1　基于大数据的订单精益处理思路

基于大数据的视角和精益思想优化订单处理，大数据的应用类型有很多，主要的处理模式可以分为流处理和批处理两种，郑明可根据订单性质选择合理的处理模式。通过利用从网络搜索趋势、社交媒体数据以及天气预报挖掘出的预测信息，预测客户可能出现的订单，提前做好冷链订单准备工作，以及时解决高峰期订单问题，提高冷链订单处理效率。精益思想以消除郑明在冷链订单处理过程中消耗了资源而不增值的"浪费"活动为根本出发点，合理地进行订单分批，逐步减少订单拣选所经过的路程，以期达到减少订单拣选处理时间的目标。

对冷链订单进行分批以便货物拣选，并且在订单处理中使用基于 RFID 技术的物联网技术，用电子标签，使得订单拣选更加便捷，提高订单拣选的准确率，缩短订单拣选所用时间。

5.3.2 订单分批优化设计

5.3.2.1 问题背景

在本方案中，假定郑明在初始状态下有一组冷链订单集，每个订单都有几种品项的货物需要分拣。可将其分成几个批次分批分拣，在一个时间段内完成一批次货物的分拣。一个品项货物的取货时间约为 2 分 30 秒，因此在考虑到工作能力和工作效率平衡后，每批次的拣货时间可认为是均匀分布的，即每天平均分成 k 个批次进行作业。不同的订单可能有部分品项相同的货物，可分在同一分批中合并分拣。因此冷链订单分批的目标之一是使得分批后同一批次内订单重复品项数最大，即生鲜产品的合并量最大。冷链订单在完成分拣后需及时运至客户处，而订单的运输要考虑装车的问题，同一车的订单需要全部完成分拣后才可以发运，发车的时间取决于该车最后一个完成分拣的订单的分拣时间。因此，每个订单均有一个最迟组批时间 s_i，即该订单必须在第 s_i 个批次之前完成发货，若超过这个时间发货，则将处以一定的惩罚。在订单分批问题中，还要考虑的目标之一是使发车的总拖期最短。因此，该问题是一个多目标的调度问题。

根据实际状况，有以下假设：

（1）每个订单至少包含一种品项。

（2）每种货物只从一个货位取货，且该货位的货物数量满足分拣总数量的要求，即不发生缺货的情况。

（3）每批订单的总订单数有个上限 v。

（4）每批订单的总品项数不能超过 u。

由于多目标优化问题中各目标函数往往是互相冲突的，因此不存在一个令所有目标函数都取得最优的解。多目标优化问题的目的即寻找满足约束的决策向量，使各目标函数都尽量达到令决策者能够认可的解。因此，多目标优化的结果往往是一组最优解集。冷链订单的出入库有明显的季节性，将冷链订单每季出入库频率的大数据作为预测和决策依据，提前做好冷链订单出入库准备，更好地实现冷链订单分批优化。

5.3.2.2 模型构建

在本问题中，设订单集 $\boldsymbol{O} = \{O_1, O_2, \cdots, O_n\}$，其中 m 为当前客户订单总数，每个订单 Q_i 都包含了几个品项的货物。设货物品项集 $\boldsymbol{I} = \{I_1, I_2, \cdots, I_n\}$，其中 n 为订单集所涉及的货物总品项数。令 $\boldsymbol{X}$ 为关联矩阵，其中 $X_i \begin{cases} 1, & \text{订单 } i \text{ 包含品项 } j \\ 0, & \text{订单 } i \text{ 不包含品质 } j \end{cases}$。因此，$O^T =$

XI^T 分批结果 $P = \{P_1, P_2, \cdots, P_l\}$，$l$ 为最大分批数，令 Y 为分批矩阵，其中：y_{ij} $\begin{cases} 1, \text{订单 } i \text{ 分入批次 } k \text{ 中} \\ 0, \text{订单 } i \text{ 未被分入批次 } k \text{ 中} \end{cases}$，则 $P^T = T^T O^T$。设 t_i 为订单的最迟拣选时间，f_i 为惩罚成本。

考虑其约束条件，则有以下几项约束：

$$\sum_k Y_{ik} = 1 \tag{5-1}$$

$$\sum_i Y_{ik} \leqslant v \tag{5-2}$$

$$\bigcap_{k=1}^{l} = 0 \tag{5-3}$$

$$\bigcup_{k}^{l} P_k = \varnothing \tag{5-4}$$

$$\sum_i \left(Y_{ik} \sum_j X_{ij} I_j \right) \leqslant u \tag{5-5}$$

式（5-1）表示一个订单只能被分到一个批次中；
式（5-2）表示每个批次的订单数不能超过 v；
式（5-3）表示所有批次总合为订单集 O，即所有订单都被分到各批次中；
式（5-4）表示所有批次的交集为空集；
式（5-5）表示每一批次的品项数不能超过 u，即实现工作量平衡。

在考虑目标函数时，分别考虑该问题的两个目标，即货物的合并量最大和总拖期最小。假设 PI_k 为第 k 批次订单合并后需拣取的品项数，SI_k 表示属于第 k 批次的订单原品项数和，因此目标一为：

$$\max f_1 = \sum_k (SI_k - PI_k) \tag{5-6}$$

令 P_{oi} 表示订单 O_i 所属的批次，P_{ois} 为同一订单处理货物最后拣选所属的批次，若超期则惩罚成本为 W，则目标二为：

$$\min f_2 = \sum_k (P_{ios} - sm) \times W \tag{5-7}$$

通过遗传算法，采用线性函数法将该多目标问题转换成单目标问题进行求解，得到的目标函数为：

$$\max f = w_1 f_1 + w_2 f_2 = w_1 \sum_k (SI_k - PI_k) - w_2 \sum_k (P_{ois} - s_i) \times W \tag{5-8}$$

其中，w_1 和 w_2 分别为时间成本系数和惩罚系数。若该车间对分拣时设备的时间成本较敏感，可设置 w_1/w_2 较大的参数。若该车间对出货延迟的惩罚成本较敏感，则可设置 w_1/w_2 较小的参数。在算法进行中，为了保证适应度是个非负值，可考虑在原始适应度值后加上一个 C，即：

$$\max f = w_1 f_1 + w_2 f_2 = w_1 \sum_k (SI_k - PI_k) - w_2 \sum_k (P_{ois} - s_i) \times W + C \tag{5-9}$$

考虑 C 的取值时，若 C 取值过大，则原始适应度函数值之间的自然差异被弱化，使得种群中的优良个体无法通过进化被选择出来，若 C 取值过小，则可能出现适应度函数值为负数的情况，影响算法的进化过程。

5.3.3 订单动态路径优化设计

5.3.3.1 问题描述

冷链拣货区一般都是由一定数量的等长巷道组成，巷道两侧的货架上存放着要拣取的品项。人推着拣货车在巷道中行走进行拣取作业。拣货车在巷道中能在两个方向来回移动，且能很容易地改变方向。

每张冷链订单上都包含分布在多个巷道中的诸多品项。我们假设一张订单的诸多品项能够一次拣取完成，巷道的改变在其两端进行。为了确定拣取路径的最小长度，我们设定一个在同端出入库的拣货区，其布局及货位编码（巷道—货位号）情形如图 5-1 所示，方格表示商品货位。

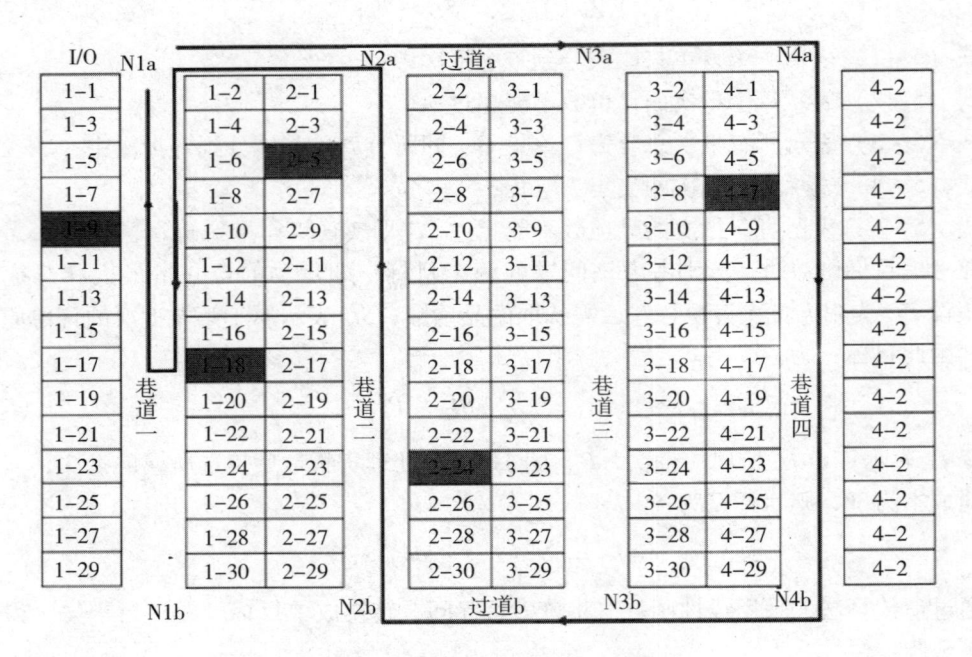

I/O	N1a		N2a	过道a	N3a		N4a	
1-1		1-2	2-1	2-2	3-1	3-2	4-1	4-2
1-3		1-4	2-3	2-4	3-3	3-4	4-3	4-2
1-5		1-6	2-5	2-6	3-5	3-6	4-5	4-2
1-7		1-8	2-7	2-8	3-7	3-8	4-7	4-2
1-9		1-10	2-9	2-10	3-9	3-10	4-9	4-2
1-11		1-12	2-11	2-12	3-11	3-12	4-11	4-2
1-13		1-14	2-13	2-14	3-13	3-14	4-13	4-2
1-15		1-16	2-15	2-16	3-15	3-16	4-15	4-2
1-17	巷道一	1-18	2-17	2-18	3-17	3-18	4-17	4-2
1-19		1-20	2-19	2-20	3-19	巷道三 3-20	巷道四 4-19	4-2
1-21		1-22	2-21	2-22	3-21	3-22	4-21	4-2
1-23		1-24	2-23	2-24	3-23	3-24	4-23	4-2
1-25		1-26	2-25	2-26	3-25	3-26	4-25	4-2
1-27		1-28	2-27	2-28	3-27	3-28	4-27	4-2
1-29		1-30	2-29	2-30	3-29	3-30	4-29	4-2
	N1b		N2b	过道b	N3b		N4b	

图 5-1 拣货区布局及货位编码

5.3.3.2 模型构建

（1）模型假设。不失一般性，假设拣货区由 n 个巷道组成，其货位宽、巷道宽及过道宽均为一个单位长。按拣取顺序确定拣货路径，即最先拣取离出入口最远的巷道上的商品，再依次拣取离出入口较近的巷道上的商品，最后返回出入口。（也可以采取相反的顺序，由于没有迂回的情形，且距离没有方向性，其纵向优化的结果是一致的）

由于起点和终点在同一位置，在无迂回情况下，拣货路径长度中横向行走的距离总是等于被拣商品的最大巷道和出入口之间横向距离的 2 倍，为一定值。为简化计算，建模过程中不考虑横向行走的距离，只计算沿巷道方向行走的距离。

假设拣货人员在两端的过道中行走时总认为是贴着货架行走的，其两端纵向行走的距离忽略不计,每张拣货单上的商品都能一次拣取完成。

(2)模型建立。同一巷道中被拣取的商品如有多个,有两种决策方式:要么从最小货位号到最大货位号,要么从最大货位号到最小货位号;道理同巷道的拣取顺序。从一个巷道到下一个巷道的拣取也有两种决策方式即原路返回或穿过巷道从另一端到达。所以选择从一个巷道转入下一个巷道的必经点 N_{ia}、N_{ib}($i=1,2,\cdots,n$)为状态点,根据假设可以得出具有 n 个巷道拣货区的 n 个巷道内均有被拣商品时的拣取路径网络图如下:

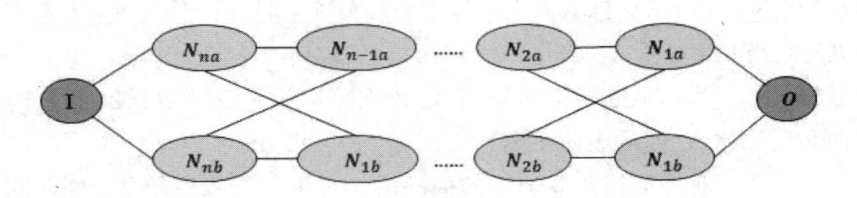

图 5-2 n 个巷道均有被拣商品时的拣选路径网络图

网络图中的状态点 N_{ia}、N_{ib}($i=1,2,\cdots,n$)表示拣取完一个巷道内的商品后回到货架两端时的位置,即巷道 i 与过道 a、b 的交点。如 N_{3b} 表示巷道 3 与过道 b 的交点 N_{4a} 表示巷道 4 与过道 b 的交点。

$N_{ia}-N_{ja}$($i=1,2,\cdots,n$;$j=1,2,\cdots,n$,$i>j$)表示从巷道 i 通过过道 a 到达巷道 j 拣取完巷道 j 内的商品后回到 N_{ja},$N_{ia}-N_{jb}$ 表示从巷道通过过道 a 到达巷道 j 拣取完巷道 j 内的商品后穿过巷道 j 到达 N_{jb},其他依次类推。d_{ha},d_{hb} 分别表示货位号为 m 的货物到 a 端和 b 端的距离,其计算如下:

$$d_{ha}\begin{cases}\dfrac{m-1}{2}, & 货位号 m 为奇数 \\ \dfrac{m-2}{2}, & 货位号 m 为偶数\end{cases}, d_{hb}=L-d_{ha} \qquad (5-10)$$

(3)动态规划的基本方程。用于衡量所选策略优劣的数量指标称为指标函数,最优拣货路径的指标函数是距离。要求解上述最优拣货路径,只要求出从 I 到 O 的最短距离即可。递推逐段求解的基本方程如下:

$$\begin{cases}f_k(sk)=\min\{d_{k(sk,uk)}+f_{k+1}(sk+1)\}, k=n+1,n,\cdots,1 \\ f_{k+1}(sk+1)=0\end{cases} \qquad (5-11)$$

式中:k 为阶段变量,n 为被拣商品分布的巷道数,sk,uk 分别为第 k 阶段的状态变量和决策变量。

5.3.4 冷链物流订单精益处理实施

5.3.4.1 订单分批

借助大数据技术,根据历史订单量的趋势,可以作出冷链订单规模预测,调整冷链库存结构，提高拣选效率和冷库利用率，同时可以避免过度自动化设计造成的作业障碍和资源占用，减少浪费，较为详细地把握各拣选分区的物流量，进行冷链订单分批，使各拣选分区作业均衡化，提高冷链配送中心的运作效率，缩短冷链物流精益订单处理优化时间，提高客户满意度。

5.3.4.2 拣选路径

根据被拣取商品的货位，用上述中的方法分别算出网络图中各段的距离如下：

IN_{4a} = 第4巷道中被拣取的最大货位号4到28的距离的2倍 = 2×(28-2)/2 = 26（表示从起始点出发经 N_{4a} 依次拣取第4巷道中货位号4-28、4-20、4-7处的商品后返回 N_{4a} 时的纵向距离）；

IN_{4b} 巷道长 = 15（表示从起始点出发经 N_{4a} 依次拣取第4巷道中货位号4-7、4-20、4-28处的商品后到达 N_{4b} 时的纵向距离）；

$N_{4a}N_{4b}$ = 22（表示拣取完第4巷道中的商品后经过道 a 进入巷道2，拣取完第2巷道中的商品后返回时 N_{2a} 的纵向距离）；

$N_{4a}N_{2b}$ 巷道长 = 15（表示拣取完第4巷道中的商品后经过道 a 进入巷道2，拣取完第2巷道中的商品后到达 N_{2b} 时的纵向距离）；

$N_{4b}N_{2a}$ 巷道长 = 15（表示拣取完第4巷道中的商品后经过道 b 进入巷道2，拣取完第2巷道中的商品后到达 N_{2b} 时的纵向距离）；

$N_{4b}N_{2a}$ = 26（表示拣取完第4巷道中的商品后经过道 b 进入巷道2，依次拣取2-5，2-24处的商品后到达 N_{2b} 时的纵向距离）。

同理可得 $N_{2a}N_{1a}$ = 16，$N_{2a}N_{1b}$ = 15，$N_{2b}N_{1a}$ = 15，$N_{2b}N_{1b}$ = 22，$N_{1a}O$ = 0，$N_{1b}O$ = 0。

由此按模型假设的拣货规则可得拣取路径网络图如图5-3所示。

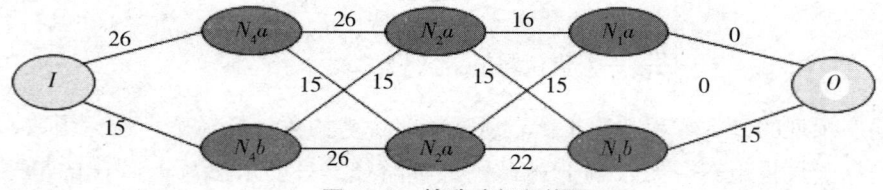

图5-3 拣选路径网络图

图5-3表示按既定拣货规则拣取，图5-1中各商品的各种拣货路径共8条，要求最优拣货路径，只需求出从 I 到 O 的最短距离即是。求解的递推方程为

$$\begin{cases} f_k(sk) = \min\{d_{k(sk,uk)} + f_{k+1}(sk+1)\}, k=4,3,2,1 \\ f_5(S_5) = 0 \end{cases}$$

按式中的逆序解法得最优决策序列 $\{u_k\}$ 为 $U_4^*(N_{1a})=0$，$U_2^*(N_{2a})=N_{1a}$，$U_2^*(N_{4b})=N_{2a}$，$U_2^*(I)=N_{4b}$。所以最优拣货路径为 $I\to N_{4b}\to N_{2a}\to N_{1a}\to O$。其具体含义为：拣取者从 I 出发到达巷道4按从小到大的顺序拣取商品，拣取完后到达 N_{4b}，然后经过过道B到达巷道2，按从大到小的顺序拣取商品，拣取完后到达 N_{2a}，再经过过道 a 到达巷道

1,按小到大的顺序拣取商品,拣取完后返 N_{12} 回,回到出入库点 O。最优拣货路径表示如图 5-1 中带箭头的线所示。

从中可以看出,本动态规划方法中,由于拣取商品时,同一巷道中的商品都是按一定顺序依次拣取完成的,不存在"串巷"现象,拣取路线的多少只与商品分布的巷道数 3 有关,仅为 $2^3 = 8$ 条。如果以被拣商品的自然位置为状态点,则图中的每个被拣商品都可能被最先拣取,即从起始点出发就有 7 条分支,接下来依次为 7,6,5,4,3,2,1。即拣取上述 7 个货位的商品有 $7 \times 6 \times 5 \times 4 \times 3 \times 2 \times 1 = 5\ 040$ 条路线(如考虑从一个巷道到另一个巷道还可以分别从巷道的两端到达,则行走路线会更多)。

5.4 冷链精益物流仓储系统设计

5.4.1 基于大数据的精益仓储管理思路

SLP 法是当前布局规划的主流方法,考虑到工厂布局和冷库布局的相似性,选择 SLP 法作为冷库平面布局的方法,通过对系统布置设计基本要素的修改和流程的修改,应用到郑明冷链物流仓储的规划与设计。首先分析物料流程与作业单位的相关关系,得到作业单位相关关系图,再通过对冷库客流、车流进行分析,对建筑物、运输通道和场地做出有机的组合与合理配置,减少不必要的迂回、倒流,便利各功能区的来往和协作,达到系统内部布局的优化。

大数据是预测、决策的有效工具,利用这一特性,根据郑明仓储历史出入库数据信息,统计和分析生鲜产品出入库次数,预测生鲜产品的出入库趋势,得到生鲜产品的近似存取频率,然后运用遗传算法,建立以入库时间最短为目标的函数,对立体冷库的货位分配进行优化管理,从而可以减少不必要的物料移动,缩短出入库时间,提高郑明冷链仓储的作业效率。利用 RFID 技术的特性和优势,收集和分析生鲜产品的移动数据、位置数据和状态数据,降低人工作业的错误率,减少仓储作业时间,实现托盘可视化管理,出入库管理,自动盘点,货物收取实时确认,产品质量可追溯,畅通仓储作业环节,为郑明冷链仓储作业提供决策支持,达到提高郑明冷链物流仓储作业水平的目标。

5.4.2 仓储作业流程优化设计

5.4.2.1 入库作业流程优化

以精益思想和大数据为核心的生鲜产品入库流程设计包括收货、验收、储存以及上架等环节(图 5-4)。

(1)生鲜产品收货。当生鲜产品送货车辆送达后,首先由搬运设备将生鲜产品托盘搬运至仓库收货区,在入库口设置的 RFID 阅读器对生鲜产品包装上的 RFID 电子标签进行自动识别和信息读取,采集生鲜产品品名、数量、规格、生产厂商等相关信息,并将信息反馈给后台网络的管理主机，主机根据生鲜产品信息自动分配仓储上架储位，将储位信息再通过 RFID 阅读器写入生鲜产品包装上的电子标签，同时生成生鲜产品收货单和到货生鲜产品温度记录。

（2）生鲜产品验收。通过手持终端和温度记录仪，验收人员对到货生鲜产品进行验收和数据记录，当验收合格后，生鲜产品被输送至合格品区，否则生鲜产品将被转至待验区。生鲜产品验收环节形成的验收记录应包括供应商、数量、到货日期、品名、有效期、质量状况等内容，同时生鲜产品运输途中的温度记录也应作为验收记录的主要内容之一。

（3）生鲜产品储存及上架。在生鲜产品验收的同时，通过大数据和遗传算法建立的货位优化模型安排储位，验收后，即可入库储存。根据入库通知单，冷库作业人员将收货暂存区的生鲜产品移入冷库，并根据主机发送的生鲜产品储位信息和上架指示单，把生鲜产品放入上架储位中，同时，入库作业人员利用手持终端向管理主机发送入库确认信息。

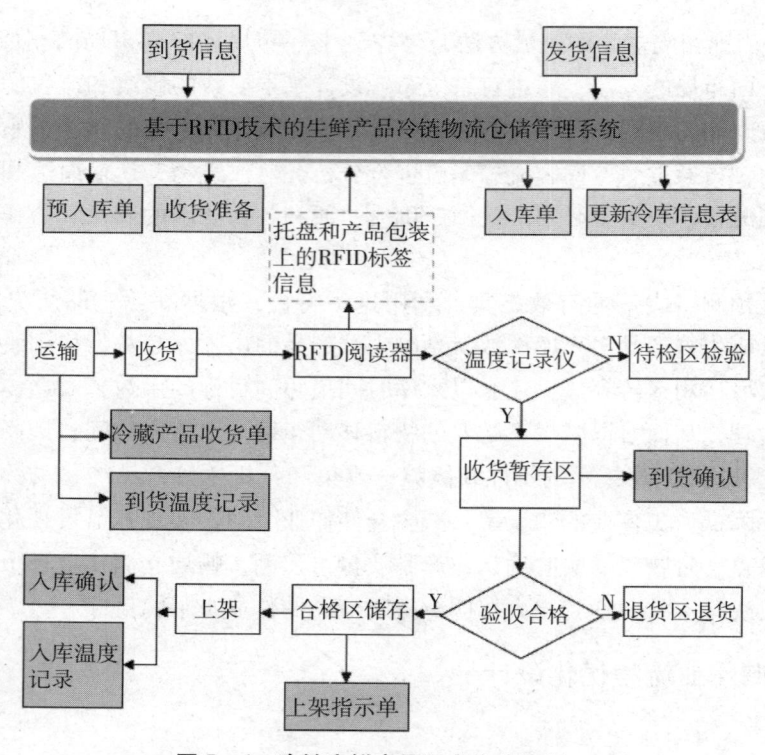

图 5-4　冷链生鲜产品入库作业流程

5.4.2.2　出库作业流程优化

以精益思想和大数据为核心的生鲜产品出库作业流程包括出库指示、拣货、包装、RFID 校验、装车以及出库确认等环节，如图 5-5 所示。

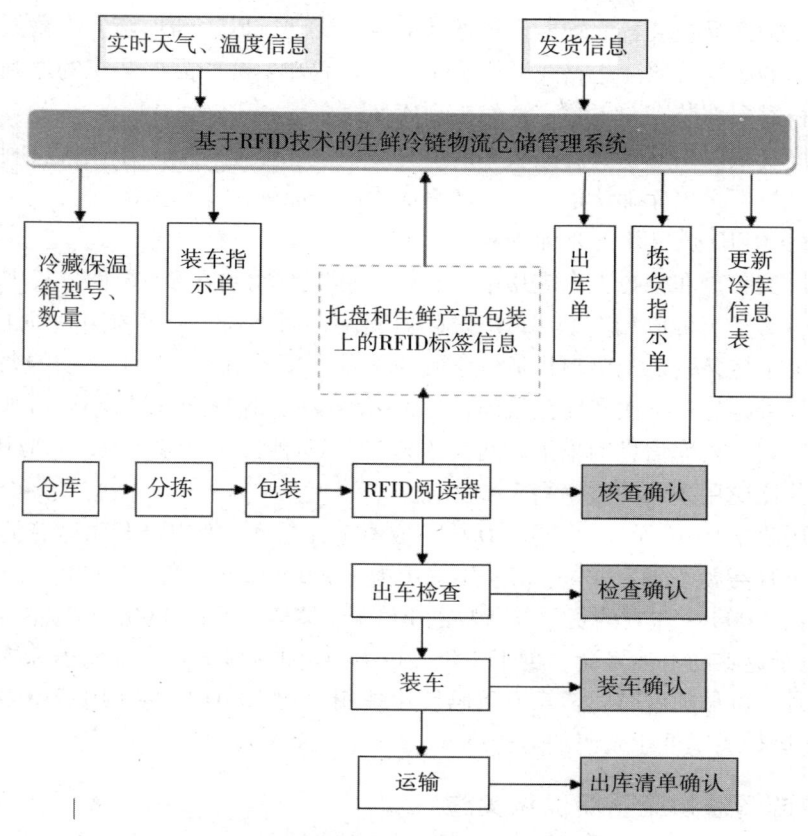

图 5-5　生鲜产品出库作业流程示意图

（1）生鲜产品出库指示。当接收到下游客户的生鲜产品出库指示信息后，后台网络管理主机将自动匹配出库生鲜产品的储位信息并以拣货单的形式打印出来，同时将拣货单发送给冷库作业人员。

（2）拣货作业。冷库拣货作业人员接收拣货指示单后，根据指示单内容确定出库生鲜产品的储位，按照指示单所要求的生鲜产品品名、数量、规格等进行拣选，同时将出库生鲜产品转移至出库区。为了确保生鲜产品的质量，拣货和生鲜产品搬运均需保证低温环境，完成后拣货作业人员利用手持终端对出库生鲜产品的出库单号等再次确认。

（3）RFID 校验。完成配货及包装后，可利用 RFID 系统对出库生鲜产品进行校验，以免由于多送、少送或错送造成成本上升。此项工作可通过 RFID 系统自动完成，当出库生鲜产品被运至装车月台，设置在出库区的 RFID 阅读器将对出库生鲜产品包装上的 RFID 标签进行自动读取，对包括出库生鲜产品储位、品名、数量、生产商、有效期等信息在内的标签信息进行采集，并将信息返回至后台网络，由管理主机对当前出库生鲜产品进行核查和计数处理，然后将出库标记通过 RFID 阅读器写入出库生鲜产品包装上的 RFID 标签。完成 RFID 校验后，管理主机会自动打印装车指示单。

（4）生鲜产品装车。根据生鲜产品的储藏条件要求，在确定冷藏运输车达到规定温度后，即可进行装车作业，在装车过程中应暂时关闭制冷机组，同时要求生鲜产品平放于双面托板上，生鲜产品包装各面均能保持循环的空气流动，以达到均衡的冷藏效果。出库生鲜产品的装车顺序要按照配送路线顺序装车，符合后卸生鲜产品先装车的原则。装车完毕后，送货司机需要在装车单上签字，作为仓库留底。

（5）出库确认。出库生鲜产品装车后即完成了出库作业，出库作业人员利用手持终端向后台管理主机发送出库确认信息，至此完成生鲜产品的出库作业流程。

5.4.2.3 RFID 使用效益分析

根据应用实际，在整托盘上应用电子标签，读写时间约在 2~3 秒，其中包括完成写信息的时间，叉车员可以用车载 RFID 识读器阅读，而不需要下车操作。而应用条码时，在入库时需要手持条码，既要扫描货位条码的编号，又要扫描托盘上货物的条码，一般需要采集产品编号、生产批次和托盘编码，这是因为条码的信息容量较小，再加上叉车操作员上下车的时间，入库信息的采集时间大约为 10~15 秒。如果综合考虑，应用 RFID 标签的运行效率要比应用条码的效率高 3~6 倍。

一个条码成本 0.02 元，一个 RFID 标签成本 1 元左右，使用 RFID 标签的一次性投资较大。若一个月需要条码 8 000 个，一年费用为 8 000×12×0.02 = 1 920 元，10 年费用为 19 200 元；而 2 000 个左右的货位与货物的 RFID 标签费用不过 5 000 元。不可更换电池的 RFID 有源电子标签的电池寿命不少于 2 年，可更换电池的 RFID 有源电子标签的电池寿命不少于 6 个月。可见随着时间增长，条码使用费用会比 RFID 标签使用费用多，从战略角度看，RFID 运行成本低于条码的运行成本。

5.4.3 冷链精益物流仓储优化实施

基于大数据和精益思想，冷链物流仓储优化方案由两个部分组成：冷链物流设施优化和冷链物流作业流程优化。精益仓储优化方案旨在减少不必要的物料移动，畅通收货、验货、上架、拣货、扫描、打包、装车等一系列环节，使郑明冷链仓储作业高效进行。方案实施效果如下：

5.4.3.1 仓储功能区布局合理化

（1）调整停车场位置与车辆调度管理及维护区位置缩短了停车场和分拨配送区的距离，避免了迂回，更有利于货运车辆的调配和运输，使货品装车更高效。

（2）增设小型车辆停车场避免了客户用车和员工用车与货车公用停车场，提升了物流作业的流畅性，同时也可以减少交通事故的发生概率。

（3）按照设计的功能区布局可以减少不必要的移动，为仓储内作业提供便利。

5.4.3.2 仓储货位分配优化

利用大数据可以获取生鲜产品的近似存取频率，Fishbone 布局可使仓库作业移动距离可减少约 20%，在此基础上，用遗传算法求解得到的货位分配使得生鲜产品入库时间最短，仓储系统按照产品特征进行分类存放，有利于提高冷藏产品的储存和拣货效率，使生鲜产品库存情况实现透明化，从而实现郑明冷链物流系统对客户的快速反应。

5.4.3.3 托盘可视化管理

（1）通过应用 RFID 标签标识立体仓库中流通的全部托盘，并且在各管理区域部署

RFID 识别设备,可以实现托盘流转的动态跟踪,获取托盘的当前位置、载货或空置状态信息。

(2)通过关联托盘 RFID 标签和货物信息,可实现对整个立体仓库的可视化管理,直观地获取仓库内托盘、货物的实时信息,精确掌握冷藏产品的生产日期、适宜储存环境等相关信息,实现产品质量可追溯。

5.4.3.4 出入库管理

(1)通过在成品仓库及辅料仓库出入口部署 RFID 读写设备,可实现整个仓库的出入库自动化管理,使得出入库迅速而准确。

(2)由于托盘管理已经实现了托盘与货物的关联,因此通过 RFID 技术可以根据收发货单据完成货物出入库的自动核对工作,并且避免因托盘上一维条码的识别率产生不必要的误差,减少人工操作的时间延误和浪费。

5.4.3.5 自动盘点

(1)在立体仓库不进行生产作业时,系统需要在 30 分钟内完成立体仓库的自动盘点工作。

(2)自动盘点完成仓库中全部的托盘标签后,系统将对相关信息进行汇总、过滤、校验,并生成统计数据。

(3)系统自动将盘点数据同出入库管理所记录的数据进行逐条分析,结合误差报告生成分析结果。

5.4.3.6 货物收取实时确认

托盘管理实现了货物关联,结合堆垛机上的 RFID 设备及货架标签,系统可以在堆垛机叉取或放置货物的同时对货位、货物类别和数量等信息实施核对,并将信息及时发送到中控室内的控制终端,以便郑明工作人员及时发现并处理相关问题。

5.4.3.7 产品包装标准化

基于大数据的郑明冷链物流仓储管理系统能够根据发货时的实时天气、温度自动匹配包装箱类型和数量,实现在途冷藏产品储存温度的精确控制,从而提高生鲜产品的服务质量水平。

5.5 冷链精益物流运输系统设计

5.5.1 基于大数据的精益运输优化思路

精益运输管理的本质是将优质的服务传到顾客的同时,企业自身降低不必要的资源浪费,在保证整个运输流程顺利进行的前提下,实现运输公司的效益最大化,形成企业在市场中的竞争优势。本方案以大数据为手段,以精益思想为指导,寻找建模的基本元素,建立以成本最小化为目标函数值的模型,并用改进的禁忌搜索算法来解决对时间、成本均有严格要求的冷链物流运输车辆调度问题。主要思路包括:

（1）引入大数据技术。在郑明公司专门成立大数据部，该部门主要用来对大数据的收集、分析、处理以及运用。建立云物流调度系统，将数据库部署在云端，同时接收成千上万来自电商网站的运单数据，并进行存储管理，通过大数据部的统一规划，实现车辆的统一调度。按照数据的流向划分，本系统的体系结构大体可以分为五个模块层，分别是：数据接入层、存储层、调度算法层、信息更新层、交互层。

（2）运用精益思想。以精益思想为指导，保证运输管理组织、车辆调度、运输安全和运输流程四方面的管理精益化，实现公司运输车辆的统一管理。降低不必要的资源浪费，最终将优质、准时、高效的服务传送到顾客手中，实现郑明公司的效益最大化。

（3）构建数学模型。分析冷链物流与常温物流之间的区别，发现冷链物流具有产品的易腐性、运输的时效性、运输设备的特殊性等特点。考虑郑明冷链物流运输的实际情况，构建以运输效果成本（固定成本、运输成本等）、冷藏车的冷却成本、货损成本等因素为主体的成本最小化冷链物流运输车辆调度模型。

（4）利用改进的禁忌搜索算法求解已建立的模型，实现目标函数的最小化。

（5）根据冷链运输中的大数据提供的车辆信息的实时更新以及用户的实时信息反馈，运用已经设计的算法进行算例分析，验证模型建立的有效性，算法设计的可行性。最后实施到郑明公司实际的冷链运输车辆调度当中。

5.5.2 冷链物流运输优化设计

5.5.2.1 车辆调度模型描述

（1）模型构建的一般假设。本方案所定义的冷链物流运输的车辆调度模型建立在一个冷链物流配送中心配送多个客户的条件之上，冷链运输使用具有冷冻和冷藏设备的货车为运输工具，并且需要满足以下两种最基本的约束：一是所运输的货物是单一类型的冷链产品，二是每一位客户的需求量与位置都是已知的，并且每台车的载重量和能够配送的最大距离也是一定的。

为了使目标函数进一步完善，以完成总成本最小的目标，需要做如下约束：

①每条运输路线上各客户的货物需求量之和不得超过运输车辆的载重量。

②每条运输路线的长度不超过配送车辆一次运输的最大行驶距离。

③必须满足每个客户的货物需求，且只能由一台配送车辆为其送货（由于运输的均为冷链产品，并且由一个配送中心定期向各终端卖场进行货物的运送，终端卖场并没有可容纳一车以上的大型冷库）。

郑明的客户数量、配送点与配送点之间的运输时间、各个配送中心货物的需求量、各个路段的运输效率、单位时间冷链产品的腐败率等数据都来自大数据部门的海量历史数据分析。

（2）相关参数描述。

K——配送中心可以使用的配送车辆数；

N——客户的数量；

f^k——第 k 部车辆的固定成本；

F_0——每部车辆的固定成本；

d_{ij}——运输车辆在（ij）路段上行驶的距离；

C——车辆的单位运输距离的成本；

x_{ij}^k——0，1变量，若第 k 部车辆经过路段（ij），则 $x_j^k=1$，否则，$x_j^k=0$；

P——冷链物流易腐食品的单位成本；

x_j^k——0，1变量，若第 k 部车辆为第 j 个客户服务，则 $x_j^k=1$，否则 $x_j^k=0$；

$\bar{b}_j$——服务顾客 j 在运输途中冷链产品腐坏数量的期望值；

L_k——第 k 部车辆出发时产品的装载量；

t_{ij}——服务完客户 i 前往客户 j 时所花费的时间；

t_{ok}——第 k 部配送车辆离开配送中心开始配送的出发时间；

t_i——到达顾客 i 的时间点；

s_j——j 客户所需货物的数量；

Q_1——单位时间内由于冷藏车厢体内与外界温差导致的因热量传导而产生的能源损耗；

Q_2——为客户服务时热量侵入的成本比例；

v——车辆的行驶速度；

r_j——第 k 部车辆服务于第 j 个客户的服务时间；

Y_k——第 k 部车的容量限制；

α——车辆提早到达客户的惩罚函数；

β——车辆延迟到达顾客的惩罚函数。

5.5.2.2 模型构建及求解

（1）模型中成本因素的确定及分析。

①运输效果成本。包括固定成本和运输成本。

固定成本：包括司机的工资，运输车辆的折旧费用等，假设一个配送中心有 K 辆车服务于 N 个顾客并且每个车辆的固定成本 $f^k(k=1,2,3,\cdots,K)$，假设 $f^1=f^2=\cdots=f^k=F_0$，则总的固定成本公式就为：

$$C_{11} = \sum_{k=1}^{K} f^k = F_0 \tag{5-12}$$

运输成本：与运输的距离有关，所以表示为：

$$C_{12} = \sum_{k=1}^{K}\sum_{i=0}^{N}\sum_{j=0}^{N} Cd_{ij}x_{ij}^k \tag{5-13}$$

②货损成本。本方案假设产品运送过程中能保持在固定的运送温度下，并在不考虑其他的影响因素的条件下，可假设配送时冷链产品的腐败仅与运送时间有关。另外，由于服务顾客时，后车厢门开启，会加剧产品腐败的速度。随着开启时间的长短与开启频率不同，会对冷链产品品质造成不同程度的影响。故本方案分为两种情况对生鲜产品的腐坏进行分析：一类为运送途中因运送时间累积，冷链产品腐败所造成的货损损失；另一类则是在服务顾客时，因车辆车厢门的开启造成空气的对流，车厢内的冷空气流出外界热空气流入，使得车厢内的温度上升，造成冷链产品品质急速下降而造成货损，如图5-6所示。

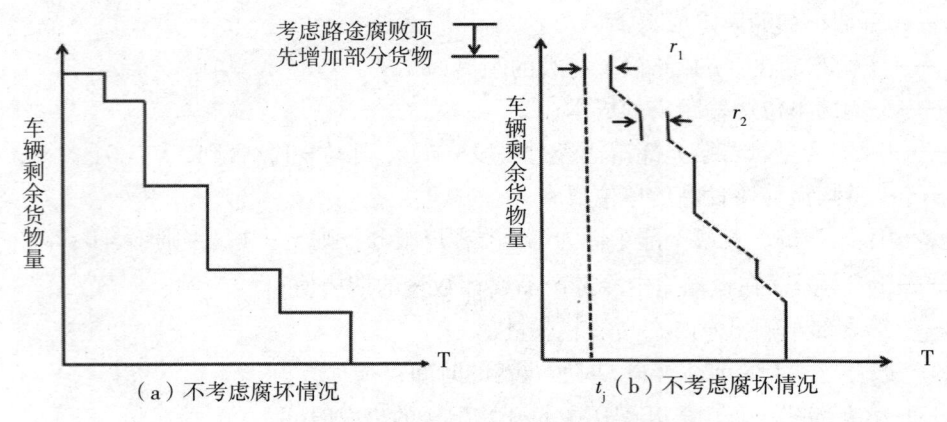

（a）不考虑腐坏情况　　　　　　（b）不考虑腐坏情况

图 5-6　考虑与不考虑产品腐败示意图

图 5-6 中，R_j 为顾客的服务时间长度（$r_0 = 0$），t_j 为运输车辆到达顾客的时间点，图显示出冷链产品在配送途中腐败（图中虚线）分为两部分，一为在配送途中所造成的腐败，另一斜率较大的线段则为在运输车辆到达顾客端替顾客服务时，因车辆车厢门的开启造成空气的对流，使得车厢内的温度上升，造成冷链产品品质急速下降产生的货损。

冷链产品在运输途中因腐败所造成的期望总货损成本为：

$$C_2 = P \sum_{K=1}^{K} \sum_{j=1}^{N} x_j^k \bar{b}_j \tag{5-14}$$

令车辆服务顾客时车厢门开启造成的货损损失概率为 $G(s_j)$，其中 s_0 可视为配送中心出发时运输车辆上的产品总量。在此假设 $G(s_j) = 0$，即不考虑配送中心产品的腐坏情况，并假设冷链产品的腐败的累积概率密度函数为 $F(0)$。货损损失的计算如图 5-7 所示。

图 5-7 中 $f(t)$ 为生鲜产品腐败的概率密度函数；s_1、s_2 分别为该车辆所服务第一位和第二位顾客的产品需求量；b_1、b_2 则分别是因服务其第一位和第二位顾客所造成的货损。运输车辆 k 在出发前往和服务其第一个顾客途中，车辆上冷链产品的数量为 L^k；运输车辆 k 服务完其第一个顾客，出发前往服务其第二个顾客时，车辆上产品数量为 $L^k - s_1 - b_1$。假设配送车辆 k 由配送中心出发即前往服务顾客，则服务顾客 i 的腐败产品期望为：

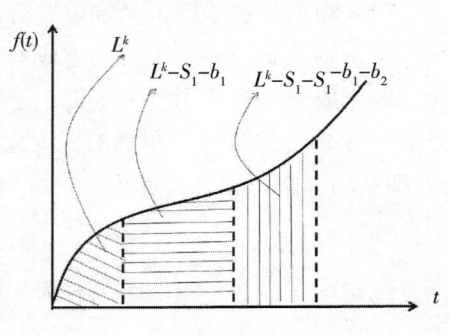

图 5-7　货损成本计算示意图

$$\bar{b}_1 = L^k \times \left[\int_{t_{ok}}^{t_1+r_1} f(t)dt + G(s_i) \right] \tag{5-15}$$

假设产品在各车辆出发配送前均未开始腐败，即 $F(t_{ok}) = 0$，则式（5-15）可改写为：

$$\bar{b}_i = L^k \times [F(t_i - t_{ok} + r_i) + G(s_i)] \tag{5-16}$$

若第 k 部配送车辆服务完顾客 i 后，接着服务顾客 j，则服务完顾客 i，出发前往顾客 j 时，配送车辆上的产品数量为 $L_i^k = L_o^k - s_1 - b_1$，其中 $L_0^k = L^k$ 则服务顾客的期望腐败产品数量为：

$$\bar{b}_j = L_i^k \times [F(t_j - t_{ok} + r_j) - F(t_i - t_{ok} + r_I + G(s_i)] \tag{5-17}$$

第 k 部配送车辆服务完顾客 j 后,剩余产品数量为 $L_j^k = L_i^k - \bar{b}_j - s_j$。则 L_j^k 必须大于等于 0,否则顾客 j 无法加入该路径中。在式(5-16)两边都乘以 x_{oi}^k;可求得各配送车辆所服务的第一个顾客的期望腐败产品数量 x_{ij}^k,其余路线的其他顾客的期望腐败产品数量则可在(5-17)式等号两边乘上 x_{ij}^k 求得。

③冷藏车的冷却成本。冷藏车辆的冷却成本主要由于冷藏车厢体内与外界的温差所造成的热传导和服务客户期间冷藏车门开启造成的热侵入所造成的。我们假设冷藏车辆的体积大小、装备设施一致,并且配送单一种类的货物,设一天当中不同时刻的气温变化忽略不计。所以,冷却成本仅与货物运输的里程数和服务客户的货物需求量有关。计算公式为:

$$c_3 = \theta_1 \frac{\sum_{k=1}^{K}\sum_{j=1}^{N}\sum_{i=1}^{N} x_{ij}^k d_{ij}}{v} + \theta_2 \sum_{k=1}^{K}\sum_{j=1}^{N} x_{jk} r_{jk} \quad (5-18)$$

(2)冷链运输车辆调度基本模型构建。综上所述,我们可以构建冷链物流运输车辆调度的基本模型为:

$$\min Z = c_{22} + c_{22} + c_2 + c_2 = \sum_{k=1}^{K} F^k \sum_{k=2}^{K}\sum_{i=1}^{N}\sum_{j=0}^{N} c d_{ij} x_{ij}^k + P \sum_{k=1}^{K}\sum_{j=1}^{N} x_j^k \bar{b}_j +$$
$$\left(\theta_1 \frac{\sum_{k=1}^{K}\sum_{j=0}^{N}\sum_{i=0}^{N} x_{ij}^k d_{ij}}{V} + \theta_2 \sum_{k=1}^{K}\sum_{j=1}^{N} X_{ij} r_{jk} \right) \quad (5-19)$$

约束条件:

$$\sum_{i=1}^{K} x_j^k = \begin{cases} K, i = 0 \\ 1, i = 1, 2, \cdots, N \end{cases} \quad (5-20)$$

$$\sum_{k=1}^{K}\sum_{i=0}^{N} X_i^k = K \quad (5-21)$$

$$\sum_{i=0}^{N} x_{ij}^k = X_j^k, j = 0,1,2,\cdots,N; k = 1,2,\cdots,k \quad (5-22)$$

$$\sum_{i=0}^{N} x_{ij}^k = X_i^k, j = 0,1,2,\cdots,N; k = 1,2,\cdots,k \quad (5-23)$$

$$\sum_{i=0}^{N}\sum_{j=0}^{N} X_{ij} = 2N \quad (5-24)$$

$$\sum_{k=1}^{K}\sum_{i=0}^{N} x_i^k s_i \leq y_k \quad (5-25)$$

$$x_{oi}^k \bar{b}_1 = X_{oi}^k L^K \times [F(t_i - t_{ok} + r_i) + G(S_i)] \quad (5-26)$$

$$X_{ij}^k \bar{b}_j = X_{ij}^k L_i^k \times [F(t_j - t_{ok} + r_J) - F(t_i - t_{ok} + r_i) + G(S_i)] \quad (5-27)$$

其中:

式(5-20)表示每个客户只被一辆车服务,且每条路径的起止点均为配送中心;

式(5-21)表示每部车辆都被使用,没有处于闲置状态;

式(5-22)、式(5-23)表示每个需求点的车辆的流量守恒限制;

式(5-24)表示每个客户都被服务到;

式(5-25)表示车辆的容量限制;

式（5-26）、式（5-27）表示腐坏产品数量计算的期望值。

5.5.2.3 冷链精益物流运输优化实施

本方案选取配送中心的 12 个客户为例，包括配送中心在内共 13 个点作为物流节点，配送中心及客户的名称、代码、位置坐标等信息见表 5-1。

表 5-1 节点信息表

序号	名称	信息
0	上海郑明现代物流配送中心	(60, 140)
1	麦当劳一号冷库	(30, 140)
2	麦当劳二号冷库	(30, 36)
3	肯德基一号冷库	(48, 96)
4	肯德基二号冷库	(52, 120)
5	光明一号冷库	(92, 154)
6	光明二号冷库	(92, 66)
7	蒙牛一号冷库	(94, 100)
8	蒙牛二号冷库	(108, 100)
9	伊利一号冷库	(44, 160)
10	伊利二号冷库	(20, 54)
11	云润冷库	(108, 32)
12	哈根达斯冷库	(130, 88)

由于路段的实际距离与空间坐标距离有一定的差异性，根据通常经验：中心与客户，客户与客户的最短距离通过公式 =1.2× 近似计算，经计算得到各节点间的距离矩阵见表 5-2。

表 5-2 各节点间距离矩阵

	0	1	2	3	4	5	6	7	8	9	10	11	12
0	0	47.6	127	54.7	25.8	41.9	96.7	63	75	30.7	113.8	141.8	104.6
1	47.6	0	94.4	30.5	27.4	88.5	94.1	78.6	95.1	57.7	73	135.8	124
2	127	94.4	0	72.6	101.8	154.7	72	100.5	112.1	148.9	32.3	81.7	124.7
3	54.7	30.5	72.6	0	29.2	87.4	63.9	55.4	72.2	76.9	60.6	105.3	98.9
4	25.8	27.4	101.8	29.2	0	63	80.6	55.8	71.4	49	88	125.2	101.2
5	41.9	88.5	154.7	87.4	63	0	105.6	64.8	67.6	58	147.9	147.7	91.4
6	96.7	94.1	72	63.9	80.6	105.6	0	40.9	45.1	126.7	87.6	45.1	52.7
7	63	78.6	100.5	55.4	55.8	64.8	40.9	0	16.8	93.7	104.6	83.3	45.5
8	75	95.1	112.1	72.2	71.4	67.6	45.1	16.8	0	105.3	119.2	81.6	30.1
9	30.7	57.7	148.9	76.9	49	58	126.7	93.7	105.3	0	130.4	171.7	134.6
10	114	73	32.3	60.6	88	147.9	87.6	104.6	119.2	130.4	0	108.8	138.2
11	142	135.8	81.7	105.3	125.2	147.7	45.1	83.3	81.6	171.7	108.8	0	72.2
12	105	124	124.7	98.9	101.2	91.4	52.7	45.5	30.1	134.6	138.2	72	0

配送中心的 12 个客户的需求量、服务时间、客户要求的具体时间窗见表 5-3。

表 5-3 需求量、服务时间、客户时间窗

客户编号	需求量（千克）	服务时间（小时）	时间窗上界	时间窗下界
1	1.2	0.3	8：00	17：00
2	2	0.5	8：00	10：30
3	1.2	0.3	8：00	17：00
4	1.5	0.4	8：00	12：00
5	1.4	0.4	8：00	8：30
6	0.6	0.2	8：00	17：00
7	1.1	0.3	8：00	17：00
8	1.8	0.5	8：00	10：45
9	0.9	0.2	8：00	8：30
10	1.6	0.4	8：00	13：00
11	1.4	0.4	8：00	16：00
12	1.5	0.4	8：00	17：00

此配送中心配送的产品为冷冻产品，本方案假设此时段的融化为运送时的两倍，由于运送时间的融化已由 $F(x)$ 计算，在此仅加上开关后车门所造成易融食品的额外加速融化部分，为方案中涉及的其他参数值见表 5-4。

表 5-4 相关参数表

运输车辆的固定成本	150 元/次
运输成本	3 元/千米
单位时间内能源损耗成本	6 元/小时
车门开启时的能源损耗成本	12 元/小时
车辆等待费用	10 元/小时
客户延迟费用	100 元/小时
速度	60 千米/小时
产品价格	3.8 万元/公斤

在原始车辆调度的条件下，所需要的成本及时间见表 5-5。

表 5-5 方案优化前的运输成本

车辆	访问次序	运输效果成本（元）	货损成本（元）	冷却成本（元）	违反时间窗的惩罚成本（元）	行驶时间（小时）	装载量（吨）
1	0-1-0	153.3	15.6	21	0	1.5	1.3
2	0-2-0	350.5	17.6	49.7	0	4.3	1.5
3	0-3-0	180.4	15.2	18	0	1.3	1.2
4	0-4-0	168.4	11.3	15.8	0	0.8	1.4
1	0-5-0	150.9	15.3	35.5	0	2.1	2.1
2	0-6-0	240.4	14.2	39.2	0	3.6	1.1
3	0-7-0	230.6	9.2	36	0	3.3	0.8
4	0-8-0	176.3	14.2	39.5	0	3.6	1.5
1	0-9-0	150.3	8.8	10	0	0.5	0.9
2	0-10-0	299.3	14.3	52.4	0	4.6	2.1
3	0-11-0	360.3	11.3	47	0	4.1	1.2
4	0-12-0	290.7	10.5	46.3	0	3.9	1.1
总成本		2751.6（元）					

现对冷链物流运输车辆调度模型的算法求解，本方案所得的优化解见表 5-6。

表 5-6 方案优化后的运输成本

车辆	访问次序	运输效果成本（元）	货损成本（元）	冷却成本（元）	违反时间窗的惩罚成本（元）	行驶时间（小时）	装载量（吨）
1	0-5-8-12	545.9	36.2	48	0	4.1	4.7
2	0-9-6-7-11-0	992.6	65.4	62.4	0	7.1	4
3	0-2-10-0	565	33.4	43.8	0	4.6	3.6
4	0-4-3-1-0	235.7	29.6	41.4	0	1.9	3.9
总成本		2339.4（元）					

通过大数据，对以往郑明公司运输货物的运输效果成本、路线分析、路况分析以及配送中心对货物需求的分析，运用新建立的郑明冷链精益物流运输系统，通过对成本和时间的计算，可以得出运输成本节约了 412.2 元，运输时间减少了 15.9 个小时。本方案的优化路线如图 5-8 所示。

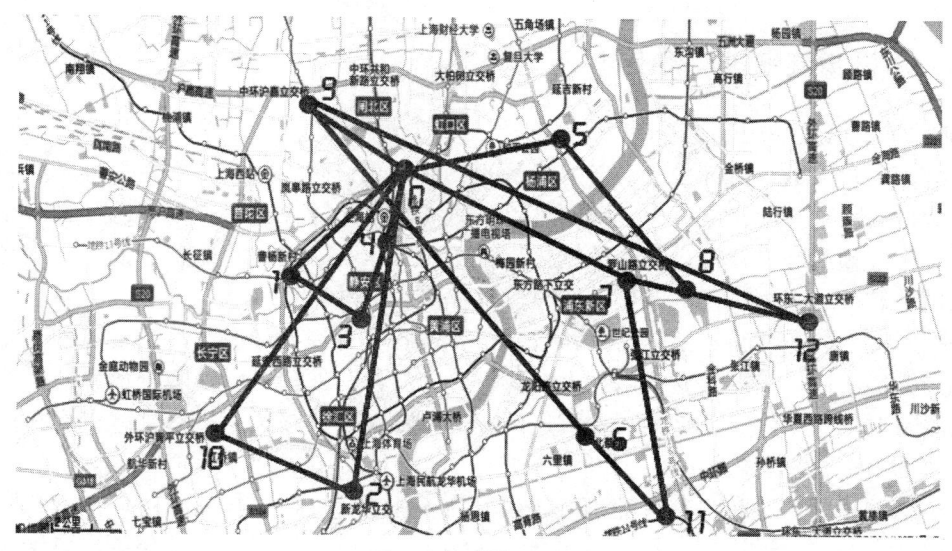

图 5-8 优化线路图

5.6 冷链物流配送系统优化设计

5.6.1 基于精益思想的配送优化思路

基于精益思想来控制配送成本的策略主要有简化订单处理、优化配送作业、建立健全信息系统，提高配送效率以及推进配送作业的计划等。

订单处理是企业的核心业务，是指从接受订货到发运交货，并包括受理客户收到货物后反映的处理单据的全过程。因为这能缩短配送时间，减少订单处理费用，从而降低配送成本。优化配送作业的目的是提高配送效率，降低配送成本，加快流通速度，尽量减少资金占用，把低成本、高效率、优质服务作为合理化作业的目标，实施配送合理化作业。借助于现代信息系统的构筑，一方面使各种物流作业或业务处理能准确、迅速地进行；另一方面，能由此建立起物流经营战略系统，具体地是通过将企业定购的意向、数量、价值等信息在网络上进行传输，从而使生产、流通全过程的企业或部门分享由此带来的利益，充分对应可能发生的各种需求，进而调整不同企业间的经营行为和计划。

以无线网络通信技术为基础的物联网技术，郑明冷链配送人员根据冷链订单做好货物配装，郑明冷链信息中心根据收集起来的订单客户、车辆和道路信息，实时用节约里程法计算出最优路径。冷链配送人员据此进行配送，避免了交通拥堵，实现合理化配送运输，提高冷链产品送达的准时性。

5.6.2 冷链物流配送优化设计

5.6.2.1 问题描述

各大超市每天数以万计的交易产生大量的交易时间、商品价格、购买数量、商品属性等交易数据，从这些海量数据中，郑明可以实时准确地进行各类超市和餐饮排名和相关产品数量的需求预测，进行用户行为数据分析，得到用户所需的产品信息，便于开展订单处理和仓储装卸等一系列工作的开展，同时可以提高客户的满意度。

根据以上的分析所得的数据再对路线进行合理的安排规划，由于配送量不同，各个配送地点的距离不同，需要对这些数据进行新一轮的分析和处理。同时联合信息监控系统提供的道路实时信息状况，反馈给正在配送的车辆，随时更改路线，以达到减少配送成本和提高效率的最终目标。

基于精益思想，对客户进行配送时运用节约里程法合理地安排路线可以节约成本，提高配送效率，在实际运用中，根据超市和实时路况产生的大数据对产品相关信息和路线作出对应的调整，以满足客户的需求和郑明的要求。

5.6.2.2 优化步骤

配送线路的优化一般采用节约法。节约里程法的基本思路是由一辆车装载所有客户的货物，沿一条优选的线路，依次逐一将货物分送到各个客户，既保证给客户按时送货又节约行驶里程，节省运输费用。具体步骤如下：

（1）形成初始解。初始解满足顾客的需求，而且所有的约束条件，如车辆载重量的限制、车辆总数的限制等也能得到满足。基本的初始解为直送式配送，即不考虑线路合并的一对一的配送模式，配送中心对每个客户的送货点均指派一辆车或多辆车完成配送。

（2）进行节约度的计算。即两个客户之间的里程节约度为这两个客户节点分别到配送中心的里程之和减去客户节点之间的距离。

（3）对节约度从大到小进行降序排列。

（4）进行回路的合并。从节约度排序表找出产生该节约度的两个客户节点 i、j，并判断连接 i、j 的回路是否存在合并的可能性。

5.6.3 冷链物流配送优化实施

5.6.3.1 配送线路设计

以与郑明合作的光明乳业为例。郑明在上海的物流配送中心在图 5-9 中的 P 点，$A \sim H$ 为客户所在地，括号内的数字为配送量，单位为吨，线上的数字为配送中心到客户的距离，单位为千米。为了尽量缩短车辆运行距离，必须求出最佳配送路线。假设现有可以利用的车辆是最大装载量为 2 吨和 5 吨的两种厢式货车。

第一步：首先计算出相互之间最短距离。根据图 5-9 中配送中心至各用户之间，用户与用户之间的距离（详见表 5-7、表 5-8），得出配送路线最短的距离矩阵（表 5-9）。

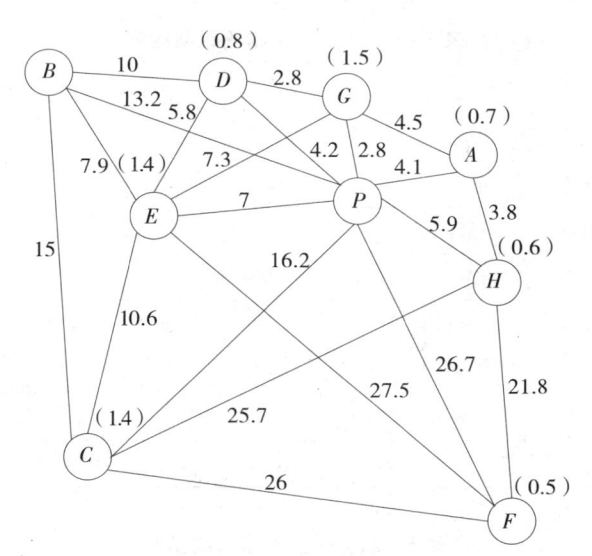

图 5-9 配送中心的网络配送图

表 5-7　上海郑明公司的地址分布

配送中心	配送中心地址
配送中心 A	上海市闵行区龙吴路 5268 号
配送中心 B	上海市松江区临富路 1 号
配送中心 C	上海市普陀区长寿路 433 弄
配送中心 D	久远路 200 号

表 5-8　上海光明鲜奶地址

分店名称	分店地址
光明鲜奶屋 A	塘沽路 207 附近
光明鲜奶屋 B	银翔路 888 弄 5 号
光明鲜奶屋 C	上海市松江区
光明鲜奶屋 D	大华三路 4 号
光明鲜奶屋 E	清峪路 55-9 附近
光明鲜奶屋 F	闸航路附近
光明鲜奶屋 G	上海市闸北区普善路 1026 号
光明鲜奶屋 H	黄家路

第二步：从最短距离矩阵中计算出各用户之间的节约里程表 5-10 所示。

表 5-9 最短配送路线距离矩阵

	P	A	B	C	D	E	F	G	H
A	4.1								
B	13.2	17.3							
C	16.2	20.3	15						
D	4.2	7.3	10	16.4					
E	7	11.1	7.9	10.6	5.8				
F	26.7	25.6	39.9	26	30.9	27.5			
G	2.8	4.5	12.8	17.9	2.8	7.3	29.5		
H	5.9	3.8	19.1	22.1	10.1	12.9	21.8	8.3	

表 5-10 配送路线节约里程

	A	B	C	D	E	F	G	H
B	0							
C	0	14.4						
D	1	7.4	4					
E	0	12.3	12.6	5.4				
F	5.2	0	16.9	0	6.2			
G	2.4	3.2	1.1	4.2	2.5	0		
H	6.2	0	0	0	0	10.8	0.4	

第三步：对节约里程按大小顺序排列，见表 5-11。

表 5-11 配送线路节约里程排序表

序号	连接点	节约里程	序号	连接点	节约里程
1	C—F	16.9	10	A—F	5.2
2	B—C	14.4	11	D—G	4.2
3	C—E	12.6	12	C—D	4
4	B—E	12.3	13	B—G	3.2
5	F—H	10.8	14	E—G	2.5
6	B—D	7.4	15	A—G	2.4
7	E—F	6.2	16	C—G	1.1
8	A—H	6.2	17	A—D	1
9	D—E	5.4	18	G—H	0.4

第四步：组合成配送线路图。最终解共有三条配送路线，运行距离为113.2公里，需要2吨汽车2辆，5吨汽车1辆。其中，配送路线Ⅰ：5吨汽车1辆，运行距离30.5公里，装载量为4.1吨；配送路线Ⅱ：2吨汽车1辆，运行距离13.8公里，装载量为1.3吨；配送路线Ⅲ：2吨汽车1辆，运行距离68.9公里，装载量为1.9吨，如图5-10所示。

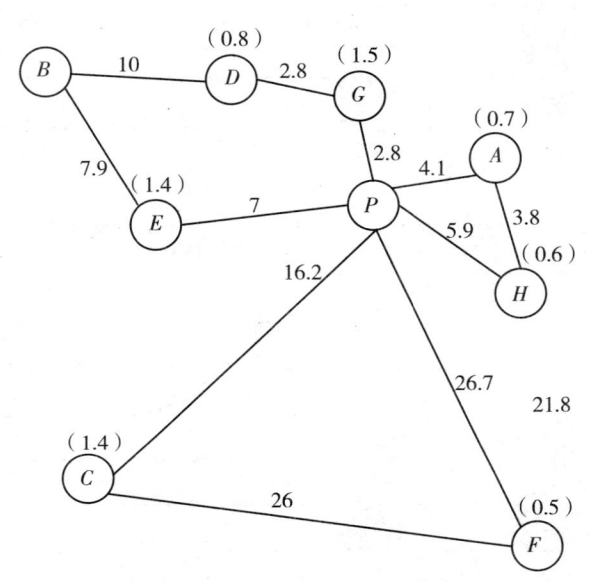

图5-10 配送中心最佳配送路线

5.6.3.2 配送效率评价

（1）车辆一般在途时间计算。

①物流中心到配送运输线路区域中心的时间 $T_1 = S_1/V_1$。其中，S_1 为物流中心到配送运输线路区域中心的距离；V_2 为配送车辆从物流中心到配送运输线路区域中心的平均速度，这里取上海市快速道路平均速度60km/h，这里取郑明公司物流中心即为配送中心P，所以 T_1 取0。

②配送运输线路区域中心到本线路区域内各零售点的总时间 $T_2 = \sum_{i=1}^{n} 2S_{2i}/V_2$。其中，$n$ 为本线路区域内零售点的总数；S_{2i} 为配送运输线路区域中心到本线路区域内各零售点的距离；V_2 为配送车辆从配送运输线路区域中心到本线路区域内各零售点的平均速度，这里取上海市一般道路平均速度40km/h。根据公式算出 $T_2 = 4.005h$。

③各零售点停车配送的总时间 $T_3 = nt$。其中，n 为本线路区域内零售点的总数；t 为各零售点停车配送的平均时间，这里取郑明公司长期统计的平均数据30分钟（0.5h）。这里 $T_2 = 4h$。

④综上，某一具体配送运输线路的在途时间 $T = 2T_1 + T_2 + T_3 = 8.005h$。

（2）精益物流时间计算。同上 $T_1 = 0$，$T_3 = 4$，总路程 $S = 113.2km$，$T_2 = 2.83h$。$T = 6.83h$。节约了路程46.8km，时间1.175h。

精益配送实施前后路程、时间对比见图5-11、图5-12。

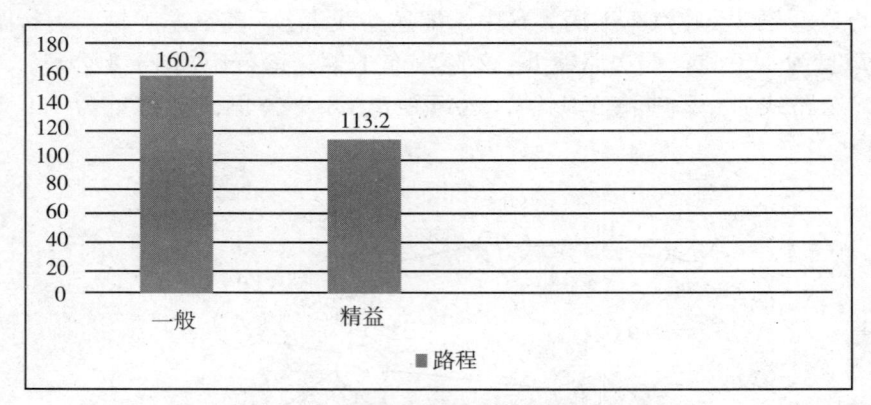

图5-11 精益配送实施前后路程对比图

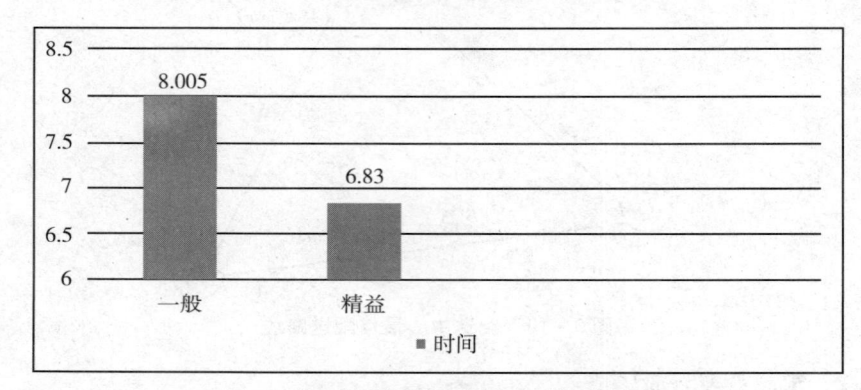

图5-12 精益配送实施前后时间对比图

5.7 冷链精益物流监控系统设计

5.7.1 冷链物流业务流程分析

5.7.1.1 冷库业务流程分析

郑明冷库作业流程如图5-13所示，流程描述为：

①冷库管理员根据进货订单对入库单、货物数量、质量、价格等进行审核。
②审核未通过的订单，一律不得入库，送到待检区域；合格入库单登记入库。
③登记入库的货物，进行分类码放在相应的货架，便于库内管理。
④在库的冷链产品，进行温度、湿度、防害等品质维护，清理出过期、变质产品。
⑤定期对在库产品进行盘点。
⑥审核出库单，通过后，备料包装。
⑦复核准备出库产品，无误后发运。

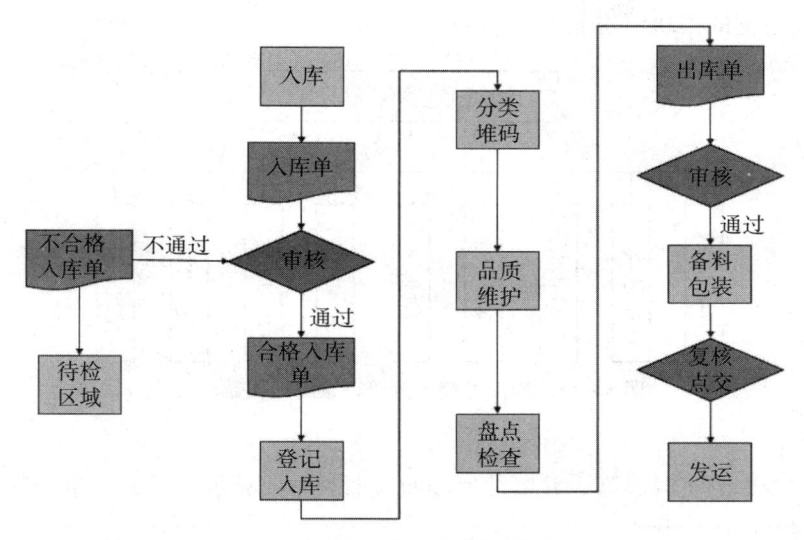

图 5-13 冷库业务流程图

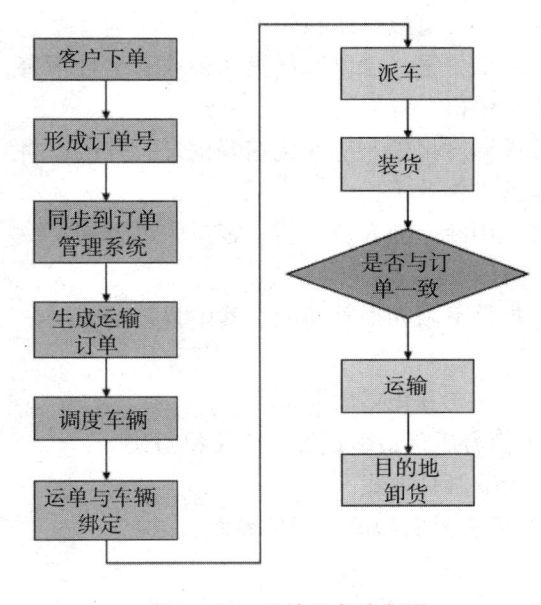

图 5-14 运输业务流程图

5.7.1.2 运输业务流程分析

郑明冷链运输作业流程如图 5-14 所示，流程描述为：

①客户根据自身需求下单至冷库订单处理中心，郑明公司客服人员接到订单通知后根据订单要求将基础信息录入至郑明订单管理系统形成响应订单号。

②订单信息同步到管理平台后经过初步处理会生成相应的运单。

③车辆调度系统根据订单内容调度合适车型的车辆。

④司机接到订单后将运单与车辆绑定，同时到冷库月台装货发车。

⑤郑明冷链在途监控系统会对车辆全程的所有节点进行实时监控，包括规定到厂时间、规定到达客户时间、实际进厂/离厂时间、装卸货开始/结束时间、在途温度、在途状态等。

5.7.2 监控系统功能需求分析

5.7.2.1 在库监控功能分析

冷库温度监控管理系统的主要功能是测量所有冷库的当前温度值并判断是否报警、记录和分析下位机采集的冷库历史温度值、设置每一个冷库的报警上下限和报警功能，实现郑明冷库监控预警自动化。按照快捷、准确、方便、善于操作和识别的原则，设计出冷库温度监测管理系统的模块结构如图5-15所示。

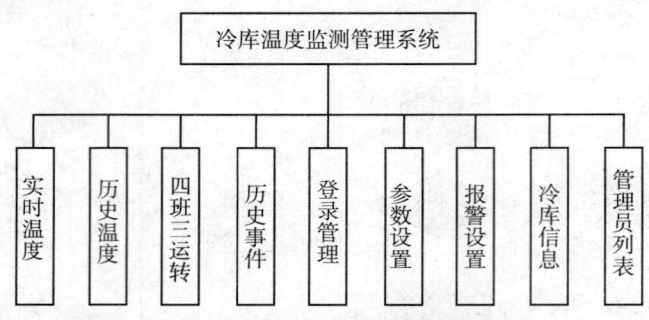

```
                冷库温度监测管理系统
    ┌────┬────┬────┬────┬────┬────┬────┬────┐
   实时  历史  四班  历史  登录  参数  报警  冷库  管理员
   温度  温度  三运  事件  管理  设置  设置  信息  列表
               转
```

图5-15 冷库温度监测管理系统模块结构图

系统功能：

（1）监控冷库的实时温度，并以数值和曲线两种方式显示，将每一个冷库的温度曲线表示用不同的颜色区分开。

（2）查看冷库的历史温度值，明确区分出超出报警上限和报警下限，以及化霜的温度值，曲线以不同的颜色区分，可以进行放大、缩小，并可以打印和导出。

（3）三种报警方式，声光报警、弹屏报警和短信报警，可以选择报一种或者多种报警方式，报警锁定画面，短信报警最多可以发送3个手机。

（4）可以查看冷库发送的所有事件，比如冷库温度报警、冷库化霜等信息。并可以将数据打印和导出，用于大数据分析评比最近厂里的工作效率。

（5）可以修改冷库名称、冷库的地理位置、租用冷库的客户名称、客户联系方式、冷库的储藏物等具体信息，并可以将此信息导出和打印。

（6）可以设置和查看每个冷库的报警上限、报警下限和报警功能，其中报警功能按钮要有总开关，并可以将此信息打印出来。

（7）可以设置和查看下位机的测量周期、记录周期和化霜周期。

（8）可以设置和查看GSM模块短信报警的电话号码，最多设置3个手机号码。

（9）历史温度读取可以选择自动读取和手动读取两种方式。

（10）权限管理。分为登录管理界面、管理员列表界面和退出管理界面。

5.7.2.2 在途监控功能分析

本监控系统重点应满足以下需求：

（1）全程监控运输过程中货物的温度值。

（2）全程监控运输过程中货物的外在状态。

（3）全程监控运输过程中车辆的地理位置。

（4）当运输的货物温度超过阈值时，发出警报，通知相关管理人员和随车人员进行处理，最大限度地减少运输过程中的损失。

（5）将运输过程中货物的温度数据、状态图片和地理位置信息发送回监控中心，实现远程端与监控中心的数据同步。

（6）监控中心接收车载终端发送的数据，并存入数据库，实现数据存储和备份，为以后查询和明确责任做好事实依据。

（7）当接收到的温度超过阈值时，给系统管理员发邮件通知。

（8）将车载终端传来的数据信息通过网站发布出去，使客户及时获得最新信息，随时掌握所运货物动态。

5.7.3 冷链物流监控系统总体设计

5.7.3.1 在途监控系统功能总体设计

冷链精益物流在途监控信息系统由车载终端和监控中心两个子系统组成，整体框架如图 5-16 所示。车载终端由数据采集、数据处理、数据传输三部分组成；监控中心由上位机接收程序、信息发布网站、数据库和服务器组成。数据采集使用串口摄像头、GPS 接收器、RFID 温度标签和 RFID 读写器，数据处理采用高效低耗的单片机作为微控制器，数据传输采用内嵌 TCP/IP 协议的 GPRS 模块。单片机用 AT 指令控制 GPRS 模块，将采集到的信息通过 GPRS 网络和 Internet 发回监控中心。监控中心的上位机程序采用 Socket 套接字编程，负责监听端口，并将接收到的数据存入数据库，信息发布网站通过 Web 服务器将货物的温度和车辆地理位置信息发布出去。用户可以使用连接到 Internet 的计算机或手机，登录网站查询货物信息。

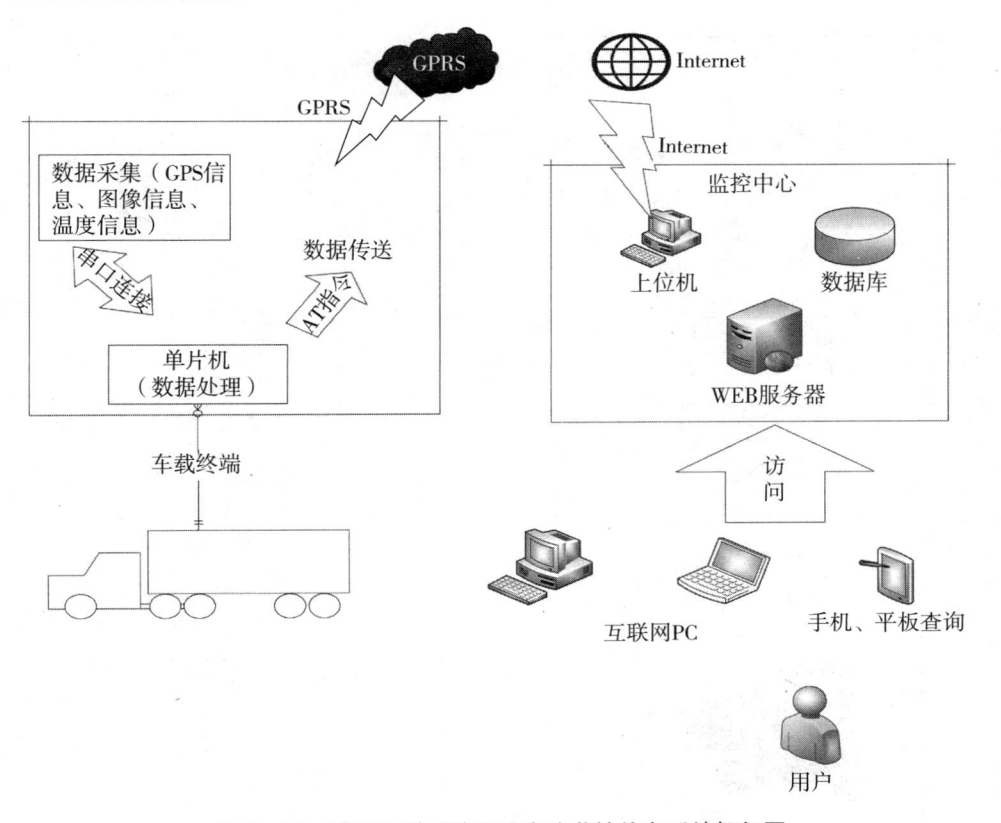

图 5-16 基于物联网的物流在途监控信息系统框架图

5.7.3.2 在库监控系统功能总体设计

冷链精益物流在库监控系统采用大型关系数据库 SQL Server，下位机采集板通过温度传感器采集的数据提取到了上位机中，因冷库厂房距监控室较远，本系统采用 485 总线进行数据传输，RS845 协议具有远距离、高灵敏度、多点通讯、结构简单的特点，适用于通讯的应用。上位机传送到数据库中进行处理、储存。

郑明公司冷链物流监控信息系统包含基于大数据下的冷库温度监控信息系统和基于物联网的冷链运输监控信息系统两部分。基于大数据下的冷库监控信息系统通过测量所有冷库的当前温度值并判断是否报警、记录和分析下位机采集的冷库历史温度值以及设置每一个冷库的报警上下限和报警功能，实现郑明冷库监控预警自动化。通过对货物历史温度值和冷库历史事件的大数据分析，确立该品类货物最佳储存温度和保存措施。基于物联网下的冷链运输监控信息系统，运用物联网技术，通过对运输过程中的冷藏车厢内货物的温度信息、图片信息的采集和冷藏车的地理位置信息的采集，并传输到监控中心，对数据进行处理加工。在运输过程中，如果冷链产品温度超过允许的范围，将会触发蜂鸣器发出警报，通知随车人员进行处理。对于在监控中采集、储存的大量温度、位置等数据，运用大数据技术，对采集的冷库中和运输途中的数据进行挖掘处理。郑明冷库监控信息系统框架设计如图 5 – 17 所示。

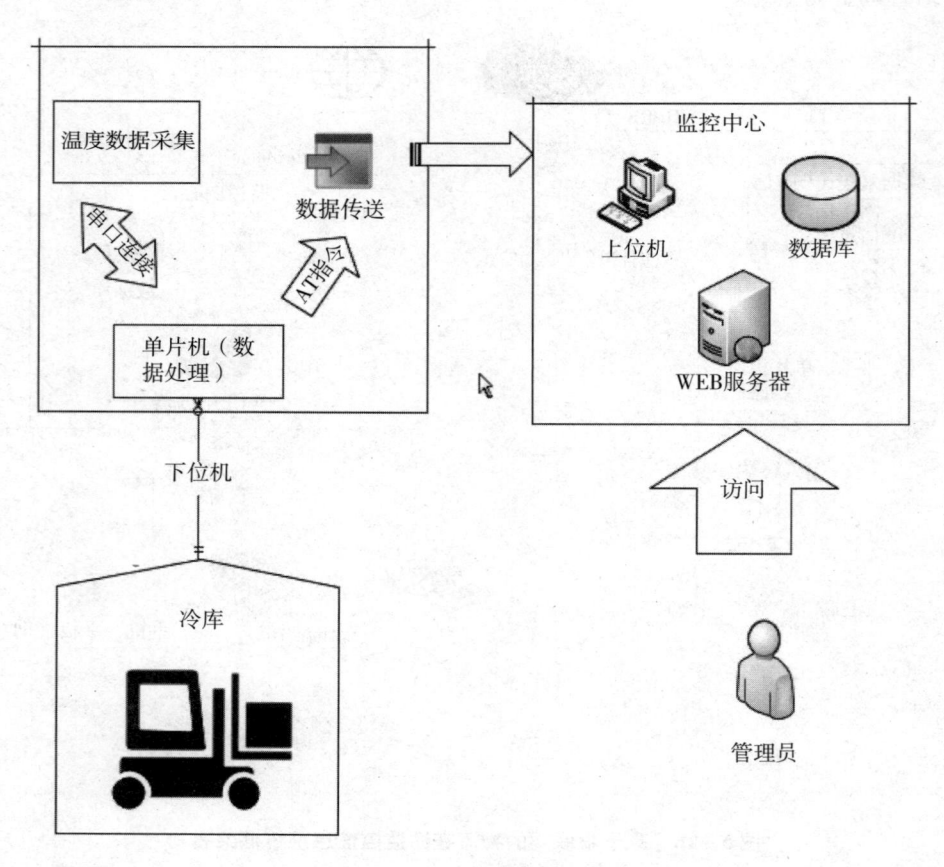

图 5 – 17 冷库系统框架图

▶ **方案总结**

基于大数据的视角,以精益思想为指导,根据郑明冷链物流的实际运作情况,以"提高效率"和"降低成本"为目标,通过对郑明冷链物流订单处理、冷链物流仓储、冷链物流运输、冷链物流配送和冷链物流监控五个部分的精益化来改善郑明冷链物流系统,具体如下:

(1) 订单精益处理。通过郑明每季冷链订单出入库频率的分析,利用反映市场需求变化的真实而有效的数据,预测市场可能出现的冷链订单需求,对郑明冷链订单出入库作业进行精准决策;构建订单分批优化模型,进行订单动态路径优化设计,缩短冷链订单拣选路径,提高郑明冷链配送中心拣选效率。

(2) 仓储精益管理。应用 SLP 法设计、调整各功能区布局,利用生鲜产品出入库次数大数据和遗传算法优化货位分配,减少移动浪费,避免交叉迂回,提高出入库效率;引入 RFID 技术,根据冷链仓储产品移动大数据、位置大数据和状态大数据,为郑明冷链仓储作业流程提供有效决策,实现郑明冷链仓储可视化管理和精准高效作业。

(3) 运输精益管理。建立以成本最小化为目标函数的车辆调度模型,并用改进的禁忌搜索算法来解决对时间、成本均有严格要求的冷链物流运输车辆调度问题。根据大数据提供的车辆信息进行实时车辆调度。

(4) 配送精益管理。通过节约里程法,以大数据为手段,在确定的需求下,保证货物准时到达客户指定地点,尽可能地缩短运输时间和减少运输的总里程,实现最佳路线的冷链配送目标,从而提高配送效率,降低成本。

(5) 监控精益管理。采用 RFID、GPS 定位系统、SQL Server 大型关系数据库等技术,通过对在途监控系统和在库监控系统的建设,对冷链产品的温度、状态、位置等信息监控,并在温度、状态异常情况下报警,通知相关管理人员和随车人员进行紧急处理。

▶ **复习思考**

1. 如何设定冷链物流系统设计目标?
2. 在进行各子系统设计时的数量模型该如何选择?
3. 冷链物流的实施着重需要考虑哪些问题?

第6章 仓储流程优化方案设计

▶背景介绍

此方案节取自"邯运杯"第二届全国大学生物流设计大赛获奖作品《基于快速响应的邯运仓储流程重组方案》（有删节）。该方案的背景案例为"邯运杯"第二届全国大学生物流设计大赛案例，详见中国物流与采购教育网（www.clpp.org.cn）。在学习本方案前，需要预先阅读"邯运杯"第二届全国大学生物流设计大赛案例。

▶学习要点

- 熟悉仓库布局优化
- 熟悉库存策略与库存控制
- 熟悉配送路径优化
- 熟悉共同配送模式

▶方案摘要

本方案在分析案例的基础上，从邯运仓储业务流程入手，融入快速响应的理念，提出了基于快速响应的邯运仓储流程重组方案。方案致力于邯运仓储业务流程的重组，使其达到快速响应的要求，从而为客户提供快捷的服务。在具体实施过程中，对邯运仓储分别从"软件支撑"和"硬件支撑"两个方面进行业务重组，其中软件支撑方面涉及邯运仓储快速响应信息系统（HWQR）的设计开发和绩效评价体系的建立两个部分；硬件支撑方面涉及仓库布局优化、分拣作业优化、库存管理、运输配送优化等四个部分。

6.1 仓库布局优化

6.1.1 设计目标及原则

6.1.1.1 设计目标

仓库的布局优化在物流管理中起到至关重要的作用。良好的仓库布局不仅能提高存储效率，而且能为应对快速响应的客户服务提供坚实的硬件条件。

本方案通过对最优货架、最优设备配置、最优货物分配等的优化设计，达到了仓库存储与提取的快速响应，为客户提供高效的服务。

6.1.1.2 设计原则

（1）统一协调原则：仓库布局的优化与仓库的各项作业流程统一协调，以提高存储效率。

（2）快速响应原则：能够将货物快速有效的存储和提取。

（3）仓库利用率最大原则：使仓库的利用率不断提高。

6.1.2 优化模型

6.1.2.1 最优货位和货架的确定

在"凯蒂服饰"的案例中仓库的基本结构已经确定，即 40m * 60m。接下来讨论货位、货架布局决策，即确定货架上的货位数量、所用货架的数量，Joseph Bassan、Yaakov Roll 和 MeirJ Rosenblatt 为此所提出的一些公式和决策规则来解决这一类问题。

（1）数学模型。为方便研究，假设如下变量：

L—— 库存空间的长度，例如托盘的宽度（米）；

d—— 用库存单位（如托盘）表示的仓库年吞吐量（需求），假定一种产品占用一个空间单位（产品数/年）；

C_h—— 一个长度单位的库存货物的物料搬运成本（元/米）；

a—— 一个巷道的宽度（米），假定所有的巷道宽度相同；

C_s—— 每一单位仓库面积的年成本（水、电、维护）（元/平方米）；

C_p—— 每一长度单位外墙的年维护成本（元/米）；

k—— 库存空间内的总库存容量；

w—— 双面货架的宽（米）；

h—— 垂直方向上的储存层数。

Joseph Bassan、Yaakov Roll 和 MeirJ Rosenblatt 为此所提出的公式：

最优货位数量为：

$$m = \frac{1}{L}\sqrt{\left(\frac{2dC_h + 3ac_s + 2c_p}{dc_h + 2c_p}\right)\left[\frac{k(w+a)L}{2h}\right]} \qquad (6-1)$$

双面货架的最优数量为：

$$n = \frac{1}{w+a}\sqrt{\left(\frac{dC_h+2c_p}{3dc_h+3ac_s}\right)\left[\frac{k(w+a)L}{2h}\right]} \quad (6-2)$$

（2）问题数据分析。

①预计月吞吐量 84 000 箱（84 000 * 2 = 168 000 个托盘）。

②托盘尺寸 1 200mm * 1 000mm。

③托盘背对背码放，宽度为 1.2m * 2 = 2.4m。

④巷道宽为 3m。

⑤假设平均出入库搬运成本为 0.15 元/件。

⑥假设年仓库空间费用为 1.5 元/m^2。

⑦外墙的年周长维护费用为 80 元/m。

⑧总库容量达到 2 万个货位。

（3）计算过程。根据 Joseph Bassan，Yaakov Roll，和 MeirJ Rosenblatt 提出的最优货架空间和货架最优数量的公式，并结合实际问题中相关数据，可得：

$$m = \frac{1}{1.2}\sqrt{\left(\frac{2\times200\ 000\times0.15+3\times3\times1.5+2\times80}{200\ 000\times0.15+2\times80}\right)\left[\frac{20\ 000\times(2.4+3)\times1.2}{2\times2}\right]} \approx 212$$

$$n = \frac{1}{2.4+3}\sqrt{\left(\frac{200\ 000\times0.15+2\times80}{3\times200\ 000\times0.15+3\times3\times1.5}\right)\left[\frac{20000\times(2.4+3)\times1.2}{2\times2}\right]} \approx 19.29 \approx 20$$

因此，通过上面的计算，得出：最优货位数量和双面货架数量分别为 212 个和 20 个。

6.1.2.2 仓库容量及最优堆码方式分析

（1）仓库容量分析。仓库容量也就是仓库能储存货物的数量。对于"凯蒂服饰"这个案例来讲，目前每个月约有 43 900 箱、共计 522 万件服装的仓库储存量，根据对业务量的预测，5 年后仓库容量要达到 84 000 箱、1 000 万件。目前每天发货 127 家，预计将来发货要达到 300 家。现在每月作业量约 200 万件（包括出、入库作业及退货返回），作业量虽然很大，但是将来作业量还要大幅度提高，如表 6-1 所示。

表 6-1 邯运邯运仓库每月存储货物

项目	目前	预计
库存储存区箱数	29 300	
提货区箱数	8 600	
未上货架箱数	6 000	
合计	43 900	84 000

通过上面的描述，可以得出结论：仓库的最小容量为 84 000 箱时才能满足未来 5 年的发展需求。

（2）堆码方式分析。目前的堆码方式主要有三种，一是直接堆码，即将货箱直接堆放；二是托盘堆码，即利用托盘直接堆放；三是货架托盘堆码，即利用托盘和货架进行有序堆放。由于堆放的方式不同,因此对仓库的容量也会产生不同的结果,但最终必须满足最小容量的要求。

①直接堆码方式。假设:存储区面积为 S,存储区面积利用率为 a,一个包装箱的占地面积为 S_1,堆码标准层数为 b,仓库容量为 Q_1(单位为箱),则:

$$Q_1 = \frac{S \cdot a \cdot b}{S_1} \qquad (6-3)$$

由案例中提供的数据得:$S = 4\,800\,\mathrm{m}^2$、$S_1 = 0.70 \times 0.45 = 0.315\,\mathrm{m}^2$;在这里用 $a = 60\%$ 和 $b = 5$ 来计算。

代入式(6-3),可得 $Q_1 = \dfrac{4\,800 \times 0.6 \times 5}{0.315} \approx 45\,714.2857 \approx 45\,714 < 84\,000$。

因此,这一方案不能满足未来的需求。

②托盘堆码方式。不同的托盘对存储区的利用率有很大的影响,因此最优的托盘对提高仓库的利用率起到至关重要的作用。

步骤一:求出每种托盘上货箱的最大摆放数量。

设:托盘长为 L,宽为 W,货箱长为 L_1,宽为 W_1。

货位在托盘上的存放方式一般有两种,一是托盘长 L 优先按货箱长为 L_1 存放,L 剩余部分按 W_1 存放;二是托盘宽为 W 优先按货箱长为 L_1 存放,W 剩余部分按 W_1 横放,如图 6-1 所示。

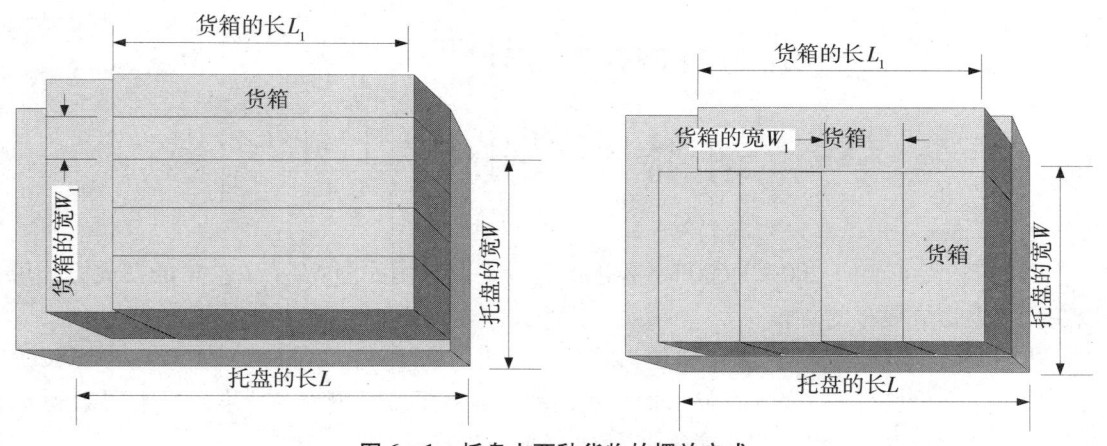

图 6-1 托盘上两种货物的摆放方式

A. 如图 6-1(左),在此情况下,可以得到:

托盘上可以横放货箱的个数 $m = \left[\dfrac{L}{L_1}\right] \times \left[\dfrac{W}{W_1}\right]$([ ] 表示取整数,下同)

托盘上可以竖放货箱的个数 $n = \left[\dfrac{W}{L_1}\right] \times \left[\dfrac{L - \left[\dfrac{L}{L_1}\right] \times L_1}{W_1}\right]$

则整个托盘放货箱的个数 $a_1 = m + n = \left[\dfrac{L}{L_1}\right] \times \left[\dfrac{W}{W_1}\right] + \left[\dfrac{W}{L_1}\right] \times \left[\dfrac{L - \left[\dfrac{L}{L_1}\right] \times L_1}{W_1}\right]$ (6-4)

B. 如图 6-1（右），在此情况下，可以得到：

托盘上可以竖放货箱的个数 $n = \left[\dfrac{L}{W_1}\right] \times \left[\dfrac{W}{L_1}\right]$

托盘上可以横放货箱的个数 $m = \left[\dfrac{L}{L_1}\right] \times \left[\dfrac{W - \left[\dfrac{W}{L_1}\right] \times L_1}{W_1}\right]$

则整个托盘放货箱的个数 $a_2 = m + n = \left[\dfrac{L}{W_1}\right] \times \left[\dfrac{W}{L_1}\right] + \left[\dfrac{L}{L_1}\right] \times \left[\dfrac{W - \left[\dfrac{W}{L_1}\right] \times L_1}{W_1}\right]$ （6-5）

因此，可以得到货箱在托盘上的最多摆放个数 $q = \max(a_1, a_2)$（取最大值）。

由案例中数据得知：

$L_1 = 0.70\text{m}$，$W_1 = 0.45\text{m}$，并代入托盘长为 $L = 1.20\text{m}$，宽为 $W = 1.0\text{m}$。

$$a_1 = m + n = \left[\dfrac{1.2}{0.7}\right] \times \left[\dfrac{1.0}{0.45}\right] + \left[\dfrac{1.0}{0.7}\right] \times \left[\dfrac{1.2 - \left[\dfrac{1.2}{0.7}\right] \times 0.7}{0.45}\right] = 3$$

$$a_2 = m + n = \left[\dfrac{1.2}{0.45}\right] \times \left[\dfrac{1.0}{0.7}\right] + \left[\dfrac{1.2}{0.7}\right] \times \left[\dfrac{1.0 - \left[\dfrac{1.0}{0.7}\right] \times 0.7}{0.45}\right] = 2$$

$L_1 = 0.70\text{m}$，$W_1 = 0.45\text{m}$，并带入托盘长为 $L = 1.10\text{m}$，宽为 $W = 1.10\text{m}$。

$$a_1 = m + n = \left[\dfrac{1.1}{0.7}\right] \times \left[\dfrac{1.1}{0.45}\right] + \left[\dfrac{1.1}{0.7}\right] \times \left[\dfrac{1.1 - \left[\dfrac{1.1}{0.7}\right] \times 0.7}{0.45}\right] = 2$$

$$a_2 = m + n = \left[\dfrac{1.1}{0.45}\right] \times \left[\dfrac{1.1}{0.7}\right] + \left[\dfrac{1.1}{0.7}\right] \times \left[\dfrac{1.1 - \left[\dfrac{1.1}{0.7}\right] \times 0.7}{0.45}\right] = 2$$

则 $q = \max(3, 2) = 3$（箱）

由此得出，采用 $1\,200 \times 1\,000\text{mm}$ 标准的托盘，并采用如图 6-1（左）的摆放方式可以在托盘上摆放更多的货箱。

步骤二：计算仓库容量 Q_2（单位为箱）。

假设：存储区面积为 S，存储区面积利用率为 β，托盘面积为 S_1，堆码标准层数为 b，托盘上摆放货箱的数量为 q，仓库容量为 Q_2（单位为箱），则：

$$Q_2 = \dfrac{S \cdot \beta}{S_1} \cdot b \cdot q \tag{6-6}$$

由案例中提供的数据得知：$S = 4\,800\text{m}^2$，$S_1 = 1.20 \times 1.00 = 1.20\text{m}^2$；在这里，用存储区面积利用率达到 60% 计算，即 $\beta = 60\%$ 和 $b = 5$ 来计算。

代入式（6-6），可得 $Q_2 = 36\,000 < 84\,000$

因此，可以看到这一方案也不能满足未来的需求。

③货架托盘堆码方式。第三种方式和第二种方式的基本结构相似，只是在仓库面积的利用率上有所不同。第三种方式的利用率可以估算为 $\beta = \dfrac{2l}{2l+3}$，其中 l 表示托盘的长（在

这里用1.2m计算），3表示巷道的宽，则仓库的容量 $Q_3 \approx 26\,400 < 84\,000$。

因此，这一方案也不能满足未来的需求。

由此可见，三种堆码方式都不能满足未来5年内业务的需求，从邮运战略发展的角度来看，应扩建或重建仓库。在这里，为满足快速响应的要求，选用货架托盘堆码方式。

6.1.2.3 基于模糊评价法的最优设备配置

在仓库有限的空间中，对各类设备进行最优配置，不仅能使空间利用最大化，而且还能降低成本，使仓库各项业务能有效进行，从而提高服务质量。

（1）装卸搬运设备配置的原则。装卸搬运设备的配置直接影响装卸搬运的工艺流程与效率。为保证装卸搬运设备系统的高效、经济，在进行设备配置时应遵循如下原则：

①适用性与先进性原则。

②经济性与系统性原则。

（2）评价的指标体系。装卸搬运设备的配置要根据作业要求、作业环境及设备的工作性能等进行综合评价，在进行评价时，可采用以下性能指标。

①经济性。主要考查设备的购置、使用、维修等在经济上是否合理，应从机械的全寿命周期费用角度考虑。

②技术性能。主要考查设备的各项功能技术指标是否满足相应的作业要求，主要从设备的动力性、机动性、人机适应性、可靠性等方面综合衡量。

③作业适应性。指设备适应作业的程度，主要针对作业场所、作业对象及作业方式来衡量，一般应从库房适应性、物资适应性、单机作业适应性等几方面综合考查。

④环境适应性。指装卸搬运设备在一定的工作环境下发挥其效能的适应能力，一般应从设备作业所处环境的温度、湿度、路况等方面综合考虑。

⑤维修性。设备在预定的维修级别上，由具有规定的技术水平的人员，利用规定的程序和资源进行维修时，保持或恢复到规定状况的能力，主要从设备维修的难易及设备性能恢复的程度两方面考查。

⑥安全性。指设备在作业过程中易发生事故的程度，一般从人员、物资和机械本身安全角度来衡量。

⑦特殊作业要求。对于一些要求在特殊的作业环境和作业方式下作业的设备，这项指标主要考查设备适应特殊作业的能力，应根据具体要求进行具体分析处理。

（3）评价体系数学模型。模糊评价法是应用模糊集理论对一个系统进行评价的方法，其评价的对象可以是系统的各种替代方案。本书中主要是通过模糊评价获得各种备选设备的优先顺序，为设备的选用提供决策依据。模糊评价法对设备选优的主要方法与步骤如下：

①邀请有关专家组成评价小组。小组成员一般不超过10人，可邀请机械管理人员、操作维护人员、财务人员及有关决策领导参与。

②确定评价项目集和评价尺度集。机械优选的主要评价项目集即为机械的经济性、技术性能、作业适应性、环境适应性、维修性、安全性、特殊作业要求能力。评价尺度集 $E = (e_1, e_2, e_3, \cdots, e_m)$，采用5级评价尺度即为 0.9（$e_1$），0.7（$e_2$），0.5（$e_3$），0.3

(e_4), 0.1 (e_5)。

③确定评价项目的权重 W，可根据小组讨论，利用层次分析法确定评价项目的权重 $W = (w_1, w_2, w_3, w_4, w_5, w_6, w_7)$。

④按照已确定的评价尺度，对不同机械类型的评价项目进行模糊评定，并计算隶属度矩阵，其计算方法为

$$R_k = (r_{ij}^k) = \begin{bmatrix} r_{11}^k & r_{12}^k & r_{13}^k & r_{14}^k & r_{15}^k \\ r_{21}^k & r_{22}^k & r_{23}^k & r_{24}^k & r_{25}^k \\ r_{31}^k & r_{32}^k & r_{33}^k & r_{34}^k & r_{35}^k \\ r_{41}^k & r_{42}^k & r_{43}^k & r_{44}^k & r_{45}^k \\ r_{51}^k & r_{52}^k & r_{53}^k & r_{54}^k & r_{55}^k \\ r_{61}^k & r_{62}^k & r_{63}^k & r_{64}^k & r_{65}^k \\ r_{71}^k & r_{72}^k & r_{73}^k & r_{74}^k & r_{75}^k \end{bmatrix} \quad (6-7)$$

$$r_{ij}^k = d_{ij}^k / d \quad (6-8)$$

式中：d——参加评价的人数；

d_{ij}^k——对评价方案的第 i 个评价项目做出 e_j 个评价尺度的人数；

计算方案模糊综合评价向量 S_k，$S_k = WR_k$；

计算方案的优先度 N_k，$N_k = S_k E^T$。

(4) 模糊评价法在叉车选优配置中的应用。对叉车的比较分析如表 6-2 所示。

表 6-2 比较分析表

设备名称	性能	适用范围	优点	缺点
内燃叉车	机动性好，是应用最广泛的叉车；功率大，尤其是重、大吨位的叉车	适用于大吨位货物的转运	适合恶劣工况，补充燃料时间短	噪声大，排放废气
电瓶叉车	具有操作容易，无废气污染，适合在室内作业	室内作业，随环保要求的提高，需求有较快的增长，尤其是中、小吨位的叉车。	洁净，噪声小	价格高，充电时间长
人力叉车	轻巧灵活、易操作、回转半径小、价格低	适用于短距离水平运输，低频次低高度升降，方便而经济的搬运工具。	灵活，占地小	效率低

经过小组讨论，将主要评价项目的权重确定为 $W = (0.20 \quad 0.20 \quad 0.20 \quad 0.10 \quad 0.10$

0.10 0.10），评价尺度确定为 $\boldsymbol{E}^{\mathrm{T}} = \begin{bmatrix} 0.9 \\ 0.7 \\ 0.5 \\ 0.3 \\ 0.1 \end{bmatrix}$，备选设备为方案 1：人力叉车；方案 2：电瓶叉车；方案 3：内燃叉车。并邀请了 5 名专家做了模糊评定。

其评定结果如表 6-3 所示。

表 6-3　评价统计表

评价项目	权重	评价尺度				
		0.9	0.7	0.5	0.3	0.1
经济性	0.20	(3, 0, 1)	(1, 5, 2)	(1, 0, 2)	(0, 0, 0)	(0, 0, 0)
技术性	0.20	(0, 2, 4)	(1, 3, 1)	(1, 0, 0)	(3, 0, 0)	(0, 0, 0)
作业适应性	0.20	(0, 3, 4)	(1, 1, 1)	(0, 1, 0)	(4, 0, 0)	(0, 0, 0)
环境适应性	0.10	(0, 1, 2)	(2, 1, 3)	(2, 3, 0)	(1, 0, 0)	(0, 0, 0)
维修性	0.10	(1, 0, 0)	(4, 1, 1)	(0, 2, 4)	(0, 2, 0)	(0, 0, 0)
安全性	0.10	(0, 0, 1)	(2, 3, 1)	(2, 2, 3)	(1, 0, 0)	(0, 0, 0)
特殊作业要求能力	0.10	(0, 1, 3)	(0, 2, 2)	(1, 1, 0)	(3, 1, 0)	(1, 0, 0)

注：括号内三个数分别代表人力叉车、电瓶叉车、内燃叉车的评定人数。

① 计算隶属度矩阵。

方案 1：

$$\boldsymbol{R}_1 = \begin{bmatrix} 3/5 & 1/5 & 1/5 & 0 & 0 \\ 0 & 1/5 & 1/5 & 3/5 & 0 \\ 0 & 1/5 & 0 & 4/5 & 0 \\ 0 & 2/5 & 2/5 & 1/5 & 0 \\ 1/5 & 4/5 & 0 & 0 & 0 \\ 0 & 2/5 & 2/5 & 1/5 & 0 \\ 0 & 0 & 1/5 & 3/5 & 1/5 \end{bmatrix}$$

方案 2：

$$\boldsymbol{R}_2 = \begin{bmatrix} 0 & 1 & 0 & 0 & 0 \\ 2/5 & 3/5 & 0 & 0 & 0 \\ 3/5 & 1/5 & 1/5 & 0 & 0 \\ 1/5 & 1/5 & 3/5 & 0 & 0 \\ 0 & 1/5 & 2/5 & 2/5 & 0 \\ 0 & 3/5 & 2/5 & 1/5 & 0 \\ 1/5 & 2/5 & 1/5 & 1/5 & 0 \end{bmatrix}$$

方案3：

$$R_3 = \begin{bmatrix} 1/5 & 2/5 & 2/5 & 0 & 0 \\ 4/5 & 1/5 & 0 & 0 & 0 \\ 4/5 & 1/5 & 0 & 0 & 0 \\ 2/5 & 3/5 & 0 & 0 & 0 \\ 0 & 1/5 & 4/5 & 0 & 0 \\ 1/5 & 1/5 & 3/5 & 0 & 0 \\ 3/5 & 2/5 & 0 & 0 & 0 \end{bmatrix}$$

②计算模糊综合评定向量。由 Excel 中 MMULT 函数计算得出如下结果：

方案1：

$S_1 = WR_1 = (0.2, 0.2, 0.2, 0.1, 0.1, 0.1, 0.1) R_1 = (0.14, 0.28, 0.18, 0.38, 0.02)$

方案2：

$S_2 = WR_2 = (0.2, 0.2, 0.2, 0.1, 0.1, 0.1, 0.1) R_2 = (0.24, 0.5, 0.2, 0.08, 0)$

方案3：

$S_3 = WR_3 = (0.2, 0.2, 0.2, 0.1, 0.1, 0.1, 0.1) R_3 = (0.48, 0.3, 0.22, 0, 0)$

③计算优先度。

方案1：

$$N_1 = E^T S_1 = \begin{bmatrix} 0.9 \\ 0.7 \\ 0.5 \\ 0.3 \\ 0.1 \end{bmatrix} \times S_1 = 0.126$$

方案2：

$$N_2 = E^T S_2 = \begin{bmatrix} 0.9 \\ 0.7 \\ 0.5 \\ 0.3 \\ 0.1 \end{bmatrix} \times S_2 = 0.216$$

方案3：

$$N_3 = E^T S_3 = \begin{bmatrix} 0.9 \\ 0.7 \\ 0.5 \\ 0.3 \\ 0.1 \end{bmatrix} \times S_3 = 0.432$$

通过比较优先度 N_k，优先度高的就可以作为重点采用的机械设备。由以上计算可知：$N_3 > N_2 > N_1$，所以采用方案3，即选用内燃叉车。

6.1.2.4 基于蚁群算法的最优货位分配方案

(1) 目标。正确有效的货位分配,在缩短分配存储时间的同时,也降低了运作成本,这是仓库存储实现快速响应的基础。

(2) 货位分配的原则。

①存储单元规划。

②编号并输入仓储管理信息系统,并做成实体标签(牌),悬挂、粘贴在相应位置。

③存储单元分配原则。

④物品面向通道进行保管,尽可能码高。

⑤出货频率高的放在近处,出货频率低的放在远处。

⑥大型货物放在近处,小型的放远处;重的放近处,轻的放远处。

(3) 货物的堆码原则。

①同类产品按照生产日期,规格放在不同货位;有标签的标签面向通道;严禁倒置,严禁超出规定的层级堆码;不超过货架或托盘或地面的承重;托盘间距合理。

②储位卡设置(手工纸板或者信息化虚拟储位卡)。

③反映所存货情况的卡片;记录货物的名称,存取时间以及数量批号以及结数;严格记录。

(4) 货位分配问题描述。为了研究的方便,将货位分配问题做如下简化:将货位区划分成若干个单元,一个单元只能存放同一类货物,同一个单元允许存放不同规格的货物。货位优化涉及的问题很多,在这里以运输成本最低为原则,总体目标是使货物在仓库内运输成本最低。货物运输成本公式如下:

$$运输成本 = 该种货物的需求数量 \times 单位运输成本 \times 运输距离$$

在存储过程中,有这样一种特殊情况:一种货物的库存超过了一个单元的容量,同种货物存放在同一单元内。当一种货物必须占用一个以上单元时,称该种货物为分裂型(Split type)货物。为了方便研究,将一种分裂型货物视为几种独立的货物,分裂型货物的总需求和库存需求也相应地被分成几个部分。比如,如果一种分裂型货物的库存需求量等于1.5个单元的容量,那么,就将这种货物的库存需求分成1和0.5两个部分的容量。货物分裂处理后,会出现某两个或几种货物的库存总量加起来低于或等于一个存储单元的容量,这时仍然将它们分开存储显然浪费很多空间,因此,存储区允许一个单元存放几种不同的货物,但是为了方便操作和管理,一个存储单元只允许存放同一类货物。

(5) 货位分配问题的建模分析。设 K 个存储单元用来存放 I 类共 J 种货物,每种规格的货物只能存放在一个单元内,同类货位可以放在同一个单元内,要求总的运输成本最小。

为了描述方便,定义如下字符:

$j \in \{1, 2, \cdots, J\}$:表示货物的种类;

$i \in \{1, 2, \cdots, I\}$:表示货物的规格类型;

$k \in \{1, 2, \cdots, K\}$:表示存储单元;

R_i:表示属于第 i 类的货物集合;

Q_j：表示第 j 种货物的需求量；
D_k：表示从存储单元 k 到特定拣货区的距离；
N_j：表示第 j 种货物的单位运输成本；
S_j：表示 j 种货物的库存需求量；
C_i：表示一个存储单元对 i 类货物的容量。

决策变量：

$$x_{jk} = \begin{cases} 1, & \text{如果第 } j \text{ 种货物放在第 } k \text{ 单元} \\ 2, & \text{否则} \end{cases}$$

$$y_{jk} = \begin{cases} 1, & \text{如果第 } k \text{ 单元用来存放第 } i \text{ 类货物} \\ 2, & \text{否则} \end{cases}$$

对货物分配问题建立如下模型（用符号（P）表示）：

目标函数：

$$\min \sum_{k=1}^{K} \sum_{j=1}^{J} N_j Q_j D_k x_{jk} \qquad (6-9)$$

s. t.
$$\sum_{k=1}^{K} x_{jk} = 1 \quad j = 1, 2, \cdots, J \qquad (6-10)$$

$$\sum_{j \in R_i} S_j x_{jk} \leq y_{ik} C_i \quad i = 1, 2, \cdots, I; k = 1, 2, \cdots, K \qquad (6-11)$$

$$\sum_{i=1}^{I} y_{ik} \leq 1 \quad k = 1, 2, \cdots, K \qquad (6-12)$$

式（6-10）表示每种货物只能放在一个存储单元内；

式（6-11）表示不能超出一个存储单元的容量；

式（6-12）表示每个单元只能存储同一类货物。

（6）求解策略。该类问题被证明是 NP-hard 问题，当数量超过一定规模时，求解该问题的最优解是不现实的。因此，根据问题的特点分两个阶段求解：第一阶段是将空间分配到各类货物，并根据第二阶段结果进行调整；第二阶段是根据给定的存储空间对各类货物进行分组和布局。反复进行上述两个阶段，直到获得满意的解。

对于第二阶段的第 i 类子问题，建立如下数学模型（用符号（SP_i）表示）：

目标函数：

$$\min \sum_{k=1}^{K} \sum_{j=1}^{J} N_j Q_j D_k x_{jk} \qquad (6-13)$$

s. t.
$$\sum_{k=1}^{K} x_{jk} = 1 \quad j \in R_i \qquad (6-14)$$

$$\sum_{j \in R_i} S_j x_{jk} \leq y_{ik} C_i \quad k \in H_i \quad H_i = \{k \mid y_{ik} = 1\} \qquad (6-15)$$

如果 x^* 是模型（SP_i）的一个最优解，那么由 x^* 推导出来的将货物存入存储单元的方案是相应装箱问题的一个最优解。因此，可以将仓库存储单元分配问题转换成装箱问题求解。

（7）基于装箱问题的求解方案。

①装箱问题（Bin-packing Problem，简称 BPP）描述为：假定有 n 种货物和 m 个相同

的箱子，每个箱子的最大固定容量为 l，最终问题是要用最少的箱子装完这些货物。

②求解过程。将仓库存储单元分配问题转换成装箱问题求解，仓储货位最优布局的存储单元数等于最优装箱问题的箱子数。最优存储单元数既是模型（SP_i）的最优解，又是模型（P）的最优解。

设某类货物 i 中最小库存需求量为 s^i，$i \in \{1, 2, \cdots, I\}$ 把该类货物中库存需求量和最小库存需求量之和不大于 C_i 的货物种类称为一个组合型，T_i 为第 i 类货物中组合型的集合，$T_i = \{s \mid S_s + S^i \leq C_i, s \in R_i\}$。对 T_i 中的元素可以进行组合，即将两种及以上的组合型货物合并成一个组，放在同一个单元。那么，一个组 g 的需求费用为该组中所有组合型的需求费用之和：

$$N_g Q_g = \sum_{f \in L(g)} N_f Q_f \tag{6-16}$$

其中 $L(g)$ 为该组中组合型的集合。将其他每种非组合型的货物也称作一个组。对于一个给定的装箱组合，显然，需求费用最大的组放在离拣货区最近的单元得到最优布局。

因此，满足约束条件式（6-12）的装箱问题的最优解就是仓库存储单元分配模型（P）的一个最优解。从而，可以先将仓库存储单元问题模型降解为一个带约束条件式（6-12）的装箱问题，即将仓库存储单元分配问题模型降解为求如何满足约束条件式（6-12）的条件下将所有组合型货物进行分组，使组数最少，然后再用目标函数式（6-9）去衡量这些解的质量，将具有最好质量的解作为仓库存储单元分配问题模型的解。

③解的定义。在 ACO 算法中，蚂蚁依序访问每一类组合型的集合 T_i，将 T_i 中的每个组合型 s 看作一个节点，经过每个节点仅一次的一条路径就代表了装箱问题的一个解。对于每一条路径，将按以下方法得出问题的一个解，即对所有组合型的一个分组：从第一个组开始构造，将路径上的组合型依次放入该组，当遇到某个组合型不能放入该组时（超出存储单元的容量），则重新构造一个新的组……如此下去，直到最后一个组合型被放入一个组为止。

④解的构造。每只蚂蚁按一定规则来构造③中所描述的一条路径，一条路径就代表了问题的一个解。蚂蚁依序访问每一个类，每访问一个新的类时，便从该类的组合型中随机选出一个组合型，开始构造一个组。蚂蚁 k 选择一个组合型 l，便计算当前组 b 是否已满，若当前组已满，则在下一步时从还未访问的且与 l 同类的组合型中随机选取一个组合型，开始构造一个新的组；否则，蚂蚁 k 在下一步时，按一下公式来选取组合型 s 加入组 b 中：

$$s = \begin{cases} \arg\max_{u \in G(L,b)} \{\tau_b(u) \cdot [\eta(u)]^\beta\}, & \text{如果 } q \leq q_0 \\ j, & \text{否则} \end{cases} \tag{6-17}$$

其中，$\tau_b(u)$ 为 b 组中 u 节点处的信息强度，$h(u)$ 为 u 节点处的启发信息，它衡量了下一个节点对蚂蚁的吸引程度，$\arg\max()$ 函数保证了蚂蚁向全局方向的移动。$G(L, b)$ 为当前组剩余的容量。q 为一个均匀分布在区间 $[0, 1]$ 内的随机数，q_0 为一个区间 $[0, 1]$ 内的可调参数，j 由式（6-12）所给出的概率来选择。

$$P_k(L, b, j) = \begin{cases} \dfrac{\mid \tau_b(j) \mid \cdot \mid \eta(j) \mid^\beta}{\sum_{g \in G(L,b)} \mid \tau_b(g) \mid \cdot \mid \eta(g) \mid^\beta}, & \text{如果 } j \in G(L, b) \\ 0, & \text{否则} \end{cases} \tag{6-18}$$

$$\tau_b(j) = \frac{\sum_{i \in b} \tau(i,j)}{|b|} \qquad (6-19)$$

在这里，采用先适合下降法 FFD（First Fit Decreasing）来构造问题的初始解。首先将组合型按类排序，然后将每一类中的组合型按库存需求量从大到小排列，这样就形成③中所说的一条路径。最后按③中的方法将路径转化为问题的一个解，该解即为初始解。设 T_j 为初始解的目标函数值，让信息素初始强度 $t_0 = (j \cdot T_j)^{-1}$。

⑤信息素更新。为了避免残留信息过多而引起的残留信息淹没全局最优解，一个蚁群中的每只蚂蚁对所有节点访问后，必须对残留信息进行更新处理。主要有全局信息素更新和局部信息素更新两种形式。

A. 全局信息素更新。在 ACO 算法中，只有找到当前最好路径的蚂蚁才允许释放信息素，当所有蚂蚁都完成一次路径时，便按照以下公式更新信息素水平：

$$\tau(r,s) = \tau(s,r) = \rho \cdot \tau(s,r) + (L_{ab})^{-1} \qquad (6-20)$$

其中，$\tau(r,s)$ 为蚂蚁通过支路 (r,s) 所留下来的信息素强度，$0 < \rho < 1$ 是信息素残留参数，其中 L_{ab} 为算法当前为止最好路径的长度。

B. 局部信息素更新。每当蚂蚁访问了一个组合型 l，设 l 属于组 b，$A(b)$ 为组 b 内现有组合型的集合，假设 $A(b) - l$ 不为空集，则进行如下局部信息素更新：

$$\tau(r,l) = \tau(l,r) = \rho \cdot \tau(l,r) + \tau_0, \quad \forall r \in A(b) - l \qquad (6-21)$$

因此，通过蚁群算法来不断得到最优货位的分配，从而在存储货物方面缩短了响应时间。

6.1.3 优化模型评价及改进

6.1.3.1 最优货位和货架的确定

在"凯蒂服饰"案例中，得到最优货位数量和双面货架的最优数量分别为 212 个和 20 个。

Joseph Bassan、Yaakov Roll 和 MeirJ Rosenblatt 为最优货位和货架提出的一些公式和决策规则，是建立在最优成本的基础之上的。结论基本满足"凯蒂服饰"案例中对库存的需求。

从案例本身的角度来讲，提供的数据不足。从模型上来讲，案例中没有的数据（比如年仓库空间费用等）采用的是物流行业一般性数据，得出的最后结论可能与邯运的实际情况有出入。

充分调查当地物价，结合当地实际情况重新计算，并做相应调整。

6.1.3.2 仓库容量及最优堆码方式分析

为达到快速响应的要求，最优堆码方式为货架托盘堆码方式，并根据"凯蒂服饰"案例中的实际情况得出了每个托盘上最优可放 3 个货箱。同时，为满足未来 5 年的发展需求，邯运集团需要重建或扩建仓库。

堆码方式的优化不仅可以提高仓储利用率，而且可以提高作业效率。对于邯运集团而言，重建或扩建仓库是其战略发展的需求。

由于案例数据的不足和未来 5 年中有很多不确定因素，该结论不一定是最优结论。

在未来的发展当中不确定因素还很多,应当时时关注行业发展,做充分的市场调查,然后做出最优结论。比如库存需求量是天天变化的,案例提供的数据并不是未来 5 年的精确数据,还应做进一步统计分析。

6.1.3.3 基于模糊评价法的最优设备配置

选用内燃叉车。

对模型而言,模糊评价法是目前最常用的评价方法,能够正确反映设备的经济性、技术性、作业适应性、环境适应性、维修性及安全性,全面考虑到了设备各方面的性能。

评价小组应该由行业专家、企业机械管理员、操作维护员、财务人员及决策领导等组成。由于种种原因,本队只邀请了部分专家进行模糊评定。同时评价项目的权重是根据行业一般情况,再根据快速响应的要求做了相应的调整,由于对邯运具体情况掌握不全面,所以不一定是最有效的权重划分。

邀请各方面人员组成一个合理的评审小组,并根据邯运实际情况对各项权重做调整。

6.1.3.4 基于蚁群算法的最优货位分配方案

本方案的研究应用到邯运仓储布局,具有重要意义。

仓储布局经过优化以后,货物的存取更合理,缩短了货物在库内的流动时间,节省了存取货物的成本,同时更好地为客户提供服务。

ACO 算法在求解复杂优化问题方面具有较强的优越性,证明它是一种很有发展前景的算法。但是,ACO 算法是一种概率算法,从数学上对它们的正确性与可靠性的证明还是比较困难的,所做的工作也比较少。作为一种全局搜索算法,ACO 算法能够有效地避免局部极优。但同时,对大空间的多点全局搜索,却不可避免地增加搜索所需要的时间。同时算法中的 Q,m,ρ,β,α 等参数的确定准则还有待于进一步的研究。

如上所述,ACO 算法在理论上还有待进一步研究,同时本方案还缺乏软件系统的支持,有待进一步开发。

6.2 分拣作业优化

6.2.1 设计目标

本方案在整体上引入快速响应的概念,将快速响应的思想贯穿于设计的整个过程中,得出基于快速响应的物流系统。本节着重从分拣作业角度进行业务重组,设计了一套完整的分拣作业流程,解决了邯运集团案例中的分拣问题,包括分拣区域划分,分拣单位确定,分拣路径选择,分拣模式及分拣方法选择,相应方法下的分拣工具选择等问题。

第三方物流业务是邯运集团的一大业务。邯运旗下,天信运业发展运贸一体化,开展运输、仓储、装卸、配送等物流业务;飞马快运承运手机、电脑、电器、铁件、模具、标准件、汽车牌照、证件、票据、合同等多类货物,提供快递、包装服务、仓储分拣上门接货、送货上门等一条龙服务;河北快运从事医药、日用百货、卷烟、陶瓷、化工产品的物流配送,以及凯蒂服饰的分拣、配送业务。

今天的邯运集团正在快速发展，立足邯郸，覆盖全国，走向国际，做大做强。正是邯运集团战略发展的关键时期，随着业务的不断扩展，邯运集团物流业务面临着重大的机遇和挑战。战略发展时期，面临着成本，流动资金等问题，同时更重要的是邯运业务本质的变化需要。技术的不断创新，消费者和客户个性化需求的多样化和普遍化等，都对邯运的业务效率和服务质量提出了前所未有的高要求——快速响应。然而邯运旗下现阶段从事物流业务的子、分公司普遍存在效率跟不上的问题：飞马快运——员工抱怨工作量大，工资低，人工搬运劳动强度大、搬运速度慢，仓库不足跟不上速度；河北快运对凯蒂服饰提供服务的现状——现有人力物力只能勉强完成配货要求，员工抱怨工作量大，夏季将至，业务量将翻一倍，人力成本大，如何保证配送跟得上？

事实上，案例中提到的这些问题只是问题的表象，出现各种问题的根源主要是集团业务流程本身存在问题，而在仓库中的各项作业流程更是存在较大的问题，技术和管理方式落后，因而无法高效流畅的完成公司业务，无法在多变的市场上做到高质量的快速响应服务。由案例可以看出，从分拣业务入手进行业务重组能很好地提高集团物流作业的效率和质量。邯运集团物流业务范围广泛，急需一套规范的分拣作业流程来指导分拣工作。

6.2.2 分拣流程优化

6.2.2.1 分拣作业背景

对于主要从事物流业务的邯运集团而言，要达到快速响应的目标，首先配送业务应做到快速响应是毋庸置疑的。而配送的主要功能要素就是必要的分货、配货等工作，这些工作都是集中在仓库内实现的，这也就成了仓库的核心。

仓库的作业流程如图6-2所示。整个作业流程都是围绕拣货作业进行的。

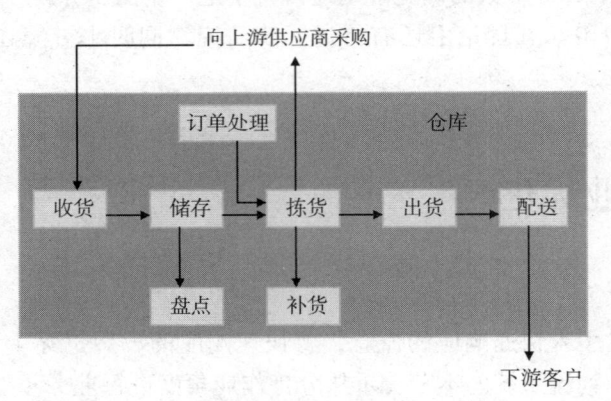

图6-2 仓库作业流程图

从成本分析的角度来看，物流成本约占商品最终销售的30%，而物流中心的分拣成本约占总物流运营成本的40%，如图6-3所示。因此若要降低仓库运营成本，从分拣作业上着手可以达到事半功倍的效果。

从效率分析的角度来看，分拣作业的"时间投入"占整个仓库的60%以上，并且随着用户需求向小批量多样化方向发展，分拣作业的"时间投入"也越来越大，因此规划合理的分拣作业方法，对仓库的运作效率和服务水平有着决定性作用。

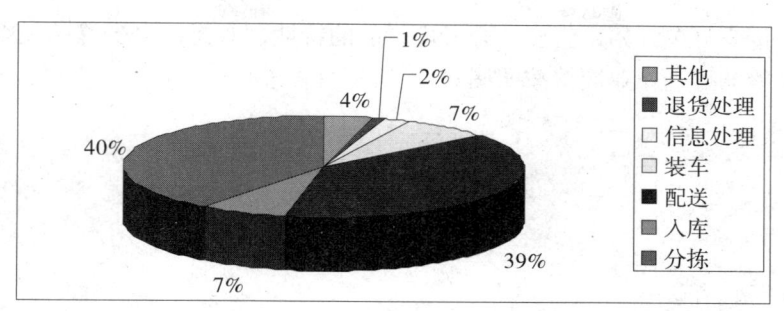

图6-3 仓库运营成本比例分析图

当准备开始为邮运或者更精细的邮运某项物流业务制定拣选策略时,首先要弄清楚规划拣选作业的一些基本前提条件和参考因素。

6.2.2.2 影响拣选作业的全球发展趋势和从中得到的启示

伴随着全球经济的不断发展,物流行业也逐步形成了其自身的发展趋势,其中影响拣选作业的全球发展趋势有:

①降低成本的压力迫使存货水平不断下降。
②随着消费者口味的多样化,产品系列(品规)日益增多。
③劳动力成本不断上升。
④城市用地,特别是零售商品的货架空间的价格越来越高。
⑤有关人工搬运的职业健康安全法规限制日益严格。

通过以上发展趋势可以看出:

①供应链中的交货时间大大降低。
②零售商和批发商借助提供增值服务,寻求自身特色,如更短的响应时间、可靠的配送服务、更高的准确性、批次追踪、质量控制。
③对小额高频订单的响应成为行业发展的必然。

这些都是在制定拣选策略时不得不考虑的因素,因为无论是什么策略都必须有一定的适应性,不能是今天用了明天就淘汰了。

6.2.2.3 拣选作业流程设计

现代仓储,仓库的存储与拣选作业是密不可分的,存储策略与分拣策略相伴而生。根据订单就确定了对应的拣选方式和策略,拣选反过来就要求货物有一定的存储方式,从而决定了货物存储的方式(包括存储单位,存储分类和分区等)。因此,设计拣选方式时一定要综合考虑储存因素,也要对应实施合理的存储方式。拣选策略规划时应该按照图6-4的流程进行。

分拣是一项重要的作业,同时也是一项复

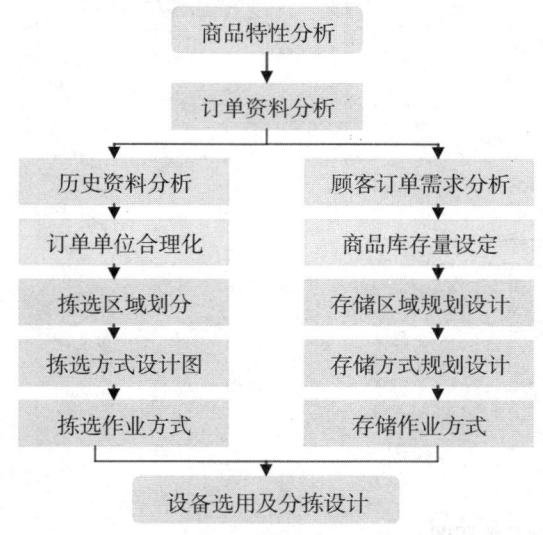

图6-4 拣选作业规划流程图

杂的工作。从接受订单开始，就要结合考虑货品的特性、有无、多少等相关因素，安排人员等。一项完整的拣选作业应该按照图6-5所示流程进行。

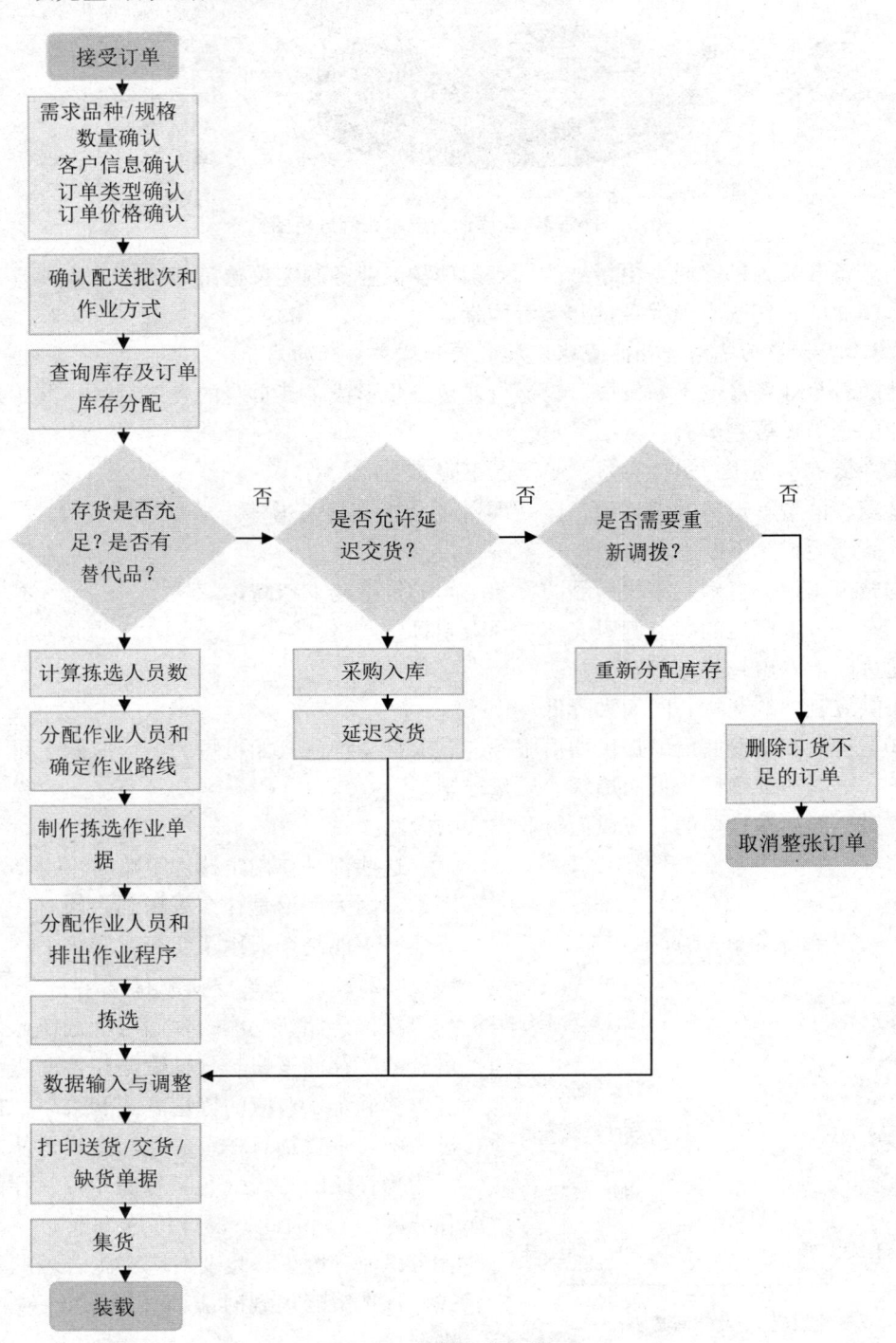

图6-5 分拣业务流程图

6.2.3 分拣路径优化

6.2.3.1 存储区域与拣选区域划分重组

拣选作业是整个物流业务的核心部分,而拣选系统的布局模式对拣选作业效率的影响非常重要。由于邯运集团所从事物流业务的货物类型多种多样,货物的性质、规格、品种等情况不一,这些因素都会对仓储拣选布局模式产生直接的影响,不能简单地采用单一的对待方式。针对邯运集团主要业务范围中需要进行分拣操作的货品——医药、日用百货、卷烟、陶瓷、化工产品、服饰等,需要设计不同的布局,下面就一般布局模式进行分析,比较其特点和适应范围,从而对照产品特性确定某货物的布局模式,如表6-4所示。

表6-4 一般仓库的布局模式

拣货区规则	作业方式	拣货量	出货频率	适用类型
拣货区与仓储区分区	有仓储区补货至拣货区	中	高	零散出货、拆箱拣货(如服饰、卷烟等)
拣货区与仓储区同区分层规划	由上层仓储区补货至下层拣货区	大	中	整箱出货(如日用百货、化工产品等)
拣货区与仓储区合一	另设仓储区,直接在储位上进行拣货	小	低	少量零星出货(如医药等)

概括起来有两种基本模式:

第一种,存储区与拣选区合一的模式。

存储货架和拣选货架不分开,即直接从存储保管区的货架拣选商品,不通过专门的拣选货架,具体包括以下两种模式:

(1)使用两面开方式货架。货架的正面和背面呈开放状态,两面可以直接存放或拣取商品,或者可以从一面存入,另一面取出。此模式的优点:①利用流力货架,仅在拣货区的通道侧上行走就可以拣出各种货品。②使用出库输入机,可以减少拣货作业走行距离。③入出库输送机分开,可同时进行入库、出库作业,互不干扰,如图6-6所示。

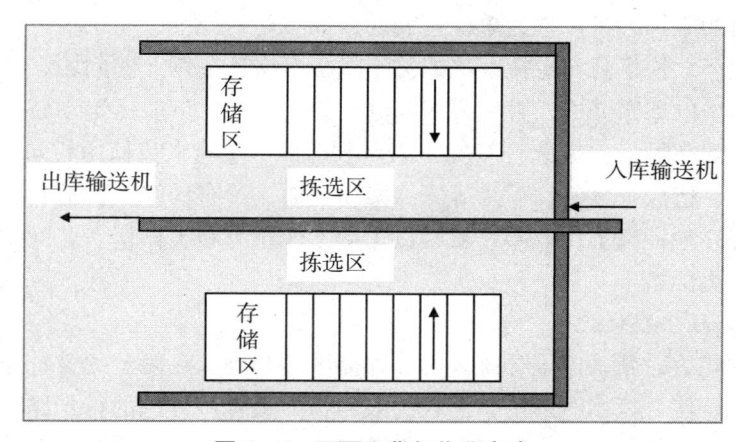

图6-6 两面开货架作业方式

（2）使用单面开放式货架。货架只能从单面存取货物，商品的入库和出库必须在货架的同一侧进行作业，由同一条输送带送入送出商品。这种模式可以节省货架的占用空间，但入库作业和拣选出库作业时间必须分开，容易造成作业冲突和作业错误。所以，出入库非常频繁和拆零作业比例较大的邯运仓库适用这种布局模式。如图6-7所示。

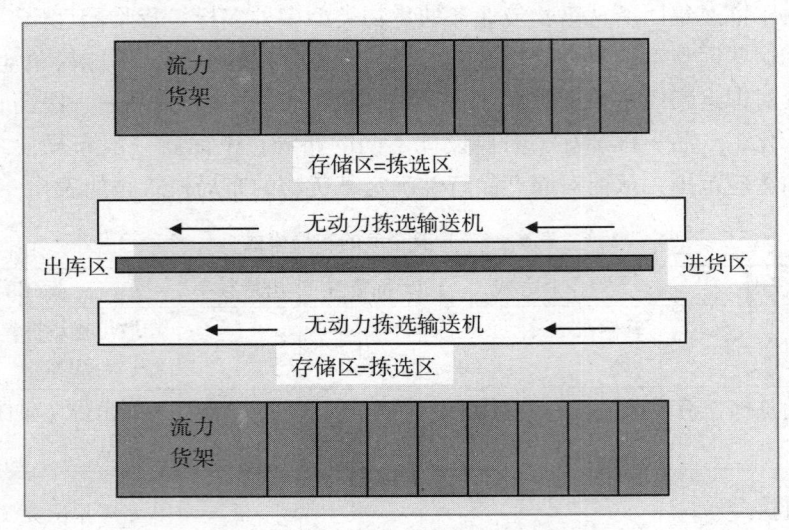

图6-7 单面开货架作业方式

第二种，存储区与拣选区分离模式。

将商品的存储与拣选分离，商品入库后保管在存储保管区，拣选前先由存储区通过"补货作业"，将商品补充到拣选货架上，再从拣选货架上拣取商品。此模式适用商品品种数量较大、进出的物流单位较大、进出频率较高，而且出货单位属于拆零的商品拣选。例如：以托盘或箱为进货单位，以内包装和单品为单位出货的商品，可以通过补货拆装后补充到拣货区，然后在拣货区拣取货物。在邯运集团河北快运处理凯蒂服饰业务的案例中，可以利用这一种模式。河北快运在北京马驹桥邯运仓库主要是处理凯蒂服饰的分拣和配送业务，对于凯蒂服饰所提供的发货是以箱为单位交付的，而下游的客户大都是零售商，订单需求是多规格的服饰，是以件为单位订购的，如图6-8所示。

对于案例中河北快运公司急待解决的关于凯蒂服饰拣选作业的问题，可以采用本布局模式。案例中给出的原布局方式存在很多问题，如，拣选人员搬运走动路线太长；采用纯人工作业方式，效率低下；拣选（补货）人员和存储区上货人员使用相同的工作走道，容易发生作业冲突，造成很多不良后果等等。采用上面这种布局模式，适合产品的特性，针对性强，可以很好地提高工作效率，减轻员工的工作压力和工作量。若配备合适的搬运工具和拣选工具，更能事半功倍。

6.2.3.2 分拣路径优化

分拣区域优化后，就确定了分拣区的和存储区的布局，在既定的分拣布局下还需要设计分拣时的路径，使分拣用时最少，消耗的人力物力最省。分拣的行走路径计算模型，可以采用S型分拣路线的方式，来计算分拣人员的走行路程，评估算法的优劣。考虑人工分

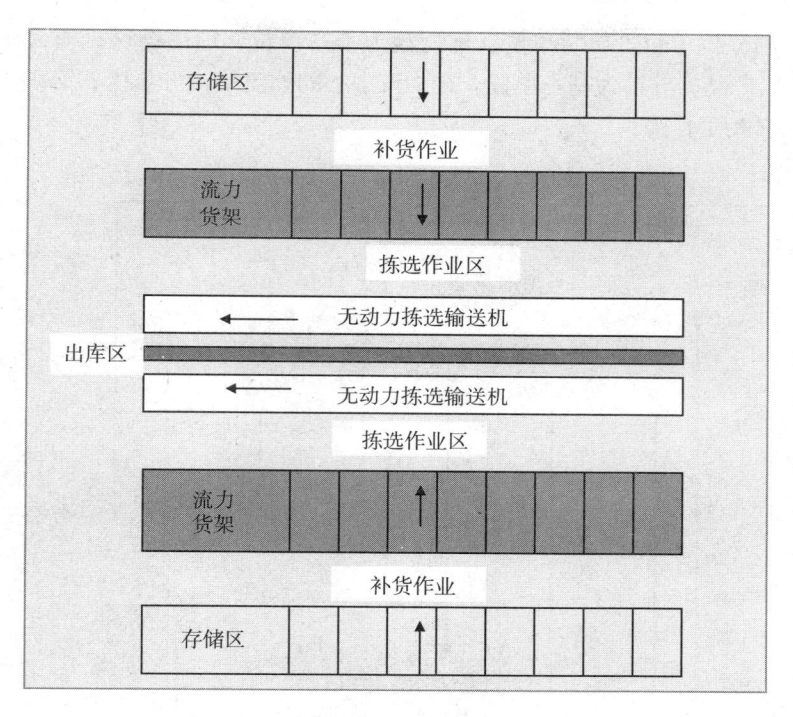

图 6-8 存储区与拣选区分离作业方式

拣的分拣区，分拣人员从工作起始点（Start Working Point，SWP）出发，经过订单中所有物品所在的通道，并且在任意通道中，必须从一端不折回地走到另一端，并且每一个通道只能通过一次，形成一种 S 型的分拣路线，最后回到工作起始点，如图 6-9 所示。

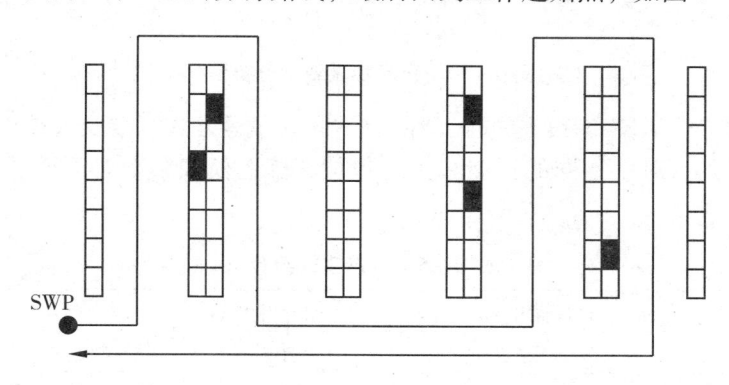

图 6-9 S 型分拣路径

6.2.4 分拣系统重组

6.2.4.1 拣选单位重组与应用

容器及分拣单位的不同，将影响储区的分布规划及加工程序、拆箱、包装等作业。分拣单位分为三种：托盘分拣（Palelt，P）、整箱分拣（Case，C）、单品分拣（Box，B）。一般以托盘为分拣单位的货品体积和重量最大，其次为箱，最小者为单品。物流中心一般都有两种以上的分拣单位。出货单位以整托盘为基本单位,须用堆垛机或叉车等机械设备来搬运;出货以产品的外箱为基本单位。在物流中心的物流结构分析上,必须清楚划分分拣单位,如图6-10所示。

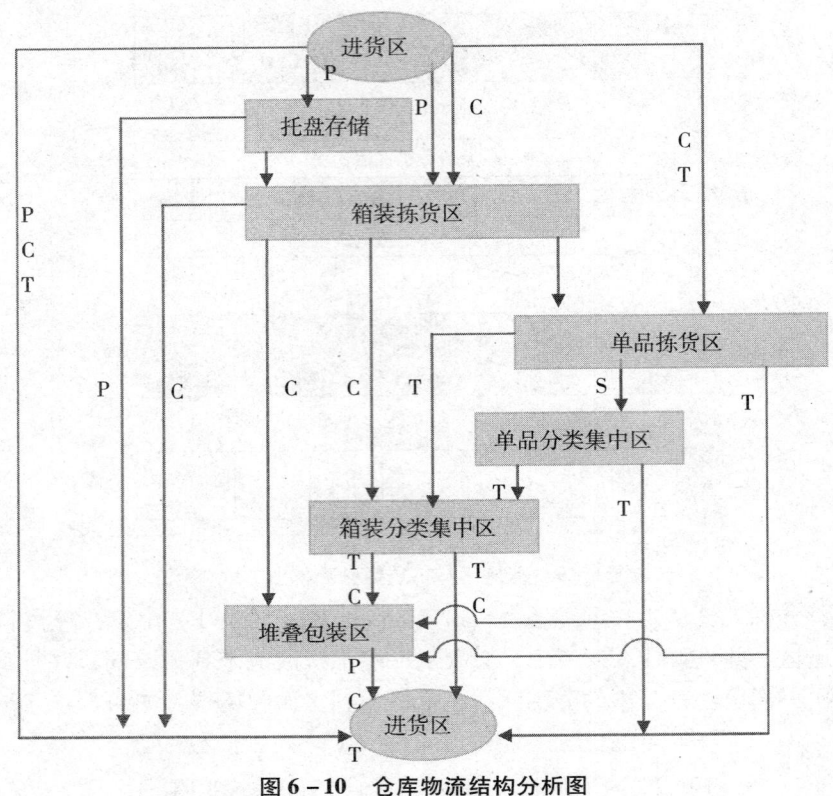

图6-10 仓库物流结构分析图

对于不同的拣选单位和存储单位的货品有不同的搬运方式,涉及人员以及分拣、搬运器械等方面的差别。对于不同的存储和拣选单位,拣选模式组合有下面几种,如表6-5所示。

表6-5 拣选模式组合

拣选模式编号	存储单位	拣选单位	记号
1	托盘	托盘	P -> P
2	托盘	箱	P -> C
3	箱	箱	C -> C
4	箱	单品	C -> B
5	单品	单品	B -> B

不同组合模式在实际应用中所适用的范围和选用的设备器械等条件是有差别的。如图6-11所示。

P→P	积木法	AS/RS+ 输送	托盘流动货架	托盘式货架
P→C	托盘流利架 +输送机台车	分拣堆垛机	分拣叉车托盘货架	托盘旋转货架
C→C	流利架自动分拣	箱式自动化立体库	箱式流利货架	箱式旋转货架
C→B	电子标签分拣		旋转货架	分拣台车
B→B	通道式分拣机		人工分拣	A-Frame

注：P→C 的几种模式的分拣特点基本相同，由于一个托盘上的货物有限，所以大批量、小批量不存在很大差别。

图 6–11　基于拣选单位的拣选工具策略

以上给出的拣选单位的确定方案，可以全面的解决邯运集团各项业务的分拣单位确定问题，以及给出了为了更好地提高工作效率所需配置的相应的工作环境。对于凯蒂服饰案例，可以使用以上方案，能够很好地提升目前的服务水平，解决拣选作业跟不上的问题，实现快速响应的目标。

6.2.4.2　拣选作业方式重组

（1）分拣作业策略分析和应用。拣选策略是影响拣选作业效率的重要因素，对不同的订单需求应采取不同的拣选策略。决定拣选策略的四个主要因素为：分区、订单分割、订单分批及分类。

拣选作业系统规划中最重要的环节结合是拣选策略的运用，拣选策略可以相互配合。案例中凯蒂服饰分拣策略应该采用订单分批和分割策略，将一定时期的订单进行汇总分类之后进行统一分拣，提高单位效率；同时根据仓库的布局安排，将货物的存放分出一定区域，安排专门人员长期负责一定区域，这样可以减少出错的概率，并提高员工工作熟练度，提高分拣速度。

（2）拣选方式选择。拣选方式的选取受很多因素的影响。从产品的角度看，受产品类型、产品规格情况、产品数量等诸多因素影响；从客户角度出发，受客户数目、客户需求特点等因素影响；从硬件条件角度出发，受仓库布局情况、拣选设施工具、拣选人员等因素影响，对于不同的情况应该采取不同的拣选方式，没有对或错，好或坏之分，只有适合与不适合之分。因此，所谓拣选策略的优化，也就是因地制宜，结合现实环境，提出一套适合某一业务的拣选方案，而优化后的结果也可能因业务环境的多样而有多种。邯运集团案例中，凯蒂服饰的分拣采用"播种式"拣选方式，将下游客户的订单汇总后，根据产品类别进行统一拣货后，然后根据各客户的实际订货量进行分配。

6.2.4.3　基于 EIQ 分析法的分拣方式确定

（1）EIQ 的定义和 EIQ 分析方法。E：代表订单，每一笔订单具有同时进行分拣并配送至同一地点的特性。只要在订单截止时间之前，追加的订单均可合并为单一订单，并在物流作业中视为同一订单;反之,在一批订单下要求以不同时间或不同地点配送的物品,对物流中心而言视为多个订单,必须进行订单分割。I:代表物品品项或种类。只要是不同质、量、包装单位、包装形式等的产品,都视作不同的品项。Q:代表每一笔订单、每一品项所订购物品的数量,它是结合 E 和 I 的媒介,物流中心的特性依赖与 E、I 与 Q 之间的分布显示。

EIQ 资料来源为每天的客户订单,这些资料通常是建立在仓库信息系统里,这些资料格式不容易直接了解,因此为便于分析,经常需将原始资料转为表 6-6 所示的形式。

表 6-6　EIQ 资料分析表

E \ I		I_1	I_2	I_3	I_4	I_5	…	订单订货数量 EQ	订单订货品项 EN
客户订单	E_1	Q_{11}	Q_{12}	Q_{13}	Q_{14}	Q_{15}		$Q_{1.}$	N_1
	E_2	Q_{21}	Q_{22}	Q_{23}	Q_{24}	Q_{25}		$Q_{2.}$	N_2
	E_3	Q_{31}	Q_{32}	Q_{33}	Q_{34}	Q_{35}		$Q_{3.}$	N_3
	…								
品项总数量	IQ	$Q_{.1}$	$Q_{.2}$	$Q_{.3}$	$Q_{.4}$	$Q_{.5}$		$Q_{..}$	$N_{.}$
品项订购次数	IK	$K_{.1}$	$K_{.2}$	$K_{.3}$	$K_{.4}$	$K_{.5}$		—	$K_{..}$

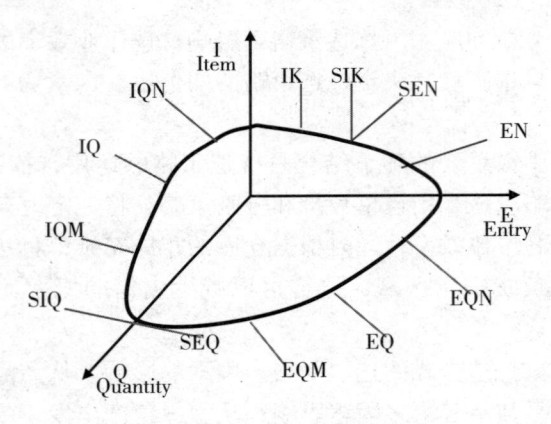

图 6-12　EIQ 分析图

在资料分解过程需要注意的是数量单位的一致性,在进行后续分析过程中,必须将所有订单品项的出货数量转换成相同的计算单位,否则分析将失去意义,如材积量、重量、箱、个或金额等单位。金额的单位与价值功能分析有关,较常应用在货品及储区的分类及管制程序的区隔等措施,材积与重量等单位则与物流作业直接密切相关,也将影响整个系统的规划。

(2)EIQ 分析过程。EIQ 分析可以展开为 EQ、NE、IQ、IK 四个分析类别的研究,它们之间的关系如图 6-12 所示。

其分析过程包括数据的收集、数据分析图表制作、图表的解读到最后的规划运用,如图 6-13 所示。

资料收集、取样 → 资料分析 → 解读图表 → 进行规划改善

图 6-13 EIQ 分析过程图

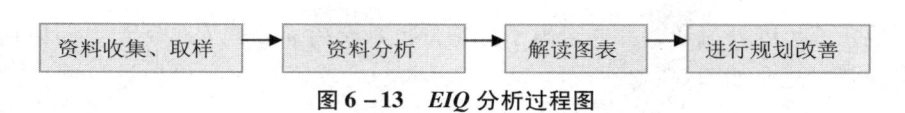

（3）解读 EIQ 分析与分拣策略的关系。EIQ 分析中形形色色的图表，是反映物流中心特性的重要资料，因此如何解读这些分析资料非常重要。就像医生如何从一些体检数据、图表得知病人的身体健康状况、判断是否有生病症兆等，然后再对症下药。

EIQ 分析中与分拣策略的规划最为紧密的是 IQ 分析和 PCB 分析，下面主要对它们进行探讨。

（4）用 EIQ 模型确定货物的分拣特征。正如前面对 EIQ 分析结果的解读，IQ 曲线与货物出库特性有着密切的关系，正是分拣策略规划的最关键指数。图 6-14 所示为 IQ 曲线进行 ABC 分析后的一般情形。

A 组：这一组的发货量很多是一种少品种多批量的发货类型。

B 组：这一组适用于中等批量的发货类型，其涵盖的品项也比较多。

C 组：这一组的发货量很少，属于多品种小批量型。

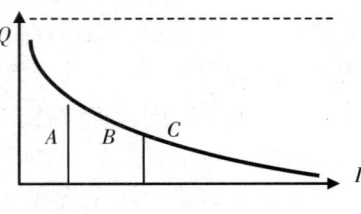

图 6-14 IQ 曲线

根据以上理论知识和分析方法，可以很好地解决邯运集团物流分拣业务中的作业方式，得到如下结论：

案例中河北快运关于解决凯蒂服饰分拣问题，由于处理的货物是服饰，具有其特殊性，货物以箱存储，拣选时需要拆箱，以件为单位进行拣选；货物品种繁多，属于小批量高频率出货。故而为了提高工作效率，在拣选时可以采用分货式拣选方式，同时将客户的订单按照适宜的时间段汇总，按批量分拣。为了优化拣选工作人员的行走路径，减少劳动力的无效损耗，提高工效，可以将货物按品种分类存放，并将拣选区划分区间，由专门人员负责某些类货物的拣选工作。

6.2.4.4 拣选信息处理重组

要实现整个物流系统的快速响应，分拣系统的快速响应是关键，而分拣系统是否能实现快速响应，最关键的就是分拣信息是否能够满足快速响应的要求。分拣信息是分拣作业的原动力，主要目的在于指示分拣的进行，而其资料的源头是客户的订单。为了使分拣人员在既定的分拣方式下正确而迅速的进行分拣，分拣信息成为分拣作业规划设计中重要的一环。

常见分拣信息传送方式有传票、分拣单、条形码以及自动化传输的无纸化系统，如电子标签系统（Pick to Light）、无线射频系统（RF）、CI 卡分拣、自动分拣等方式。自动分拣方式有通道式分拣系统、旋转仓储系统、立体自动仓储系统等多种。本案例在这些传统的信息载体基础上实现快速反应的重要方式除了实体上的业务重组，另一个重要的方式就是建立相应的管理信息系统，实现在线的快速的信息处理和响应。

根据本设计方案，拣选作业流程最终实现和管理信息系统的结合，实现订单电子化，实现货物通过电子信息标识，减少纸质货物信息，减少成本，将货物标记为不同的状态，

及时快速地在邯运内外流通，并通过电子标签分拣系统指导分拣人员工作。所以信息在分拣过程中的基本流向如图6-15所示。

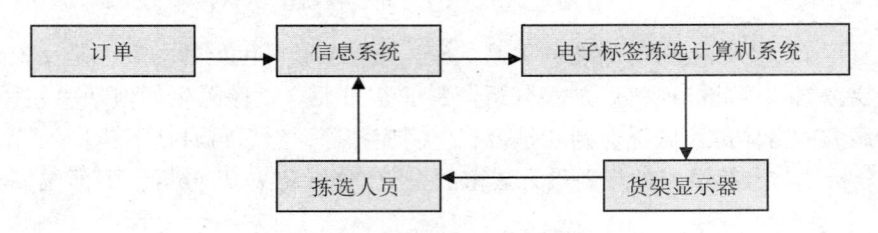

图6-15 信息在分拣过程中的基本流向

6.2.4.5 拣选设备重组及应用

物流中心常用的设备主要包括仓储设备、分拣设备和配送设备。与分拣有关的设备主要包括：仓储设备、搬运设备、分类设备、信息设备等。按照各种设备的运行特点，可分为人至物的分拣设备、物至人的分拣设备。

（1）人至物的分拣设备。是指物品固定，分拣人到物品位置处把物品分拣出来的工作方式。大概分为如下几类：

①储存设备：托盘货架（Pallet Rack）、轻型货架（Shelves）、储柜（Cabinet）、流动货架（Flow Rack）、高层货架（High Bay Rack）。

②搬运设备：无动力分拣台车、动力分拣台车（Picking Vehicle）、动力牵引车（Tractor Vehiele）、堆垛机（Stracker Crane）、分拣堆垛机、搭乘式存取机、无动力输送机、动力输送机、电脑辅助分拣台车。

（2）物至人的分拣设备。这与人至物的分拣方法正好相反，分拣人员位置固定，等待设备把货品运到分拣者面前进行分拣。这种分拣设备的自动化水平较前者高，设备本身具有动力，能移动货品储存的位置或将货品取出，可称为动态储存设备。

①储存设备：单元负载自动化仓库（Unit-load AS/RS）；轻负载自动化仓库（Mini-load AS/RS）；水平旋转自动化仓库（Horizontal Carousel）；垂直旋转自动化仓库（Vertical Carousel）；梭车式自动化系统（Shuttle and Server System）。

②搬运设备：堆垛机（Stacker Crane）；动力输送带（Conveyor）；自动导引小车（Automatic Guided Vehiele，AGV）。

（3）自动分拣设备。除上述两种分拣设备外，还有一种就是自动分拣系统。其分拣无人介入，自动进行。其中又包括箱式自动分拣系统（Case Picking System）和单品自动分拣系统（Box picking System）。箱式分拣系统如小型高速堆垛机系统、滑梭式分拣系统、托盘式分拣系统、交叉带分拣系统等。单品分拣系统如A-Frmae分拣系统、通道式分拣系统等。

根据上述分拣业务优化方案中的结论可以得出关于凯蒂服饰案例中，由于工作量的成倍提高，为了节省人力成本，在保证高质量完成预期工作量的前提下，应配置如下拣选设备：流力货架或旋转式货架、电子标签分拣系统、动力分拣台车或无动力拣选输送机。

6.3 库存管理优化

对于邮运仓储，是在仓库为基础上建立和发展起来的，为了满足客户的订货需求和货物配送的顺利进行，邮运仓库必须储存一定数量的货物来满足客户的订货需求。但是邮运仓库存储货物需要一定的维持费用，而且还存在由于货物积压或损坏而产生的库存风险，因此需对物流的数量、过程、方向进行严格的控制来体现物流的时间价值，降低仓储成本。库存策略辅助决策及库存预警是实现货物库存量控制的主要手段，在保持成本的情况下满足顾客最大的需求，实现快速响应。

6.3.1 库存策略

邮运仓库的存货管理子系统包括商品分类、库存策略辅助决策、盘点管理等。其中，库存策略辅助决策模块需根据订货系统的商品数量、入库所需时间等来辅助制定库存策略，并设置采购时间预警模块，及时更新库存表、记录库存情况，以供随时查询库存情形。

6.3.1.1 库存商品分类管理

为了使库存合理化，首先要对存储的货物进行分类，在本方案中主要采用 ABC 分类方法。在很多情况下，少数几个品种物资的销售额却占了总销售额的绝大部分，而占库存品种绝大多数的物资却占了销售金额的一小部分。在这种情况下，可以将那些品种很少，而销售金额很大的物资归为一类，实行重点管理；而把那些品种数多但销售金额很少的物资分为一类，实行一般管理，其余再分成一类。具体见图 6 – 16。

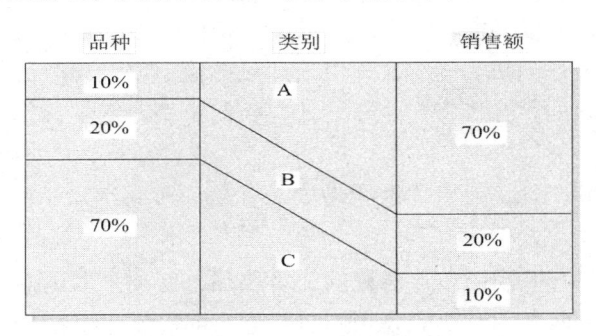

图 6 – 16 ABC 分类原理示意图

利用 ABC 分类法需要确定一个合适的统计期，一般取销售期靠前并且销售比较正常的情况。

ABC 分类方法具体步骤：

第一步，计算每一种存货的金额。
第二步，按照金额由大到小排序并列成表格。
第三步，计算每一种材料金额占库存总金额的比率。

第四步，计算累计比率。

第五步，分类。累计比率在 0~60% 之间的，为最重要的 A 类材料；累计比率在 60%~85% 之间的，为次重要的 B 类材料；累计比率在 85%~100% 之间的，为不重要的 C 类材料。

利用 ABC 分类法，可以将库存物资实行分类，并进行重点管理。这样做能够把有限的资源进行最合理的分配，既保证了对少数品种的有效管理，并且保证了大部分效益。

6.3.1.2 库存策略辅助决策

库存策略辅助决策模块建立的目的是建立科学的库存策略，在提高客户满意度的同时减少仓储库存，实现良好的库存管理。库存策略的制定需要以未来需求量的预测值和符合实际情况的库存控制模型为前提。库存策略辅助决策模块的设计思路如下：

由于物流需求预测是仓储进行库存控制的基础，因此，库存策略是指主要根据采购部门提供的货物需求情况来制定何时补充库存，补充多少数量的策略。

在确定存储模型时，首先把实际问题抽象为数学模型，不同分类的商品应该选用不同的模型，在形成模型的过程中，对复杂的问题加以简化，要求模型能反映出问题的本质即可。然后用数学的方法加以研究，得出库存控制策略，这个结论是否正确，还要看是不是符合实际情况。如结论与实际不符，则要对模型重新加以研究、修改或者修改约束条件后再计算。

库存策略辅助决策模块是基于其他几个模块（如入库、出库、盘点等）建立的，库存策略一旦确定以后，当仓储管理信息系统对某物品进行作业管理时，若该物品的库存数量低于库存下限，系统将发出预警提示仓储管理工作人员及时通知采购部门进行采购补货；若发现某物品库存数量超过最高库存，系统则发出警报提醒出库工作人员组织货物出库。这样可以避免不必要的缺货和积压，有利于提高邯运仓库的客户服务水平，提高客户的满意度。

库存策略辅助决策模块根据订货系统提供的货物市场需求量的预测值和不同的约束条件（如出库量是确定还是随机，随机出库时出库量的概率密度离散还是连续，是否允许缺货等情况）来选择合适的库存模型。主要的库存控制模型有定量订货法、定期订货法及安全库存的确定。

在选用库存控制模型时，根据货物的 ABC 分类法，该系统对不同类别的库存分别采用不同的控制库存系统：

一般来说，对于库存控制的重点对象的 A 类物品，需要采取定期订货的方式，定期盘点库存，尽量减少安全库存，必要时采用应急补货。邯运集团根据过去的检验或经营目标预先确定一个订货间隔期间，每经过一个订货间隔期间就可订货，每次订货数量都不同。由于订货间隔期间确定，多种货物可同时采购，这样不仅可以降低订单处理成本，还可降低运输成本，但是库存水平较高。

对于 B 类物品，采取适当简单的管理措施，以定量订货法为主，辅以定期订货法，适当提高安全库存。定量订货方式是指库存下降到预定的最低库存数量（订货点）时，按规定数量（一般以经济订购批量 EOQ 为标准）进行订货补充的一种库存管理方式。当库存量下降到订货点时马上按预先确定的订货量（Q）发出货物订单，经过订货周期（LT），收到订货，使库存水平上升。

对于 C 类物品，采用简化的管理方式，即较高的安全库存，减少订货次数，降低采购成本，提高服务水平。

库存预警流程见图 6-17。

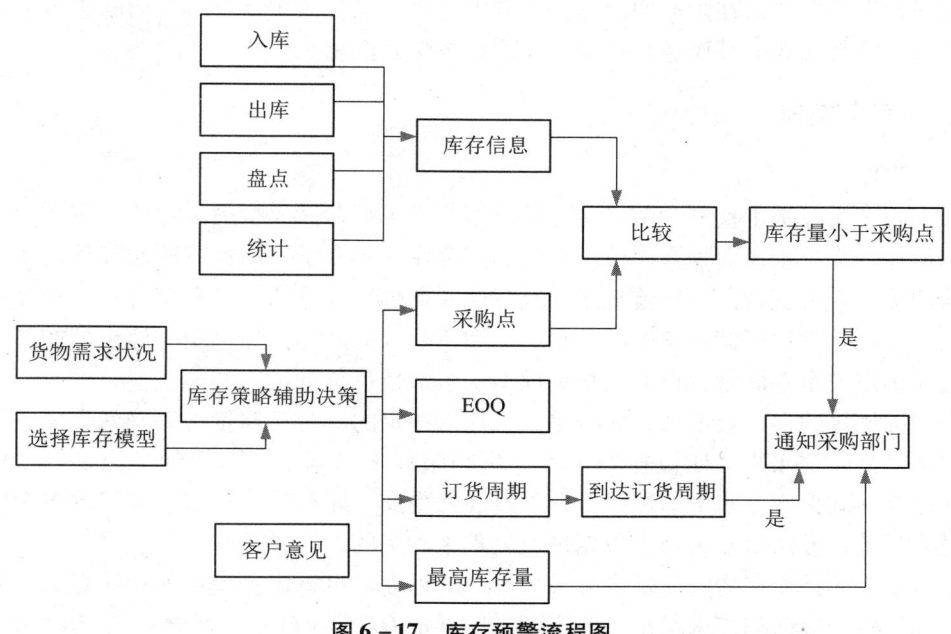

图 6-17　库存预警流程图

6.3.1.3　盘点管理

盘点就是将仓库内货物实有数与账簿上现时的数量及金额进行核对。其工作主要包括：核对数量、检查物料损耗情况、检查保管现状以及检查常备库存情况等。该模块主要是记录仓库内实际货物的数量及其状态，以及进行盘点后的记录，与系统中的数据进行比较，如果有出入，则需要进行数据调整，使仓库中的货物与系统中的数据一致。进行在库货物盘点可以及时发现并纠正实际货物数量与系统中记录数据不一致的情况，可以最大限度地避免遗漏订货等情况，避免影响邯运仓库的效率和客户的满意度。

盘点方法一般有全面盘点法、分区盘点法、循环盘点法和日常循环盘点法四种，具体如表 6-7 所示。

表 6-7　盘点方法

方法	盘点时间	盘点方式	备注
全面盘点法	节、假日	定期	对所有货物同时盘点
分区盘点法	—	不定期	把货物分区，部分盘点
循环盘点法	每日每周规定	定期循环	适当划分库内区域，循环盘点
日常循环盘点法	一个循环期	定期循环	一个循环期可以取为三个月、六个月不等

在该功能模块中设定货物盘点的周期，根据记录的上次盘点的时间，推出下次盘点时

间为该物品的上次盘点日期和盘点周期之和,届时系统会提示该货物需要盘点,盘点工作人员调用该模块打印该货物盘点清单,清单上显示了货物具体的库位信息以及该货物在系统中记录的库存数。待盘点工作人员盘点后,和盘点清单上的数据核对。

在进行盘点时,注意对要盘点的货物暂时不作移动或出库操作,以保持货物在库盘点工作的正常运行。如果在盘点期间不得不进出货物,也应该在盘点时刻切断进出库货物的相关资料,将其独立分开作业,待盘点完成后再将之汇总。

6.3.2 库存控制

6.3.2.1 安全库存

(1) 安全库存基本模型。随机型存储模型与确定型存储模型最关键的区别是前者不单要确定最佳订货批量,而且要保持一定量的安全库存,由于存储系统所面临的需求量和订货提前期都是随机变量,这样就直接导致存储周期也是波动的,只有维持一定程度上的安全存储量才可以确保存储系统的服务水平达到所要求的高度。随机型存储模型的基本思路一般是先确定安全存储量,再利用相关模型求解最佳订货批量。

安全存储量的存在会增加存储费用,但保持一定的安全存储量可以确保存储系统所提供的服务达到一定水平。所以在安全库存量和服务水平两个矛盾之间,为了实现快速响应,只能是在确保服务水平的情况下,尽可能使得安全库存达到最小。这里的安全库存量是通过数量统计方法对相关历史数据进行处理来确定的。

服务水平 p 是库存物资现货供应满足用户的程度,也称服务率或库存满足率,其数值等于实际发生的提前期需求小于等于额定库存量 Q_K 累计概率,即 $P=P\{D_L \leqslant Q_K\}$。安全系数 σ 又叫安全因子,通常情况下它与存储系统所要达到的服务水平有关,也就是说存储系统所要达到的服务水平越高,这里的安全系数就越大;反之则越小。在实际应用中,可以根据存储系统所要达到的服务水平对照表 6-8 选择。

表 6-8 安全系统与服务水平对照表

安全系数	0.5	0.6	0.7	0.8	0.9	1	2.1
服务水平	69.15	72.57	75.80	78.81	81.59	91.13	98.21
安全系数	2.2	2.3	2.4	2.5	2.6	2.7	3
服务水平	98.61	98.93	99.18	99.38	99.53	99.65	99.87

需求速率反映的是单位时间里需求量的变化程度,显然需求变化程度越大,需求速率就越大。如果需求量的变动服从一定规律,例如服从正态分布,那么就可以先对以往的需求量进行统计处理,进而估算安全库存量 Q_s 的值。

假设需求量服从正态分布,则可以通过以往某段时间内的需求量来估计出 σ,简化一下,进行近似计算如下:

$$Q_s = \sigma \sqrt{\frac{\sum_{j=1}^{n}(R_J - \overline{R})}{n-1}} \tag{6-22}$$

式中：R_J 是第 j 个时间段内的实际需求量；

n：共有时间段的个数；

$\overline{R}$：第 j 个时间段内历史需求量的平均值。

（2）天信运业安全库存模型。天信运业基本上都是按单采购，采购批量小，采购成本高。并且订单的不确定性很高，采用安全库存的方法，可以在保障服务质量的同时尽量减少库存成本。

钢铁、煤炭年采购量为 5 000 万吨左右，假设月实际需求量如下：

年度总需求量 $R=5\,200$ 万吨，月平均库存 $\overline{R}=\dfrac{R}{12}=\dfrac{5\,200}{12}=433.33$ 万吨。

天信运业年度钢铁、煤炭实际需求状况见表 6-9。

表 6-9 天信运业年度钢铁、煤炭实际需求状况

月份	1	2	3	4	5	6
实际需求量（万吨）	500	400	300	200	100	600
与平均需求量的差值（万吨）	66.67	-33.33	-133.33	-233.33	-333.33	166.67
月份	7	8	9	10	11	12
实际需求量（万吨）	700	800	700	500	200	200
与平均需求量的差值（万吨）	266.67	366.67	266.67	66.67	-233.33	-233.33

根据表 6-9，其安全库存 Q_s：

$$\begin{aligned} Q_S &= \sigma \sqrt{\dfrac{\sum_{j=1}^{n}(R_J-\overline{R})}{n-1}} \\ &= \sigma \sqrt{\dfrac{(500-433.33)+(400-433.33)+\cdots+(200-433.33)}{12-1}} \\ &= \sigma \sqrt{\dfrac{66.67+33.33+\cdots+(-233.33)}{11}} \\ &= \sigma \sqrt{\dfrac{0.04}{11}} \\ &\approx \sigma 0.06(万吨) \end{aligned}$$

要使天信运业的服务水平为 99.18，则其安全系数 σ 为 2.4，其至少要维持每月 $0.06\sigma=0.06*2.4=0.144$ 万吨的安全库存。

6.3.2.2 订单完成情况说明

由于库存水平有限，所以在到达安全库存的时候补充订货，不仅可以降低库存成本，还可以有效地实现快速响应。

如图 6-18 可知，订货量越高，到达安全库存的时间就越长，在经济批量的基础上适当的增加订货量，可以减少订货次数，进一步降低库存成本。

6.3.2.3 评价及改进

本节的研究应用到邯运库存管理，对实现客户快速响应有重要意义。本节内容，从库

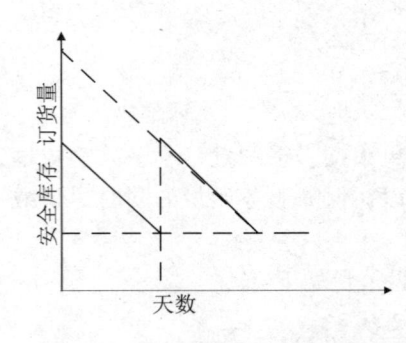

存管理宏观出发，分模块讨论了库存管理的控制方法，最突出的是库存预警模块，通过对邯运自身业务量需求，构建了各种模型分析预测适合邯运自身发展的预警模式，很好地提高了运作效率。给出了详细的安全库存模型，结合邯运集团自身情况，做了详细的分析及计算，使之在保证一定成本的同时满足客户的最大需求。

安全库存是基于不确定情况下的模型，所以对于邯运集团，不同种类的商品要做不同的计算，并且由于有些数据的统计较为烦琐，有一定的工作量。由于此方案是建立在用户快速响应的基础上的，故其在保证一定的服务水平的同时，安全库存会相应增大，库存量会增加，库存成本会增加。

图6-18 订货量对缺货时间的影响

根据邯运集团详细的统计数据，做精确的分析，做出最适合邯运集团的库存预警模式，在保证一定成本的同时实现快速响应。

6.4　仓储配送优化

6.4.1　设计目标

配送是物流中的重要环节，做好了配送，实现配送过程的规范化，做到快速响应，就能更好地为客户服务。

飞马快运作为邯运集团有特色的业务，立足于长远，充分利用高运输能力，扩大业务范围，打出邯运特色招牌。对于美的这块业务，从关键部分运输报价和成本入手，尽量降低成本，作出合理的运输与配送。

河北快运公司，天昊、天诚、天恒和天信四个货运分公司都在从事货运。河北快运拥有很好的运输网络，分支机构现在铺得很广，节点条件很不错，但业务种类等很杂，业务量有限，且不很稳定。而天昊、天诚、天恒以及天信的货物种类又相对单一，主要是煤以及矿石，客户相对固定，业务量也比较稳定。通过将快运与货运两部分业务整合，共享资源，合理调配，可以节省成本，并且发挥更大的作用。

6.4.2　客运包裹配送优化

"客运是暂时的，有限的；货运是永恒的，无限的。"这是对客货运输的精辟剖析，也是目前运输行业内使用频率较高的一句话。但如何面对机遇与挑战并存、竞争激烈、市场化程度极高的物流业，充分利用已有客运资源和网络优势，扬长避短、创新务实地发展有特色的物流业是非常值得探讨的课题。

飞马快运的运输模式属于公路客运小包裹运输模式，主要是要考虑节点之间的运输模式，所谓节点就是指公路客运站。公路客运小包裹快速运输覆盖范围也有它的合理运输里程，一般以 1 000km 以内为主。这里以省域范围为例来说明公路客运小包裹的运输模式，把节点分为四个级别，分别是省城、地级城市、县城、乡镇，运输模式归类为两种：一是省城节点与另外三类节点之间的运输模式；二是除省城外，另外三类节点之间的运输模式。

省城节点与另外三类节点之间的运输模式，这种快速运输模式就是利用省城客运量大，至全省各地都有客运线路的优势。具体运输模式如图 6-19 所示。

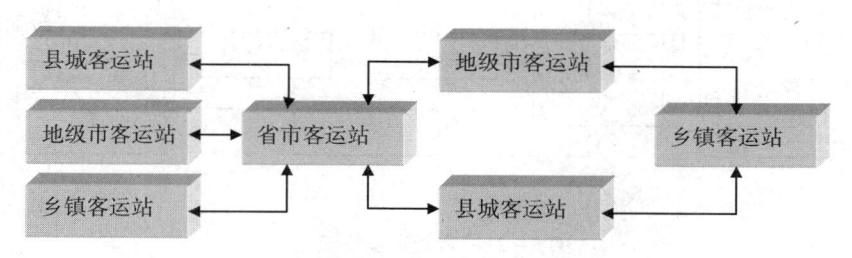

图 6-19 第一种运输模式

这种运输模式下，有五条运输路线：一是省城与地级市城市之间直达，此路线的运输占到很大部分的是小件货物运输；二是省城与县城之间的直达，运输路线可能与前一类型有重叠的部分，但此路线的运输速度比经过地级城市中转要快；三是省城与乡镇之间的直达，此种类型的两地之间开行客运班车不多，一般是一些重要的经济重镇，处于良好的交通位置才会开行到省城的直达客运班车；四是省城与乡镇之间的通达需要经过县城的中转，运输路线的开行充分利用了县城到各乡镇之间客运班次发车的高度密集；五是省城与乡镇之间的通达需要经过地级城市的中转，运输路线与前一种是互补的，利用了地级城市与省城之间客运班车较多的优点。

除省城节点外，另外三类节点之间的运输模式下，运输线路的类型比较多，图 6-20 主要反映了第二种运输模式。

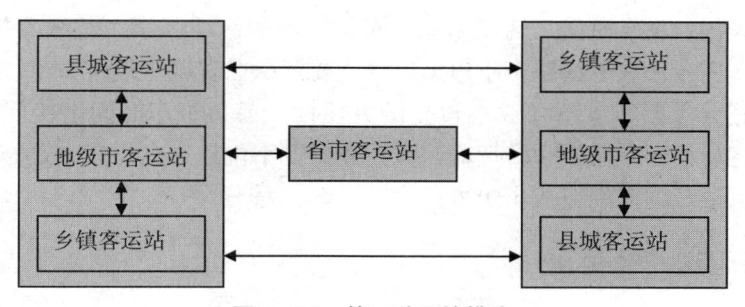

图 6-20 第二种运输模式

图 6-20 中两侧的县城和乡镇分别隶属于中间的地级市，它们之间是互通的，不存在优先的关系，可以作为一个整体直接或间接（通过省城）与另外一个整体相联系。例如，左边的某个乡镇可以通过上级县城直接或间接（通过省城）与右边地级市内三类节点相通。上面从省域范围内说明了公路客运小包裹的快速运输模式包裹的收集、中转与派送。

邮运为了争夺市场份额，增强邮运的竞争力，在办理包裹运输业务的同时，推出"上门收货、送货上门"的优质服务理念。公路客运站开通了小包裹快速运输业务以后，除了在包裹运输上与别的邮运有较强的竞争力外,还在包裹的收集、中转和派送方面展开了激烈的竞争;为了提高市场竞争力,同样也要推出适合客运站办理小包裹快速运输业务的服务理念,这样才会提高邮运的经济效益。公路客运小包裹快速运输的整个过程包括小包裹运输前的收货、在途运输和运到后的派送三个作业环节。小包裹运输流程如图6-21所示。

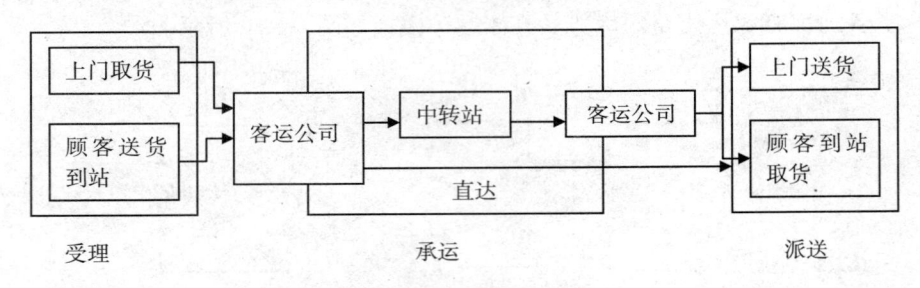

图6-21 客货运操作流程

(1)受理站交接运输流程:受理货物——交承运方承运——将货物交目的站接货专管员。

(2)门到门服务运输流程:上门取货——货物入受理方库房或交承运方承运——将货物交目的站接货专管员。

(3)中转货物交接运输流程:受理货物(或上门取货)——交承运方承运——交中转站中转——交到达目的地班车承运——目的站提货。(或上门送货)

公路客运站提供收货和派送两环节的服务应完全由顾客自行选择。随着竞争力的提高和货源的增加,客运站还可以在城市的多个地方设置办理收货与派送业务分点,这样提供给顾客更多的选择机会,同时也扩大了自己的服务范围和竞争力。

小包裹的在途运输包括直达运输和需要中转运输两种情况。对于省城和地级城市有多个客运站,工作人员收货的同时就把货物按发送地分类,送到开行相应线路的客运站,客运站再按发车班次、发车时间、送到时间、车辆状况等影响因素,组织收集的货物上车。对没有开行直达客运班次的线路,小包裹运输就要考虑在省城、地级城市或县城客运站中转,中转时要充分考虑客运站存放小包裹的方便性、前后班车时间衔接问题等因素。总之,不管是直达运输还是需要中转运输,首先要保证小包裹安全,其次是充分利用公路客运一切优势,以最短的时间完成小包裹运输。

6.4.3 仓储配送路径优化

要降低运输成本,路径优化是很重要的一个方面。物流配送路径优化问题一般可以这样描述:从某物流邮运仓库用多辆配送车辆向多个客户送货,每个客户的位置和货物需求量一定,每辆车的载重量一定,其一次配送的最大行驶距离一定。要求合理安排车辆配送路线,使目标函数得到最优,并满足以下条件:①每条配送路径上各客户需求量之和不超过配送车辆的载重量;②每条配送路径的长度不超过配送车辆一次配送的最大行驶距离;③每个客户的需求必须满足,且只能由一辆配送车送货。下面通过算法解决:

设邮运仓库需要向 k 个客户送货,每个客户的货物需求量是 g_i ($i=1, 2, \cdots, k$),

每辆配送车的载重量是 q，且 $g_i < q$。首先为了安排路线需要对要使用的车辆数有一个估计。在现实情况中，货物装（卸）车越复杂，约束条件越多，一辆车的实际载货量就越小。在本文中使用以下公式来确定需要的车辆数：

$$m = [\Sigma g_i / aq] + 1 \quad (6-23)$$

m 为所需车辆数，[ ] 表示取整，a 为参数，$0 < a < 1$。约束条件越多，货物装（卸）越复杂，a 值越小。取 a 为 0.85。

下面建立此问题的数学模型：c_{ij} 表示点 i 到点 j 的运输成本，如时间、路程、花费等。邮运仓库编号为 0，各客户编号为 i（$i = 1, 2, \cdots, k$），定义变量如下：

$$X_{ijs} = \begin{cases} 1, & \text{车 } s \text{ 由 } i \text{ 驶向 } j \\ 0, & \text{否则} \end{cases}$$

$$Y_{is} = \begin{cases} 1, & \text{点 } i \text{ 的货运任务由 } s \text{ 车完成} \\ 0, & \text{否则} \end{cases}$$

数学模型如下：

$$\min Z = \sum_{i=0}^{k} \sum_{j=0}^{k} \sum_{s=1}^{m} C_{ij} X_{ijs} \quad (6-24)$$

$$\sum_{i=0}^{k} g_i Y_{is} \leq 9, \quad s = 1, 2, \cdots, m \quad (6-25)$$

$$\sum_{s=1}^{m} Y_{is} = \begin{cases} 1, & i = 1, 2, \cdots, k \\ m, & i = 0 \end{cases} \quad (6-26)$$

$$\sum_{i=0}^{k} X_{ijs} = Y_{is}, \quad j = 1, 2, \cdots, k; s = 1, 2, \cdots, m \quad (6-27)$$

$$\sum_{j=1}^{k} X_{ijs} = Y_{is}, \quad i = 0, 1, \cdots, k; s = 1, 2, \cdots, m \quad (6-28)$$

$$X_{ijs} = 0 \text{ 或 } 1, \quad i, j = 0, 1, 2, \cdots, k; s = 1, \cdots, m \quad (6-29)$$

上述模型中：

式（6-25）为汽车容量约束；

式（6-26）保证了每个客户的运输任务仅由一辆车完成，而所以运输任务则由 m 辆车协同完成；

式（6-27）和式（6-28）限制了到达和离开某一客户的汽车有且仅有一辆。

下面用模拟退火算法与之结合，加入记忆装置，构造了物流配送路径优化问题的一种有记忆功能的遗传模拟退火算法。该算法的特点是扩大了原有遗传算法的搜索邻域，在一定概率控制下暂时接受一些恶化解。同时利用记忆装置保证了在一定终止条件下所得的最终解至少是搜索过程中曾得到所有解中的最优解。该算法通过在常规的遗传算法基础上加入模拟退火算子和记忆装置而得到。下面首先介绍此有记忆功能的遗传模拟算法的步骤，然后再对遗传算法中染色体的结构，其常规算子的构造以及模拟退火算子中的邻域结构和温度衰减函数的选择加以具体介绍。

STEP1 给定群体规模 max pop，$k = 0$；初始温度 $t_k = t_0$，产生初始群体 pop(k)；对初始群体计算目标值 $f(i)$，找出使函数 $f_i(t_k)$ 最小的染色体 i 和这个函数值 f，记 $i^* = i$，

$f^* = f$；其中，$f_i(t_k)$ 为状态 i 在温度为 t_k 时的目标值。$i \in \text{pop}(k)$，即当代群体中的一个染色体。

STEP2 若满足结束条件则停止计算，输出最优染色体 i^* 和最优解 f^*；否则，在群体 pop(k) 的每一个染色体 $i \in \text{pop}(k)$ 的邻域中随机选一状态 $j \in N(i)$，按模拟退火中的接受概率：

$$A_{ij}(t_k) = \min\left\{1, \exp\left\langle -\frac{f_j(t_k) - f_i(t_k)}{t_k} \right\rangle \right\} \quad (6-30)$$

接受或拒绝 j，其中 $f_i(t_k)$、$f_j(t_k)$ 分别为状态 i、j 的目标值。这一阶段共需 maxpop 次迭代以选出新群体 newpop1。

STEP3 在 new pop1 ($k+1$) 中计算适应度函数：

$$F_i(t_k) = \exp\left\{ -\frac{f_i(t_k) - f_{\min}}{t_k} \right\} \quad (6-31)$$

其中，$f_{\min}$ 是 new pop1 ($k+1$) 中的最小值。由适应度函数决定的概率分布从 new pop1 中随机选 max pop 个染色体形成种群 new pop2。

STEP4 按遗传算法的常规方法对 new pop2 进行交叉得到 crosspop，再变异得到 mutpop。

STEP5 令 pop ($k+1$) = mut pop，对 pop ($k+1$) 计算 $f_i(tk)$，找出使函数 $f_i(tk)$ 最小的染色体 i 和这个函数值 f，如果 $f < f^*$，则令 $i^* = i$，$f^* = f$，$tk+1 = d(tk)$，$k = k+1$，返回 STEP2。

(1) 染色体结构。出于表示简单，计算机处理方便的目的，对于 VRP 问题的遗传算法编码通常都采用自然数编码。上节数学模型的解向量可编成一条长度为 $k+m+1$ 的染色体 $(0, i1, i2, \cdots, is, 0, ij, \cdots, i_k, 0)$。在整条染色体中，自然数 i_j 表示第 j 个客户。0 的数目为 $m+1$ 个，代表邮运仓库，并把自然数编码分为 m 段，形成 m 个子路径，表示由 m 辆车完成所有运输任务。这样的染色体编码可以解释为：第一辆车从邮运仓库出发，经过 i_1, i_2, $\cdots$, i_s 客户后回到邮运仓库，形成了子路径 1；第 2 辆车也从邮运仓库出发，途径 i_j, $\cdots$, i_k 客户后回到邮运仓库，形成子路径 2。m 辆车依次出发，完成所有运输任务，构成 m 条子路径。

如染色体 0123045067890 表示由三辆车完成 9 个客户的运输任务的路径安排：

子路径 1：仓储中心→客户 1→客户 2→客户 3→仓储中心；

子路径 2：仓储中心→客户 4→客户 5→仓储中心；

子路径 3：仓储中心→客户 6→客户 7→客户 8→客户 9→仓储中心。

(2) 遗传群体初始化。为了使算法收敛到全局最优，遗传群体应具有一定的规模。但为了保证计算效率，群体规模也不能太大。一般取群体规模取值在 10 到 100 之间。在初始化染色体时，先生成 k 个客户的一个全排列，再将 $m+1$ 个 0 随机插入排列中。需要注意的是必须有两个 0 被安排在排列的头和尾，并且在排列中不能有连续的 2 个 0。这样构成一条满足问题需要的染色体。针对此染色体，随机选择两个位置上的元素进行交换，并用算法对其调整，使其成为新的满足要求的染色体。交换若干次，直至生成满足群体规模数的染色体。

(3) 计算适应度函数。这里使用的方法，将容量约束式 (6-25) 转为运输成本的一部分，运输成本变为：

$$Z = \sum_{i=0}^{k}\sum_{j=0}^{k}\sum_{s=1}^{m}C_{ij}X_{ijs} + M\sum_{s=1}^{m}\max\left(\sum_{i=0}^{k}g_{i}Y_{is} - q, 0\right) \quad (6-32)$$

其中 M 为一很大的正数，表示当一辆车的货运量超过其最大载重量时的惩罚系数。M 应趋向于无穷大。考虑到计算机处理的问题，取 M 为 1 000 000。将此运输成本函数作为的目标函数。适应度函数采用一种加速适应度函数 $F_i(t_k) = \exp\left\{-\dfrac{f_i(t_k) - f_{\min}}{t_k}\right\}$。这种适应度函数加速性能比较好，可以迅速改进适应度的值，缩短算法运行时间。

（4）交叉算子。将每代种群的染色体中适应度最大的染色体直接复制，进入下一代。种群中其他染色体按其适应度的概率分布，采用轮盘赌的方法，产生子代。这样既保证了最优者可生存至下一代，又保证了其余染色体可按生存竞争的方法生成子代，使得算法可收敛到全局最优。选中的染色体按一定的概率—交叉率，产生子代。认为交叉率在 0.6 ~ 0.8 之间，算法进化效果较好。由于车辆路径问题的条件约束，如果采用简单的交叉算子，将可能产生大量的不可行解。因此这里采用这种改进的交叉算子，避免非可行解的产生，具体做法如下：

①随机产生交叉位，如果在交叉位的外侧两端的父代基因都是 0 的话，则对父代进行简单交叉；如果交叉位的外侧两端的父代基因不为 0 的话，则将左交叉位向左移，直至移动到左交叉位的左端基因为 0 时停止。以左交叉位为起点，继续向右移动右交叉位，直至右交叉位的右端基因为 0 为止。这样就保证了父代染色体都用 1 条子路径来进行交叉。

②经过第 1 步操作，子代中仍会产生访问同一客户 2 次的情况，需要对子代进行整理。在子代中选择那些具有重复情况的自然数，如果该自然数并非在交叉位内的话，则删除之。子代如存在未访问到某一客户的情况，则在染色体的交叉位外补上该客户对应的自然数。

③经过第 2 步的操作，如果产生了某一子路径为空的情况，即染色体中含有 2 个连续的 0，须继续进行第 3 步操作。将其中的 1 个 0 与染色体其他位上的客户自然码进行交换。对该客户自然码的要求是该码的前一位与后一位均不为 0。本步操作可放在对子代的变异后进行。如有父代 1：015604027680，父代 2：071086402350。使用上述算法，对父代 1 选定交叉位 8，11，对父代 2 选定交叉位 5，7。经过第 1 步计算，得子代 1：01560408640 和子代 2：0710273802350。使用算法的第 2 步，整理子代 1 和子代 2。得到子代 1：012537008640 和子代 2：014027380560。子代 1 中存在 2 个连续的 0，对其进行第 3 步操作。最后得到子代 1：012507308640。

（5）变异算子。交叉产生的子代依一定概率—变异率发生变异。变异的策略是随机交换两个基因的位置。在变异后，需要用交叉算子的第 3 步操作整理子代，以保证可行性。

（6）结束条件。当算法的当前进化代数大于预先设定的 N 时，算法结束。

（7）邻域结构。每个染色体的邻域包括任意交换其两个基因所产生的所有染色体。

（8）衰减函数 $t_k + 1 = \alpha \times t_k$。河北快运自己的运输网络辐射了石家庄、北京、天津、沈阳、长春、哈尔滨、济南、郑州、西安、武汉、长沙、广州等地。基本路线定义了美的 8 个销售商。

对 8 个销售商进行数据分析（表 6-10）：

表 6-10　美的 8 个销售商

门店	仓储中心	石家庄	山东	天津	陕西	北京	太原	甘肃	新疆
位置	(505,158)	(503,120)	(558,144)	(568,94)	(361,200)	(547,192)	(461,125)	(242,142)	(23,26)
需求	0	2.46	0.41	2.16	2.27	1.83	3.76	2.54	2.39

根据各仓库的需求量，计算出需要的汽车数：$m = [17.82/(0.85*8)] + 1 = 3$。取初始退火温度为 10，衰减系数取 0.85，按照 6.4.3 小节所述算法步骤，得结果如下：

子路径 1：仓储中心→陕西→甘肃→新疆→仓储中心；

子路径 2：仓储中心→石家庄→太原→仓储中心；

子路径 3：仓储中心→山东→天津→北京→仓储中心；

运输成本：476.290507；

进化代数为：20。

对于美的生产基地的配送路线，通过以上算法可以大大节约车辆成本，实现快速响应，提高服务水平。

针对美的对运输服务供应商考核中的零担运输经验的重视，可以知道如果最大程度地对客户订单实现零担拼积，将大大减少运输成本。为此可以优化零担运输，订立以下制度。

运输流程如图 6-22 所示。

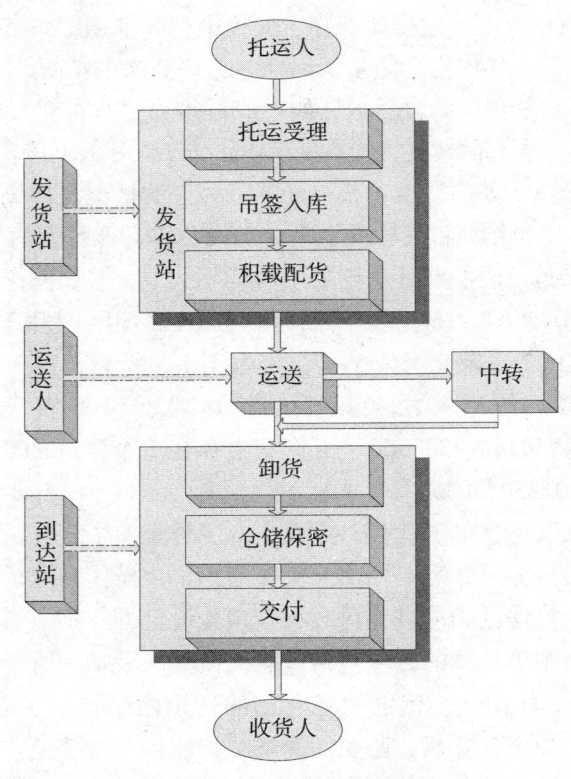

图 6-22　运输流程

(1)受理托运:零担货物承运人根据营运范围内的线路、站点、运距、中转车站的装卸能力、货物的性质及受运限制等业务规则和有关规定接受托运零担货物,办理托运手续。受理托运时,必须由托运人认真填写托运单,承运人审核无误后方可承运。

(2)过磅起票:零担货物受理人员在收到托运单后,应及时验货过磅,认真点件交接,做好记录,按托运单编号填写标签及有关标志,填写零担运输货票并收取运杂费。

(3)仓库保管:零担货物在仓库的存放时间较短,维护保养工作较少,主要应控制货物的出入库效率和库内存放货位的管理。仓库的货位一般可划分为待运货位、急运货位、到达待交货位。货物进出仓库要严格执行照单入库或出货,做到以票对货,票票不漏,货票相符。

(4)配载装车:按车辆容载量和货物的形状、性质进行合理配载,填制配装单和货物交接单。填单时应按货物先远后近、先重后轻、先大后小、先方后圆的顺序填写,以便按单顺次装车,对不同到达站和中转的货物要分单填制。将整理后各种随货单证分附于交接清单后面。按单核对货物堆放位置,作好装车标记。按交接清单的顺序和要求点件装车。

(5)车辆运行:零担货运班车必须严格按期发车,按规定线路行驶,在中转站要由值班人员在行车路单上签证。

(6)货物中转:对于需要中转的货物需以中转零担班车或沿途零担班车的形式运到规定的中转站进行中转。中转作业主要是将来自各个方向仍需继续运输的零担货物卸车后重新集结待运,继续运至终点站。

(7)到站卸货:到站后,由仓库人员检查货物情况,如无异常在交换单上签字加盖业务章。如有异常情况发生,则应采取相应处理。

(8)货物交付:货物入库后,通知收货人凭提货单提货,或者按指定地点送货上门,并作好交货记录。

6.4.4 共同配送模式

作为第三方物流服务商,共同配送同样可以降低成本,从而间接地为其客户带来费用的节省。著名的美国第三方物流商 Exel 的副总裁托马斯认为:"之所以能够降低成本,是因为人工、设备和设施费用分摊到了很多共享的客户身上。这些零散客户共享所带来的生意就像大客户所带来的生意量一样大,使得可以发挥物流的规模效益,从而节约成本,这些成本的节约又反过来可以使公司实施更加优惠的低价政策。"

历经多年共同配送再度盛行,主要是因为共同配送可以实现以下两方面的功能:

(1)共同配送可以帮助厂商对市场需求做出快速反应,共享配送网络的客户,为了快速履行订单,他们必须在主要的销售点附近确保少量的存货,因为这些销售点相对来说空间很小,为保证在有限的空间内陈列更多的商品,就不能保有太多的库存,因此采用共同配送进行及时补货是非常适合的。当产品短暂的生命周期和狭小的库存空间使得公司必须强调物流网络的完善和节省资金占用时,共同配送同样也是降低风险的好选择。由于共同配送避免了厂商在仓库等建筑物、物料搬运系统设备、人工以及支持性的信息系统这些方面的投资,又能及时满足客户的需求,因而受到厂商等客户的欢迎。因为对于厂商来说采用共同配送所需的成本只是实际的货运量带来的变动成本，节省了固定成本，因此他们可以用节省下来的资金投资于自己的核心业务活动如产品开发、市场营销以及其他创收活动。

（2）共同配送本身所具有的柔性同样是其深受广大公司青睐的一个重要原因。大客户一般都倾向于与第三方物流服务商签订长期合同，与之相比，共享服务对象所签订的合约往往是短期的，通常一月一签约。例如，客户上个月与邯运签订的是 1 000 平方米的库房租约，下个月可能就变成 800 平方米，因此这种服务方式非常柔性。如果客户更倾向于按单位产品的费率来收费，那么相应的第三方物流商就可以按照他们所处理的实际货运量的大小来收费。

对于飞马快运和河北快运的问题，可以采用共同配送，逆向运输提高速度。对于河北快运和天昊等公司的整合何以用异产业间的共同配送解决。异产业间共同配送是指将从事不同行业的邯运生产的商品集中起来，通过邯运仓库向客户输送的一种形式。基本配送模式如下：

异产业间协作配送模式。不同产业间通过搭配不同的大小商品来共同配送，这种配送特别要注意的商品的特性及其客户分布特点。异产业间通过建立邯运仓库等基础物流设施来发展共同配送。这种配送模式既可以保证优势互补、又可以防止邯运信息外泄，可以充分发挥协同效应。对于异产业共同配送而言，集约化程度越高，要求专业化的水平越高，因而对于异产业的共同配送，应主要由第三方物流公司来主导，借助其专业化水平和很强的协调组织能力，往往能取得很好的效果。

6.4.5　仓储配送调度

本节主要讨论 GIS/GPS 在动态调度算法的使用。

动态调度算法能很好的实现快速响应的需要，并且能处理突发问题，具体步骤如下：

第一步，确定需求位置、服务时间窗要求、需求量；

第二步，在 GIS 监控室电子地图上搜寻派出车辆的行车路线，检查各服务车辆满足服务后的剩余车载量，以确定是否接受新需求，如接受，该车辆按新方案行驶，信息处理结束，计算该车辆的剩余车载量；惩罚成本不可接受，把该车辆从满足新需求量的车辆集合中排除，转第三步；第三步从中找出能满足新需求量的车辆集合，找到后继续，否则转第五步；

第三步，从这些车辆集合中找出其行驶线路离新需求最近的车辆，找到继续，否则转第 5 步；

第四步，用最近插入法则把新需求插入到服务车辆的行车路线当中，确认车辆服务时间是否满足未完成服务客户的时间窗要求，满足按新方案行驶，不满足看其惩罚成本是否可接受，确认是否重新派车完成新需求，按 Dijkstra 法求出的最短路径行驶，如果满足时间窗要求或惩罚成本可以接受，决定派车，计算车辆剩余车载量，否则拒绝服务，信息处理结束。

第五步，车辆位置的变化、路况变化，当车辆没按预期计划时间在优化线路上行驶，即出现时间提前或延迟时,考察是否超过规定的提前时间或延迟时间,如果在允许的范围内,则不做处理,否则继续;当车辆按计划时间提前行驶时,搜寻附近是否有立即需求而未分派车辆的顾客,如有,且车辆有该顾客的需求量、到达及服务时间在提前时间之内,则插入该需求,否则下令缓行或等待,直到下一个计划顾客服务开始;当车辆由于路段拥挤、堵塞或车辆本身故障发生服务时间延迟,且存在某些需求点的时间窗惩罚成本难以承受时,取消该车辆对这些需求点的服务,将这些需求纳入新需求进行处理。

需求的取消或变更:某车辆的一个或几个需求点取消服务时,如果是该车辆计划服务的中间顾客,则等待;如果附近出现新的服务需求,且满足时间和需求量,则满足服务,直到下一个计划服务开始;如果是该车辆计划中的最后一个顾客,则车辆按最短路径返回,返回途中如出现新的顾客需求,则满足服务,否则完成调度;某车辆的需求量增加时,确认该车辆的剩余车载量是否满足需求增加量,满足则不做处理,否则按出现新需求情况处理;某车辆服务的需求量减少时,及时通知该服务车辆,重新计算车辆剩余车载量;某车辆服务的需求服务时间发生变化时,确定该变化对车辆的整个服务线路是否有影响,没有影响时不做处理,否则取消原需求按出现新需求情况处理。

动态调度处理原理如图6-23所示。

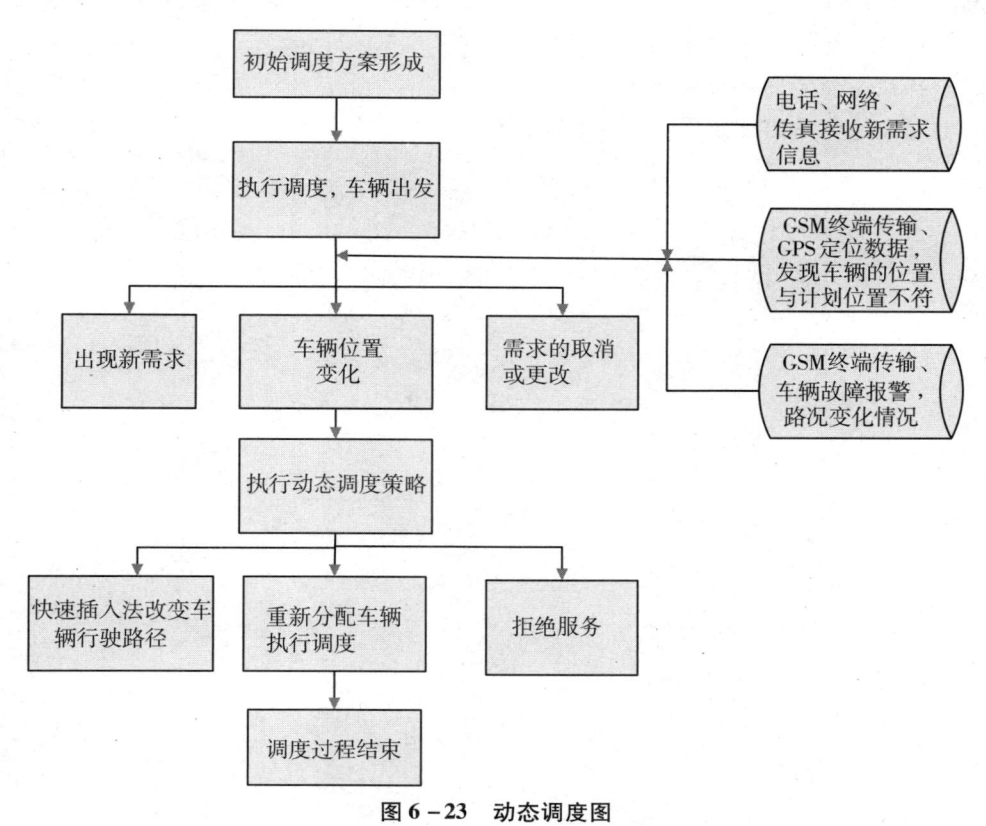

图6-23 动态调度图

▶ 方案总结

仓库的布局优化在物流管理中起到至关重要的作用。良好的仓库布局不仅能提高存储效率,而且能为应对快速响应的客户服务提供坚实的硬件条件。本方案通过对最优货架、最优设备配置、最优货物分配等的优化设计,达到了仓库存储与提取的快速响应,为客户提供高效的服务。

分拣作业优化方面,设计了一套完整的分拣作业流程,解决了邯运集团案例中的分拣问题。包括分拣区域划分,分拣单位确定,分拣路径选择,分拣模式及分拣方法选择,相应方法下的分拣工具选择等问题;库存优化方面,库存策略辅助决策模块需根据订货系统的商品数量、入库所需时间等来辅助制定库存策略,并设置采购时间预警模块,及时更新库存表、记录库存情况,以供随时查询库存情形;仓储配送优化方面,通过对客运包裹配送、仓储配送路径、共同配送模式和仓储配送调度等方面的优化,通过将快运与货运两部分业务进行整合、共享资源,达到节省成本、提高效率的目的。

▶ 复习思考

1. 如何设计仓库布局的目标和原则?
2. 分拣系统如何进行优化设计?
3. 共同配送体系的设计要考虑哪些因素?

第 7 章

敏捷仓储系统方案设计

▶ **背景介绍**

此方案节取自"邯运杯"第二届全国大学生物流设计大赛获奖作品《邯运集团敏捷仓储系统（HAWS）方案设计》（有删节）。该方案的背景案例为"邯运杯"第二届全国大学生物流设计大赛案例，详见中国物流与采购教育网（www.clpp.org.cn）。在学习本方案前，需要预先阅读"邯运杯"第二届全国大学生物流设计大赛案例。

▶ **学习要点**

- 熟悉敏捷思想与理念
- 熟悉仓储系统总体设计
- 熟悉仓储系统实施

▶ **方案摘要**

本方案在敏捷理念的指导下立足于仓储系统，为邯运集团提供敏捷仓储系统整体解决思路，并借此进行邯运由传统运输业向现代物流业整体转型。根据邯运集团的实际运作情况，以"快速反应"和"信息畅通"为目标，通过对邯运集团仓储前、仓储中和仓储后作业流程进行优化重组，以邯运敏捷仓储信息系统为平台，通过对邯运集团组织结构的调整及物流网络规划来整合邯运集团内外部资源，在物流一体化运作基础上构建邯运敏捷仓储系统。在本方案中，邯运敏捷仓储系统是邯运集团物流转型及发展战略实施的关键。通过数学建模利用遗传算法及 Matlab 程序确定仓储设施选址、库位优化和仓库布局，借助 Sierpinski 曲线算法进行配送线路优化，应用 VFP 和 SQL 开发敏捷仓储信息系统，在此基础上优化仓储作业流程，形成邯运集团原料敏捷采购、敏捷快递服务、敏捷汽贸业务和敏捷仓储配送等业务板块，实现邯运集团内外作业信息畅通、仓储敏捷化操作和对客户需求的快速反应。敏捷仓储理念的提出及敏捷仓储系统的构建，是本方案的最大创新点。借助这一思想，能够行之有效地解决邯运集团的绝大部分问题，这种模式还可以用来解决其他非物流企业仓储效率和仓储成本问题。

7.1 仓储系统敏捷思想

7.1.1 敏捷仓储理念

7.1.1.1 敏捷理念

敏捷（Agile）的核心是快速反应，敏捷的目标是低成本与高效率的统一。敏捷性理论产生于制造领域即敏捷制造。随后敏捷性从制造领域延伸到了服务领域，如敏捷物流、敏捷供应链等运作管理模式已被广泛研究与应用。

敏捷性原则定义了这样一组新规则：敏捷性是一种战略竞争能力，是一种在无法预测的持续、快速变化的竞争环境中生存、发展并扩大其竞争优势的能力。敏捷性强调提高企业对多变的市场环境的适应能力，即敏捷性是企业赢得合作与竞争的重要保障。在竞争日趋激烈、市场需求更为复杂多变的网络时代，企业有必要将敏捷化思想运用到物流管理中，其实质是在优化整合企业内外资源的思想上，更多地强调了物流在响应多样化客户需求方面的速度目标。

面对当前更富挑战的经营环境、不稳定和不可预测的市场需求的变化，敏捷性已经成为企业在不确定性市场环境中生存的必备条件。同普通的物流相比，敏捷物流（Agile Logistics）更能够适应新的市场环境下顾客个性化需求，对市场做出更迅速的反应。

7.1.1.2 敏捷仓储

敏捷仓储（Agile Warehousing）是敏捷物流的一个环节。简言之，敏捷仓储是在物流一体化的基础上，利用物流各环节的协同关系和信息共享，在合适的时间，将合适质量、合适数量的合适产品以合适的方式进行保管、存储、分拣和快速配送到合适地点，满足合适客户个性化或大规模定制的及时需要，从而实现成本与整体效率优化的物流活动。

敏捷仓储以缩短仓储作业时间作为突破口。对企业来说，缩短仓储时间不仅可以加快对用户需求的敏捷响应，而且更重要的是它能降低仓储成本。对仓储时间的管理是建立在时间分析基础上的，"门到门"的时间反映了仓储全流程，它包括：采购时间、入库时间、在库时间、出库时间和配送时间。

敏捷仓储时间缩短的实现，一方面要依靠物流系统的业务优化，如延迟、集并、经销商库存管理、联合库存管理及第三方物流的运用等等，另一方面也依赖于信息技术的发展，特别是自动识别技术、电子数据交换、无线网络技术、商业智能技术等的发展。

在敏捷理念指导下，本方案提出邯运敏捷仓储理念体系，并以此为基础构建邯运集团敏捷仓储系统。

7.1.1.3 邯运敏捷仓储理念

在邯运集团物流一体化运作的基础上，邯运敏捷仓储理念以"快速反应"和"信息畅通"为主旨，借助邯运敏捷仓储系统（HAWS）平台，邯运集团各个业务板块由邯运敏捷仓储信息系统（HAWIS）连为一体，最终实现客户快速响应、作业效率提升和物流成本降低。

邯运敏捷仓储理念体系架构如图7-1所示。

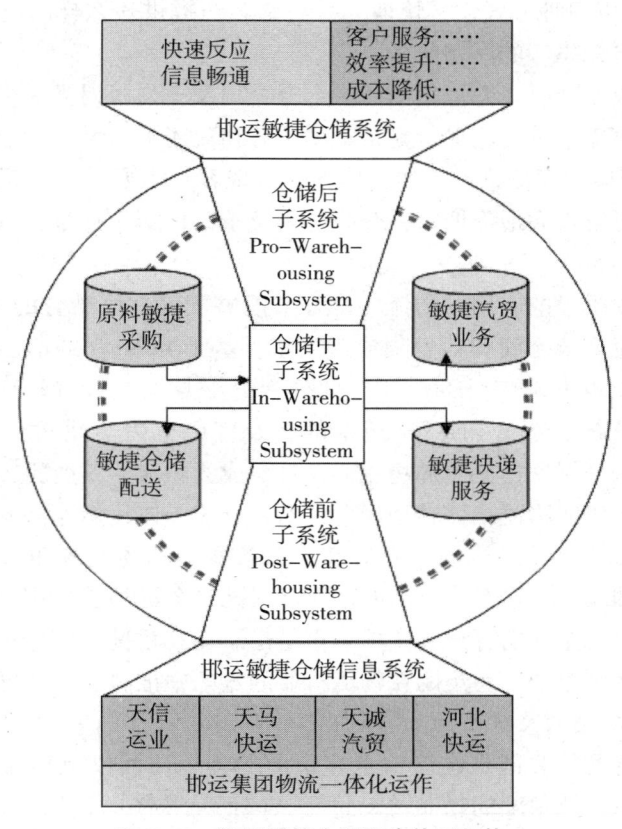

图7-1 邯运敏捷仓储理念体系架构

7.1.2 物流整体转型

邯运集团业务领域涉及众多，随着业务量的扩大，必然会带来有关成本控制、利润增长、信息系统升级、物流园区规划等一系列问题。对于集团所经营的主要业务板块市场竞争日益激烈，市场需求瞬息万变，客户要求的也不断提高。各分公司的业务整合、流程合理化、网络化、信息化以及国际化等多方面对邯运集团的整体营运能力提出了更高的要求，以业务流程快速反应、物流信息快速沟通所构成的"敏捷仓储"为核心的物流转型已成为必然趋势。

7.1.2.1 物流转型的理念

邯运集团由传统运输企业向现代物流转型，其管理模式和管理方法上都要进行相应的调整。而对于管理者来说，物流转型理念的形成则处于首要的地位。

第一，时效性和快速反应。网络经济时代，邯运集团要实现竞争优势的关键在于物流速度。在传统运输企业的运作方式中，从接受订单到提供服务是一个漫长的过程，而且还不可避免地产生诸多等待和误差。邯运集团需按"敏捷"的观念来组织运输、仓储、采购和配送,在敏捷仓储系统的支持下以最快的速度响应客户需求。

第二,贴近客户资源。邯运集团所有物流活动都必须要紧密围绕着客户的需求而展开,"在何时、何地以何种方式,尽快地为哪一个客户提供什么样的物流服务"就成了物流运作活动中需要时刻思考的问题。

第三,物流总成本降低。邯运集团的多个分公司及子公司因为缺少相邻下游企业的相关即时信息,导致总库存不断增加,整个集团的总物流成本会攀升到令人诧异的高度。而"敏捷"的物流在相应敏捷信息系统的支持下,实现客户需要什么就提供什么的订单驱动型物流组织方式,可以极大地降低每一个分公司及子公司的库存量,从而降低整个集团的物流总成本。

第四,物流技术手段的应用。物流各个环节能够实现有机结合的关键是在 Internet 网络环境下实现各物流环节之间的信息集成和共享。基于 Internet 的诸多信息技术开始在企业的物流活动中得到越来越广泛的应用。此外,电子数据交换(EDI)技术、射频识别(RFID)技术、电子资金转账(EFT)技术的普及应用也为实现敏捷仓储提供了技术基础,基于这些技术来开展邯运集团的物流活动日益成为物流的发展趋势。

综上所述,邯运集团物流整体转型理念是:在物流一体化运作的基础上,在敏捷仓储系统的支持下,通过信息及时沟通,针对客户需求变动和物流各环节的衔接做出快速反应。如对存货数量的调整、对客户订单的修改、对配送车辆的重新调度等,而且通过缩短货物的交货时间,提高企业的客户满意度。正是由于在"敏捷"思想的指引下衍生出敏捷仓储运作模式,进而将整个邯运集团在物流行业的竞争中推向了一个更高的层面。

7.1.2.2 物流转型的关键

邯运集团物流转型的关键是物流信息在集团的各个层面以及物流各个环节之间的畅通。物流是一个站在系统角度的物品流动过程,因而从传统的运输企业转型为物流企业,其关键之处在于通过畅通无阻的物流信息来达到物流效率和效益的提升。邯运集团的物流转型,其基础应建立在现有的企业资源计划体系(ERP)与敏捷仓储信息系统(AWIS)的有机结合之上,由此转变为功能完善的现代物流体系。

借助敏捷仓储信息系统,邯运集团将各个分公司的物流业务纳入一体化运作。在运输业务上,邯运集团通过与汽车站、火车站、机场、海关等信息联网,实时了解货物从何地起运、货物到达的时间、到达的准确位置,提前通知收货人做好准备,使货物在几乎不停留的情况下快速流动,直达目的地。在采购业务上,邯运集团可与客户之间及时沟通和分享信息(如生产计划、订单计划等);在仓储业务上,货物的入库、验收、分拣、出库以及后续的配送通过信息的及时传递实现快速反应,提升物流效率。

7.1.2.3 物流转型的支撑

邯运集团物流转型的支撑在于快速反应。从邯运集团目前经营的物流业务来看,主要集中在仓储这一环节。集团旗下各个子公司之间大多都独立运作,每个子公司都有自己的仓库,彼此之间缺乏有效地协作和快速反应机制而导致仓储效率较为低下。与仓储紧密相关的采购业务中,由于信息的及时沟通和共享不够导致采购申报的数量往往超过实际需要,而缺乏在采购后仓储过程中的快速反应则导致采购的物资在仓库积压闲置。

因而，快速反应的支撑作用体现在：应用敏捷仓储系统在申报采购计划前借助信息系统快速了解实际库存，进而在充分了解邯运集团物流总体供需计划的基础上进行预测，然后实现货物在仓库的仓储过程中进行快速出库、检验、分拣和出库，通过敏捷配送实现货物最终安全、快速地到达客户手中。因此，邯运集团有必要通过流程重组、资源整合来统筹各个分公司间的业务，以快速反应为主旨敏捷仓储系统的构建正是这一过程的最好体现。

7.1.3 敏捷仓储战略

7.1.3.1 中长期战略

在"十四五"规划期（到2025年），根据邯运集团的业务发展计划，邯运敏捷仓储系统（HAWS）作为邯运集团敏捷战略系统的一个部分，通过国际物流和国内物流两个板块进行一体化运作。

邯运集团中长期发展战略如图7-2所示。

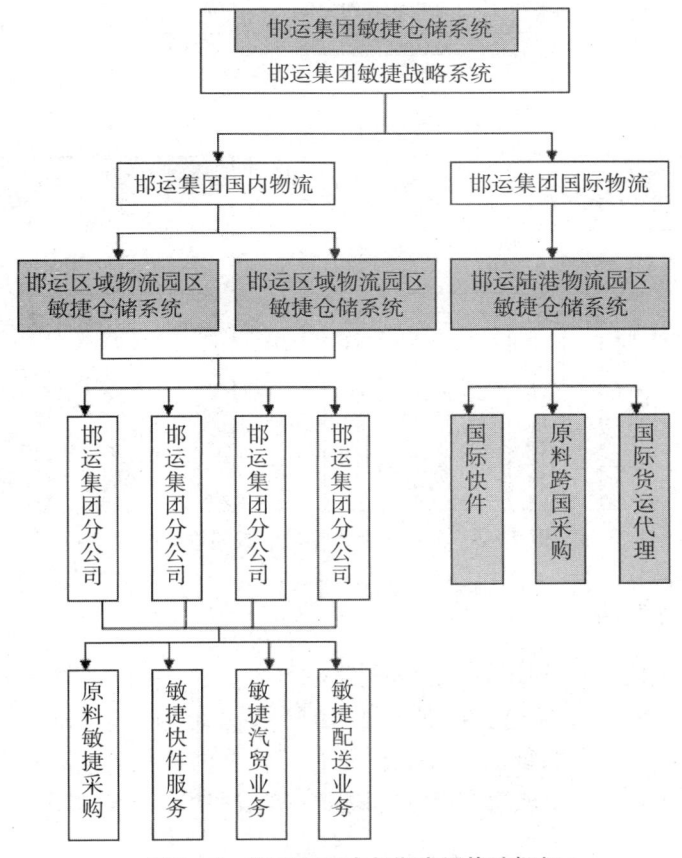

图7-2 邯运集团中长期发展战略框架

在邯运集团国内物流这个领域内，通过建立全国性区域物流园区及相应的邯运敏捷仓储系统，将邯运集团的各个分公司及办事处网点资源进行整合，借助邯运敏捷仓储信息系统（AWIS）这一平台实现国内领先。在国际物流这个领域内，通过陆港物流园区及相应的邯运敏捷仓储系统打造国际快递、原料跨国采购和国际货运代理三大业务板块。国际国内两个市场可以通过邯运敏捷物流战略系统进行打通，从而最终形成颇具规模和实力的跨国物流企业集团。

7.1.3.2 中近期战略

在"十二五"期间（2010—2015 年），本方案所构建的邯运敏捷仓储系统（HAWS）作为邯运集团敏捷物流系统的一个部分，应用邯运敏捷仓储信息系统对邯运集团现有的四个主要业务领域实现资源整合和优化重组，利用陆港物流园区的优势开展国际物流业务。

邯运集团中近期发展战略如图 7-3 所示。

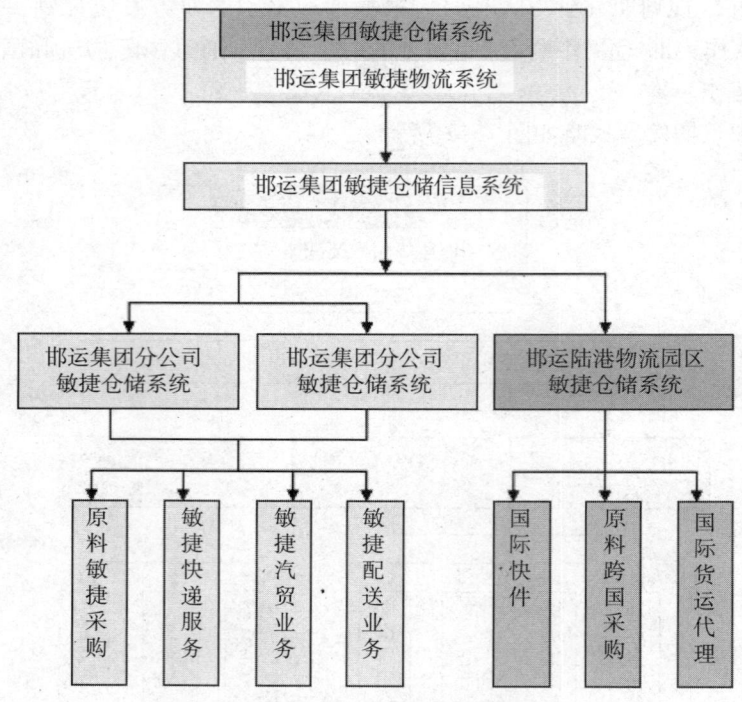

图 7-3　邯运集团近期发展战略框架

7.1.4　敏捷仓储策略

在"十一五"期间（到 2010 年），结合邯运集团经营运作实际，从硬件和软件方面构建邯运敏捷仓储系统（HAWS）。将邯运集团的仓储系统分为仓储前、仓储中和仓储后三个子系统，通过对每个子系统的设计及在原有模式上的优化来实现敏捷仓储系统的构建。通过邯运敏捷仓储系统保证现有资源的快速、有效利用，同时实现对仓储作业流程的全程跟踪和快速反应。

邯运集团敏捷仓储策略框架如图 7-4 所示。

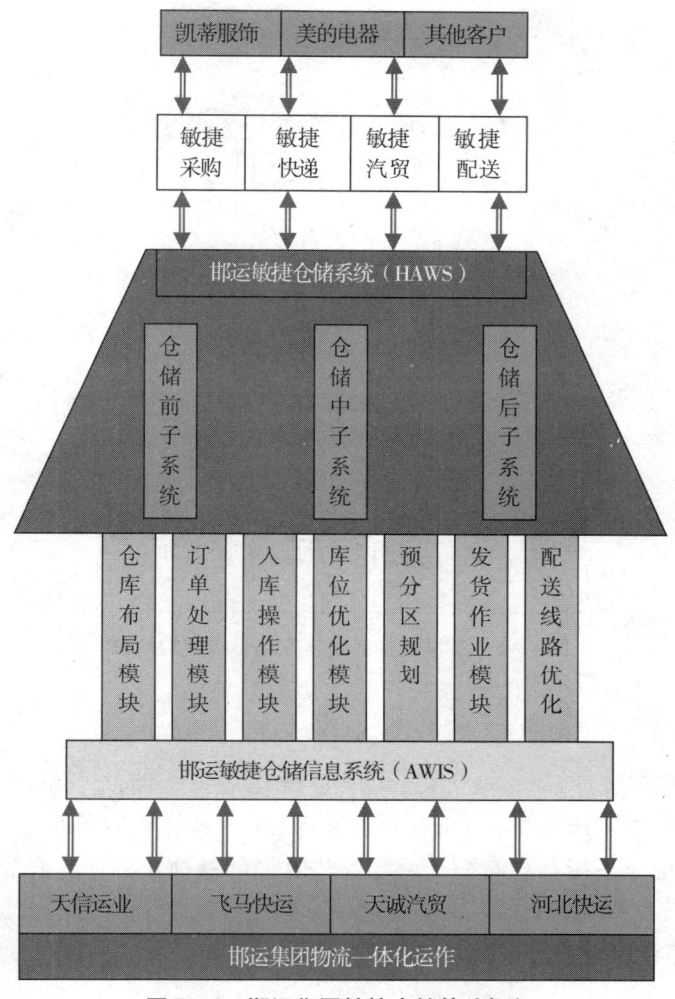

图 7-4 邯运集团敏捷仓储策略框架

7.2 敏捷仓储系统总体设计

7.2.1 方案目标

邯运敏捷仓储系统（HAWS）总体上要实现"快速反应"和"信息畅通"两个目标。从邯运集团的发展来看：战略层面，HAWS 与邯运敏捷战略系统对接实现国际国内物流业务的敏捷运作和资源全方位整合；策略层面，HAWS 与邯运敏捷物流系统对接实现国内物流业务的敏捷运作和发展国际物流业务。

因此，本方案的目标为实现仓储流程优化、仓储作业效率提高和信息的快速共享。其在整体方案设计中所处的地位如图 7-5 所示。

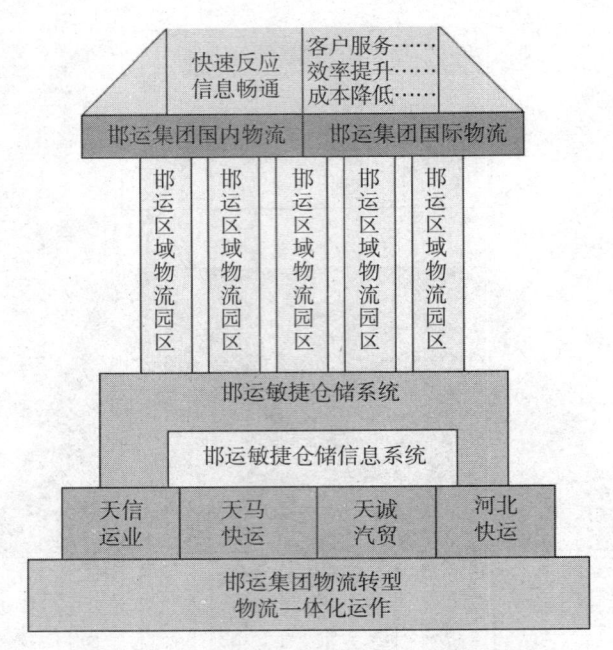

图 7-5　方案目标在整体方案设计中的地位

7.2.2　方案模型

邯运敏捷仓储系统（HAWS）由三大子系统构成：仓储前子系统（Pro-warehousing subsystem）、仓储中子系统（In-warehousing subsystem）和仓储后子系统（Post-warehousing subsystem）。仓储前子系统和仓储中子系统关注货物的敏捷出入库，仓储后子系统关注敏捷的客户服务。三大子系统由邯运敏捷仓储信息系统（HAWIS）为平台进行系统实施。

邯运敏捷仓储系统设计方案模型如图 7-6 所示。

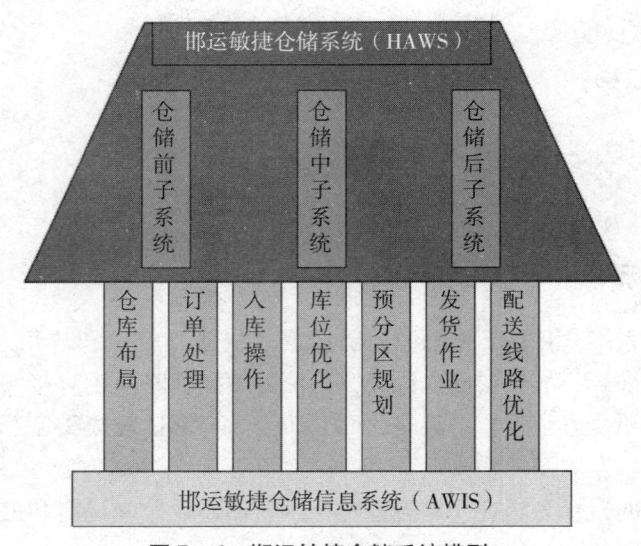

图 7-6　邯运敏捷仓储系统模型

仓储前（Pro-warehousing）关注货物如何快速敏捷入库，包括入库在内及入库以前为入库做准备的各个环节。天信运业的原料采购、天诚汽贸面向汽车制造商的汽贸业务、飞马快运和河北快运集货业务、凯蒂服饰移库业务、美的邯郸生产基地产品移库等都属于仓储前的环节。

仓储中（In-warehousing）关注货物在仓库中如何快速敏捷放入货位、分拣以及检验出货，包括入库后对货物进行质量和数量管理进行的一系列操作。飞马快运和河北快运的分拣业务、凯蒂服饰及美的电器的分拣出库业务等都属于仓储中的环节。

仓储后（Post-warehousing）关注货物如何快速敏捷出库，包括出库在内及出库后的配送。天信运业的原料经销、天诚汽贸面向消费者的汽贸业务、飞马快运和河北快运配送业务、凯蒂服饰配送业务、美的产品配送业务等都属于仓储后的环节。

7.2.3 设计框架

邯运敏捷仓储系统设计分为仓储前、仓储中和仓储后三个子系统的设计和邯运敏捷仓储信息系统的设计。

邯运敏捷仓储系统设计由子系统目标、设计原则、模型选择、模型求解和效果评价五个部分构成。借助遗传算法和 MATLAB 辅助仓储管理决策。

邯运敏捷仓储系统设计框架如图 7 - 7 所示。

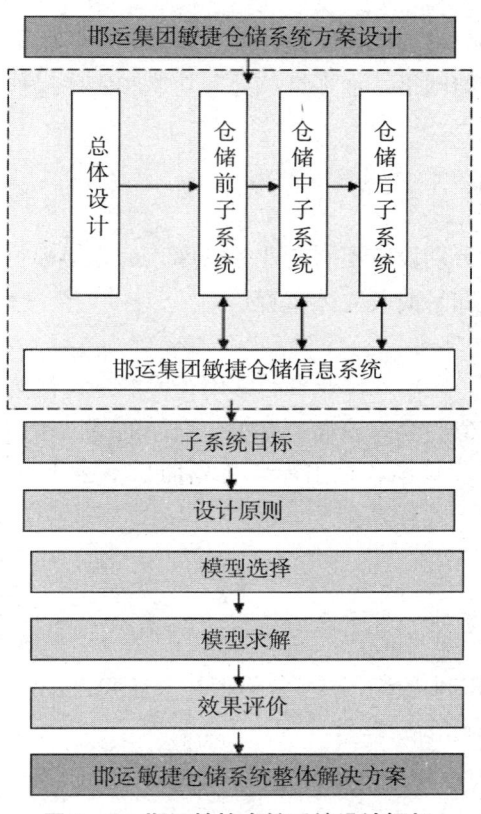

图 7 - 7 邯运敏捷仓储系统设计框架

7.3 敏捷仓储前子系统

本方案中的仓储前子系统（Pro-Warehousing Subsystem）准确定义为：货物未存放到指定货位之前进行的所有准备、优化和操作，它包括设施选址、仓库布局、订单处理、入库操作四大模块。其系统设计框架如图7-8所示。

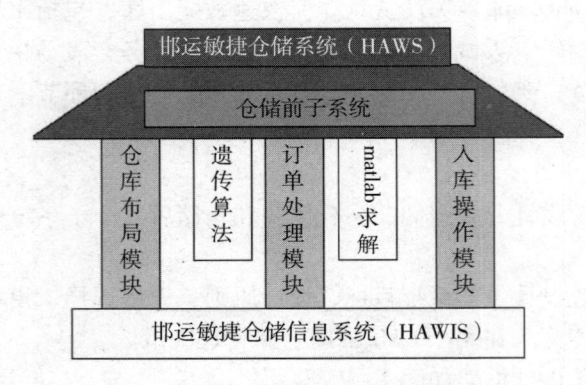

图7-8 邯运仓储前子系统框架

仓储前子系统的目标：根据邯运集团业务发展需要进行物流网络布局，通过现有仓库优化布局来完善现有的仓储网络，加强订单处理功能和入库操作快捷性，为整个集团的仓储业务敏捷化打好基础。

7.3.1 仓库布局模块

邯运集团旗下分公司分别设有不同的业务仓库，为方便起见，以河北快运的仓库布局为例，涉及通过能力计算和平面及立体布置。

7.3.1.1 通过能力计算

一段时间内（1个月）进出库作业量通常用仓库的通过能力衡量，这是仓库宏观设计必须考虑的重要因素，其值与仓库总面积有关。仓库的总面积由以下几个部分组成：货物的有效存放面积，入库验货场面积，出库发货场面积，通道（人行道、车行道等）面积等。立体仓库总面积可由下式计算：

$$A = \frac{m_Q}{K_q} \tag{7-1}$$

式中：A——仓库总面积（m^2）；

K——仓库面积利用率，即存货面积与总面积之比；

m_Q——仓库货物的库存量（t）；

q——仓库单位面积上的库存量（t/m^2）。

其中，仓库的货物存储量可由下式计算：

$$m_Q = \frac{EK}{30}t \tag{7-2}$$

式中：E——立体仓库的月最大货物存取量；

K——最大入库百分比；

t——货物在库中的平均储存期（天），该数据根据统计的各种货物历年平均库存周期分析确定；

30——每月以 30 天计算。

单位面积上的库存量计算公式为：

$$q = rm \tag{7-3}$$

式中：m——货架的层数；

r——每层货物堆存量(t/m^2)。

仓库面积确定之后，立体仓库的通过能力即可计算：

$$p = \frac{30Aqa}{tb} \tag{7-4}$$

式中：a——仓库面积有效利用率；

b——库存货物的月不平衡系数。

系数 b 与货运量、货源、运输工具的衔接、水文气象及生产管理有关。其值应参照同类仓库正常情况下不少于连续 3 年的统计资料来分析确定，一般情况下，运量（货物出入库量）越大，不平衡系数越小。

7.3.1.2　平面及立体布置

平面布置主要是解决仓库整体几何形状的问题，立体布置主要解决仓储及运输设施的布局问题。关于平面布置在上节中已经解决了总面积问题，面积确定后，还必须解决仓库的长度和宽度。

（1）长度与宽度。仓库建筑物的长和宽或仓库的构造取决于在仓库内移动产品的物料搬运成本和仓库的建筑成本。因为待建仓库只考虑矩形设计，只能将入库站台位置设在图中 X 点。本方案中仓库采用矩形巷道存储不同类型的货物，地面的面积为 s_0，最优宽度和长度可以通过物料搬运成本与仓库周长成本之间进行的权衡比较来确定。周长成本是指每米仓库周长的年建筑和维护成本。根据 Francis 的结论，假定使用往返栋货法，位于 X 点的站台宽度的最优值 W^* 为：

$$W^* = \sqrt{\frac{C+8K}{2C+8K}}\sqrt{S} \tag{7-5}$$

长度的最优值 L^*：

$$L^* = \frac{S}{W^*} \tag{7-6}$$

总相关成本：

$$TC^* = 2\sqrt{(0.5C+2K)(0.25C+2K)}\sqrt{S} \tag{7-7}$$

式中：C——某种货物出入库的每米总成本之和乘以每年该种货物出入库的预期数量（元/米）；

K——每米的年周长成本（元/米）；

S——所需的仓库地面面积（平方米）。

在此设该预计邯运邯郸物流园区的仓库月吞吐量为 10 万箱（托盘）的货物，每个托盘需要 1.2 米×1.2 米×1.2 米的存储空间，堆码高度为 2 个托盘的高度，托盘背对背码放，宽度为 2.4 米，巷道宽 3 米，平均出入库物料搬运成本为 0.5 元/米。年仓库空间费用为 1.5 元/平方米，仓库周转率为 10 次/年，总库容需达到 4 万个货位，拣货时每件货物均需以出库站台往返。拟建仓库的面积粗定为（60×80）平方米；造价为 740 元/平方米，预计该仓库的使用年限为 20 年，则：

$$C = 0.15 * 200\,000 * 12 = 360\,000 \text{ 元/米} \tag{7-8}$$

根据 Fancis 提出的最优度与宽度的公式及实际问题中的相关数据，可得仓库的宽为：

$$W^* = \sqrt{\frac{360\,000 + 8 \times 907.68}{2 \times 360\,000 + 8 \times 907.68}} \sqrt{9\,960} = 70.9 \text{ 米} \tag{7-9}$$

仓库的长为：

$$L^* = \frac{9\,960}{70.9} = 140.48 \text{ 米}$$

该矩形的相关成本为：

$$TC^* = 2\sqrt{(0.5 \times 360\,000 + 2 \times 907.68)(0.25 \times 360\,000 + 2 \times 907.68)}\sqrt{9\,960}$$
$$= 25788\,888 \text{ 元/米}$$

（2）内部布局规划。在仓库的基本结构确定后，接下来讨论货位、货架与巷道的布局决策，即确定货架上的货位数量、所用货架的数量以及货架的放置方向。本方案应用 Joseph Baasan、Yaakov Roll 和 Meit J. Rsenblatt 为此所提出的一些公式和决策规则来解决这一类问题。

由于问题本身的限制规定只可取货架与库房的长平行这一种结构，产品由仓库的一侧的门入库，从另一侧的门出库。每件货物要在库门和货物之间移动四次。站台门位于仓库的中间位置，所有库容都被利用的概率是相同的。除了靠墙摆设的货架外，其余货架均为双面货架。仓库布局的目标是使物料搬运成本、年库房成本和仓库规模（周长）相关的年成本三者之和最小。

因此，该仓库结构的最优货位数量为：

$$m^* = \frac{1}{L}\sqrt{\left(\frac{2dC_b + 3aC_s + 2C_p}{dC_b + 2C_s}\right)\left[\frac{K(w+a)L}{2h}\right]} \tag{7-10}$$

双面货架的最优数量为：

$$n^* = \frac{1}{w+a}\sqrt{\left(\frac{dC_b + 2C_p}{2dC_b + 3aC_s + 2C_P}\right)\left[\frac{K(w+a)L}{2h}\right]} \tag{7-11}$$

式中：w——双面货架的宽（米）；

L——库存空间的长度，例如，托盘的宽度（米）；

m——货架上的货位数；

h——垂直方向上的储存层数；

n——双面货架的数量,两个单面货架视为一个双面货架;

K——库存空间内的总库存容量;

a——巷道的宽度(米),假定所有的巷道宽度相同;

d——用存储单位(如托盘)表示的仓库年吞吐量(需求),假定一种产品占用一个空间单位(产品数/年);

C_b——每一长度单位的库存货物的物料搬运成本(元/米);

c_s——每一单位仓库面积的年成本(水、电、维护)(元/平方米);

C_p——每一长度单位外墙的年维护成本(元/米)。

问题的解决:

该仓库的年周长成本:仓库周长为:$2 \times (120 + 83) = 406$ 米;其造价为:$740 \times 9\,960 = 7\,370\,400$ 元;分摊到每一年为:$7\,370\,400/20 = 368\,520$ 元;分摊到每米周长为:$368\,520/406 = 907.68$ 元/米。

仓库是方形的立体布置方案的确定取决于很多因素,包括:

①货架结构。

②待处理货物的数量和种类。

③按货物种类和用途划分的货架段和组合货架的专用化程度。

④货物验收区、储存区、配套区和发货区的相互布局。

(3)货架及最佳巷道数。货架尺寸的确定有静态法和动态法两种,通常是用动态法。所谓动态法确定货架尺寸就是根据所需要的出入库频率和搬运工的搬运速度参数来确定货架的总体尺寸。

已知条件:库容量 Q,出入库频率 P_0,货架的高度 H,货格尺寸和人工搬运速度参数 (N_H, V_x)。

当 Q 和 H 确定后,最佳布置就是能满足出入库频率要求的最少巷道数。此时配备的搬运工最少。具体的算法步骤为:

①假定巷道数(先令其值为)l,货架层数 N_B,则货架列数:

$$N_t = \frac{Q}{2N_B N_H} \tag{7-12}$$

②根据层数和列数以及人工搬运速度参数,计算每个搬运工的平均作业周期 T_s。

③计算整个仓库的出入库能力:

$$p = \frac{3\,600 N_B}{T_S} \tag{7-13}$$

④比较 P 和 P_0,如果 P 小于 P_0,说明设计货架达不到出入库频率要求,再计算 $N_B = 2$ 的情况。重复以上四步计算,直到 P 大于或等于 P_0 为止,此时的巷道数为最佳巷道数,即可确定该仓库的最佳货架尺寸。

最后,由以上计算确定的仓库的平面图如图7-9、图7-10所示,货架设置见图7-11。

图 7-9 仓库总面积侧视图

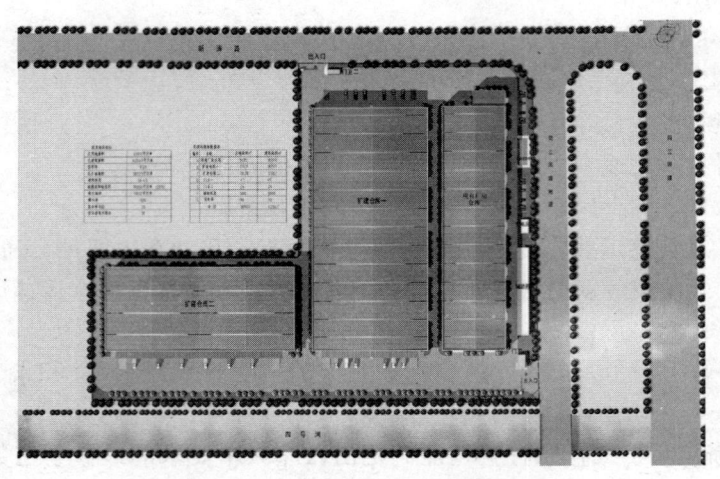

图 7-10 仓库最优长宽比例俯视图

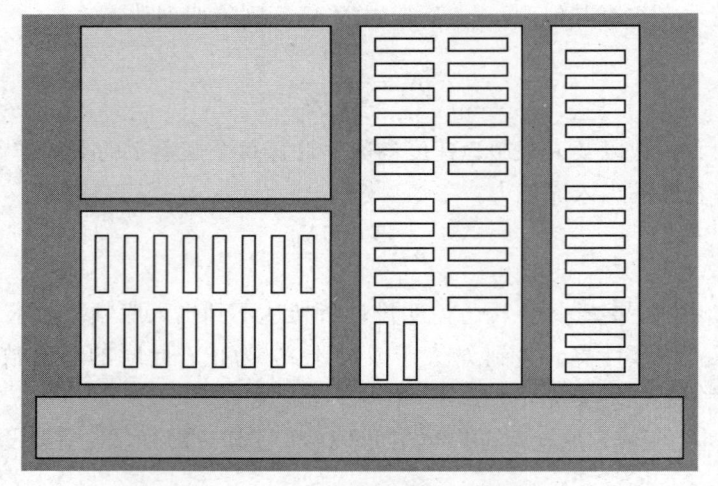

图 7-11 仓库的货架设置及其摆放图

7.3.2 订单处理模块

从订单处理分析中可以看出，传送订单、订单确认、货物确认的时间太多，应该尽量改进或尽量减少时间。如果用 EDI 系统来传送的话，又快又准确，不会出现传输错误。因而这些时间就可以大为省略，减少客户的等待，提高服务质量和作业效率。此外，在订单确认时，加了客户信用度的确认，能够有力地保证配送中心的应收货款回收，保障配送中心的利益。

优化后的敏捷订单处理流程如图 7-12 所示。

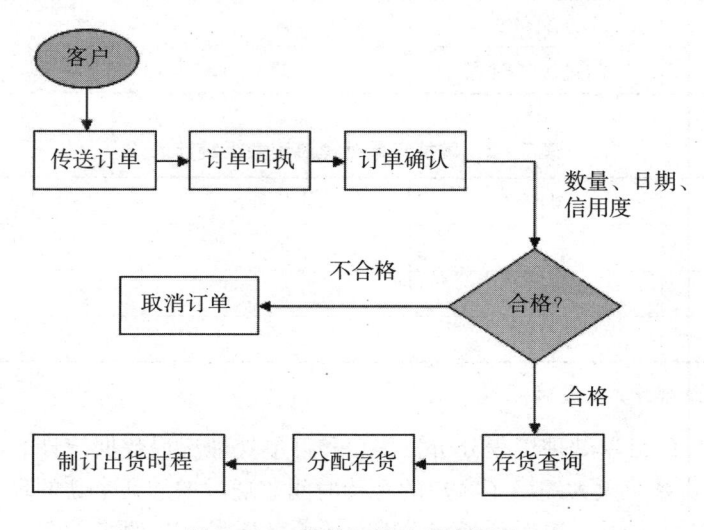

图 7-12　敏捷订单处理流程图

优化后的敏捷订单处理流程中还增加了存货查询、依订单分配存货、制定出货时程三个环节。

7.3.2.1 存货查询

此程序在于确认是否有效库存能够满足客户要求，通常称为事先拣货。存货档的资料一般包括品项名称、产品描述、库存量、已分配存货、有效存货及期望进货时间。

因而在为凯蒂服饰等公司出货过程中，便可以迅速查出存货状态，便于接单人员与客户协调是否改订替代品或是允许延后出货等权宜办法，以提高人员的接单率及接单处理效率。

7.3.2.2 分配存货

订单资料输入系统，确认无误后，最主要的处理作业在于如何将大量的订货资料作最有效的汇总分类、调拨库存，以便后续的物流作业能有效进行。存货的分配模式可分为单一订单分配及批次分配两种。

7.3.2.3 依订单排定出货时程及拣货顺序

应如何安排其出货时程和拣货的先后顺序，通常会再依客户要求、拣取标准时间及内部工作负荷来拟定。

优化后的敏捷订单处理流程分析工作表和敏捷订单处理流程数据统计表如表 7-1 和

表 7-2 所示。

表 7-1 敏捷订单处理流程分析表

序号	步骤	状态	时间（分钟）
1	传送订单	★	5
2	订单回执	★	2
3	订单确认	☆	15
4	存货查询	☆	10
5	分配存货	★	15
6	制订出货时程	★	50

表 7-2 敏捷订单处理流程数据统计表

步骤	状态	共几步	时间（分钟）
操作	★	4	77
耽搁	☆	2	25
合计			102

（符号说明：★操作；☆耽搁）

比较优化前后的订单处理流程分析工作表和订单处理流程数据统计表的结果中可以看出，利用 EDI 订货系统大大缩减了客户的等待时间。通过增加几个新的环节，使配送中心的订单处理流程更为科学，更保证了配送中心的服务质量，从原来的 2 天 15 小时又 35 分钟变成现在的 102 分钟。

7.3.3 入库操作模块

针对河北快运原入库流程存在的弊病和问题，对原流程图进行了优化。优化后的河北快运敏捷入库流程图如图 7-13 所示。

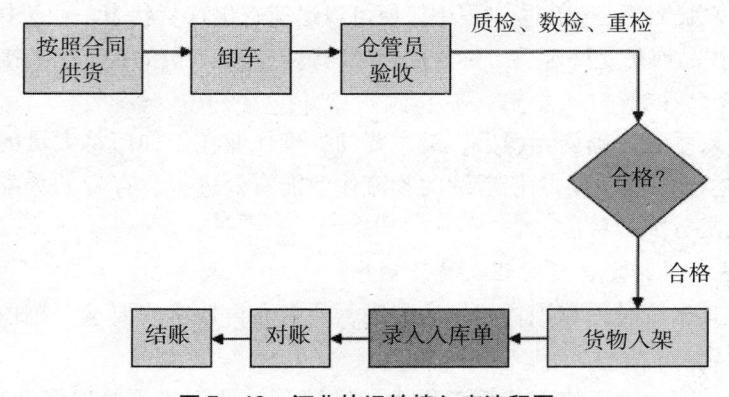

图 7-13 河北快运敏捷入库流程图

在图中，对验收环节进行了优化。通过仓管人员对货物的质量、数量和重量一起检查，节省大量时间。假设进来一批药品，但仓管人员只负责对其数量的检查，而质量却要等待专门的药品检查部门来检查，必然效率低下。如果质检、数检和重检一起检查的话，不仅可以提高作业效率，也提高了客户服务水平。在录入入库单环节，是由专门的管理人员来负责这一块工作，不用像以前那样等待较长时间，真正体现了"敏捷"这一理念。

优化后的敏捷入库流程分析如表 7–3 所示。

表 7–3 敏捷入库流程分析工作表

序号	步骤	状态	时间（分钟）
1	接受货单	★	2
2	验收	◎	15
3	货物入架	★	5
4	签名	★	1
5	等待录入入库单	☆	5
6	稽查	◎	2
7	单据送财务部	→	5
时间合计		35 分钟	

（符号说明：★操作；☆耽搁；◎检查；→输送）

流程优化以后，所耗费的时间从 3 天又 15 分钟降低到了 35 分钟，大大提高入库作业效率。

7.4 敏捷仓储中子系统

仓储中子系统（In-Warehousing Subsystem）是指货物进入到仓库后所进行的一系列的操作，在本方案仓储体系中主要进行的是库位优化和预分区规划。邯运仓储中子系统框架如图 7–14 所示。

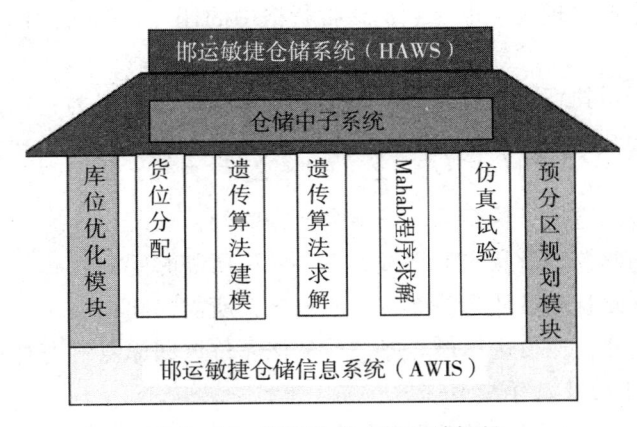

图 7–14 邯运仓储中子系统框架

仓储中子系统的目标为通过库位优化和预分区规划实现入库、存储、分拣等仓储环节的敏捷操作。

7.4.1 库位优化模块

邯运集团的库存货物主要涉及两个方面：一方面是大宗的供应商货物，它主要由煤炭和铁精粉组成，另一方面主要是大规模的小件快递货物。库位设计不仅直接影响到库存量的大小、出入库的效率，还间接影响到邯运集团的整体效益。

7.4.1.1 货位分配的原则

（1）货物在货架上受力稳定，分散存放物料以免货物存放过于集中造成货格受力不均。

（2）货位分配时要尽可能考虑到提高出入库的效率，特别是在线仓库这点尤其重要。

（3）当仓库有多个巷道时要分散存放，以防止因某一巷道阻塞影响某种物料的进出。

（4）FIFO（先进先出）原则，同一物品出库时要按照先入库者先出库以加快物料周转，避免积压。因为邯运集团的库存主要为快递业务，周转快，"先进先出"原则尤为重要。

7.4.1.2 货位分配

当前邯运集团的货位分配采用物理地址编码的方式，很少考虑货位分配对仓储管理员工作效率的影响。本方案对邯运集团的货位进行优化时，在充分考虑效率的基础上，考虑仓库所存放的货物种类、货物数量、出入库频率等因素，并对仓库的库位进行规划。

在进行货位规划时，作如下假设：

（1）货物的存放种类已知。

（2）货物每种类的单位时间内存放的数量已知。

（3）每一种货物的存取频率已知。

7.4.2 预分区规划模块

预分区是指没有存放货物时的分区，分区时只考虑仓储管理员的速度这一个因素。即对某些货格，如果仓储管理员从原点到达该批货格中的任一货格所用的时间都相等，则这批货格归为一类。

因此，仓储管理员执行一批指令（n条）需要的作业时间T为：

$$T = T_1 + \sum_{T=2}^{N} T_2 + 2\sum_{i=2}^{n} T_3 + T_4 \tag{7-14}$$

式中：T_1——仓储管理员执行第一条指令所需时间；

T_2——仓储管理员从当前库位到下一库位所需时间；

T_3——仓储管理员从当前库位到原点来回所需时间；

T_4——仓储管理员送达最后库位后从该库位返回原点所需时间。

7.4.2.1 分区步骤及数学模型

在上述分析的基础上，具体的分区步骤如下：

第一步：设员工从原点到某一货格所需时间为 t，其中 i 为货格编码号。设某一时间值 t（t 的大小与分区数目有关）。该货格所处的区由下式确定：

$$k \times t \leq t_i - t \leq (k+1) \times t \tag{7-15}$$

如果 i 货格满足上式，则 i 货格位于 k 区。

第二步：经过第一步得到的分区可能各个小区所包含的货格数目不相等。如果各区的货数相差很大的话要进行修正，修正的原则是"就近取多补少"，即如果某个区的货格数较少，则从含货格数较多的相邻区取货格。取货格时，如果是从高区取货格，则在高区内先取运行时间较少的。如果是从低区取的话，则先取运行时间较多的。无须强求所有区内的货格相同。

第三步：将货物按照出入库频率分类，其数目等于仓库分区的数目。

第四步：建立权值矩阵，单位时间内堆垛机取放某种货物的工作量与该货物的出入库频率与该货物存放的位置有关，将该货物的出入库频率乘以员工到达存放位置所用时间作为权值因子，即：

$$C_{ij} = f_i \times t_j \tag{7-16}$$

式中：i——某种货物的出入库频率；

j——员工从原点到 j 区取放的标准时间（$t_i = j \times t_{ij}$）。

经过以上处理，仓库的初始分区及第一次开始存放变为一个区内放入一种货物，某一种货物放入某一区后即不能再放入其他区，某一区放入某一货物后也不能再放其他货物，即变成为指派问题，其数学模型如下。

目标函数：

$$\min \sum_{i=1}^{n} \sum_{i=t}^{n} c_{ij} x_{ij} \tag{7-17}$$

约束条件：

$$\sum_{i=1}^{n} x_{ij} = 1, i = 1, 2, \cdots, n \tag{7-18}$$

$$i \sum_{i=1}^{n} x_{ij} = 1, j = 1, 2 \cdots, n \tag{7-19}$$

$$x_{ij} = 0 \text{ 或 } 1, i = 1, 2, \cdots, x_{ij} = 1 \text{ 时}, i \text{ 区放入 } j \text{ 类货物} \tag{7-20}$$

考虑到仓库中不同重量的货物放在不同的位置，因此还要考虑货物的出入库频率及货物重量问题，这时可以将货位分配问题建立为二次指派问题。设 a_{ijkl} 为相关因子，即当 i 类货物分配给 j 区，k 类货物分配给 1 区时的对货架重力的影响系数。则该优化问题数学模型的目标函数为：

$$\min \left(\sum_{i=1}^{n} \sum_{j=1}^{n} c_{ij} x_{ij} + \sum_{i=1}^{n} \sum_{j=1}^{n} \sum_{k=1}^{n} \sum_{1=1}^{n} a_{ijkl} x_{ij} x_{kl} \right) \tag{7-21}$$

7.4.2.2 遗传算法解决方案

邯运集团仓库中的货物种类很多，各类货物的出入库频率也不一样，这时相应分区的数目就很大。对于此类问题再利用前面的方法来求解最优分配货物时就相当复杂，往往无法求解。由于遗传算法在解决组合优化问题时操作简便、寻优能力强，本方案用遗传算法对邯运集团的货位分配优化问题进行研究。

（1）算法步骤。

第一步：建立权值矩阵。如货格分成 n 个区时，相应的权值矩阵仍用下式建立：

$$c_{ij} = f_i \times t_j \qquad (7-22)$$

式中：c_{ij}——权值矩阵 i 行 j 列的元素，是出入库频率与员工从原点到 j 区的时间之积；

f_i——i 种货物的出入库频率；

t_j——员工从原点到 j 区取放的标准时间（$t_j = j \times \bar{t}$）。

第二步：编码。遗传算法应用的瓶颈之一是编码问题，本方案中编码采用顺序表达法。以邯运集团河北快运仓库为例，仓库分为9个区存放9类货物，采用顺序表达法时的某个染色体为［923547681］，该染色体表示第1个区放第9类的货物，第2个区放第2类货物……依此类推。

第三步：初始种群。重复上面的三步直到产生规定数目的染色体为止。选择过程采用转轮选择机制，适应度函数采用当前代中评估函数的最大值减去该评估函数值。

第四步：遗传算子交叉。①任何在双亲中指派到相同位置的机货物在后代中仍占据这个位置；②对于剩下的位置由双亲中指派到该位置的两类货物中随机选一类货物，从左到右进行；③将剩下的未指派的货物分派给尚空闲的位置。

（2）实现过程。

①建立有 n 个元素的数组，对每个元素都赋给一个随机数（随机数值范围从1到：1）。程序如下：

```
For i =1: i (n: i + +)
A [i] = randonf (n);
```

②计算数组各元素在数组中按照大小所处的位置。如果有些元素相等，则按数组下标排序，下标值小的元素位置在前面，大的在后面。

```
For (i=1; i ( =n: i + +)
{b「i] =0;
For (j=1; i < = n; + +)
{if (! =j)
if ( (a [i] >a [j]) || ( (a=a [i] [j]) && <i>j)))
b = [i] = b [i] +1:))
```

③将数组 b［i］中的值按下标顺序排列，组成一个染色体。

```
For (j=1: j < = n: j + +)
chromosome [i], bit [j] = b [j];
```

染色体 chromosome [i] 的第 j 个位是 b [j]。

重复上面的三步直到产生规定数目的染色体为止。

以上过程用图 7-15 说明。

④利用 MATLAB 进行编程计算并得出最优划分方案，最后得到优化后的结果并利用 MATLAB 里面的仿真工具箱画出仿真图像。由于在上面仓库选址问题中详细列出 MATLAB 的遗传算法编程和后台程序，在这里不做赘述。

| 1 | 2 | 3 | 4 | 5 | 6 | 7 | 8 | 9 |

双亲一

| 5 | 4 | 3 | 1 | 6 | 9 | 7 | 8 | 2 |

双亲二

| * | * | 3 | * | * | * | 7 | 8 | * |

共同位置

| 1 | 4 | 3 | * | 6 | 9 | 7 | 8 | 2 |

随机选择

| 1 | 4 | 5 | 6 | 9 | 7 | 8 | 2 | 3 |

完成后的后代

图 7-15　遗传算法实现过程

7.4.2.3　库位优化仿真试验

本方案以 12 层 30 列仓库为例,将货位被划分成 7 个区域:A、B、C、D、E、F 和 G 区,各区所占全部货位数和作业概率分别如表 7-4 所示(单位为%)。

表 7-4　各类货物作业概率　　　　　　　　　　　　单位:%

区域	A	B	C	D	E	F	G
货格数	32	25	20	15	10	5	3
作业概率	8	12	10	10	22	18	20

在计算作业周期过程中,各个给定的常量为:$W=1\,000\text{mm}$,$H=800\text{mm}$,$V_x=80\text{m/min}$,$V_Y=63\text{m/min}$,$L=1\,200\text{mm}$,货架高度 $H=120\text{mm}$。同时,在 MATLAB 中分别编写遗传算法的几个关键步骤的 m 文件。

把最优结果、已知的数据和算式、限制条件输入到工具箱的相应位置,工具箱自动分析并得到最优状态时的 7 种不同出库频率商品的货位分配位置,最后调用 MATLAB 内部图形,仓用二维图形表示,其具体分布如图 7-16 所示。

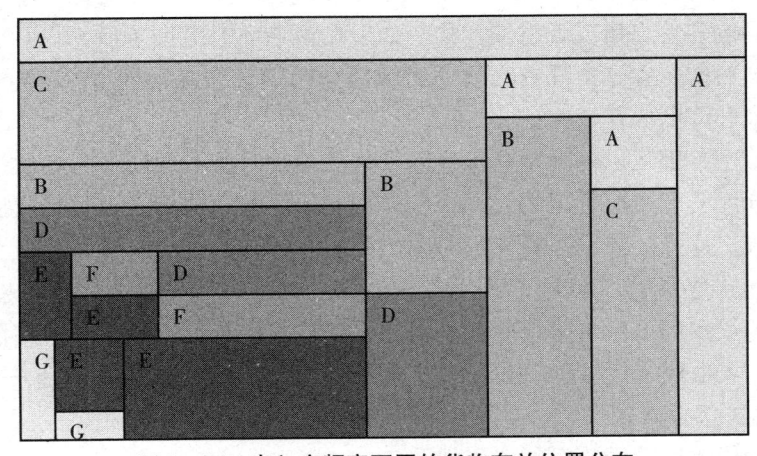

图 7-16　出入库频率不同的货物存放位置分布

7.5　敏捷仓储后子系统

仓储后子系统（Post-Warehousing Subsystem）是指货物从货位取出后所进行的一系列的操作和优化，在本方案敏捷仓储系统中主要进行发货作业流程优化和配送线路的优化。邯运仓储后子系统框架如图 7-17 所示。

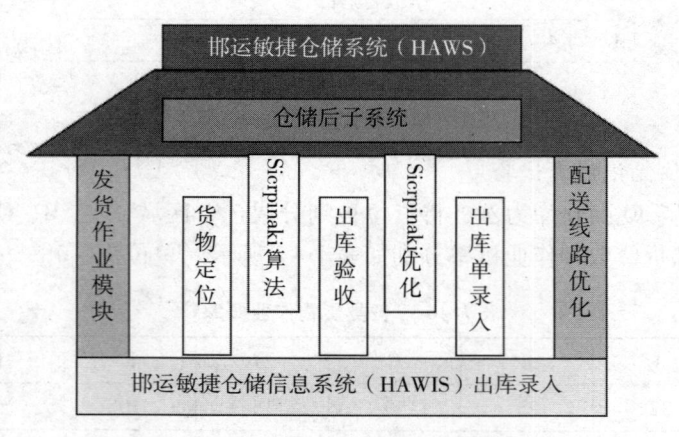

图 7-17　邯运仓储后子系统框架

仓储后子系统的主要目标为货物出库后敏捷快速地进行发货作业和通过实现配送线路优化缩短配送时间，实现敏捷客户反应。

7.5.1　发货作业模块

在发货作业流程分析中可以明显看出，在"发货"的流程中，"到货架找相应材料的位置""验收""出货单等待录入"等环节必须进行优化。

到货架找相应材料的位置，这个环节用去了 16 分钟。人力去找货物的位置，不仅时间花得多，而且也容易出错或者遗漏货物。如果在这个环节引进条形码自动识别系统，把到货架找相应材料的位置这个任务交给邯运敏捷仓储信息系统（HAWIS），通过计算机处理以实现快、准和降低操作成本。

在验收环节中，邯运以前通常是等仓库管理员验收完毕，领料员再验收一次。如果该批货物是多个仓库管理员所管辖的，那么领料员必须等各个仓库管理员依次验收完货物之后再自己来验收。这样一来，浪费大量时间。如果在货物验收的时候，各位仓库管理员与领料员一起来验收这货物，那时间就大大缩减了，从而提高了效率。在"发货"的流程中，时间消耗得最多的要数出货单等待录入这个环节，这与"入库"流程里的等待录入入库单的环节有异曲同工之处。因此在发货流程中，也需靠邯运敏捷仓储信息系统（HAWIS）来解决这一问题。

综上所述，优化后的敏捷发货流程如图 7-18 所示。

```
填写发货单
   ↓
取出货物(条形码系统)          专员打印出库单 → 与财务部结账
   ↓                              ↑
仓库管理员与领料员共同验收 → 签名
```

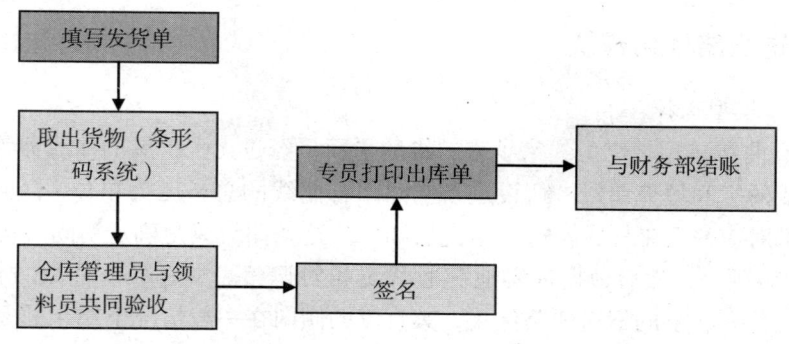

图7-18 敏捷发货流程图

分析优化后的敏捷发货流程,可明显看出其优越性。但只能看到定性的,要了解定量的优越性,还得看优化后的发货流程分析和数据统计,如表7-5、表7-6所示。

表7-5 敏捷发货流程分析工作表

序号	步骤	状态	时间(分钟)
1	填写发货单	★	1
2	取出货物	★	4
3	仓库管理员与领料员共同验收	☆	0.5
4	签名	★	1
5	出库单等待录入	☆	5
6	专员打印出库单	★	2
7	单据送给财务部	→	5

表7-6 敏捷发货流程统计表

步骤	状态	共有几步	时间(分钟)
操作	★	3	7
耽搁	☆	1	5
检查	◎	1	5
输送	→	2	8
时间合计			25

(符号说明:★ 操作;☆ 耽搁;◎ 检查;——→输送。)

优化前发货的流程所需时间总数为4天又16分钟,优化后仅用25分钟,其中条形码系统节省了12.5分钟,共同验收为流程节省了14.5分钟。另外,设一个或者两个专门管理数据的专员就节省了4天左右的时间,消除了原来存在的影响工作效率和服务质量的许多不良现象:单据混乱、监督体制欠缺、管理力度不够、人员散漫、质检不严等。流程的明晰,提高了货物出入库的效率,同样也提高了仓储后配送的效率和供应商或客户的满意度,实现了敏捷发货的目标。

7.5.2 配送线路优化模块

7.5.2.1 模型选择

Sierpinski 曲线是用一维的线来填充二维的平面,经过无限扩展的曲线覆盖到整个平面上而一笔画成的空间填充曲线。假设这条空间闭合曲线的总长度为单位 1,那么这条线上的每个点,都对应一个坐标,都有一个先后顺序。这条曲线只是确定访问(配送)每个点(需求)的先后顺序,然后根据现实地交通状况相对调整。Sierpinski 曲线方法简单有效,易于实施。这种方法下的配送线路优化,其直觉的倾向在一般情况下结果总是非常接近最优值,离最优解只有最多有 25% 的误差。因此,Sierpinski 曲线的应用范围较为广泛,主要用于解决 TSP、Meals on Wheels(上门送餐服务)、美国红十字送血等一系列问题。

7.5.2.2 Sierpinski 算法原理

在 Sierpinski 曲线这个闭合的线路中,可以在上面任意取一点作为配送线路的起点,同时也作为终点。以沿图案绕行一周的距离作为 1 的话,那么在这个配送线路上的其他任何一点都会对应一个 0 至 1 之间的数值,把点标在曲线上,沿着线走就可以得到点的次序。以一定的顺序经过所有的点就是优化后的配送线路。

Sierpinski 曲线是一条非常对称的图形,将这条曲线一分为二,如图 7-19 所示,如果从左下角出发,沿曲线往上走的话,平面中的左上部分所包含的点总是先于另外右下部分的点。而这个图案又是自我重复复制的,也即可以对半个平面继续划分以至循环往复。对任何两点,总能找到一个划分,使它们处于不同的小的半平面上,这时就可以确定配送的先后。

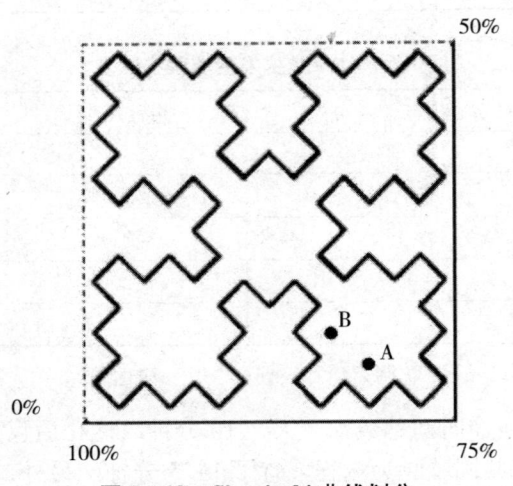

图 7-19 Sierpinski 曲线划分

具体而言,Sierpinski 曲线基本算法的步骤为:第一次分割,从左下角出发,到右上角时正好经历了 50% 的曲线,再返回起点则为 100%。从而可知 A、B 两点的顺序数值都在 50% 和 100% 之间(图 7-20)。第二次分割,到右下角的数值为 75%,而进一步可知 A、B 两点的顺序数值都在 75% 和 100% 之间(图 7-21)。第三次分割,A、B 两点的顺序数值都在

75%和87.5%之间（见图7-22）。第四次分割，A点的顺序数值在75%和81.25%之间，B点的顺序数值则在81.25%和87.5%之间，所以A点先于B点（见图7-23）。

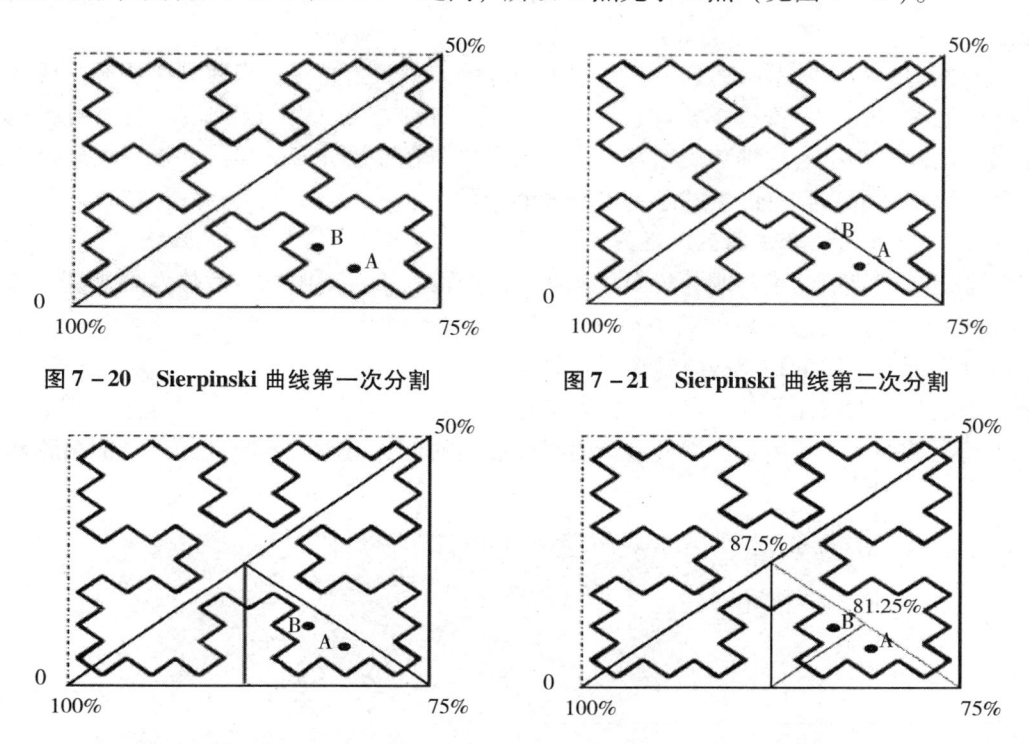

图7-20 Sierpinski曲线第一次分割

图7-21 Sierpinski曲线第二次分割

图7-22 Sierpinski曲线第三次分割

图7-23 Sierpinski曲线第四次分割

7.5.2.3 Sierpinski算法改进

针对多台车辆就需要对Sierpinski曲线基本算法进行改进。假设有两台配送车辆a、b，10个客户，那么a车负责送货线路图上的左边五个客户，b车就负责右边五个客户，对每辆车都是按照已定的客户点的次序来送货。此外，每天的送货量不同，出动的车辆数也会变化（如说在节假日里的送货量激增，就会临时额外租用货车，在这种时候只要重新分组就可以了）。如图7-24所示，D为配送中心。

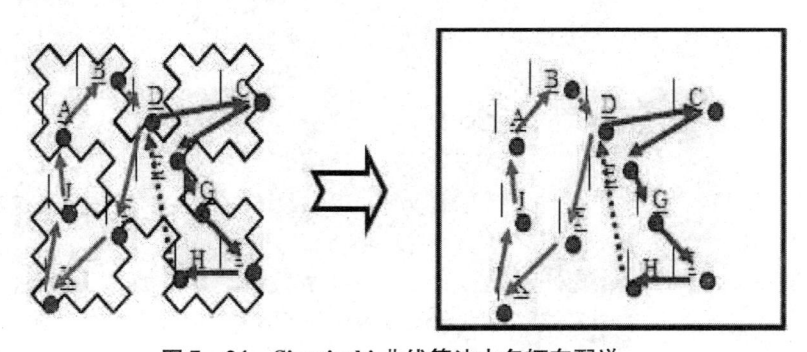

图7-24 Sierpinski曲线算法中多辆车配送

虽然每辆车分配到的客户数目都差不多，但是每辆车运输的距离都不相同，就会出现有配送时间不均衡的情况。然而只要客户分布的范围基本均匀，采用 Sierpinski 曲线来确定客户点的次序，在此基础上再在各车之间平均分配送货量，每辆车所需要行驶的总距离就非常接近了。

在配送过程中常常会遇到一些临时下的订单，一般企业就会将此订单积压，要么推迟到下次送货，要么另安排车辆即使配送，使之不影响已定的配送线路，但是用 Sierpinski 曲线算法就不用担心这种随机型客户。如果有新的客户加进来，只需要在图上确定它的顺序数值，把它插入已有的点的序列里面去就行了。

7.5.2.4 河北物流园区配送例案

邯运集团目前的主要业务集中在河北地区，根据第三章中邯运战略发展规划，邯运集团在河北区域将设立区域性物流园区。石家庄作为河北的省会城市、经济中心和交通枢纽，其在邯运集团的物流战略地位举足轻重。

邯运集团石家庄物流园区在设计对邯运分公司 K 石家庄各物流需求点进行配送时，其配送情况如图 7-25 所示，图中蓝色的框代表美的在石家庄需要配送的商场的名称和分布位置。

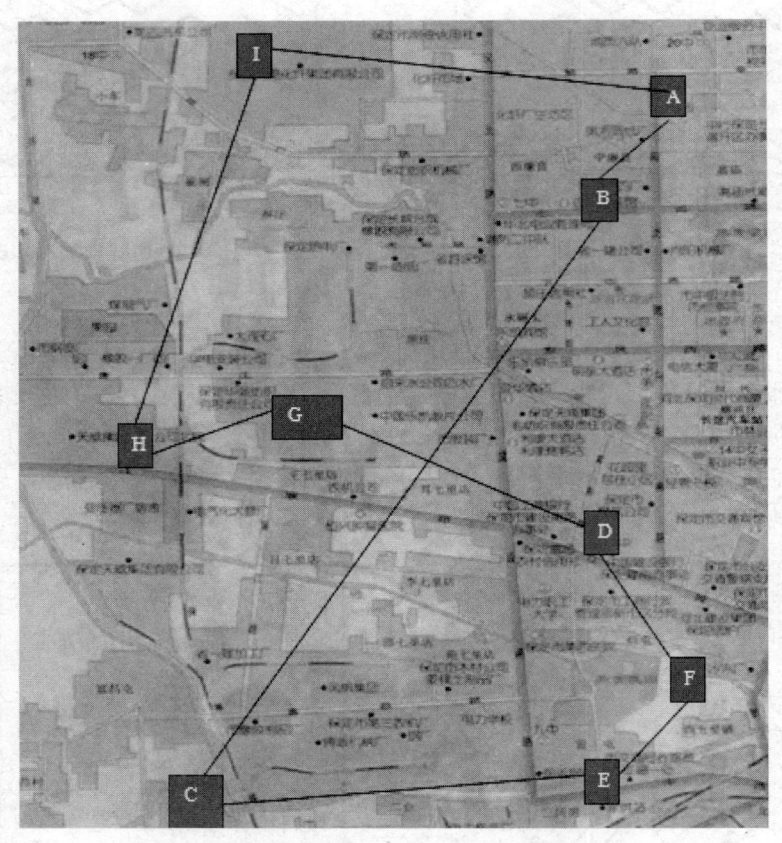

图 7-25 河北分公司 K 一日实际配送情况

其中 A、B、C、D、E、F、G、H、I 分别表示 9 个配送需求点，它们对应的地理位置如下：

A—福信商厦；

B—海天商厦；

C—中百超市；

D—金都大百货；

E—文光大楼；

F—利中大楼；

G—米来欧大厦；

H—百货大楼；

I—都行商城。

A、B、C、D、E、F、G、H、I 分别表示 9 个配送需求点之间的距离如表 7-7 所示。

表 7-7 各需求点间的距离（单位：千米）

A								
860	B							
1 370	1 260	C						
1 670	900	1 180	D					
1 870	1 240	970	460	E				
1 900	1 160	1 090	290	270	F			
2 570	1 780	2 800	1 750	2 110	1 850	G		
2 350	2 010	3 270	2 540	2 980	2 740	1 470	H	
2 820	2 020	3 020	1 910	2 300	2 020	240	1 550	I

河北配送中心 P 现有的配送线路为：

C—E—F—D—B—A—H—I—G—C

总距离 = 970 + 270 + 290 + 900 + 860 + 2 350 + 1 550 + 240 + 2 800 = 10 230（千米）

7.5.2.5 Sierpinski 算法优化

基于 Sierpinski 曲线算法的优化步骤为：

①将一条无限扩充的 Sierpinski 曲线填充到配送区域的电子地图上（图 7-26），在图上用点标明河北分公司 K 的配送需求点。

②舍去电子地图得到只含配送需求点的 Sierpinski 曲线图（图 7-27），由于天津分公司实行的是按区域配送，每个区域都有一家总负责店可以按照实际需求对此区域内的需求点供货。

③以河北配送中心 P 为起点，按逆时针顺序把这些点连接起来得到连线图（图 7-28）。

④把连线图覆盖到电子地图上就取得优化后的配送线路图（图 7-29）。

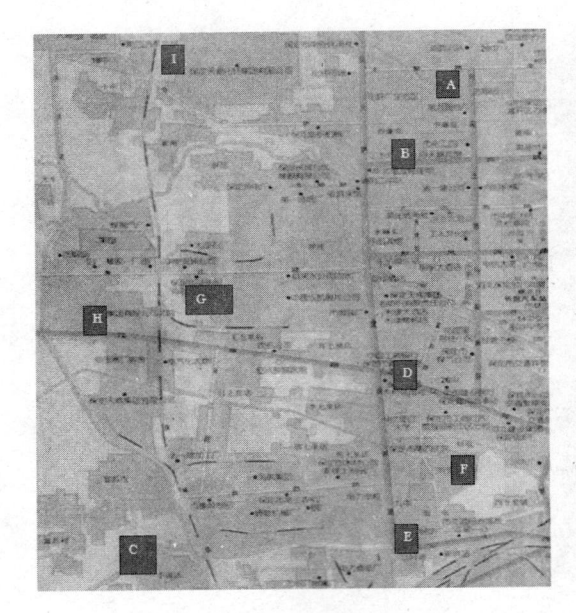

图 7-26　Sierpinski 曲线优化步骤 1 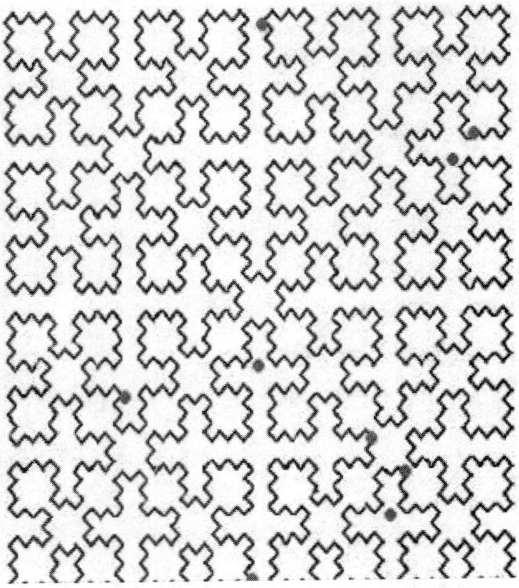　　　　图 7-27　Sierpinski 曲线优化步骤 2

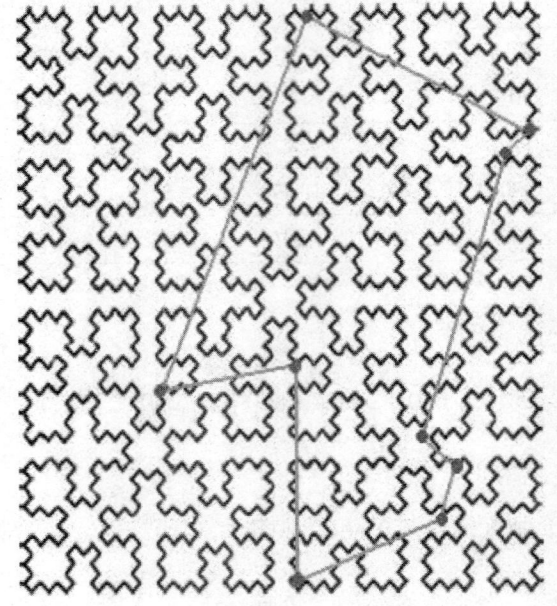

图 7-28　Sierpinski 曲线优化步骤 3 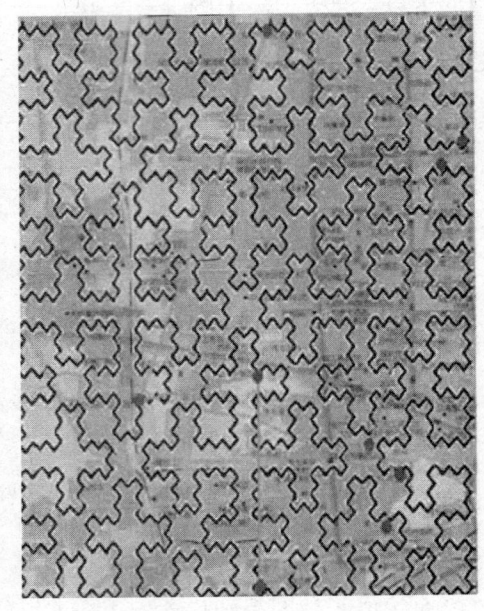　　　　图 7-29　Sierpinski 曲线优化步骤 4

从图 7-26 中可以看出曲线已经覆盖到整个地区，图上的每个点都在曲线上有先后顺序。按照顺序遍历所有的点，就得出优化后的邮运分公司 K 配送线路：

C—E—F—D—G—I—H—A—B—C

总距离 = 970 + 270 + 290 + 150 + 240 + 1 550 + 2 350 + 860 + 1 260 = 7940（千米）；

节约路程 = 10 230 - 7940 = 2290（千米）；

其优化路程百分比 = (10 230 - 7940) /10 230 × 100% = 22.385%。

由此可见，用 Sierpinski 曲线算法优化比单凭司机的喜好和经验优化效果更好。由于 Sierpinski 曲线算法求出的是需求点在地图中的遍历顺序，点与点之间具体线路的走法可以依据邯运所要求的时间最短、路程最短或成本最低来选择。

以上考虑的基本上是一辆车送货的情况。多辆车配送的情况，还可以考虑更多的因素：如供应点的需求量、车载量、公路情况等。考虑的因素越多，所优化的效果就越好。大多数车辆回程时空载率很高，邯运集团也可以考虑逆向物流，将需回收的物品载回，这样能大大提高车辆的载货率，也节约了成本。

7.6 系统实施组织布局

7.6.1 物流组织结构规划

邯运集团进行物流转型需要从物流流程的重组和优化这一角度进行组织变革，而邯运敏捷仓储系统的实施也需有相应的组织结构作为保障。目前，邯运集团的组织结构如图 7-30 所示。

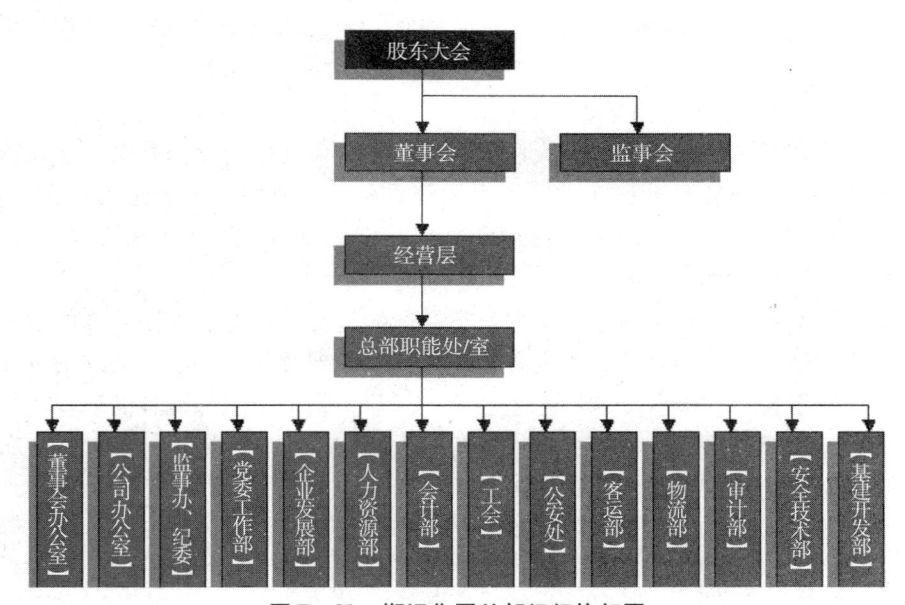

图 7-30　邯运集团总部组织构架图

以物流一体化运作为核心，在邯运集团敏捷仓储战略架构下，敏捷仓储系统的实施需要由专门的组织机构进行一体化运作。在综合考虑邯运集团现有组织结构的稳定性的前提下，将物流部的相应物流职能进行重新界定和划分，以适应在物流转型和实施敏捷仓储后的物流运营。

7.6.1.1 物流组织结构规划目标

以邯运敏捷仓储系统为突破点的物流转型，需将物流一体化的意识提升到战略层次上来,而且物流部的业务要有利于更好的贴近客户,打造更加专业化并能满足客户真正需要的物流服务。由此要建立一个以采购、快件、汽贸和配送等业务流程为核心的敏捷仓储体系,总体上实现"快速反应"和"信息畅通"两个目标。

7.6.1.2 物流组织结构规划要素

(1) 敏捷仓储信息平台。在物流部内建立一套完整先进实用的敏捷仓储信息系统(AWIS),这个系统以实现其物流过程的系统化、物流接口的无缝化、物流运作的精益化为目标,将物流信息融入物流管理之中。

此外,将物流部的业务进行整合,细分为对内和对外两个部分,对内要加强各公司间的横向联系,通过有效的信息交换等措施,进行沟通互补合作,避免内部竞争,提高整体竞争力,物流部内部要实现信息化,特别是仓储管理要科学,通过信息化,建立可靠的仓储信息系统,实现仓储运作的自动化,淘汰落后的人工作业方式。

(2) 敏捷订单处理平台。传统的人工处理方式一方面容易导致失误,从而增加企业损失负担,另一方面也加大了企业的成本,限制了效率的提高,因此要建立一套订单处理子系统,使接受核对订单的工作由计算机来完成,这样既避免了风险,又减少了成本。

(3) 敏捷出入库检验。入库以及堆放、出库等流程要进行数据整理和输入,为了提高其科学性提高操作效率,充分利用仓库空间保证仓储业务的质量,要建立一套仓储控制系统,这套系统主要对仓库货物的出入库进行管理监控,以降低仓储中的不合理损失,提高空间利用效率。

7.6.1.3 物流部组织结构优化

在此将物流部分为三大平台和四大职能,三大平台为敏捷仓储信息平台、敏捷订单处理平台和敏捷出入库检验平台;四大职能为敏捷采购、敏捷快件、敏捷汽贸和敏捷配送。邯运集团各分公司及各业务板块的物流运营全部在物流部的统筹下实现资源的统一调配,建立邯运物流一体化运作的基石。

三大平台作为敏捷仓储信息系统实现信息畅通的基础,从邯运集团总部的层面进行整个集团物流业务信息的统筹规划,负责货物在库存、调配及分销环节中流动的安排,监控物流过程中各种数据,协调各个部门之间的统一作业,整个物流部流程的连贯统一,以便能大幅提高信息的通畅度,有利于实现快速反应。敏捷采购、敏捷快件、敏捷汽贸和敏捷配送四大职能分别进行邯运集团物流业务的具体操作。

优化后的邯运集团物流部组织结构如图 7-31 所示。

7.6.2 物流网络布局

为实现物流一体化运作,根据邯运集团发展战略以及其转型的需要,邯运敏捷仓储系统的实施需有相应的物流网络作保障。现有的运营网络因各分公司各自为政,存在业务交叉重叠、资源浪费的问题。

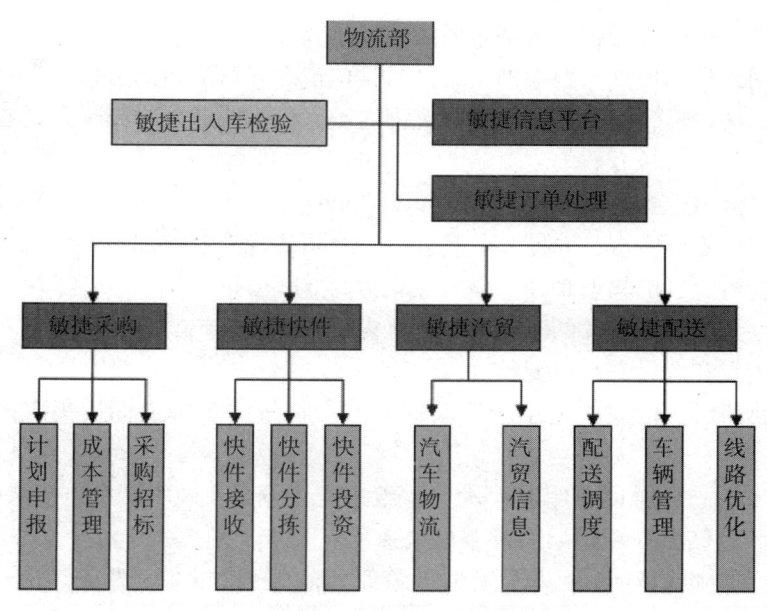

图 7-31 邯运集团物流部组织结构图

7.6.2.1 邯运集团现有运营网络

（1）飞马快运运营网络。飞马快运的服务范围包括：同城（邯郸）快递，市内所有区、街、巷及市郊各县（市）；省内快递含河北省所有地、市、县，全国快运含北京、天津、上海、辽宁、河北、河南、山西、山东、陕西、江苏、江西、湖南、湖北、浙江等省市。

（2）河北快运运营网络。

7.6.2.2 邯运集团客户运营网络

对邯运集团物流网络优化还需考虑邯运现有客户的运营网络。邯运集团现有的客户中，美的生产基地和凯蒂服饰的物流量较大，其运营网络也分布较广。

（1）美的生产基地。美的作为邯运集团一个很重要的大客户，对邯运集团而言，抓住美的就等于抓住了业绩的一个增长点。除顺德总部外，美的集团还在国内的广州、中山、安徽芜湖、湖北武汉、江苏淮安、云南昆明、湖南长沙、安徽合肥、重庆、江苏苏州等地建有生产基地；在国外的越南平阳基地已建成投产。营销网络遍布全国各地，并在美国、德国、日本、韩国、加拿大、俄罗斯等地设有 16 个分支机构。

（2）凯蒂服饰。凯蒂服饰每天会向其合作的 127 家零售商（北京 48 家零售商，戴娜 54 家零售商，凯蒂 19 家零售商，经销商 6 家零售商）发货，为提高效率，其分拣、配送业务全部外包给了河北快运公司。因此，河北快运公司也专门为此在北京马驹桥的物流园区建立了一个配送中心，这是河北快运从未涉及的服装配送业务。配送中心用于凯蒂服饰公司的仓储分拣作业，并提供相应的送货服务。

7.6.2.3 邯运集团物流网络规划

综合以上邯运集团现有运营网络及邯运客户运营网络分布特点，在进行邯运敏捷仓储系统设计以前需从集团战略高度，结合集团国际国内物流市场的开拓，充分利用集团现有的资源,从全国范围内进行物流网络布局规划。

(1) 物流网络规划原则。根据邯运集团的具体情况和对资料的分析,邯运集团要实现敏捷仓储这一战略目标,首先需要在全国范围内设立若干区域性物流园区(物流中心或配送中心)。

其设立全国区域性物流园区应该满足以下要求:

①满足客户的不同需求,并能充分整合各分公司的现有业务。

②区域性物流园区的辐射半径一般取经验值为600公里。

③从区域性物流园区出发的车辆在一天之内可以到达客户。

④将现有网点和仓库进行资源整合。

⑤区域性物流园区的规模大小应该根据区域货物量的多少及邯运集团的发展战略来确定。

⑥以仓储为核心,通过仓储流程优化重组来实现仓储前(采购)、仓储中(出入库、检验、分拣)和仓储后(配送)各环节的快速反应。

⑦充分利用邯郸物流园区区位优势和政策便利整合河北的各项业务。

(2) 物流网络规划模型。物流网络规划中使用的模型大致可分为五类:图表技术、模拟模型、优化模型、启发模型和专家系统。由于网络规划涉及的环节多、建模求解复杂,因而本方案综合优化模型(层次分析法)和启发模型(覆盖模型)来进行邯运集团物流网络规划。

在上述邯运物流网络规划原则的前提下,通过对设立区域物流园区的基本要求的分析,并根据邯运集团总体战略规划,采用启发式的方法,选择集合覆盖(Set Covering)模型在全国范围内进行物流网络节点(即区域性物流园区)的选址。

邯运集团物流网络布局中,全国分为东北区、华北区、华东区、华中区、华南区、西南区和西北区七大区域,每个区由一个物流园区(物流中心或配送中心)借助敏捷仓储信息系统进行区域内物流资源的整合和物流业务的居中调度。邯运集团物流网络结构如图7-32所示。

7.6.3 物流园区规划

邯运集团所处的华北区域(尤其是河北区域)是其现有业务开展的主要地域,目前邯运集团正在筹备建立邯郸物流园区,重点内容是邯郸国际陆港物流园区的规划。邯郸国际陆港物流园区作为邯运集团的一个物流园区,还是不能满足邯运集团在华北区域的业务需求。根据邯运集团敏捷仓储策略,邯运集团的华北区域物流园区规划是当前邯运首要工作。立足于华北、辐射到全国,华北区域的物流网络布局,是邯运集团物流转型后的出发点,也是邯运敏捷仓储系统在目前实施的重点保障。

7.6.3.1 邯运华北区域物流需求

邯运集团的天昊运业、天诚股份、天恒运业和天信这四家子公司的业务主要集中在华北区,四大子公司的年利润占到总公司的很大部分。2007年,汽车贸易业务实现总利润1 000万元,其中天诚汽贸公司实现近500万元,成为该公司汽贸业务的领头羊。而天信运业公司

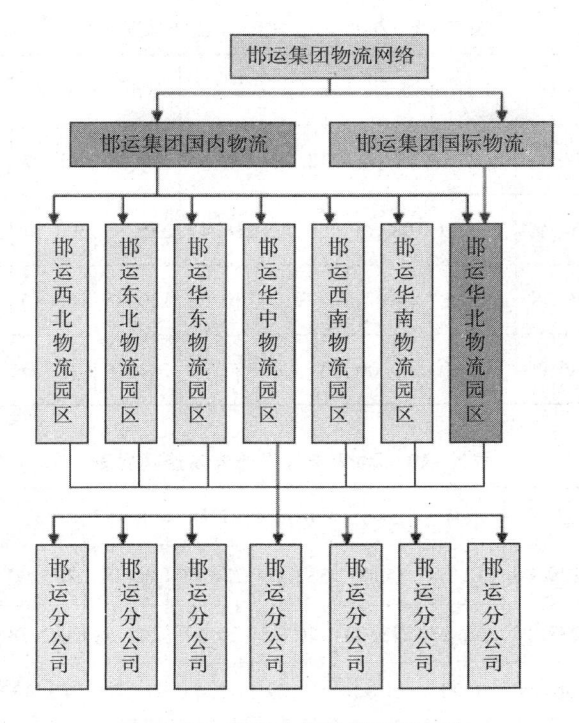

```
                邯运集团物流网络
                    │
        ┌───────────┴───────────┐
   邯运集团国内物流          邯运集团国际物流
        │
  ┌──┬──┬──┬──┬──┬──┐
 邯  邯  邯  邯  邯  邯  邯
 运  运  运  运  运  运  运
 西  东  华  华  西  华  华
 北  北  东  中  南  南  北
 物  物  物  物  物  物  物
 流  流  流  流  流  流  流
 园  园  园  园  园  园  园
 区  区  区  区  区  区  区
        │
  ┌──┬──┬──┬──┬──┬──┬──┐
  邯 邯 邯 邯 邯 邯 邯 邯
  运 运 运 运 运 运 运 运
  分 分 分 分 分 分 分 分
  公 公 公 公 公 公 公 公
  司 司 司 司 司 司 司 司
```

图 7-32 邯运集团物流网络结构

是邯运集团下属从事物流业务的主要子公司之一。天信公司的原料经销业务占到公司总业务量的50%。邯运集团及四家子公司的相关财务情况及运营数据见表7-8~表7-11。

表 7-8　2007 年邯运集团部分财务数据　　　　　　　　　　　　单位：元

	项目	年末数
1	销售收入	1 456 924 577.57
2	销售成本	1 247 630 032.62
3	销售利润	209 294 544.95
4	货币资金	85 296 034.27
5	应收账款	176 309 563.15
6	存货	136 385 615.80
7	固定资产原价	384 702 430.19
8	累计折旧	125 817 980.80
9	固定资产净值	258 884 449.39
10	投资性房地产	230 513 913.05

表7-9　2006年公司部分收益状况表　　　　　　　　　　　　　　　　单位：万元

名称	1月	2月	3月	4月	5月	6月	7月	8月	9月	10月	11月	12月
天昊	110.00	96.00	37.00	5.00	18.00	118.00	98.00	127.00	80.00	84.00	14.00	251.00
天诚	227.68	103.51	254.89	352.09	198.32	250.52	216.42	255.88	300.38	226.72	274.00	377.98
天恒	13.16	41.28	56.79	44.25			130.53	120.48	185.15	124.10	183.23	160.35
天信	128.00	72.00	186.00	363.00	430.00	534.00	387.00	744.00	1 093.00	271.00	636.00	916.00

表7-10　2007年公司部分收益状况表　　　　　　　　　　　　　　　　单位：万元

名称	1月	2月	3月	4月	5月	6月	7月	8月	9月	10月	11月	12月
天昊	188.00	364.00	129.00	117.00	55.00	535.00	274.00	86.00	207.00	107.00	117.00	—
天诚	191.68	144.23	232.14	266.23	273.03	170.33	79.87	247.31	342.78	258.19	296.54	202.04
天恒	6.16	—	56.78	4.23	13.11	34.69	12.44	23.87	19.90	—		46.64
天信	883.00	115.00	366.00	149.00	49.00	563.00	854.00	175.00	697.00	520.00	48.00	62.00

表7-11　河北快运主要业务流量以及流向

分公司名称	货物种类	具体货物流向		货物量
		发货地	收货地	
石家庄分公司	药品	石家庄	浙江省（杭州）	100吨/月
	药品	石家庄	东北地区	24吨/月
	汽车配件	石家庄	河北省内	20吨/月
	散热器	石家庄	河北省内、山东省、河南省（郑州）	30吨/月
	鞋	石家庄	河北省内	2 000箱/月
保定公司	配件	保定	全国各地	40吨/月
	印刷品	保定	全国各地	80吨/月
	胶卷	保定	全国各地	40吨/月
沧州公司	药品	沧州	全国各地	100吨/月
	药品	沧州	河北省内	24吨/月
	电子产品	沧州	广东省	50吨/月

续表

分公司名称	货物种类	具体货物流向		货物量
		发货地	收货地	
邯郸公司	金属制品	邯郸	河北省内	50 吨/月
	儿童食品	邯郸	河北省内、浙江省、江苏省、湖南省、湖北省	160 吨/月
唐山公司	药品	唐山	河北省内	20 吨/月
	汽车配件	唐山	河北省内	40 吨/月
天津公司	药品	天津	河北省内	30 吨/月
	设备	天津	河北省内	1 000 吨/月
	轮椅	天津	河北省内	100 吨/月
衡水公司	化学品	衡水	河北省内	50 吨/月
	药品	衡水	北京、湖南省（长沙）	24 吨/月

7.6.3.2 邯运华北物流园区选址

（1）层次分析法选址。应用层次分析法 AHP 对华北区域物流园区选址建模。华北区域北京、天津、石家庄、保定、邯郸、秦皇岛、唐山、沧州、冀州等城市都可以作为邯运设立物流园区的候选地址。综合考虑河北快运在北京马驹桥的物流园区建立了一个配送中心，邯运集团竞得了美的公司在邯郸生产基地的销售物流业务（表 7-12），因而北京、邯郸两个城市作为重点候选地址。

表 7-12　美的邯郸生产基地建成后第一年的预计销售量

客户名称	所属营销中心	预计销量
北京 A 公司	北京产品管理中心	191 350
北京 B 公司	北京产品管理中心	130 017
天津 A 公司	天津产品管理中心	102 220
石家庄 A 公司	石家庄产品管理中心	162 134

其评价指标体系如图 7-33 所示。

其中方案层 P 代表候选地址，具体见表 7-13。

根据表 7-14（即两两比较判断矩阵）分别构造目标层 F、准则层 A 和子准则层 B，以下数据关系是结合经验数值根据实际情况确定，在不同环境下得到的数据都各不相同，具体见表 7-15～表 7-17。

表 7-13 方案层 P 所代表的城市

P1	北京	P5	邯郸
P2	天津	P6	唐山
P3	石家庄	P7	冀州
P4	保定	P8	秦皇岛

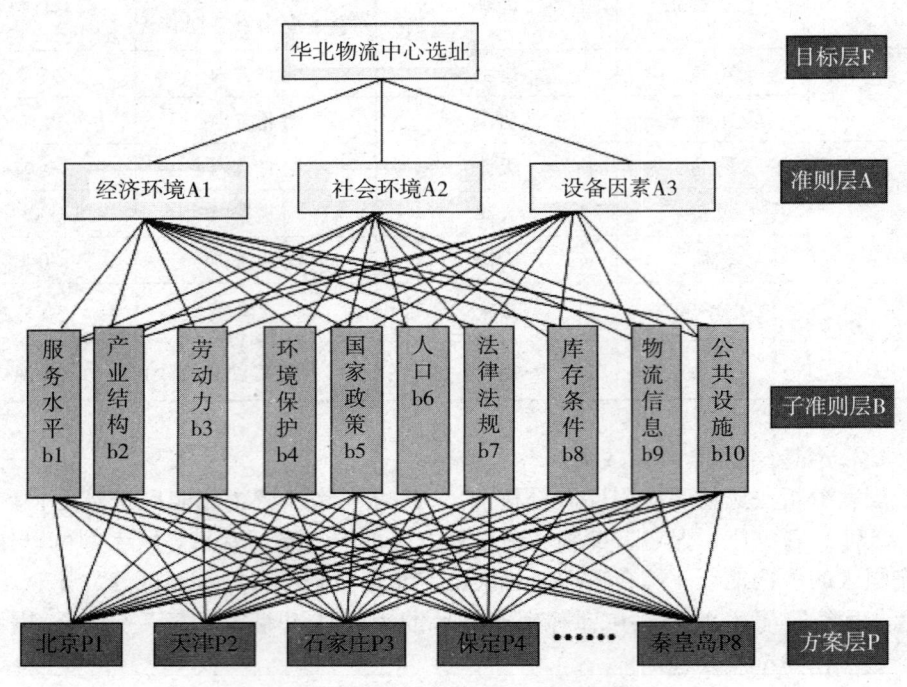

图 7-33 华北区域中心选址评价指标体系

目标层 F：华北物流中心选址

准则层 A：经济环境 A1、社会环境 A2、设备因素 A3

子准则层 B：服务水平 b1、产业结构 b2、劳动力 b3、环境保护 b4、国家政策 b5、人口 b6、法律法规 b7、库存条件 b8、物流信息 b9、公共设施 b10

方案层 P：北京 P1、天津 P2、石家庄 P3、保定 P4、……、秦皇岛 P8

表 7-14 构造两两比较判断矩阵

重要度	定义（比较要素 i 和 j）
1	要素 i 和 j 一样重要
2	要素 i 比 j 稍微重要
4	要素 i 比 j 较强重要
6	要素 i 比 j 强烈重要
8	要素 i 比 j 绝对重要
倒数	当比较要素 j 和 i 时

表 7-15 准则层之间的权重比较

F	A1	A2
A1	1	4
A2	1/4	1

表7-16 子准则层之间的权重比较

A1	B1	B2	B3	B4	B5	B6
B1	1	1/6	1	1/4	2	2
B2	6	1	4	2	6	4
B3	1	1/4	1	1/2	2	2
B4	4	1/2	2	1	1	2
B5	1/2	1/6	1/2	1	1	2
B6	1/2	1/4	1/2	1/2	1/2	1

表7-17 准则层和子准则层之间的比较

A2	B7	B8	B9	B10
B7	1	2	4	6
B8	1/2	1	2	4
B9	1/4	1/2	1	2
B10	1/6	1/4	1/2	1

（2）层次分析法计算过程。

①判断矩阵 $F-A$ 的特征根、特征向量与一致性检验。

$$计算：F-A \tag{7-23}$$

②判断矩阵 $A-B$ 的特征根、特征向量与一致性检验

$$W = [\overline{W}_1, \overline{W}_2 \cdots \overline{W}_n]^\mathrm{T} \tag{7-24}$$

规范有：

$$W_1 = \frac{\overline{W}_1}{\sum_{i=1}^{n} w_i} = \frac{0.7418}{0.7418 + 3.165 + 0.8909 + 1.414 + 0.661 + 0.5} = 0.101$$

类似的还可以求出 A_1W_2，A_1W_3，A_1W_4，A_1W_5，A_1W_6。

计算判断矩阵的最大的特征根：

$$\lambda_{\max} = \sum_{i=1}^{n} \lambda \frac{(A_1W_1)}{NW_1} \tag{7-25}$$

一致性检验有：

$$CI = \frac{\lambda_{\max} - n}{n-1} \tag{7-26}$$

则判断矩阵求出的权系数恰当。

③判断矩阵 A_2-B 的特征根，特征向量与一致性检验。同上，可以求出 A_2W_1，A_2W_2，A_2W_3，A_2W_4 并且通过了一致性检验。

④层次总排序。计算同一层次所有因素对于最高层次（总目标）相对重要性的排序极值，称为层次总排序。这一过程是最高层次到最低层次逐层进行的，因此求得各层因素 B 对总目标中极值计算为：

$W = [0.101, 0.429, 0.121, 0.191, 0.089, 0.068, 0.099, 0.094, 0.084, 0.082]$

（3）扩展层次分析法确定候选地址。现结合德尔菲法 Delphi（专家分析法），在各影响因素下给出各备选方案的分值，把各层次分析法中求得子准则层各因素对总目标 F 的权值作为权重，利用规范化矩阵得出各方案的综合权重值。以较大者为优。根据前面层次分析法的十项指标（表 7-18）进行综合打分，并采用规范化矩阵评估的方法进行评估。计算时"优""良""中""可""差"分别取为 5，4，3，2，1 分。各项指标尽管带有主观因素，但能得出一个量化的结果。

表 7-18 各备选地址的量化指标

备选	B1	B2	B3	B4	B5	B6	B7	B8	B9	B10
P1	5	5	2	2	2	4	3	4	2	1
P2	4	5	3	3	4	5	3	1	1	2
P3	4	4	5	3	3	2	3	1	2	4
P4	4	3	3	5	5	2	1	3	2	4
P5	5	2	3	3	5	2	4	1	2	2
P6	3	3	5	4	4	4	2	3	1	3
P7	2	2	4	5	3	2	1	1	4	3
P8	3	3	4	4	4	5	2	4	1	1

由表 7-19 综合系数排列可以看出：P6、P7、P8、P2、P4 明显与其他方案的综合系数偏差较大。即从现实环境的角度上看，P6、P7、P8 不符合作为区域物流中心的条件，应当排除掉。P1、P3、P5 在宏观比较全面的角度上综合系数差距不大，可作为备选地址，如图 7-34 所示。

表 7-19 通过加权平均法得出综合优势系数值

| 层次方案 | B1 | B2 | B3 | B4 | B5 | B6 | B7 | B8 | B9 | B10 | 综合系数 |
	0.101	0.429	0.121	0.191	0.089	0.068	0.099	0.094	0.084	0.082	
P1	0.185	0.208	0.080	0.148	0.111	0.190	1.176	0.267	0.143	0.053	0.3159
P2	0.148	0.208	0.120	0.111	0.148	0.238	0.176	0.133	0.071	0.105	0.3487
P3	0.148	0.167	0.200	0.111	0.111	0.095	0.176	0.067	0.143	0.210	0.3123
P4	0.148	0.125	0.120	0.185	0.185	0.095	0.059	0.200	0.143	0.210	0.3916
P5	0.185	0.083	0.120	0.111	0.185	0.095	0.235	0.067	0.143	0.105	0.3210
P6	0.111	0.125	0.200	0.148	0.148	0.190	0.118	0.133	0.071	0.158	0.2412
P7	0.074	0.083	0.160	0.185	0.111	0.095	0.095	0.067	0.286	0.158	0.1964
P8	0.111	0.111	0.148	0.148	0.148	0.185	0.080	0.148	0.053	0.053	0.1956

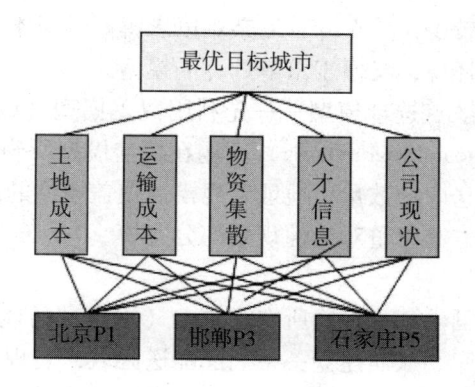

图 7-34 华北物流中心备选地址

（4）华北物流园区选址结果。通过结合邯运集团的具体业务状况，最后得出结论：在北京设立邯运北京配送中心、石家庄设立邯运石家庄物流中心和邯郸设立邯运邯郸物流园区。邯运华北物流枢纽布局如图 7-35 所示。

7.6.4 物流园区选址

全国区域性物流园区规划之后，该物流园区究竟位于城市中的何处，需要进行物流园区城市规划。以河北区域物流园区为例，在石家庄、邯郸、北京等城市中，如何确定物流园区建立在哪个具体位置，成为下一步研究的具体任务。

7.6.4.1 模型选择

对于物流设施选址问题，国内外学者做了大量研究。目前的选址模型主要分为两类：连续型模型和离散型模型。连续型模型考察连续空间内所有可能的点，其代表性的方法是重心法。离散型模型则是从有限的几个可行点中选择最优点，其代表模型有覆盖模型、Kuehn-Hambuger 模型、Baumol-Wolf 模型、Elson 混合整数规划模型和双层规划模型等。本方案中的选址问题属于离散点选址问题，在具体考察上述离散型模型时：覆盖模型计算简捷、应用方便，但所求之解不够精确；

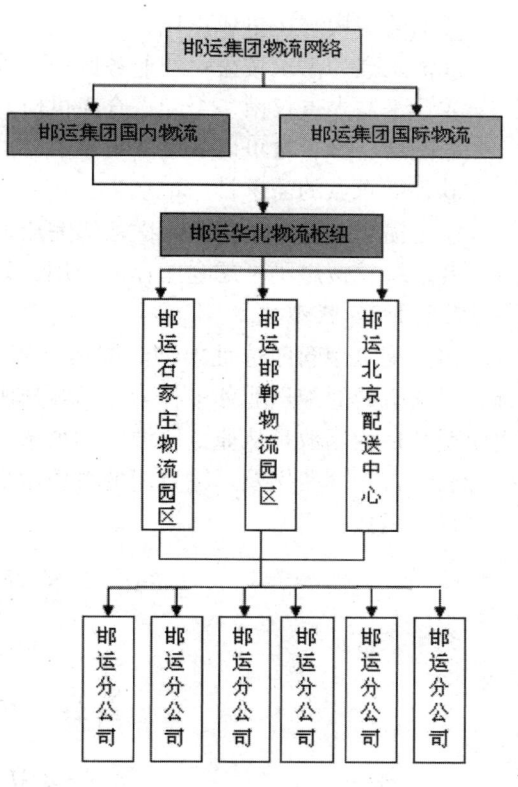

图 7-35 邯运华北物流园区布局

Kuehn-Hambuger 模型从费用最小的角度进行选择，而忽略了社会效益、环境影响等诸多结构化因素的影响；Baumol-Wolf 模型为非线性模型，属于 NP-HARD 问题，求解比较困难；Elson 混合整数规划模型主要针对的是线性变量的优化问题；双层规划模型求解较复杂、计算烦琐，且现有的研究还处于初步阶段，不够完善。综上所述，这些模型有一个共同点：要么考虑的实际因素较少，要么计算复杂难以求解。针对本案例中的实际情况，需要一种既考虑实际中的运作环境，又便于求解计算的模型。

本方案采用改进的离散点选址模型——先利用覆盖模型（Covering）确定仓库的候选点，再借助线性规划（Linear Programming）问题在覆盖模型所确立的候选点中进行精确计算和比较分析，最终确定仓库的数量、地址和规模。覆盖模型的应用可根据邯运集团业务区域分布的实际进行，本方案着重对线性规划部分建模。

7.6.4.2 假设条件

给定邯运集团业务范围内某一地区所有需求点（用户）的地址集合，要求从中选出一定数目的地址建立配送仓库，从而建立一系列的配送区域，实现各个需求点的配送，使在选出点建立的配送仓库与各需求点形成的配送系统总配送费用最少，从而降低成本，增加公司的利润。

为了便于建立模型，假设如下：

①仅在一定的业务范围内考虑新的配送仓库设置。
②运输费用与运量成正比。
③需求点的需求按公司的业务区域总计。
④一个需求点仅由一个配送仓库供应。
⑤配送仓库容量可以满足客户需求。
⑥各需求点的需求量一定且为已知。
⑦各需求点需求的物品一次运输完成，所有点间运输速度一样，均为常数。
⑧系统总费用不考虑仓库存储费用，只考虑固定的仓库建设费和运输费用。

7.6.4.3 模型建立

（1）配送型仓库选址模型。邯运集团的快递业务（飞马快运、河北快运）和凯蒂服饰、美的电器的配送业务中，为提高客户服务水平需将配送中心趋近于业务区域。因此这类模型其目标函数是从业务区域中的被选地点中选出最佳的配送仓库，使包括配送仓库的投资、经营管理费用及运输费用的总费用最小。

目标函数：

$$\min U = \sum_{i=1}^{m}\sum_{j=1}^{n}h_{ij} + X_{ij} + \sum_{i=1}^{m}F_i Z_i \qquad (7-27)$$

约束条件：

$$\sum_{i=1}^{m}X_{ij} \geq D_j, j = 1,2,\cdots,n \qquad (7-28)$$

$$\sum_{j=1}^{n}X_{ij} \leq M_{iZ_i}, i = 1,2,\cdots,m \qquad (7-29)$$

$$\sum_{i=1}^{m}Z_i \leq p \qquad (7-30)$$

$$Z_i = \begin{cases} 1, & i \text{ 被选上} \\ 0, & i \text{ 未被选上} \end{cases}, i = 1,2,\cdots,m \qquad (7-31)$$

$$X_{ij} \geq 0, i = 1,2,\cdots,m; j = 1,2,\cdots,n \qquad (7-32)$$

式中：m——配送仓库被选地的个数；
n——需求点的个数；
p——可兴建的配送仓库的最大个数；
X_{ij}——从配送仓库 i 到需求点 j 的运输量；
Z_i——整数变量，当 $Z_i=1$ 时，表示 i 地被选中，当 $Z_i=0$ 表示 i 地未被选中；
D_j——j 地的需求量；
M_i——被选配送仓库 i 的建设容量；
h_{ij}——从 i 地到 j 地的包括装卸、运输费在内的发送单价；
F_i——被选配送仓库 i 的固定费用（包括基本投资费和固定经营费）。

式（7-28）表示从各配送仓库向某需求点供给的物资总和应满足该需求点的需求量；

式（7-29）表示如果配送仓库 i 被选中，则从它发出的货物总量不超过它的建设容量；

式（7-30）表示选上的配送仓库个数不得超过原定的最大限额。

(2) 配销型仓库选址模型。邯运集团的原料采购业务（天信运业、天昊、天恒等）和汽贸业务（天诚汽贸）中，为缩短库存周期和加快物资流转需综合考虑供应商和市场因素。在配销型仓库选址中增加了邯运集团从供应商采购取货到配送仓库的运输。因此，建立目标函数应该考虑包括供应商到配送仓库的运输费在内的总费用为最小。

目标函数：
$$\min U = \sum_{k=1}^{L}\sum_{i=1}^{m} c_{ki}W_{ki} + \sum_{i=1}^{m}\sum_{j=1}^{n} h_{ij}X_{ij} + \sum_{k=1}^{L}\sum_{i=1}^{m} g_i W_{ki} + \sum_{i=1}^{m} F_{iZ_i} \quad (7-33)$$

约束条件：
$$\sum_{i=1}^{m} W_{ki} \leq A_k, k=1,2,\cdots,L \quad (7-34)$$

$$\sum_{i=1}^{m} X_{ij} = \sum_{k=1}^{L} W_{ki}, i=1,2,\cdots,m \quad (7-35)$$

$$\sum_{i=1}^{m} X_{ij} \geq D_j, j=1,2,\cdots,n \quad (7-36)$$

$$\sum_{i=1}^{m} W_{ki} \leq M_{iZ_i}, i=1,2,\cdots,m \quad (7-37)$$

$$\sum_{i=1}^{m} Z_i \leq p \quad (7-38)$$

$$Z_i = \begin{cases} 1, & i \text{ 被选上} \\ 0, & i \text{ 未被选上} \end{cases}, i=1,2,\cdots,m \quad (7-39)$$

$$X_{ij} \geq 0, W_{ki} \geq 0, i=1,2,\cdots,m; j=1,2,\cdots,n \quad (7-40)$$

式中：m——配送仓库被选地的个数；
n——需求点的个数；
p——可兴建的配送仓库的最大个数；
X_{ij}——从配送仓库 i 到需求点 j 的运输量；

Z_i——整数变量,当 $Z_i=1$ 表示 i 地被选中,当 $Z_i=0$ 表示 i 地未被选中;

D_j——j 地的需求量;

M_i——被选配送仓库 i 的建设容量;

h_{ij}——从 i 地到 j 地的包括装卸、运输费在内的发送单价;

F_i——被选配送仓库 i 的固定费用(包括基本投资费和固定经营费);

L——供应商的数目;

W_{ki}——从供应商 k 到配送仓库 i 的运输量;

A_k——供应商 k 的供应能力;

c_{ki}——从供应商 k 到配送仓库 i 的运输单价;

h_{ij}——从配送仓库 i 到需求点 j 的运输单价;

g_i——配送仓库 i 的流转单价(单位流转量的管理费用)。

式(7-34)表示邮运公司从 k 供应商采购货物并发运到各配送仓库 i 的物资总量不超过它的供应能力;

式(7-35)表示通过配送仓库 i 的货物的进出总量要相等;

式(7-36)表示配送仓库 i 所得到的各供应商的供应总量不超过它的容量。其他符号含义同前。

多品种货物配送仓库问题,只需要在上述模型中加上多产品条件即可,其数学模型为:

(3)多品种货物配送仓库选址模型。

目标函数:

$$\min U = \sum_{i=1}^{m}\sum_{j=1}^{n}\sum_{l=1}^{q} h_{ijl} X_{ijl} + \sum_{i=1}^{m}\left[F_{iZ_I} + u_i \sum_{l=1}^{q}\sum_{j=1}^{n} D_{jl} y_{ij}\right] \quad (7-41)$$

约束条件:

$$\sum_{i=1}^{m} X_{ijl} \geq D_{jl}, j=1,2,\cdots,n; l=1,2,\cdots,q \quad (7-42)$$

$$\sum_{i=1}^{m} X_{ijl} \leq M_{iZ_i}, i=1,2,\cdots,m; l=1,2,\cdots,q \quad (7-43)$$

$$\sum_{i=1}^{m} Z_i \leq p \quad (7-44)$$

$$Z_i = \begin{cases} 1, & i \text{ 被选上} \\ 0, & i \text{ 未被选上} \end{cases}, i=1,2,\cdots,m \quad (7-45)$$

$$X_{ijl} \geq 0, i=1,2,\cdots,m; j=1,2,\cdots,n; l=1,2,\cdots,q \quad (7-46)$$

式中:p——配送仓库配送产品种类;

X_{ijl}——从配送仓库 i 到需求点 j 对产品的运输量;

D_{ij}——j 地对产品的需求量;

y_{ij}——配送仓库 i 是否对需求点 j 有配送任务:$y_{ij}=1$ 表示有配送任务;$y_{ij}=0$ 表示无配送任务;

u_i——配送仓库 i 生产单位变动处理成本。

(4)多品种货物配销仓库选址模型。

目标函数：
$$\min U = \sum_{k=1}^{L}\sum_{i=1}^{m}\sum_{l=1}^{q} c_{kil}W_{kil} + \sum_{i=1}^{m}\sum_{j=1}^{n}\sum_{l=1}^{q} h_{ijl}X_{ijl} + \sum_{k=1}^{L}\sum_{i=1}^{m}\sum_{l=1}^{q} g_{il}W_{kil} + \sum_{i=1}^{m} F_{iZ_i} \quad (7-47)$$

约束条件：
$$\sum_{i=1}^{m} W_{kil} \leq A_k, k=1,2,\cdots,q \quad (7-48)$$

$$\sum_{i=1}^{m} X_{ijl} = \sum_{k=1}^{L} W_{kil}, i=1,2,\cdots,m; l=1,2,\cdots,q \quad (7-49)$$

$$\sum_{i=1}^{m} X_{ijl} \geq D_{jl}, j=1,2,\cdots,n; l=1,2,\cdots,q \quad (7-50)$$

$$\sum_{i=1}^{m} W_{ijl} \leq M_{iZ_i}, i=1,2,\cdots,m; l=1,2,\cdots,q; \quad (7-51)$$

$$\sum_{i=1}^{m} Z_i \leq p \quad (7-52)$$

$$Z_i = \begin{cases} 1, i \text{ 被选上} \\ 0, i \text{ 未被选上} \end{cases}, i=1,2,\cdots,m \quad (7-53)$$

$X_{ijl} \geq 0, W_{kil} \geq 9, i=1,2,\cdots,m; j=1,2,\cdots,n, l=1,2,\cdots,q \quad (7-54)$

式中：p——产品种类；

X_{ijl}——从配送仓库 i 到需求点 j 对产品的运输量；

D_{jl}——j 地对产品的需求量；

M_i——被选配送仓库 i 的建设容量；

F_i——被选配送仓库 i 的固定费用（包括基本投资费和固定经营费）；

L——供应商的数目；

W_{kil}——从供应商 k 到配送仓库 i 对产品的运输量；

A_k——供应商 c 的供应能力；

C_{kil}——从供应商 k 到配送仓库 i 对产品的运输单价；

$113.274 \leq X \leq 115.165$——从配送仓库 i 到需求点 j 对产品的运输单价；

$113.274 \leq X \leq 115.165$——配送仓库 i 对产品的流转单价（单位流转量的管理费用）。

7.6.4.4 模型求解

采用 MATLAB 遗传算法求解。利用 MATLAB 处理矩阵运算的强大功能来编写遗传算法程序有着巨大的优势，本方案采用最常用的二进制编码，用 encoding 函数来实现编码。

（1）初始种群。初始种群代码如下：

```
function [bin-gen, bits] = encoding (min-var, max-var, scale-var, popsize)
bits = ceil (log2 ( (max-var - min-var) ./scale-var));
bin-gen = randint (popsize, sum (bits));
```

在上面的代码中，首先根据各决策变量的下界（min-var）、上界（max-var）及其搜索精度 scale-var 来确定表示各决策变量的二进制串的长度 bits，然后随机产生一个种群大小为 popsize 的初始种群 bin-gen。编码后的实际搜索精度为 scale-dec =（max-var

$-\min-\text{var})/(2\hat{\ }\text{bits}-1)$,该精度在解码时用到。

（2）解码。编码后的个体构成的种群 bin - gen 必须经过解码，以转换成原问题空间的决策变量构成的种群 var - gen，方能计算相应的适应值。用下面的代码实现：

```
function [var - gen, fitness] = decoding (funname, bin - gen, bits, min - var, max - var)
    num - var = length (bits);
    popsize = size (bin - gen, 1);
    scale - dec = (max - var - min - var)./(2.^bits - 1);
    bits = cumsum (bits);
    bits = [0 bits];
    for i = 1: num - var
    bin - var {i} = bin - gen (:, bits (i) +1: bits (i +1));
    var {i} = sum (ones (popsize, 1) *2.^(size (bin - var {i}, 2) -1: -1: 0).*bin - var {i}, 2).*scale - dec (i) + min - var (i);
    end
    var - gen = [var {1,:}];
    for i = 1: popsize
    fitness (i) = eval ( [funname, (var - gen (i,:))]);
    end
```

解码函数的关键在于先由二进制数求得对应的十进制数 D，并根据 $X = D \times \text{scale} - \text{dec} + \min - \text{var}$ 求得实际决策变量值 X。

（3）选择。选择过程是利用解码后求得的各个体适应值大小，淘汰一些较差的个体而选出一些比较优良的个体，以进行下一步的交叉和变异操作。选择算子的程序如下：

```
function [evo - gen, best - indiv, max - fitness] = selection (old - gen, fit - ness)
    popsize = length (fitness);
    [max - fitness, index1] = max (fitness); [min - fitness, index2] = min (fitness);
    best - indiv = old - gen (index1,:);
    index = [1: popsize]; index (index1) = 0; index (index2) = 0;
    index = nonzeros (index);
    evo - gen = old - gen (index,:);
    evo - fitness = fitness (index,:);
    evo - popsize = popsize - 2;
    ps = evo - fitness/sum (evo - fitness);
    pscum = cumsum (ps);
    r = rand (1, evo - popsize);
    selected = sum (pscum*ones (1, evo - popsize) < ones (evo - pop - size, 1) *r) +1;
    evo - gen = evo - gen (selected,:);
```

在该算子中，采用了最优保存策略和比例选择法相结合的思路。即首先找出当前群体中适应值最高和最低的个体，将最佳个体 best - indiv 保留并用其替换掉最差个体。为保证当前最佳个体不被交叉、变异操作所被坏,允许其不参与交叉和变异而直接进入下一代。然后将剩下的个体 evo-gen 按比例选择法进行操作。所谓比例选择法,也叫赌轮算法,是指个体被选中的概率与该个体的适应值大小成正比。将这两种方法相结合的目的是在遗传操作中不仅能不断提高群体的平均适应值,而且能保证最佳个体的适应值不减小。

(4) 交叉。采用单点交叉的方法来实现交叉算子,即按选择概率 PC 在两两配对的个体编码串 cpairs 中随机设置一个交叉点 cpoints,然后在该点相互交换两个配对个体的部分基因,从而形成两个新的个体。交叉算子的程序如下:

```
function new-gen = crossover (old-gen, pc)
[nouse, mating] = sort (rand (size (old-gen, 1), 1));
mat-gen = old-gen (mating,:);
pairs = size (mat-gen, 1) /2;
bits = size (mat-gen, 2);
cpairs = rand (pairs, 1) <pc;
cpoints = randint (pairs, 1, [1, bits]);
cpoints = cpairs.*cpoints;
for i = 1: pairs
new-gen ( [2*i-1, 2*i],:) = [mat-gen ( [2*i-1, 2*i], 1: cpoints (i)) mat-gen ( [2*I, 2*i-1], cpoints (i) +1: bits)];
end
```

(5) 变异。对于二进制的基因串而言,变异操作就是按照变异概率 pm 随机选择变异点 mpoints,在变异点处将其位取反即可。变异算子的实现过程如下:

```
function new-gen = mutation (old-gen, pm)
mpoints = find (rand (size (old-gen)) <pm);
new-gen = old-gen;
new-gen (mpoints) = 1 - old-gen (mpoints);
```

(6) 运算终止及最优解的确定。上述程序的等式在寻找最优解的过程中不停地遗传和变异,当结果满足所设的终止条件时便会停止计算并列出终止时所有变量的值,从而得到最优解。在 MATLAB 中为此编写的完整的遗传算法的程序见附录 I,此程序可以为本方案后面用到遗传算法时提供一个方便的求解场所。

7.6.4.5 邯郸物流园区选址

由上可知,华北地区可建物流园区的备选地区分别为北京、石家庄、邯郸。现以邯郸为例,在邯郸市进行物流园区备选仓库的具体选址,其整个流程如下。

找出邯郸所在的比例地图,标出邯郸所在的最小和最大经纬度坐标,在最小点设立坐标轴 (x, y),坐标原点 $(0, 0)$ 即为最小经纬度点 $(113.274, 36.261)$,其中 x, y 的取值范围 $113.274 \leq x \leq 115.165$ $36.261 \leq y \leq 37.135$。

设被选物流园区仓库 P 的经纬度坐标为 (x, y),以配销型仓库的选址模型为例,结合邯运集团的现状,建立具体选址模型如下。

目标函数:

$$\min U = \sum_{i=1}^{L}\sum_{p=1}^{m} c_{ip}W_{ip}d_i + \sum_{p=1}^{m}\sum_{j=1}^{n} h_{pj}X_{pj}d_j + \sum_{i=1}^{L}\sum_{p=1}^{m} g_p W_{ip} \qquad (7-55)$$

其中

$$d_i = \sqrt{(x-x_i)^2+(y-y_i)^2} \quad d_j = \sqrt{(x-x_j)^2+(y-y_j)^2} \qquad (7-56)$$

约束条件：

$$113.274 \leqslant x \leqslant 115.165 \qquad (7-57)$$

$$36.261 \leqslant y \leqslant 37.135 \qquad (7-58)$$

$$\sum_{p=1}^{m} W_{ip} \leqslant A_i, i=1,2,\cdots,L \qquad (7-59)$$

$$\sum_{p=1}^{m} X_{pj} = \sum_{k=1}^{L} W_{ip}, p=1,2,\cdots,m \qquad (7-60)$$

$$\sum_{p=1}^{m} X_{pj} \geqslant D_j, j=1,2,\cdots,n \qquad (7-61)$$

式中：m——配送仓库备选地的个数；

n——配发网点的个数；

p——被选仓库；

X_{pj}——从配送仓库 p 到需求点 j 的运输量；

D_j——j 地的需求量；

h_{pj}——从仓库 P 到配发网点 j 地的包括装卸、运输费在内的发送单价；

L——供应商的数目；

W_{ip}——从供应商 i 到配送仓库 p 的运输量；

A_i——供应商 i 的供应能力；

c_{ip}——从供应商 i 到配送仓库 p 的运输单价；

g_p——配送仓库 p 的流转单价（单位流转量的管理费用）。

式（7-58）表示邯运从 i 供应商采购货物并发运到配送仓库 p 的物资总量不超过它的供应能力；

式（7-59）表示通过配送仓库 p 的货物的进出总量要相等；

式（7-60）表示配送仓库 p 所得到的各供应商的供应总量不超过它的容量。其他符号含义同前。

其中供应商 i 和配发网点 j 以及除了被选仓库 p 的坐标以外其他条件都是已知的，在这个模型中设定了 8 个供应商和 9 个配发网店以及其他已知条件（根据现有资料假定的集团内部资料）。分别如表 7-20 ~ 表 7-22 所示。

表 7-20 供应商信息表

供应商 i		配送量 W_{ip}	所在地经纬度坐标
1	石家庄	20	(114.48, 38.03)
2	唐山	40	(118.02, 39.63)
3	张家口	25	(114.87, 40.82)

续表

	供应商 i	配送量 W_{ip}	所在地经纬度坐标
4	沧州	50	(116.83, 38.33)
5	保定	30	(115.48, 38.85)
6	秦皇岛	70	(119.57, 39.95)
7	遵化	40	(117.97, 40.25)
8	玉田	30	(117.89, 39.91)

表 7-21 配送网点信息表

	网点	配送量 X_{pj}	所在地经纬度坐标
1	正定	60	(114.56, 38.13)
2	张北	40	(114.72, 41.15)
3	迁安	45	(118.69, 40.02)
4	宣化	50	(115.03, 40.63)
5	承德	30	(117.93, 40.97)
6	廊坊	80	(116.71, 39.53)
7	邢台	35	(114.48, 37.05)
8	新河	50	(115.22, 37.53)
9	大名	65	(115.14, 36.28)

表 7-22 模型中其他已知量

模型元素	L	h_{pj}	m	g_p	n	c_{ip}	A_i
赋值	8	10	1	11	9	12	10 000

把所有已知量代入模型得到下式：

$$\min U = \sum_{i=1}^{8} 12 * W_{ip} \sqrt{(x-x_i)^2 + (y-y_i)^2} + \sum_{j=1}^{9} 10 * W_{pj} \sqrt{(x-x_j)^2 + (y-y_j)^2} + \sum_{i=1}^{8} 5W_{ip} \tag{7-62}$$

把式（7-63）用 matlab 语言编写成可执行的 m 文件，并按照遗传算法的调用修改方式调用 matlab 中的遗传算法 ga 工具箱，利用计算机在规定的区域内进行逐个扫描，在后台把扫描的所有结果进行对比并找出最小值，也就是所要求的最优解。显示出此时的被选仓库 P 的坐标，根据图示得到的最优解的坐标，在原图中找到该坐标对应的具体地点，即邯郸市物流园区仓库的选址点，如图 7-36 所示。

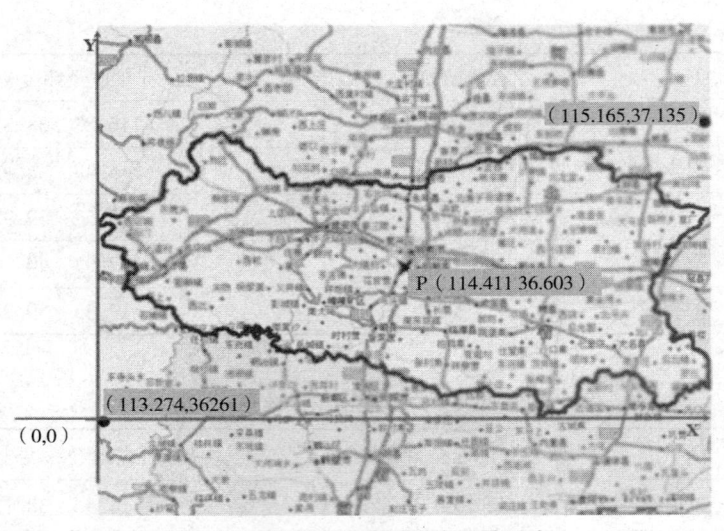

图 7-36 邯郸市物流园区仓库选址点

由以上建模、编程计算以及地图的标示可以最终确定,邯郸物流园区的最佳位置是图上的 P 点。在北京和石家庄进行配送中心的具体选址同上操作。

7.7 敏捷仓储系统解决方案

7.7.1 敏捷仓储系统架构

邯运敏捷仓储系统架构从宏观层面为邯运集团提供敏捷仓储系统解决方案。根据邯运集团发展战略及敏捷仓储系统实施的步骤,敏捷理念及邯运的物流转型必须借助于物流一体化运作这个基石。

结合邯运集团的具体情况分析,在进行邯运敏捷仓储系统设计以前需从集团战略高度,结合集团国际国内物流市场的开拓,充分利用集团现有的资源,从全国范围内进行物流网络布局规划。

根据邯运集团的具体情况和对案例资料的分析,邯运集团要实现敏捷仓储这一战略目标,必须实现物流网络的整合。其各物流枢纽具体信息如表 7-23 所示。

表 7-23 邯运集团具体网络分布图

序号	物流网络整体分布	所在地省会	所占比重（%）	设立配送中心重要度	预设网点数目（个）	辐射的主要城市
1	邯运华南物流园区	广州	10	一般	30~50	深圳、云浮、广东、汕头、广州、珠海、海南、海口、三亚、琼海、柳州、广西 南宁、玉林、桂林

续表

序号	物流网络整体分布	所在地省会	所占比重%	设立配送中心重要度	预设网点数目（个）	辐射的主要城市
2	邯运华北物流园区	北京	25	必需	70~100	石家庄、张家口、邢台、秦皇岛、邯郸、太原、运城、阳泉、沂州、呼和浩特、兴安、包头
3	邯运西南物流园区	成都	15	需要	35~60	重庆、成都、昆明、贵阳、桂林、南宁、绵阳、攀枝花
4	邯运西北物流园区	乌鲁木齐	5	不需要	10个左右	拉萨、喀什、兰州、银川、乌鲁木齐
5	邯运华东物流园区	上海	20	很需要	50~80	合肥、淮北、阜阳、蚌埠、福州、南昌、九江、南京、徐州、连云港、济南、青岛、杭州、宁波
6	邯运华中物流园区	武汉	15	需要	35~60	长沙、株洲、岳阳、永州、汨罗、浏阳、岳阳、宜昌、武汉、襄樊、郑州、开封、安阳、许昌
7	邯运东北物流园区	沈阳	10	一般	30~50	哈尔滨、齐齐哈尔、长春、吉林、辽源、沈阳、大连、鞍山

在上述网络架构下，邯运集团各地区的物流量分布、邯运集团各分公司辐射区域分布、邯运集团各分公司物流网点分布分别如表 7-24 ~ 表 7-26 所示。

表 7-24 邯运集团各地区物流量分布

地区	东部	中部	河北	西部
本地区物流量占全国比重	12%	18%	55%	15%

表 7-25 邯运各分公司辐射区域分布

分公司名称	主要采购区	主要客户区	主要业务	仓储情况
天信运业	山西、内蒙古、甘肃、河北、北京	马头、邯郸、龙山、辉县、宣化	煤炭、铁矿石，焦炭	12个堆场
飞马快运	班车辐射78个大中城市，主要为华北区	班车辐射78个大中城市，主要为华北区	小件快递业务	仓库每日平均库存1 650件

续表

分公司名称	主要采购区	主要客户区	主要业务	仓储情况
天诚汽贸	河北	主要在河北，邯郸为主要区域	汽车销售、维修、信息、配件供应等	
河北快运	主要分布在河北省及其周边地区	主要分布在河北省及其周边地区	医药、日用百货、卷烟、陶瓷、化工产品等，医药为主	仓储面积4万平方米
美的生产基地	美的邯郸生产基地位于邯郸开发区东区	北方地区配送业务	白色家电	
天昊	华北区	华北区	煤炭、铁矿石、焦炭	
天诚	华北区	华北区	煤炭、铁矿石、焦炭	
天恒	华北区	华北区	煤炭、铁矿石、焦炭	

表7-26 邯运各分公司的物流网点

分公司名称	采购点	业务网点
天信、天恒、天诚、天昊	山西、内蒙古、甘肃、河北等地的铁粉加工厂	马头电厂、邯郸电厂、龙山电厂、邯峰电厂、辉县电厂、邯钢、新兴铸管、纵横集团、宣化钢厂
飞马快运	涉县、武安、大名、邱县、磁县、曲周、成安、峰峰8县，塘沽、青岛、晋城、候马、运城5个外省城市建立"飞马快运"网点，开通邯郸—武安—涉县、邯郸—磁县—峰峰两箱式物流配送专线。快运含北京、天津、上海、辽宁、河北、河南、山西、山东、陕西、江苏、江西、湖南、湖北、浙江等省市	业务网点和采购点重合
天诚汽贸	天诚汽贸是川汽、陕汽、重汽、春兰、北奔、东风等重汽厂家和力帆、菲亚特、华普、双环、哈飞等品牌轿车的区域一、二级销售代理商，先后在邯郸地区14个县区设立销售机构网络体系	主要集中在邯郸市及其周围城市

续表

分公司名称	采购点	业务网点
河北快运	采购点和营业网点重合	石家庄、保定、邯郸、邢台、衡州、沧州、廊坊、天津、北京、唐山、秦皇岛、承德、张家口、上海、广州、西安、武汉
美的生产基地	负责整个美的集团在北方的未来配送业务	太原、大连、沈阳、长春、哈尔滨、郑州、石家庄、北京等地

7.7.2 敏捷仓储应用系统

邯运敏捷仓储应用系统从中观层面为邯运集团提供敏捷仓储系统解决方案。根据邯运敏捷仓储系统架构，邯运集团将在全国范围内进行物流园区的布局。针对物流园区，需要对其进行整体规划。

7.7.2.1 物流园区整体规划

邯运集团的各个物流园区规划采用 M 顺丰 LB "五部曲"规划方法论，即：市场分析（Market Study）、战略定位（Strategic Positioning）、功能设计（Function Design）、布局设计（Layout Design）和商业计划（Business Plan）。

根据邯运集团长远和近期的物流量，确定物流园区长远和近期的建设规模。在确定物流园区的规划原则——快速响应、信息畅通以后，对物流功能规划所涉及的核心因素进行列举和分析，然后通过收集整理一系列国际最先进的物流园区案例，总结出对国内物流园区最适合的经验。随后，整个物流园区将被划分为几个大功能区域，例如物流产业区和管理服务区，再从国际最佳实践经验，以及市场调查得到的实际需求两方面入手，为每个功能区域命名、定义，分配相应的面积，引入相关的设施、设备和 IT 系统。物流园区布局设计则指根据快速响应、信息畅通这一目标，在已确认的空间场所内，按照物品的采购、入库、检验、分拣、出库、配送等全过程，力争将人员、设备和物料所需要的空间作最适当的分配和最有效的组合，以获得最大的经济效益。

7.7.2.2 物流园区仓库规划

由于物流园区的设立，邯运集团原有的物流网络和操作流程发生改变，因而与之相应的，物流园区中仓库各组成部分，如库房、货场、辅助建筑物、库内道路、附属固定设备等，应进行平面的合理安排和布置。物流园区中仓库总平面布置的程序如下：

（1）仓库总平面布置的准备工作。仓库总平面布置的合理与否很大程度上取决于有关资料的齐备、准确及可靠程度。总平面布置是一个反复试验的过程，即布置、修改、再布置、再修改，反复多次，直到求得最满意的布置方案为止。在布置时一般借助于一些辅助工具，如作业流程图、仓库平面图、样板图等，在纸面上加以设计。所以在总平面布置前还需要准备好必要的辅助工具。

（2）找出和布置关键性作业位置。在仓库总平面布置中，铁路专用线的位置往往受外部条件的限制，而且在很大程度上决定着仓库总平面布置的走向，所以应首先确定专用线的位置。库房、货场的位置可根据上述要求依次确定。总平面布置所依据的主要资料有：储存物的品种、规格、数量，建设地区的铁路和公路分布情况，地形条件，水、电供应条件，当地气象资料，采取的装卸搬运手段，消防及安全要求协作条件等。

（3）对工作面积进行大致的布置。根据建设地点的现有地形，对库房、货场、主要通道、装卸场地以及辅助车间、办公室、生活福利设施的相应位置及占用面积进行大致的初步设计。

设计次要通道。次要通道与主要通道相交并形成一个完整的运输网，通道的设置与宽度应视物资运输的需要和安全要求而定。

单体设计。根据储存物资的保管要求、仓库业务、作业流程和仓库性质，并结合当地气象及环境条件，具体确定库房的建筑类型和方位，以及库房内设备的类型和位置。

辅助和辅助装置的设置。对排水系统、消防系统和水、电供应线路及辅助设施等进行设计。

物流园区内仓库中的货架设置以及平面布局如图7-37所示。

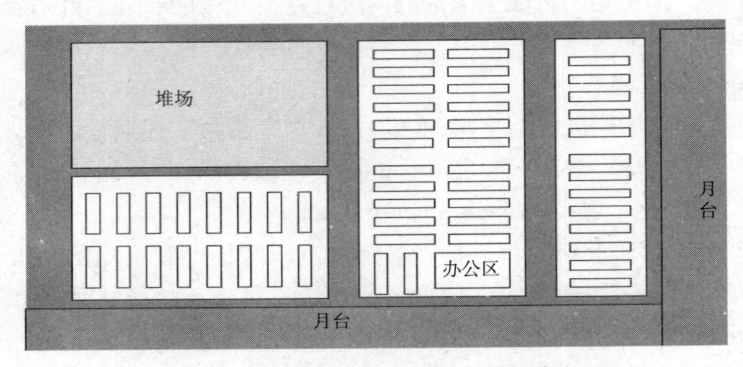

图7-37 仓库的货架设置及其摆放图

7.7.3 敏捷仓储操作流程

邯运敏捷仓储操作流程从微观层面为邯运集团提供敏捷仓储系统解决方案。在邯运集团的各物流园区，从敏捷这一理念出发，在实现快速响应和信息畅通的基础上对邯运仓储操作流程实施敏捷化。

7.7.3.1 敏捷仓储整体流程

在邯运物流网络架构下，根据邯运敏捷仓储信息系统（AWIS）及仓储流程标准化作业要求，邯运敏捷仓储整体流程包括敏捷采购、敏捷快递、敏捷汽贸、敏捷配送。

邯运仓储流程的敏捷化主要体现在下面的环节中：

（1）进货作业。在进货作业环节包括收货、验收以及入库交接、存储作业。及时而准确地提取货物，并进行严格认真的检查、检验，采用POS系统、条形码及RDC-LIS数据库进行存储入库。

（2）订单处理。包括订单品项数量及日期确认、订货价格确认、包装确认、订单号码、建立和维护客户主档、存货查询及订单分配、分配存货不足的异动处理、订单排定出货日程及拣选顺序。

（3）货位管理。RDC 中的库区中需要按照货物自身的形状、性质与储存要求，根据分库、分区、分类的原则，将物品固定区域与位置存放。此外，还需要进一步在固定区域内，依家电产品的型号规格等系列，按一定顺序依次存放。

（4）盘点作业。盘点是 RDC 中定期对仓储的商品进行数量、质量等数据的记录工作，是 RDC 物流流程中的重要环节。检查库存管理实绩，借盘点发现问题，以优化商品库存管理。

（5）拣选作业。从订单下达到货物最后送达客户，整个过程围绕订单服务，并得到 RDC-LIS 的全部运行和监控订单的动态流动，使各个作业环节紧密结合，提高物流效率。

（6）出库作业。包括核单备货，复核，包装，点交，登账，清理以及对出库时发生问题的处理。

（7）库存管理。由于家电产品的多样性，不同品种对资金占用和库存周转存在较大差异。因此采用 ABC 库存管理法。充分利用条形码，简化入库和出库数据录入工作，并保证记录的准确。同时，需要不断对库存记录进行核实，提高 ABC 库存管理的精确性。

经过敏捷化后的敏捷仓储流程如图 7-38 所示。

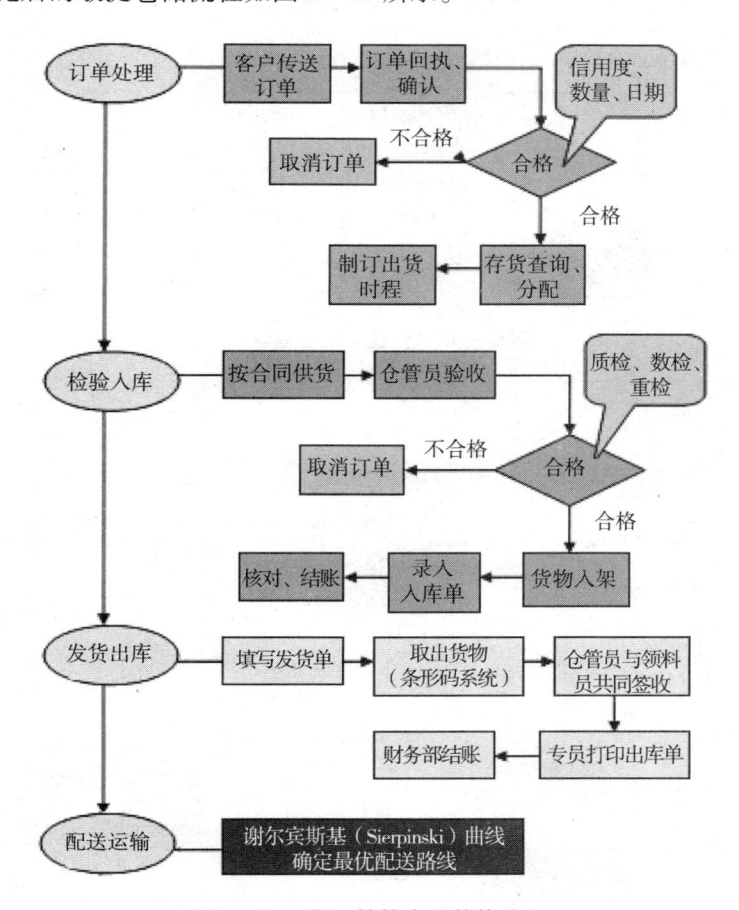

图 7-38 邯运敏捷仓储整体流程

7.7.3.2 具体作业流程

经过敏捷化后的敏捷采购流程、敏捷快运流程、敏捷汽贸流程以及敏捷配送流程分别如图 7-39~图 7-42 所示。

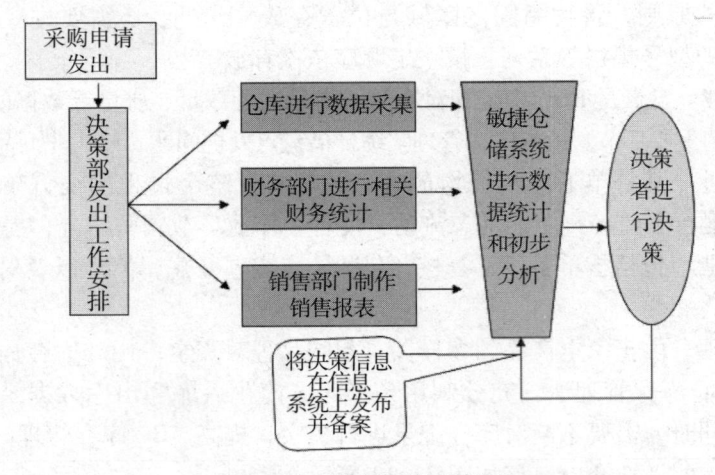

图 7-39 邯运敏捷采购流程

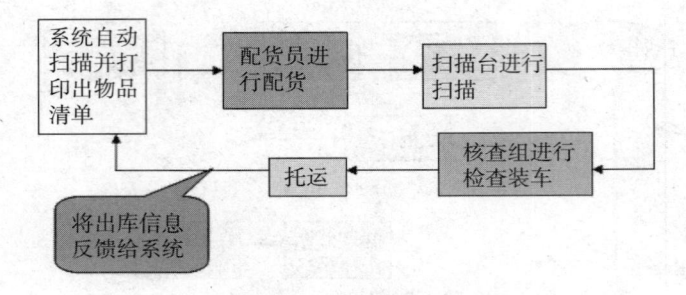

图 7-40 邯运敏捷快运流程

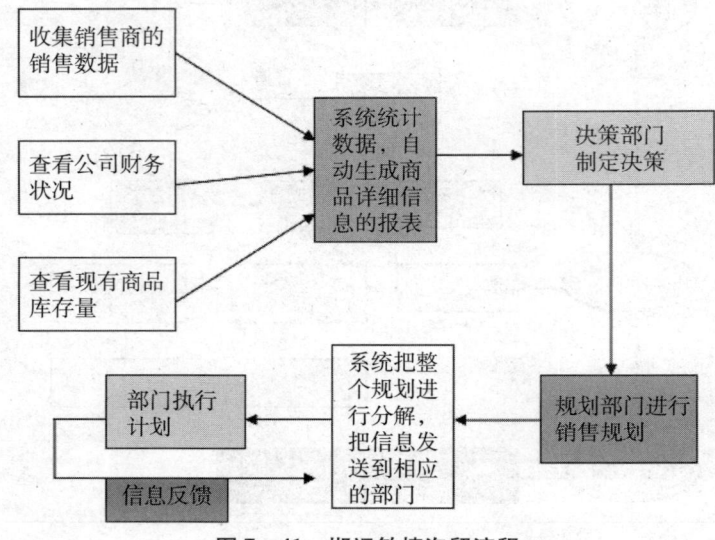

图 7-41 邯运敏捷汽贸流程

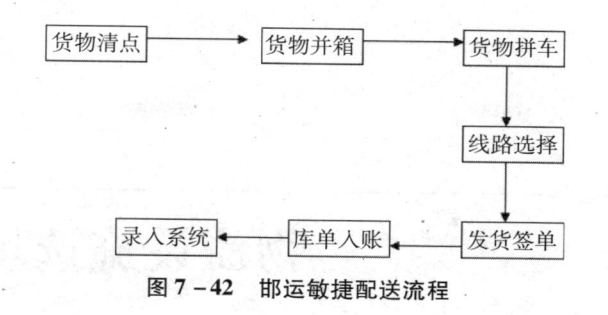

```
货物清点 → 货物并箱 → 货物拼车
                              ↓
录入系统 ← 库单入账 ← 发货签单 ← 线路选择
```

图 7-42　邯运敏捷配送流程

▶ **方案总结**

本方案立足于邯运集团物流一体化运作的基础上进行邯运敏捷仓储系统（HAWS）的构建，与一般仓储体系相比，它具有以下特点：

（1）HAWS 是在一般仓储系统的基础上改造优化而来的，是一般系统的升级优化版。HAWS 对仓储流程的各个环节都进行了细致深入的分析和构建，确保了整个系统的全面性和可行性，基本上不存在管理上的死角，这是一般系统办不到的。

（2）HAWS 突现了"敏捷"这一概念。总的来说就是：避免投入的浪费、管理上的浪费和有效资源的浪费，整个系统设计的原则就是："恰当就是最好"。HAWS 系统中并不提倡改造现有仓储的东西越多越好，投入越大越好，而是从整体上对现有仓储的资源进行全方位的挖掘，最大限度地提高仓储资源的利用率。这是低投入高回报的一个很重要的环节。

（3）HAWS 着眼于整个邯运集团的货物吞吐能力，而不仅仅是现有仓储资源的挖掘。HAWS 系统设计的最终目的就是为了创建与邯运集团发展相配套的仓储系统，当现有仓储最大利用率都不能满足需要时，HAWS 系统以邯运集团需扩充的吞吐能力为前提进行恰当的选址和内部布局。在保证吞吐能力的基础上通过科学的计算设计方法最大限度地减少资金的投入，这实际上也是"敏捷"这一概念的延伸。

（4）HAWS 用到的一些模型和算法还处在优化完善阶段，由于缺少集团内部真实的数据，几个模型基本上以案例的方式给出，在实施时只需把现实的数据代入即可实现。

邯运敏捷仓储系统的敏捷性外在主要体现在仓储中子系统中，即仓储作业快速敏捷和仓储作业效率的提高。仓储流程的明晰，加快了货物进出库的速度，提高了货物出入库的效率，增加了整个仓储系统的敏捷性。

▶ **复习思考**

1. 什么是敏捷理念？仓储系统敏捷思想体现在哪些方面？
2. 仓储系统总体设计时需要考虑哪些因素？
3. 为何要将仓储系统分解为仓储前子系统、仓储中子系统与仓储后子系统，它们之间存在什么关系？

第 8 章

物流设施选址方案设计

▶ 背景介绍

此方案节取自第一届全国大学生物流设计大赛获奖作品《W 公司 RDC（区域配送中心）选址决策方案设计》，有删节。该方案的背景案例为第一届全国大学生物流设计大赛案例《走进安得》，详见 http：//www.clpp.org.cn/（中国物流与采购教育网）。在学习本方案前，需要预先阅读第一届全国大学生物流设计大赛案例《走进安得》。

▶ 学习要点

- 熟悉设施选址的概念
- 熟悉选址模型的建立
- 熟悉选址模型求解过程

▶ 方案摘要

本方案立足于 W 公司 RDC 选址决策，为安得提供配套的整体物流解决方案。通过综合考虑 W 公司和安得现有的业务流程和网络资源以及交通、地理、经济、政策和法规等实际因素，采用改进的离散点选址模型——利用集合覆盖模型初步确定 RDC 的数量和候选地址，在此基础上以各候选 RDC 所产生的物流总成本为目标函数，建立线性规划模型并利用 Matlab 程序精确确定 RDC 的最终地址及规模。经过定性和定量分析，分别在赣州、柳州、天津和青岛设立 RDC，能够在提高顾客满意度、快速响应市场的同时，有效降低物流总成本。在本方案中，深入分析了 W 公司和安得的业务流程对接和资源整合的可行性，在此基础之上从战略层面提出以 RDC 为联结纽带、由传统家电分销模式向 RDC 物流模式转型的解决方案。通过对现有 W 公司物流流程进行重组，为安得与 W 公司达成双赢、建立长期的战略合作进行了充分的论证。本方案中提出的改进的离散点选址模型，能够较好地弥补原离散点选址模型的不足。同时，与众多选址理论相比，本方案所采用的选址模型兼而具有充分考虑实际因素和求解简捷快速等优势，因而具有较强的实用价值。此外，这种模型还可以解决一系列商业物流系统和公用事业系统的选址决策问题。

W公司现有4个彩电生产工厂CDC（中央配送中心）和15个销售分公司，采用一对多的批发型销售模式，对分布于全国的36个仓库进行补货。由于仓库分散、销售商众多，随着销售市场的扩张，原有的分销模式必然因为时效性差、不能对市场需求做出及时的反应而满足不了终端客户的需求。因此，安得可以结合自身的网络优势和系统资源，通过设立RDC对W公司现有的物流模式和物流网络进行优化设计，提供整体物流解决方案解决上述问题。

　　本方案在综合考虑和分析现有的地理、交通、经济以及政策法规等物流运作环境因素的基础上，通过改进的离散点选址模型精确和快捷地形成RDC选址决策，并从战略层面深入讨论了方案的实施。

8.1　设施选址背景分析

　　W公司的彩电生产工厂CDC分别分布在深圳、重庆、咸阳、牡丹江，除深圳CDC比较靠近销售市场以外，其他3个CDC均设在远离销售市场的东北、西北和西南。由于四大工厂生产线各有侧重，所以存在有四个工厂CDC同时给一个市场供货的情况，甚至进行长距离供给。

　　根据36个仓库在全国的分布情况，大致可以分为华北、华南和东南三个区域。华北区域有天津、河北和山东三省市，在14个城市设立了仓库，分别是天津、烟台、青岛、潍坊、东营、淄博、济南、聊城、衡水、石家庄、邯郸、菏泽、济宁、临沂。华南区域有广东、广西及海南三省，在16个城市设立了仓库，分别是桂林、河池、南宁、柳州、玉林、梧州、海口、湛江、茂名、肇庆、佛山、广州、中山、深圳、韶关、梅州。东南区域有江西和福建两省，在6个城市设立了仓库，分别是赣州、宜春、南昌、上饶、福州、厦门。

　　（1）国内大型家电企业大多都组建了或者有能力组建一定规模和实力的物流企业以进军物流领域，寻求新的利润增长点，例如海尔物流、安泰达、安得等。在这种情况下，能够成为W公司的物流服务提供商，必定要具备专业优势和整合资源的能力，并能够与之进行长期战略合作，以谋求共同发展。

　　（2）目前我国家电业的一般销售模式是把所有的产品直接进入自己的仓库，接到客户订单后，再从自己的仓库出货，这种模式下物流成本较高。W公司若借助于第三方物流如安得的力量，彩电出厂后进入安得设在销售市场中的各个RDC直接发到经销商，把所有的中间环节省去，既能节省的W公司的物流成本，也能降低销售成本。这一点可以借鉴C客户和L公司与安得物流O分公司的合作经验（见原案例，P21-22）。

　　（3）家电产品的物流服务一般都是先服务后付款，随着W公司业务的快速发展，容易造成安得应收和应付之间的差值越来越大，需要的流动资金越来越多，会造成安得的资金流压力增大。结合W公司现有的仓库均采用租赁的方式，根据RDC的强辐射能力和库存准备等特点，以及国家土地政策和城市规划发展的实际，新设立的RDC也宜采取租赁的方式有效利用资金。

（4）四大工厂 CDC 由直接向各地仓库供货改为向 RDC 供货，再由 RDC 向其辐射范围内的仓库供货，能够降低运输成本，并且更重要的是能够及时地响应市场变化。目前安得已经在广州、郑州、上海、北京、济南、合肥、贵阳、乌鲁木齐等中心城市建立了 RDC，拥有丰富的 RDC 资源和 RDC 运作经验，可以实现资源的有效利用。

（5）各仓库的进出量即是各仓库的需求量，近似于当地市场的需求量。

（6）按照 RDC 设立的要求，RDC 辐射半径在 600 公里左右，车辆行驶时间不超过 8 小时，RDC 设立大小按照区域销售量 2000 万、4000 万、4000 万以上分别设立。

（7）在运输线较长的情况下，各销售分公司的断货和压货就会交替出现。因此 RDC 的设立地址应当靠近主要销售市场、交通方便快捷、信息通讯畅通并且基础设施完善，这样才能满足终端客户的 B to C 单台送货要求，同时有能力满足各级经销商 2~3 方的零散订单配送，降低工厂直发经销商的比率。

（8）设立 RDC 时应该充分考虑安得现有的网络资源，若能够利用安得现有分公司的管理资源则能够极大地降低 RDC 的资金、设施及人员投入。安得现有 13 个分公司，其中 Z 分公司、U 分公司、V 分公司和 Q 分公司位于华北，Y 分公司、W 分公司、T 分公司和 S 分公司位于华南，M 分公司、P 分公司和 O 分公司位于华东区域，N 分公司位于华中区域，R 分公司位于华西区域（见原案例中，附件 2 "分公司对照表"，P92）。

（9）安得在全国各大中城市拥有 100 多个网点，在全国 50 多个大中城市设立了 60 多万平方米的仓库，结成高效的物流网络，为客户提供 7*24、管理一体化的仓储服务，充分满足各类企业的全国销售需求，具备全国性的综合物流服务能力。针对 W 公司的彩电物流需求，安得具有快准运输、高效仓储、精益配送、方案策划和物流咨询的资质。

（10）安得在 8 个中心城市建立了 RDC，为客户提供 B to B、B to C 的配送服务，部分地区的配送范围辐射农村和乡镇（见安得物流网站，http：//www.annto.com.cn）。因此，W 公司 RDC 的设立可以考虑充分利用现有的资源。如靠近深圳 CDC 的广东部分分公司仓库可以直接由广州 RDC 进行配送，这样能够在满足 W 公司物流需求的基础上，大幅降低相应的物流运作成本。

（11）安得具有整合公路、铁路、航空、水运等运输资源的能力，实现多种运输模式最佳组合（见安得物流网站，http：//www.annto.com.cn）。在 RDC 的选址过程中，应当考虑运输方式的转变而让 RDC 物流体系具备扩展能力。

8.2　设施选址方案目标

为 W 公司的物流流程重组设计 RDC 选址决策方案，为家电业传统分销模式向 RDC 物流模式转型提供参考依据。

本方案在考虑 W 公司现有的加工生产能力和销售市场结构下，通过设立一定数量的 RDC，并确定其具体地址和规模，以提高销售市场的客户满意度并分担四大工厂 CDC 的压力，同时使物流总成本得到降低。

8.3 设施选址模型描述

8.3.1 模型选择

对于设施选址问题，国内外学者做了大量研究。目前的选址模型主要分为两类：连续型模型和离散型模型。连续型模型考察连续空间内所有可能的点，其代表性的方法是重心法。离散型模型则是从有限的几个可行点中选择最优点，其代表模型有覆盖模型、Kuehn-Hamburger 模型、Baumol-Wolf 模型、Elson 混合整数规划模型和双层规划模型等。本方案中的选址问题属于离散点选址问题，在具体考察上述离散型模型时：覆盖模型计算简捷、应用方便，但所求之解不够精确；Kuehn-Hamburger 模型从费用最小的角度进行选择，而忽略了社会效益、环境影响等诸多结构化因素的影响；Baumol-Wolf 模型为非线性模型，属于 NP-HARD 问题，求解比较困难；Elson 混合整数规划模型主要针对的是线性变量的优化问题；双层规划模型求解较复杂、计算烦琐，且现有的研究还处于初步阶段，不够完善。综上所述，这些模型有一个共同点：要么考虑的实际因素较少，要么计算复杂难以求解。

针对本案例中的实际情况，对于 W 公司的 RDC 选址问题，需要一种既考虑实际中的运作环境，又便于求解计算的模型。本方案采用改进的离散点选址模型——先利用覆盖模型（Covering）确定 RDC 的候选点，再借助线性规划（Linear Programming）问题在覆盖模型所确立的候选点中进行精确计算和比较分析，最终确定 RDC 的数量、地址和规模。

8.3.2 假定条件

（1）将 36 个仓库所在地城市视为 36 个节点，节点间的距离为节点所在城市之间的实测距离，节点内即市内配送不予考虑。

（2）运输车辆均不超重，或者均以一定的比例超重。

（3）计重收费时费用与重量呈线性比例关系，本方案暂不考虑计重收费。

（4）货物运输及配送过程中均为整车运输。

（5）RDC 区域内配送车辆回程成本为零（即不考虑配送路径选择的问题）。

（6）无特别说明时货物单位统一为"台"（结合案例中表 26，以 29 寸彩电为基准），并且"台"与"标准车"及重量之间存在线性比例关系。

（7）各 RDC 到其辐射范围内的仓库的运输费率相等。

（8）各 RDC 中单位物品的管理费用相等。

（9）各 CDC 能够满足 RDC 的需求，各 RDC 的容量能够满足所有需求（即不考虑设立 RDC 的资金限制）。

（10）各仓库的进出量即仓库的需求量与当地市场需求量相等。

（11）模型的时间阶段为 1 年。

8.3.3 模型目标

模型的解通过求候选 RDC 的物流总成本的极小值,来确定 RDC 的地址、数量和规模。

覆盖模型分为集合覆盖模型(Set Covering Location Problem)和最大覆盖模型(Maximum Covering Location),是由 Toregaset Al 和 Church、Revelle 分别在 1971 年和 1974 年提出的。本方案根据案例中的实际情况,采用集合覆盖模型来确定 RDC 的候选地点。集合覆盖模型采用启发式算法,所得结果为 RDC 的候选位置。再利用求解线性规划问题,比较在各候选点处设立 RDC 所产生的物流总成本,取其极小值处即为 RDC 的最佳选址地点。模型求解后得到的各 CDC 到 RDC 的运量可以来确定 RDC 的规模。

8.3.4 确定参数

模型中所求的极小物流总成本包括 CDC 到 RDC 的运输成本、RDC 到其辐射范围内仓库的配送成本和 RDC 运营管理成本。构成各项成本的变量为 CDC 到 RDC 的运量和 RDC 到仓库的运量。为此,相应的参数:各仓库需求量由案例中整理后换算(对原案例中单位不统一的数据进行相应的类比换算)得到;各 CDC 到 RDC 的运输费率、各 RDC 到其辐射范围内的仓库的运输费率、各 RDC 中单位物品的管理费用等,其取值参考案例中的相关图表数值;各 CDC 与候选 RDC 以及各节点间的公路里程通过网络查询(http://www.56zhongguo.com)得到。

8.3.5 模型求解

模型求解分为两个步骤:第一步利用集合覆盖模型粗定 RDC 的候选地址,第二步利用在 PC 上应用 Matlab(本方案中使用的是 Matlab6.5.1 版本)求解线性规划问题精确确定 RDC 的地址和规模。相应数据通过 Microsoft Excel 输入,经过计算(具体计算过程见本方案附录部分),得到如下解(表 8-1)。

表 8-1 各候选 RDC 比较

RDC 设立点		物流总成本 (万元)	RDC 规模 (万 m^3)
东南区域 RDC1	赣州	759.47	16.6722
	南昌	784.53	20.3563
	厦门	803.32	21.3362
华南区域 RDC2	柳州	582.33	14.9351
	桂林	603.32	16.0524
	南宁	629.12	17.3454

续表

RDC 设立点		物流总成本（万元）	RDC 规模（万 m³）
华北区域 RDC3（1 个 RDC）	天津	882.97	24.5365
	石家庄	867.53	24.0237
	济南	870.23	25.1127
	青岛	893.54	28.9365
	烟台	876.35	26.2433
华北区域（2 个 RDC）	RDC3		
	天津	522.34	14.0213
	石家庄	535.63	15.1535
	济南	556.82	16.2878
	RDC4		
	青岛	381.32	12.5368
	烟台	403.25	12.8436

下面以在赣州设立 RDC 为例，介绍上述模型的使用方法。

8.3.5.1 确定 RDC 的数量和候选地址

（1）确定 RDC 的数量。根据本章第 1 部分中的背景介绍，W 公司分布于全国的 36 个仓库基本上可以聚类为华北、华南和东南三个区域。其中，由于湛江、茂名、肇庆、佛山、广州、中山、深圳、韶关、梅州等城市在广东境内呈东西分散分布，为了达到均衡效果，将广东 9 城市分为 3 个部分：湛江、茂名因靠近广西划分到华南区域，韶关、梅州因靠近江西和福建划分到东南区域，肇庆、佛山、广州、中山因靠近深圳可由安得现有的广州 RDC 直接配送。

因此，W 公司的 36 个仓库所在地大致分为：华北区域 14 个城市（天津、烟台、青岛、潍坊、东营、淄博、济南、聊城、衡水、石家庄、邯郸、菏泽、济宁、临沂），华南区域 9 个城市（桂林、河池、南宁、柳州、玉林、梧州、海口、湛江、茂名），东南区域 8 个城市（赣州、宜春、南昌、上饶、福州、厦门、韶关、梅州）。

综上所述，根据设立 RDC 的辐射范围 600 千米这个限制条件，华北区域 14 个城市可以设立 1~2 个 RDC，华南区域和东南区域各设立 1 个 RDC。

（2）确定 RDC 的候选点。针对每个区域，采用覆盖模型确定 RDC 的候选点。模型的数学描述为：在 N 个节点中，用最小数量 j 个设施去覆盖所有的需求点。其目标函数表达如下：

$$\min j = \sum_{j \in N} x_j \tag{8-1}$$

约束条件：

$$\sum_{j \in B(i)} x_j \geq 1, i \in N$$

$$\sum_{j \in A(j)} d_i y_{ij} \leq C_i x_j, j \in N$$

$$x_j \in \{0, 1\}, i \in N$$

$$y_{ij} \geq 0, \quad i, j \in N$$

式中：N——节点的数量；

d_i——第 i 个节点的需求；

C_j——节点 j 的容量；

$A(j)$——节点 j 所覆盖的节点集合；

$B(i)$——可以覆盖节点 i 的节点 j 的集合；

x_j——1，假如第 j 个节点被选定；0，第 j 个节点未被选定；

y_{ij}——节点 i 需求中被分配给节点 j 的部分。

在本方案中，根据本文第 3 部分中的假定条件 X，上述约束条件中的第 2 项和第 4 项不予考虑。因此覆盖模型的求解采用如下的启发式算法。

（3）模型求解。东南区域内各节点城市之间的距离如表 8-2 所示。

表 8-2 东南区域内各节点城市之间的距离　　　　　单位：千米

城市/节点	南昌2	宜春3	厦门4	上饶5	福州6	梅州7	韶关8
赣州1	358	377	474	543	560	188	226
南昌2		119	527	254	578	457	504
宜春3			551	487	576	403	354
厦门4				445	222	222	501
上饶5					303	483	639
福州6						392	649
梅州7							278

（数据来源：物流中国，http://www.56zhongguo.com/lc.asp）

第一步，找到每一个节点可以满足 RDC 条件的所有节点的集合 $A(j)$，即它们距该节点距离小于或等于 600km 的所有节点的集合。从节点 1 开始，节点 2，3，4，5，6，7，8 到节点 1 的距离都小于 600km，这样它们都可以由节点 1 的 RDC 提供服务，得到集合 $A(1) = \{1, 2, 3, 4, 5, 6, 7, 8\}$；然后逐一地进行考虑计算，就可以得到所有的 $A(j)$，$j = 1, \cdots, 8$，并将所得结果填入表 8-3 中。

第二步，找到可以给每一个节点提供服务的所有节点的集合 $B(i)$。在本算例中，这两个集合是一致的。

第三步，找到其他节点辐射范围的子集，这样的节点有 5，6，8。将其省去，可以简化问题。

第四步，确定合适的组合解。这样的解有节点 1，2，3，4，7，即赣州、南昌、宜春、厦门和梅州均可为 RDC 的候选地址。

表 8-3　东南区域候选 RDC 的辐射范围

节点	A（j）	B（i）
1	1，2，3，4，5，6，7，8	1，2，3，4，5，6，7，8
2	1，2，3，4，5，6，7，8	1，2，3，4，5，6，7，8
3	1，2，3，4，5，6，7，8	1，2，3，4，5，6，7，8
4	1，2，3，4,5，6，7，8	1，2，3，4，5，6，7，8
5	1，2，3，4，5，6，7	1，2，3，4，5，6，7
6	1，2，3，4，5，6，7	1，2，3，4，5，6，7
7	1，2，3，4，5，6，7，8	1，2，3，4，5，6，7，8
8	1，2，3，4，7，8	1，2，3，4，7，8

这样确定的 RDC 候选位置不够精确，因此需要进一步的计算和分析。在此之前，分析表 8-1，若选择节点 1，2，3，4 和 7 为 RDC 候选地址，则候选点到区域内其他结点的平均距离如表 8-4 所示。

表 8-4　RDC 到各节点的平均距离

节点	1	2	3	4	7
平均距离（km）	399.5714	405.5102	446.4402	434.9317	346.1429

节点 3 到其他节点的平均运距较大，节点 7 虽然平均运距较小但不具备地理和交通优势。因此在同等条件下，可以优先考虑节点 1，2 和 4，即在赣州、南昌和厦门中择一作为 RDC 的设立地址。接下来通过精确计算比较 RDC 选择设在节点 1，2，4 时所需要的物流总成本，取其最小值所在地为 RDC 的最佳地址。

8.3.5.2　确定 RDC 的精确地址

（1）模型目标。在符合 RDC 条件的区域 m（$m=1,2,3$）中存在第 j 个候选 RDC，使该区域内的物流总成本 TC_{mj} 最小。其中，TC_{mj} 由第 i 个中央仓库 CDC 到第 j 个 RDC 的运输费用 U_{ij}，第 j 个 RDC 到其辐射范围内第 k 个分公司仓库的运输费用 U_{jk}，和第 j 个 RDC 内的物品管理费用 W_j 三部分构成。

（2）决策变量。

X_{ij}——在区域 m 内从第 i 个 CDC 到第 j 个候选 RDC 的运量；

X'_{jk}——在区域 m 内从第 j 个候选 RDC 到的其辐射范围内第 k 个分公司仓库运量。

（3）目标函数。

$$\min TC_{mj} = U_{ij} + U_{jk} + W_{ij} \qquad (8-2)$$

其中：U_{ij}——在区域 m 内第 i 个中央仓库 CDC 到第 j 个 RDC 的运输费用；

U_{jk}——在区域 m 内第 j 个 RDC 到其辐射范围内第 k 个分公司仓库的运输费用；

W_{ij}——在区域 m 内第 j 个 RDC 内的物品管理费用；

TC_{mj}——若 RDC 的候选点设在区域 m 内的 j 处产生的物流总成本。

将 U_{ij}, U_{jk}, W_{ij} 分别展开，即有：

$$\min TC_{mj} = \sum_{i=1}^{r}\sum_{j=1}^{s} c_{ij}d_{ij}X_{ij} + \sum_{j=1}^{s}\sum_{k=1}^{t} c'_{jk}d'_{jk}X'_{jk} + \sum_{i=1}^{r}\sum_{j=1}^{s} f_{mj}(X_{ij} + \overline{S}_{mj}) \quad (8-3)$$

其中：m——经过聚类后的分区域；$m = 1, 2, 3$；1 为东南区域，2 为华南区域，3 为华北区域；

i——中央仓库即 CDC；$i = 1, 2, 3, 4$；1 为深圳 CDC，2 为重庆 CDC，3 为牡丹江 CDC，4 为咸阳 CDC；

j——待建区域物流中心即 RDC；$j = 1, 2, \cdots, s$；1 为东南区域 RDC1，2 为华南区域 RDC2，3 华北区域 RDC3，4 为华北区域 RDC4；

k——RDC 辐射范围内的分公司仓库；

c_{ij}——在区域 m 内从第 i 个 CDC 到第 j 个候选 RDC 的运输费率，可确定常数 α；

d_{ij}——在区域 m 内从第 i 个 CDC 到第 j 个候选 RDC 的运输距离；

c'_{jk}——在区域 m 内从第 j 个候选 RDC 到第 k 个分公司仓库的运输费率，可确定常数 β；

d'_{jk}——在区域 m 内从第 j 个候选 RDC 到第 k 个分公司仓库的运输距离；

f_{mj}——在区域 m 内第 j 个候选 RDC 中单位物品的管理费用（即 RDC 中单位物品的管理费用），可确定常数 δ；

$\overline{S}_{mj}$——在区域 m 内在第 j 个候选 RDC 的平均库存量（即该区域内各分公司仓库平均库存总量）。

（4）约束函数。

$$\sum_{i=1}^{r}\sum_{j=1}^{s} X_{ij} \leq Q_i$$

$$\sum_{i=1}^{r}\sum_{j=1}^{s} X_{ij} - \sum_{j=1}^{s}\sum_{k=1}^{t} X'_{jk} \geq 0$$

$$\sum_{i=1}^{r}\sum_{j=1}^{s} X_{ij} \geq \sum_{j=1}^{s}\sum_{k=1}^{t} D_{jk}$$

$$X'_{jk} \geq D_{jk}$$

其中：Q_i——第 i 个 CDC 的生产能力；

D_{jk}——在区域 m 内第 j 个候选 RDC 内第 k 个分公司仓库的需求。

根据假定条件（10），各 CDC 能够满足 RDC 的需求，约束函数中的第 1 项不予考虑。利用原案例中提供的各项数据，模型求解过程如下。

（5）模型求解。考虑区域 1，即东南区域的情况。拟在赣州设立 RDC 一个，记为 RDC11。

确定参数：$m = 1$, $j = 1$, $k = 1, 2, 3, 4, 5, 6, 7, 8$；根据表 8-2：$d'11 = 0$，$d'12 = 358\text{km}$，$d'13 = 377\text{km}$，$d'14 = 474\text{km}$，$d'15 = 543\text{km}$，$d'16 = 560\text{km}$，$d'17 = 188\text{km}$，$d'18 = 226\text{km}$；根据表 8-5 有：$d11 = 367\text{km}$，$d21 = 1\,024\text{km}$，$d31 = 2\,655\text{km}$，$d41 = 1\,179\text{km}$；根据表 8-8 有：$D11 = 42\,906$，$D12 = 6\,000$，$D13 = 885$，$D14 = 60\,000$，$D15 = $

453，$D16 = 60\,000$，$D17 = 10\,000$，$D18 = 13\,000$。

表 8-5 CDC 到各节点的距离及平均运距   单位：km

RDC/CDC	深圳	重庆	牡丹江	咸阳
1	367	1 024	2 655	1 179
2	1 036	1 760	3 068	1 021
4	492	1 408	2 578	1 518

运输费率 $c11 = 0.023\,295\,5$，$c21 = 0.019\,255\,5$，$c31 = 0.018\,116\,3$，$c41 = 0.024\,175$（表 8-6、表 8-7）；根据假定条件（7），$c'11 = c'12 = c'13 = c'14 = c'15 = c'16 = c'17 = c'18 = 0.023\,295\,5$（近似取值为深圳 CDC 到福州的运输费率）；根据原案例中提供的数据：$f11 = 20.736$［租金构成物品管理费用的主体，$(900 * 4.8 * 12)/2\,500 = 20.736$ 元/台］。每台物品每公里的运输价格，即费率如表 8-7 所示。

表 8-6 CDC 到各节点的距离   单位：km

节点/CDC	深圳	重庆	牡丹江	咸阳
天津	2 535	2 188	1 569	1 079
青岛	2 282	2 263	2 291	1 302
石家庄	2 360	1 857	1 861	758
济南	2 188	1 888	1 916	954
邯郸	2 201	1 182	1 899	689
济宁	1 452	1 294	1 770	884
福州	880	2 485	3 716	1 497
柳州	861	1 170	3 908	1 127
南宁	890	1 161	4 166	1 293
厦门	492	1 408	2 578	1 518

表 8-7 CDC 到各个节点的运输费率   单位：元/台*千米

节点/CDC	深圳	重庆	牡丹江	咸阳
天津	0.0146667	0.0205667	0.0165073	0.0224096
青岛	0.0162927	0.0207114	0.0158228	0.0154762
石家庄	0.0147415	0.0201939	0.0180226	0.0221504
济南	0.0156216	0.0208528	0.0180219	0.0197170
邯郸	0.0156701	0.0317259	0.0197841	0.0256023
济宁	0.0225964	0.0289799	0.0224181	0.0258371
福州	0.0232955	0.0192555	0.0181163	0.0241750
柳州	0.0198142	0.0280427	0.0190353	0.0352085
南宁	0.0184270	0.0306115	0.0197096	0.0343078
厦门	0.0306707	0.0331250	0.0289527	0.0252240

表 8-8 候选 RDC11 辐射范围内节点仓库的需求量

节点	需求量（台）	平均库存量（台）
1	42 906	2 500
2	6 000	2 747
3	885	240
4	60 000	4 000
5	453	275
6	60 000	4 500
7	10 000	400
8	13 000	500
总计（台）	193 244	15162

确定了各项参数之后，将数值代入目标函数和约束函数中进行计算。具体计算过程和计算结果如下。

(6) 计算过程及结果。将数值代入目标函数：

MinTC11 = (0.0232955 * 367X_{11} + 0.0192555 * 1024X_{21} + 0.0181163 * 2655X_{31} + 0.024175 * 1179X_{41}) + (0X_{11} + 358X_{12} + 377X_{13} + 474X_{14} + 543X_{15} + 560X_{16} + 188X_{17} + 226X_{18}) * 0.0232955 + 20.736(X_{11} + X_{21} + X_{31} + X_{41} + 15162)

整理后有：

MinTC11 = 29.2854485X_{11} + 40.454632X_{21} + 68.8347765X_{31} + 49.238325X_{41} + 8.339789X_{12} + 8.7824035X_{13} + 11.042067X_{14} + 12.6494565X_{15} + 13.04548X_{16} + 4.379554X_{17} + 5.264783X_{18} + 314399.232

约束函数：

(X_{11} + X_{21} + X_{31} + X_{41}) − (X_{11} + X_{12} + X_{13} + X_{14} + X_{15} + X_{16} + X_{17} + X_{18}) ≥ 0

X_{11} + X_{21} + X_{31} + X_{41} ≥ 193244

X_{11} ≥ 42906

X_{12} ≥ 6000

X_{13} ≥ 885

X_{14} ≥ 60000

X_{15} ≥ 453

X_{16} ≥ 60000

X_{17} ≥ 10000

X_{18} ≥ 13000

利用 matlab 求解（matlab6.5.1 版本）。

f = [29.2854485; 40.454632; 68.8347765; 49.238325; 0; 8.339789; 8.7824035; 11.042067; 12.6494565; 13.04548; 4.379554; 5.264783];

A = [−1 −1 −1 −1 1 1 1 1 1 1 1 1
　　−1 −1 −1 −1 0 0 0 0 0 0 0 0
　　0 0 0 0 −1 0 0 0 0 0 0 0
　　0 0 0 0 0 −1 0 0 0 0 0 0

```
     0 0 0 0 0 0 -1 0 0 0 0 0
     0 0 0 0 0 0 0 -1 0 0 0 0
     0 0 0 0 0 0 0 0 -1 0 0 0
     0 0 0 0 0 0 0 0 0 -1 0 0
     0 0 0 0 0 0 0 0 0 0 -1 0
     0 0 0 0 0 0 0 0 0 0 0 -1];
b = [0; -193244; -42906; -6000; -885; -60000; -453; -60000; -10000; -13000];
lb = zeros (12, 1);
>> [x, fval, exitflag, output, lambda] = linprog (f, A, b, [], [], lb)
x = 1.0e + 005 *
    1.9324    //说明：此结果表明，为达到物流总成本最小，应该仅由CDC1向RDC11供货。
    0.0000    //但是实际情况是4个CDC的产品各有侧重，它们均应该向RDC11供货。
    0.0000    //所以此处的运量计算结果只能作为参考依据，而非最终的实际运输数量。
    0.0000
    0.4291
    0.0600
    0.0089
    0.6000
    0.0045
    0.6000
    0.1000
    0.1300
fval =
    7.2803e + 006
exitflag =    1
output =
        iterations: 7
      cgiterations: 0
         algorithm: large - scale: interior point´
lambda =
     ineqlin: [10x1 double]
       eqlin: [0x1 double]
       upper: [12x1 double]
       lower: [12x1 double]
>> lambda.ineqlin
ans =
    29.2854
     0.0000
    29.2854
    37.6252
    38.0679
```

```
            40.3275
            41.9349
            42.3309
            33.6650
            34.5502
>> lambda.lower
ans =
            0.0000
            11.1692
            39.5493
            19.9529
            0.0000
            0.0000
            0.0000
            0.0000
            0.0000
            0.0000
            0.0000
            0.0000
```

最后结果显示，若在赣州设立 RDC，相应的物流总成本为 7 594 699.232 元，即：

$$7\ 280\ 300 + 314\ 399.232 = 7\ 594\ 699.232\ （元）$$

8.3.5.3 确定 RDC 的规模

区域 m 内第 j 个 RDC 的规模由下述函数确定：

$$K_{mj} = \sum_{i=1}^{r} \sum_{j=1}^{s} (X_{ij} + \bar{S}_{mj}) \tag{8-4}$$

式中：K_{mj}——区域 m 内第 j 个 RDC 的容量。

若在赣州设立 RDC，其规模为 208 402 单位。

$$K_{11} = X11 + X21 + X31 + X41 + S11 = (1.9324e + 005) + 15\ 162 = 208\ 402$$

根据假定条件（6），以 29 寸彩电为基准：29 寸彩色电视机的净尺寸大约为 860×500×580，加上外包装后，尺寸约为 1 100×800×900。因此，一"台"货物连同其包装按照 0.8 立方米计，即在赣州设立 RDC 的规模为 208 402×0.8 = 166 721.6 立方米左右。

其他区域及其他候选 RDC 的物流总成本和规模均根据以上算法计算，最后结果见本方案正文中的表 8-1。

8.4 设施选址结论

8.4.1 讨论

（1）对于在需求结构和数量确定的离散点选址，通过覆盖模型加线性规划构造一种改进的离散点选址模型,能够较好地弥补传统离散点选址模型的不足,既能相对精确地又能相对简捷地求出最终结果。本方案中提出的这种改进后的离散点选址模型还适用于原案例中的仓库选址(见第一届全国大学生物流设计大赛的发布案例,以下简称"原案例")。

(2)此方案设计过程中没有考虑车型、车辆超载、路桥收费、车辆维修维护以及江西省区的计重收费等情况。根据原案例提供的数据,可以安得在实际运作过程中的经验数据确定一个系数来确定上述费用(例如选择 12.5 米车型,超载 30% 等,见原案例)。因此,本方案中的物流总成本和 RDC 规模是理想状态下的数据,亦即上表 1 和下表 2 中的相应数据并非实际运作中真实的物流总成本和规模。但它能够确定 RDC 的数量、地点和规模,并可以通过乘以相应的系数来得到实际的物流总成本和 RDC 规模。

(3)本方案中得到的物流总成本数据可以为安得市场部在进行 D 客户投标工作中的报价提供基础数据(见原案例,P10)。对刘部长欲建立的更为科学和完善的报价程序和报价模型,也具有的一定的参考意义(见原案例)。

(4)设立 RDC 后,W 公司可以借助分布于各个销售区域的 RDC 来统一管理各卖场的库存,根据卖场每日上报的销售信息,以及 W 公司数据中心记录的卖场现有库存量,按照一定的策略实现各单位之间的调货、退货以及对各单位的主动补货。这种主动、持续的补货机制能够降低工厂直发经销商的比率(见原案例)。

(5)分别在华北、华南和东南 3 个区域设立 RDC,能够利用安得现有分公司的资源以及安得分布在全国的 100 多个网点。因此,以上 RDC 候选点的范围还可以根据安得分公司及网点所在地进行相应的调整变动,以方便安得进行业务扩展和资源整合。安得在广州设有 RDC,因此对于靠近广州市场的肇庆、佛山、中山和深圳(运输半径在 100KM 之内)可以借助现有资源来满足物流需求。

(6)华北区域设立 1 个 RDC 与设立 2 个 RDC 在物流总成本上相差不大,但是设立 2 个 RDC 显然能够针对市场销售情况做出快速反应,增加客户满意度。设立 1 个 RDC 时,可以选择济南(利用安得现有的济南 RDC 资源),但对目前安得河北及华北区域的业务没有明显的改善。河北由于地理特殊性造成了 W 分公司的亏损(见原案例),若设立 1 个 RDC 很难从根本上解决目前的问题;设立 2 个 RDC 时,考虑到整个 RDC 物流体系的扩展功能,选择天津和青岛,利用两地的区位优势和经济规模适时发展海运服务和共同配送。

(7)华北区域设立 RDC 后,对于安得 W 分公司目前存在的问题能够起到缓解作用。广州到河北的物流业务可以利用 RDC 实施共同配送来扭亏。实际物流运作中,发往北京、天津中心城市的成本比较低,因此 W 分公司的谭经理可以采用 Cross Docking 即到华北RDC 中转的方式来改善现有的亏损状态,有效地整合资源(见原案例)。

(8)第三方物流公司主要的运输方式是公路运输,但是目前由于油价和计重收费等方面的调整,造成总体的运输成本大幅上升,对物流行业形成挤压。结合安得的实际以及目前国家已经有放开在铁路、海运和空运等资源的趋势,利用海运来分担公路运输压力是有效降低运输成本的最佳途径之一(见原案例,P84)。如牡丹江工厂 CDC 距离三大销售市场过于遥远,从牡丹江至最近的华北区域公路里程有 1600 余千米。结合安得 W 分公司(有别于 W 公司)的谭经理所考虑的海运作业流程(见原案例),不考虑时间和批量限制,牡丹江工厂应该采用海运的方式，而且能够较为方便地挂靠天津、东营、烟台、青岛、福州、厦门、广州、深圳、湛江等港口。

（9）华北区域RDC的设立，其辐射范围为山东、天津和河北地区。结合安得的天津项目及对S客户的投标，小边（大赛案例中的虚拟人名）分析了部分目标市场产品量，发现主要量集中在山东的济南、聊城、德州，大约可以占山东线路的1/2，山东以东地区主要从青岛发货。因此，在天津或青岛设立RDC都能够增加中标的概率（见原案例）。

（10）安得Z分公司的K客户主要产品是彩电，且销售市场为山东，这与设立在华北区域的RDC的业务流程有重合部分，可以共享原来的配送增值服务资源和新开发的系统软件资源，在以后的竞标过程中更具优势（见原案例）。

（11）在W公司3个主要的销售市场设立RDC后，借鉴安得物流花成分公司的做法，安得若与W公司进行深入合作，可以利用现有分布在广州、郑州、上海、北京、济南、合肥、贵阳、乌鲁木齐的8个RDC和新设立的4个RDC形成强势资源网络，将W公司的彩电产品进行仓库平移（RDC的设立能够为安得与W的深入合作提供必要的硬件保障）。W公司原有的设立在全国各地的仓库可以逐步缩减规模或者撤立，由RDC来供应其腹地市场。同时安得应将ALIS与W公司的ERP进行对接，形成长期合作机制，这样安得可以逐步承接W公司的物流外包业务（见原案例）。

8.4.2 结论

（1）RDC选址决策。综合考虑以上实际因素和定量计算结果，W公司总共需要建立4个RDC，其分布及规模为：

①赣州建RDC一个，规模大约为16.7万m^3。辐射的需求点包括：赣州，宜春，南昌，上饶，福州，厦门，梅州，韶关。

②柳州建RDC一个，规模大约为15万m^3。辐射的需求点包括：柳州，桂林，河池，南宁，玉林，梧州，茂名，湛江，海南。

③天津建RDC一个，规模大约为14万m^3。辐射的需求点包括：天津、石家庄、邯郸、菏泽、济宁、衡水、济南、聊城。

④青岛建RDC一个，规模大约为12.5万m^3。辐射的需求点包括：烟台、青岛、潍坊、东营、淄博、临沂。

⑤肇庆、佛山、广州、中山及深圳可由广州RDC直接进行配送服务。

该结论反映在表8-9中，RDC腹地内的销售量和RDC覆盖的经销商数量两项数据根据原案例表得到（见原案例）。

表8-9 W公司的RDC选址决策最终结果

RDC设立点	物流总成本（万元）	RDC规模（万m^3）	RDC腹地内销售量（台）	RDC覆盖的经销商数量（个）	RDC腹地
赣州	759.47	16.6722	193 244	245	总数量8：赣州、宜春、南昌、上饶、福州、厦门、韶关、梅州

续表

RDC设立点	物流总成本（万元）	RDC规模（万 m³）	RDC腹地内销售量（台）	RDC覆盖的经销商数量（个）	RDC腹地
柳州	582.33	14.935 1	15 360 0	664	总数量9：桂林、河池、南宁、柳州、玉林、梧州、海口、湛江、茂名
天津	522.34	14.021 3	312 466	730	总数量8：天津、石家庄、邯郸、菏泽、济宁、衡水、济南、聊城
青岛	381.32	12.536 8	188 821	431	总数量6：烟台、青岛、潍坊、东营、淄博、临沂
*广州	303.73	9.854 3	310 500	527	总数量5：肇庆、佛山、广州、中山、深圳

*广州 RDC 为安得现有资源，可以就近对肇庆、佛山、广州、中山和深圳等市场提供配送服务。但本方案中主要考虑新设立的 4 个 RDC，广州 RDC 不在此列。

（2）RDC 物流效益评价。

①现有物流模式下的物流成本。

W 公司在现有的物流模式下，物流总成本主要由 36 个仓库的租赁费用和由各工厂 CDC 到各仓库的运输费用构成（可参见原案例）。物流总成本用数学表达式可以表述为：

$$TC_p = \sum f_r * S + \sum f_t * L * Q \tag{8-5}$$

其中，TC_p 为目前的物流总成本，f_r 和 f_t 分别为仓库租赁费率和运输费率，S 为仓库的面积，L 为运输距离，Q 为运输量。将原案例表 24 和表 25 中的数据代入，并经过一定的假定、类比和换算（见本方案第 3 部分的相关论述），最后可以由上式计算出：

$$TC_p = 23\ 724\ 056.29 + 2\ 829\ 276.2 = 26\ 553\ 332.49$$

即目前 W 公司的物流总成本约为 2 655.33 万元。

②RDC 物流模式下的物流成本。根据以上结论，在设立 RDC 后，W 公司的物流总成本由 CDC 到 RDC 的运输成本、RDC 到仓库的配送成本和 RDC 运营管理成本构成，用数学表达式可以表述为：

$$TC_n = \sum TC_{rdc} = \sum f_t * L_t * Q_t + \sum f_d * L_d * Q_d + \sum f_r * S \tag{8-6}$$

其中，TC_n 为新设立 RDC 后 W 公司的物流总成本，TC_{rdc} 为各 RDC 的物流成本，f_t 和 f_d 分别为 CDC 到 RDC 的运输费率和 RDC 到仓库的配送费率，f_r 为 RDC 运营费率，L_t 和 L_d 分别为 CDC 到 RDC 的运距和 RDC 到各仓库运距，Q_t 和 Q_d 分别为 CDC 运往 RDC 的运量和 RDC 配送到各仓库的运量，S 为 RDC 的规模。

经过计算表明，$TC_n = 759.47 + 582.33 + 522.34 + 381.32 + 303.73 = 2\ 549.19$ 万元，与 TC_p 相比较，有 $TC_n < TC_p$（这两个数据可以直接比较，因为两个数据的得来都有同样的假定条件），即通过设立 RDC 后可以降低原有模式下的物流总成本。

因此，在传统的家电营销模式转型为 RDC 分销模式的过程中，在提高顾客满意度、快速响应市场变化的同时,还能够有效地降低物流总成本,对 W 公司原有的物流系统和物流网络进行了优化,使得 W 公司和安得物流达到双赢,为双方能够建立长期的战略合作提供了基础条件。

(3) RDC 物流环境分析。

①赣州地处珠江三角洲腹地和沿海经济开放带与中部地区连接处,与闽西、粤北、湘南相接,是江西省南部的政治、经济、文化中心城市和重要商埠。赣州具有较优越的经济发展条件,形成了中心城区"一小时都市经济圈",区域性商贸、交通枢纽中心,成为未来珠江三角洲现代物流网络体系中的重要枢纽和赣粤闽湘四省通衢的节点城市。

②柳州是中西南地区的交通枢纽和区域货运中心。桂海(桂林—柳州—南宁—北海)高速公路及交汇于柳州的湘桂线、黔桂线和枝柳线构成了陆路交通网络;湛江、防城、北海等天然优良港口至柳州的距离不足 500 公里,均可铁路直达;白莲机场是目前西南规模较大的航空港之一,有十多个航班往返北京、上海、广州、成都、深圳、海口、北海等各大中城市;西江水系可直通梧州、广州、港澳等地,全年可通航千吨级船只,货物往返十分便利。

③天津是华北最大的沿海开放城市,天津港是我国第三大港,世界第九大港,是首都北京的出海口,华北、东北、西北等众多地区的重要通道。天津已基本形成以港口为中心的海陆空相结合立体交通网络。铁路和公路辐射华北、西北、东北广大地区,是津湖铁路、津哈铁路的交汇点,横跨欧亚大陆的铁路大陆桥的起始点。对内拥有 200 万平方公里的辽阔腹地,对外与 170 多个国家和地区的 300 多个港口通航。

④青岛是华北具有区域性国际功能的大城市,以港口为主的国际综合交通枢纽,区域性金融、贸易、信息中心。青岛港是除天津港外奥运会物流的一个主要入口地,青岛物流业具有难得的发展机会和极佳的物流环境。

⑤广州是华南地区金融中心、商贸中心、信息中心和交通通讯枢纽。国外知名物流企业如联邦快递(FedEx)、联合包裹(UPS)、超马赫(TNT)等物流公司纷纷进驻广州,产生巨大的物流集聚效应。按照当时数据测算(当时做这个方案是 2006 年年底,在 2010 年前,广州将建成 18 个货运站场,形成以东、西、南、北部四大物流中心为龙头的物流系统。)

综上所述,RDC 的地址选在赣州、柳州、天津、青岛和广州具有物流配套全面、物流资源丰富及物流需求量大等方面的优势。安得借助这些优势能够极大地促进管理水平、运作能力和经济效益的提高。

8.5 选址方案实施

8.5.1 物流模式转型

8.5.1.1 传统分销模式

作为中国彩电行业和手机行业骨干龙头企业,W 公司彩电分销模式采用的是目前国内家电行业的典型做法。即彩电产品下线后经过工厂 CDC、分公司仓库、经销商、终端门店仓库。这种模式下，每个销售分公司所管辖的区域内分为多个区域，除某些大经销商从四大工厂 CDC 进货外（见原案例，"经销商自提情况"，P77），每个区域设一个独家经销的一级经销商（该区域内所有的小零售商全部从一级批发商进货），一级经销商在每个二级城市指定唯一的二级经销商，二级城市所有零售商全部从该市场二级经销商进货。三级市场没有经销商，其零售商全部从所属二级城市的二级经销商进货。

根据原案例材料分析，W 公司目前采用的渠道模式为区域总经销商方式。以华南区域为例，其 W 公司的分销流程如图 8-1 所示。

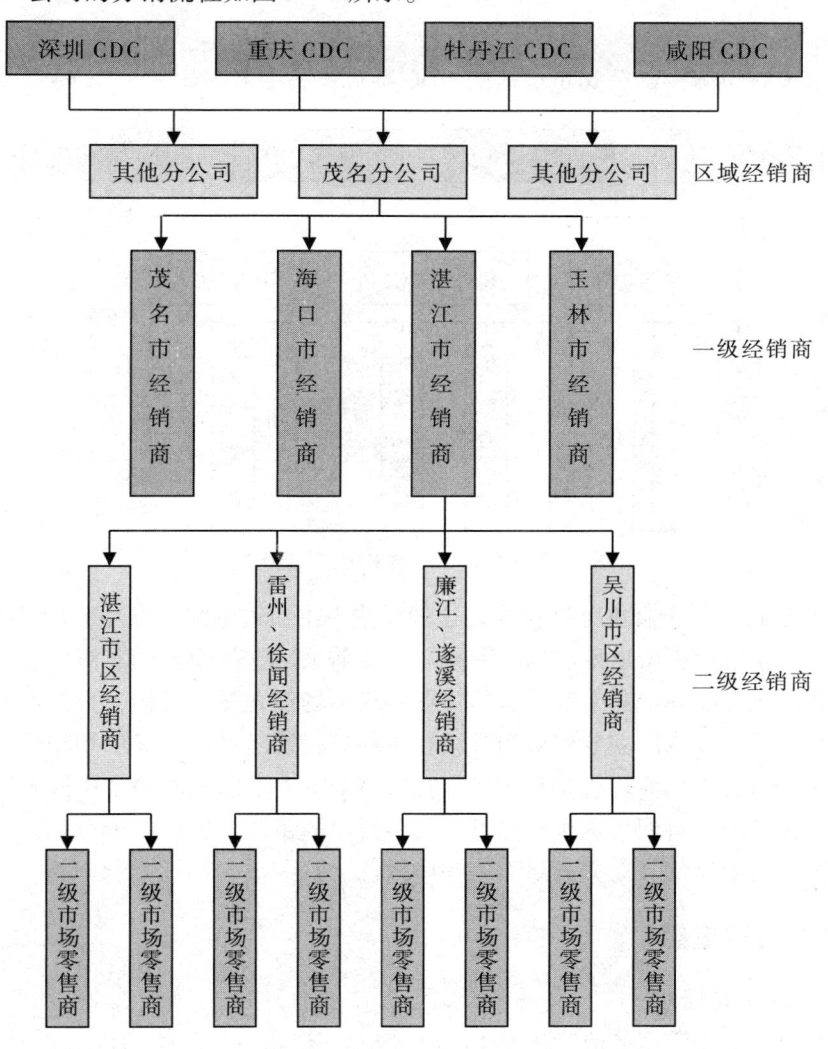

图 8-1　W 公司目前彩电物流模式

这种方式的物流过程过于烦琐和复杂，再加上 W 公司的一对多的批发型销售模式，使得因为时效性问题丧失了很多的销售量和客户。而且其生产彩电的工厂分别分布在深圳、重庆、咸阳和牡丹江，这种长距离的预定式物流模式不能对市场需求做出及时的反应，满足不了终端客户的需求。

8.5.1.2 RDC 物流模式

自 20 世纪 90 年代以后,家电产品已经从供不应求转变为产能过剩,产品利润也从暴利转为微利,加之原材料价格以及燃油电力成本的不断攀升,在对原材料的挖掘将近枯竭的情况下,众多家电制造企业将眼光投向了第三利润——物流领域的竞争,因此便诞生了海尔的海尔物流、科龙与小天鹅的安泰达物流等。对于 W 公司而言,其生产能力、销售规模和物流资源,完全具备实力向第三方物流领域进军。在这种压力下,安得要能成为 W 公司的合作伙伴,唯有利用自身现有的 RDC 资源优势,在对 W 公司物流流程进行重组后提供整体物流服务解决方案。

仍以华南区域为例,W 公司重组后的 RDC 物流模式中流程如图 8-2 所示。

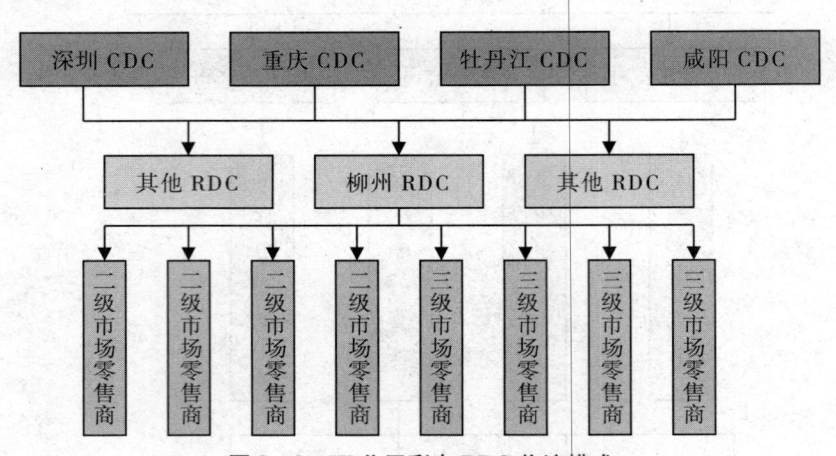

图 8-2 W 公司彩电 RDC 物流模式

RDC 物流模式类似于直供分销模式,这种模式下不通过中间批发环节,直接对零售商进行供货,这是家电销售渠道发展的一种趋势。目前采用这种模式的有海尔、西门子、伊莱克斯及科龙冰箱等品牌。其一般做法是:在一级市场设立分支机构,直接面对当地市场的零售商;在二级市场或设立分销机构或派驻业务员直接面对二三级市场的零售商或三级市场的专卖店,所有零售商均直接从 RDC 进货。RDC 物流模式取消了中间流通环节,W 公司能够控制自己的零售网络资源,拉近了与零售商的距离,更加贴近市场,市场灵敏度高,有利于信息及时反馈,双方容易沟通和协调。

8.5.2 物流流程重组

8.5.2.1 精细化管理

原有相对粗放的物流服务改为由 RDC 向二级和三级市场零售商提供 B to B、B to C 的配送服务,部分地区的配送范围辐射农村和乡镇。

8.5.2.2 规范化管理

集中分散的物流业务,向多产品物流以及整体供应链转变,在服务价格、服务质量和服务效率上形成三角平衡。目前物流服务提供商在市场竞争的过程中纷纷展开价格战形成恶性竞争,从而导致物流服务水平的普遍下降,这必然给客户企业带来风险。对于 W 公司而言，在与安得合作的合同执行过程中，必然要通过对业务流程、管理规范等方面进行控制来降低风险。因而，安得需要在充分了解和接受 W 公司的管理文化的基础上形成规范化的管理，以期达成长期战略合作伙伴关系。

8.5.2.3 物流信息化支持

先进的信息系统、准确的线路管理、科学的配载技术和配套的仓储作业设计，保障各个 RDC 每天大量的配送任务能够及时、高质的处理。RDC 物流模式下物流量急剧增加，流程更为复杂，对配送过程的控制尤其是对社会资源的控制显得较为困难。目前采用 GPS 进行车辆追踪定位存在容易损坏和随意拆卸的问题，不太适宜于安得的社会车辆资源。可以结合采用手机短信定位的方式，费用低、实施难度小、操作方便，可以实现配送过程的可视化，避免采用 GPS 而产生的上述问题。

8.5.2.4 业务流程对接

以"安得物流供应链管理信息系统（ALIS）""安得物流网络办公平台"为核心，与 W 公司的 ERP 系统或 SAP 系统进行对接，采用条码管理，力求信息的准确性、完整性和实时性，同时为 W 公司及其他客户提供高价值的信息服务。

8.5.2.5 形成战略联盟

共同构建包括 W 公司、经销商、安得和"RDC + 旗舰店 + 社区店 + 网上商城 + 网络店"的立体化物流和销售体系，形成长期合作、共同发展的战略联盟。

8.5.3 共同配送

最早由日本提出的共同配送（Common Delivery）是一种既能提高运输效率，又能减少负外部性的配送方式。本方案在进行 RDC 选址决策时假定货物运输及配送过程中均为整车运输，在实际运作过程中可以借助共同配送来接近这一状态。安得实施共同配送，根据实际情况可以采用如下两种运作方式。

8.5.3.1 单 RDC 共同配送模式

以华北区域为例。设立天津 RDC 后，可由天津 RDC 担当华北区域共同配送中心的角色，对天津、石家庄、邯郸、菏泽、济宁、衡水、济南、聊城等地根据用户的要求，统筹安排配送时间、次数、路线和货物数量。通过这种方式，能够降低运往该地区的零担比例而达到降低物流总成本的目标。这种共同配送体系如图 8-3 所示。

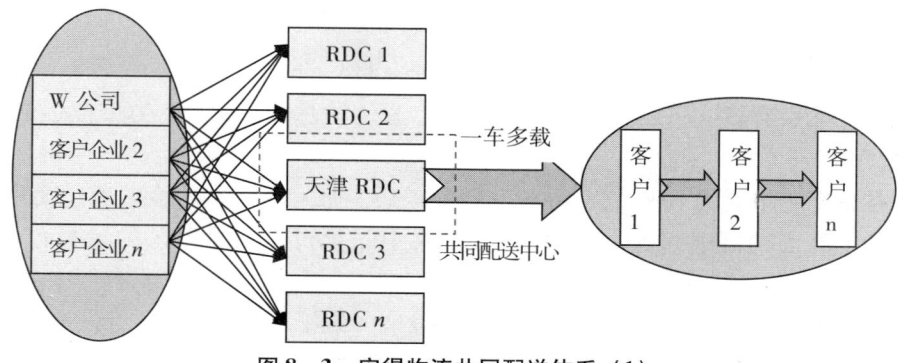

图 8-3 安得物流共同配送体系（1）

8.5.3.2 多 RDC 共同配送模式

安得现有的 8 个 RDC 资源与即将设立的 4 个 RDC 之间可以通过华北和华南区域间的对流运输（借鉴安得"南京—杭州"的对流运输经验，见原案例）进行共同配送，即在运输环节上将多家客户待运送的货物混载于同一辆车上，然后按照客户的要求分别将货物运送到各个需求点，这种共同配送有利于通过节省运力和提高运输车辆的货物满载率来大幅降低物流成本。例如，安得北京 RDC、济南 RDC、广州 RDC 和新设立的天津 RDC、青岛 RDC 之间可以针对华北与华南数省市的物流需求进行共同配送。这种共同配送体系的示意图如图 8-4 所示。

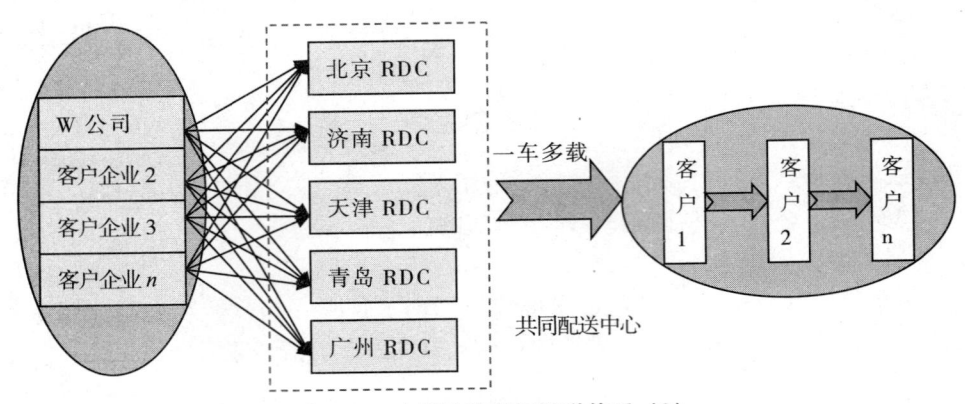

图 8-4 安得物流共同配送体系（2）

8.5.3.3 共同配送效益评价

采用多 RDC 共同配送模式，能够解决安得 W 分公司现有的亏损问题（见原案例）。

根据原案例的论述，由于河北地区的地理特殊性以及河北发货地区分散，南北、东西跨度大，造成运输成本差异较大。另外，零担业务中张家口、承德、秦皇岛和唐山地区的零担比例均超出预期 10% 左右，而零担成本比整车成本高出 20%，这两类地区的成本比平均成本要高出 40%~50%。因而，安得 W 分公司在运作广州到河北的物流业务过程中出现较大亏损。结合原案例表 18 中的数据（见原案例，P65。此处根据原案例的论述，将货物的单位统一为立方米）可以得出在 1~3 月份具体亏损情况：

$$TLC = \sum LC_m = 27\ 755 + 24\ 523 + 26\ 477 = 78\ 755\ 元$$

$$TC_t = TLC + TI_t = 78\ 755 + 548\ 600 = 627\ 355\ 元$$

$$UC_t = TC_t/Q = 627\ 355/5\ 486 = 114\ 元/立方米$$

其中：TLC 为总亏损额；TC_t 为运输总成本；TI_t 为运输总收入；UC_t 为单位运输成本；Q 为总运量。

设立在华南和华北的 RDC 之间进行共同配送后，张家口、承德地区通过北京 RDC 转拨，秦皇岛、唐山地区通过天津 RDC 转拨。其中张家口、承德地区的运量占总运量的 19%，秦皇岛、唐山地区的运量占总运量的 32%（见原案例）。根据原案例中数据：发往北京、天津的货物运输费率为 90 元~95 元/立方米（取平均值 92.5），远低于原来的单位运输成本 114 元。因此在相应期间内，节省的运输成本为：

$$SC'_t = Q * \Delta UC_t = 5\,486 * 32\% * (114 - 92.5) \approx 37\,744 \text{ 元}$$

其中，SC'_t 为节省的运输成本；ΔUC_t 为单位运输成本变化量。

根据本文第 3 部分的假定条件 XI，以 1 年为基准，则节约的运输总成本 150 976 元，即：

$$SC_t = \sum SC'_t \approx 4SC'_t = 4 * 37\,744 = 150\,976 \text{ 元}$$

在这种多 RDC 共同配送模式运作的过程中，由于货源集中，减少了零担的比例，从而降低了运输费用。但共同配送中心中增加了仓储和中转两个环节，因货物主要在共同配送中心内中转，只作短期的停留，因此可以将共同配送中心内的仓储费用忽略，而重点考虑必要的中转分拨费用和装卸费用。根据原案例提供的数据：货物的中转费率为 28 元/立方米，装卸费率为 6 元/立方米（见原案例）。取共同配送中心的中转费率和装卸费率近似为 28 元/立方米和 6 元/立方米。

$$AC_t = f_t * Q_t + f_l * Q_l = (28 + 6) * 5\,486 * 32\% = 59\,688 \text{ 元}$$

其中：AC_t 为因共同配送中心中增加了中转而增加的运营成本；f_t 和 f_l 分别为货物中转费率和装卸费率；Q_t 和 Q_l 分别为中转量和装卸量，这里假定 $Q_t = Q_l$。

可见，$SC_t = 150\,976 > AC_t = 59\,688$，即通过共同配送后，运输成本的降低程度要高于中转成本增加的程度，可以有效地降低物流总成本。

▶ 方案总结

本方案从安得物流运作的实际来定性和定量分析 W 公司 RDC 的选址决策，其总结如下：

（1）RDC 的设立能够降低物流总成本。根据设立 RDC 前后的物流效益比较，在没有考虑因 RDC 的设立而减少了装卸和搬运费用的情况下仍有 $TC_n < TC_p$，即设立 RDC 后能够降低物流总成本、提高物流效益；采用 RDC 物流模式后，安得通过共同配送使得 $SC_t > AC_t$，即降低了零担比例，节省了物流成本。

（2）RDC 的设立能够提高客户服务水平。安得能够利用整合后在全国范围内形成的 RDC 网络资源为客户提供更为及时、精准的 B to B、B to C 的物流服务，具备整体物流解决方案策划能力，能够为客户企业提供更高水平的服务；W 公司由现有的产品分销模式转型为 RDC 物流模式，通过扁平化销售渠道来控制零售资源，贴近市场并及时响应市场变化，能够提高客户满意度。

（3）形成核心竞争力。W 公司的 RDC 设立后，安得 RDC 网络进一步完善，网络优势得以充分体现，逐步形成核心竞争力；W 公司通过挖掘物流第三利润，通过切实有效地降低物流成本来降低企业运营成本，在家电行业竞争中处于不败之地。

（4）建立战略联盟。安得通过充分整合 RDC 资源、完善 RDC 网络及与 W 公司物流流程对接，打下了一个具备能够与 W 公司长期合作、共同发展的基础，为与 W 公司建立战略联盟提供硬件资源和软件资源提供了充分的准备。

（5）选址模型的改进。本方案中改进的离散点选址模型兼具结合实际和求解方便的优势，不仅可以作为 RDC 选址、仓库选址的参考模型，还适用于零售点选址、加油站选址、配送中心/物流中心选址等商业物流系统，也可以用于急救中心、消防中心等公用事业系统。

▶ 复习思考

1. 如何设定物流设施选址目标？
2. 物流设施选址模型该如何选择？
3. 选址方案的实施着重需要考虑哪些问题？

附录 1

全国大学生物流设计大赛简介

1.1 物流设计大赛概述

（1）大赛名称

中文名称：全国大学生物流设计大赛

英文名称：National Contest On Logistics Design by University Students（NCOLD）

（2）大赛组织机构

主办单位：教育部高等学校物流类专业教学指导委员会

中国物流与采购联合会

决赛承办单位：高校

案例提供单位：物流企业

（3）比赛内容

参赛队需在案例中选择不超过 5 个案例进行设计，形成完整的设计方案。设计方案可以是文字材料、数学模型、软件或工程设计等。设计内容可以包括但不仅限于以下一个或几个项目：

①服务网点布局、选址战略及路由优化设计。

②市场竞争策略及运作方案设计。

③系统运作控制与流程优化设计（如运作效率、运作标准化流程、运作环节等）。

④人力资源开发与利用优化设计。

⑤应急与风险控制系统设计。

⑥物流技术应用与装备集成优化设计。

⑦物流信息系统设计。

⑧物流增值服务项目设计。

⑨服务营销与质量管理体系设计。

⑩物流绩效评估体系设计。

⑪物流成本与财务管理优化设计。

⑫物流管理理念创新。

大赛案例于上一年9月左右在网站公布。参赛队需在规定时间内，按《全国大学生物流设计大赛赛程安排及相关要求》，将设计方案作为参赛作品上传网站评审。入围决赛的参赛队，还将参加在承办单位举行的现场答辩。

（4）大赛赛程

大赛分为初赛、复赛和决赛三个阶段。未参加上一阶段比赛的参赛队不得进入下一阶段比赛。

（5）参赛对象

参赛对象为正式录取的全日制物流类及相关专业本科在校生。比赛以队为单位，每队5人，队员不得同时加入多个参赛队。组队可跨年级、专业，但不得跨校，且同一学校组队不得超过2个。各校可视情况，在赛前通过校园赛等形式，选拔、组建优秀队伍参赛。

每队需由一名教师作为领队兼指导教师，负责赛前辅导和参赛的组织工作。教育部高等学校物流类专业教学指导委员会主任委员、副主任委员不得作为参赛队的领队。

（6）大赛评审

评审分为网络匿名评审和现场实名评审，分组进行。专家需按照《全国大学生物流设计大赛评审评分表》对本组所有作品评分，本组所有专家评分之和即为该作品本赛段得分。按得分高低排列，确定入围下一赛段的参赛作品。

各赛段评审原则为：

①初赛：网络匿名评审，5名专家/组，评选35%~55%的参赛作品入围复赛。

②复赛：网络匿名评审，5名专家/组，且在初赛基础上至少30%的专家轮换，评选前60名参赛作品入围决赛。

③决赛：网络匿名评审和现场实名评审，9名专家/组。网络匿名评审阶段，需保证在复赛基础上至少30%的专家轮换；现场实名评审阶段，专家应回避对本校参赛队的评审。

1.2 物流设计大赛赛程

表1 全国大学生物流设计大赛赛程安排及相关要求

赛程	时间	说明
赛前准备	上一年9月至10月底	（1）发布大赛通知，标志大赛启动。 （2）在网站公布大赛案例。 （3）各校通过校园选拔赛组建参赛队。参赛对象仅限于物流及相关专业全日制本科在校生，年级不限，每队5人，组队可跨专业但不能跨学校，且每人仅限加入一个参赛队

续表

赛程	时间	说明
大赛报名	上一年11月初至11月底	（1）以学校为单位组队，以队为单位参赛，每所学校组队不得超过2个 （2）每队需由一名教师作为领队兼指导教师，负责赛前辅导和参赛的组织工作 （3）参赛队命名格式为"××大学（学院）××队" （4）登录网站网上报名系统，在线录入并提交《报名表》；并将《报名表》（打印并经学校教务管理部门盖章）、在校生证明（由学生所在院、系、所出具）、学生证复印件邮寄至组委会秘书处审核。通过审核的参赛队名单统一在网上公布。通过审核后不得变更参赛人员 （5）报名截止时间为11月底
初赛	上一年11月底至下一年1月初	（1）准备初赛作品。作品大小控制在30Mb内，文档总字数限4万字内。初赛作品、文档的命名格式均为："××大学（学院）××队初赛作品" （2）提交材料：初赛作品、参赛队简介（包括指导教师和队员简介、参赛口号、参赛目标等）、参赛照片（2张）、作品登记表（在线录入） （3）提交方式：登陆网站凭用户名和密码登陆大赛界面提交材料 （4）参赛作品应在文档首页署名标题、学校名称、领队姓名及**联系方式**、参赛队员姓名及联系方式。除首页之外，任何地方不得出现与学校名称、教师和队员姓名有关的信息 （5）提交截止日期：下一年1月初
	下一年1月初至下一年1月底	（1）大赛评审委员会对初赛作品网络匿名评审 （2）从初赛作品中选出前35%－55%进入复赛
	下一年2月初	通过网站公布入围复赛的参赛队名单
复赛	下一年2月初至下一年3月初	（1）准备复赛作品。作品大小控制在30Mb内，文档总字数限4万字内。复赛作品、文档的命名格式均为："××大学（学院）××队复赛作品" （2）提交材料：复赛作品、作品登记表（在线录入） （3）提交方式：登录网站凭用户名和密码登录大赛界面提交材料 （4）参赛作品应在文档首页署名标题、学校名称、领队姓名及**联系方式**、参赛队员姓名及联系方式。除首页之外，任何地方不得出现与学校名称、教师和队员姓名有关的信息 （5）提交截止日期：下一年3月底
	下一年3月初至下一年3月底	（1）大赛评审委员会对复赛作品网络匿名评审 （2）从复赛作品中选出前60名作品进入决赛
	下一年3月底	通过网站公布入围决赛的参赛队名单

续表

赛程	时间	说明
决赛	下一年3月底至下一年4月中	(1) 准备决赛作品。作品大小控制在30Mb内，文档总字数限4万字内。决赛作品、文档的命名格式均为："××大学（学院）××队决赛作品"。 (2) 提交材料：决赛作品、参赛感言（1 000 – 2 000字）、参赛照片（2张）、最佳组织奖申请表（请从网站下载）、作品登记表（在线录入） (3) 提交方式：登录网站凭用户名和密码登录大赛界面提交材料 (4) 参赛作品应在文档首页署名标题、学校名称、领队姓名及联系方式、参赛队员姓名及联系方式。除首页之外，任何地方不得出现与学校名称、教师和队员姓名有关的信息 (5) 提交截止日期：下一年4月中
	下一年4月中至下一年4月底	大赛评审委员会对决赛作品进行网络匿名评审
	下一年4月底	(1) 参赛队集中在上海进行决赛答辩，答辩时间在网站另行公布 (2) 报到需提交：PPT（请提前制作）、参赛作品书面材料（9套，如有实物必须现场演示）、学生证原件、在校生证明原件、2寸证件照2张（背后注明姓名） (3) 决赛答辩形式：陈述（10分钟）和答辩（5分钟），陈述方式和风格不限 (4) 大赛评审委员会对决赛作品现场提问并评分 (5) 根据网络评审和现场评审综合决出一等奖（20%）、二等奖（35%）、三等奖（45%） (6) 根据学校组织情况，评选出6所学校授予"大赛最佳组织奖" (7) 公布决赛结果，颁发奖杯、证书 (8) 大赛评审委员会对本届大赛总结和点评

1.3　物流设计大赛评审

表2　全国大学生物流设计大赛评审表

一级指标（分值）	二级指标（分值）	指标说明	得分
方案的设计内容（50）	方案的针对性（25）	选题恰当，问题把握准确，重点突出（0~5）	
		提出的解决方案紧扣案例中给定的材料（0~5）	
		提出的解决方案对案例涉及的问题分析深入、明确、具体（0~5）	
		提出的方案对解决案例中所描述的问题针对性强（0~5）	
		方案中的所有文字描述、图表、软件等互相支持，共同解决所确定的问题（0~5）	

续表

一级指标（分值）	二级指标（分值）	指标说明	得分
方案的设计内容（50）	方案的有效性（10）	方案依据充分，可行、可用，理论联系实际好（0~5）	
		方案实施后预期可以获得较好的运作效果，对企业解决问题有指导意义（0~5）	
	方案的综合性（15）	方案为综合解决案例中的多个问题的整体方案，整体效果好（0~5）	
		方案在设计内容上无明显的错误（0~5）	
		方案涉及内容多，工作量大，具有较大难度（0~5）	
方案的设计方法（25）	设计方法的科学性（15）	忠于企业案例中提供的事实和数据，能够做出一定假设，所作出的假设符合国内物流业和企业的实际（0~5）	
		有明确、适用的设计方法，采用了定性和定量手段，根据案例中提供的数据和事实建立实用的模型，设计方法科学、严谨（0~5）	
		能够运用物流专业知识和技能，能利用信息技术解决企业问题（0~5）	
	设计方法的复杂性（10）	综合应用经济、管理、工程、技术等不同领域的技术和方法进行设计，采用了较先进的设计方法（0~5）	
		解决方案中有计算机软件、工程设计图纸、成套的作业流程图、完整的数学模型、全面的财务分析表格、路径优化图等（0~5）	
方案的表现能力（10）	方案的规范性（10）	方案合理应用非文字要素，如图表、软件、数学模型等，方案文字、图表、软件、设计图纸等符合国家规范（0~5）	
		提交评审的文档，材料齐全、装订整齐、规范、美观、软件界面友好、图纸整洁，方案逻辑严密（0~5）	
创新与应用（15）	创新性（5）	方案有理念创新，或有独立见解（0~5）	
	创新效果（5）	解决方案中创新理念符合案例企业实际情况，有应用价值（0~5）	
	推广应用（5）	方案有较大推广价值（0~5）	
答辩附加分（15）	队伍情况（5）	队伍整齐、素质高、搭配合理、分工合作好（0~5）	
	组织情况（5）	领队责任心强、组织严密、学校支持力度大、按要求提交大赛所需文档（0~5）	
	答辩情况（5）	精神饱满、文明礼貌、答辩准备充分、陈述效果好、回答问题好、反应敏捷、时间控制好（0~5）	
评语	签名：	年　　月　　日	

注：网络评审没有答辩附加分。

附录 2

我国物流园区规划与设计规范

2.1 物流园区的分类与要求

（1）范围

本标准给出了我国物流园区的分类类型与基本要求。

本标准适用于政府主管部门对物流园区的界定，也可以作为对物流园区进行规划、设计、建设与规范管理的依据。

（2）规范性引用文件

下列文件中的条款通过本部分的引用而成为本部分的条款。凡是注日期的引用文件，其随后所有的修改单（不包括勘误的内容）或修订版均不适用于本部分，然而，鼓励根据本部分达成协议的各方研究是否可使用这些文件的最新版本。凡是不注日期的引用文件，其最新版本适用于本部分。

GB/T 18354 物流术语

GB 50016 建筑设计防火规范

GBJ 137 城市用地分类与规划建设用地标准

GB 3095 环境空气质量标准

GB 3096 城市区域环境噪声标准

GB 12348 工业企业厂界噪声标准

GB/T 24001 环境管理体系规范使用指南

GB 50028 城镇燃气设计规范

GB 50052 供配电系统设计规范

GB 50217 电力工程电缆设计规范

GB 50220 城市道路交通规划设计规范

GB 50282 城市给水工程规划规范

GB 50289 城市工程管线综合规划规范

GB 50293 城市电力规划规范

GB 50318 城市排水工程规划规范

CJJ 17 城市生活垃圾卫生填埋技术规范

CJJ 34 城市热力网设计规范

JTJ 231 港口工程环境保护设计规范

（3）术语和定义

GB/T 18354 确立的以及以下的术语和定义适用于本标准。

物流园区（Logistics Park）：为了实现物流设施集约化和物流运作共同化，或者出于城市物流设施空间布局合理化的目的而在城市周边等区域，集中建设的物流设施群与众多物流业者在地域上的物理集结地。

物流信息平台（Logistics Information Platform）：为入驻的物流企业或关联企业所涉及的物流需求及服务相关信息进行沟通而提供的基础信息化平台。以最优的资源配置来满足企业一体化物流的需求。

物流服务（Logistics Service）：为满足客户需求所实施的一系列物流活动过程及其产生的结果。

物流企业（Logistics Enterprise）：从事物流基本功能范围内的物流业务设计及系统运作，具有与自身业务相适应的信息管理系统，实行独立核算、独立承担民事责任的经济组织。提供专业物流服务，实行独立核算、独立承担民事责任的经济组织。

物流设施（Logistics Facilities）：具备物流相关功能和提供物流服务的场所。

一体化物流服务（Integrated Logistics Service）：根据客户需求所提供的多功能、全过程的物流服务。

（4）分类方法

①分类原则

分类原则如下：a. 符合 3.1 的园区；b. 按依托对象的主导性原则；c. 以某一服务对象为主要特征，将延伸服务合并为同一类型。

②物流园区类型

根据物流园区的依托对象来划分物流园区类型，以物流园区规划指标为推荐性要求。

A. 货运服务型。货运枢纽型物流园区应符合以下要求：

a. 依托空运或海运或陆运枢纽而规划，至少有两种不同的运输形式或两条不同的运输干线衔接；

b. 提供大批量货物转换的配套设施，实现不同运输形式的有效衔接；

c. 主要服务于国际性或区域性物流运输及转换。

注①：空港物流园区依托机场，以空运、快运为主，衔接航空与公路转运；

注②：海港物流园区依托港口，衔接海运与内河、铁路、公路转运；

注③：陆港物流园区依托陆港，以公路干线运输为主，衔接公铁转运。

B. 生产服务型。生产服务型物流园区应符合以下要求：

a. 依托经济开发区、高新技术园区等产业园区而规划；

b. 提供制造型企业一体化物流服务；
　　c. 主要服务于生产制造业物料供应与产品销售。
　C. 商贸服务型。商贸服务型物流园区应符合以下要求：
　　a. 依托各类大型商品贸易现货市场、专业市场而规划，为商贸市场服务；
　　b. 提供商品的集散、运输、配送、仓储、信息处理、流通加工等物流服务；
　　c. 主要服务于商贸流通业商品集散。
　D. 综合服务型。综合服务型物流园区应符合以下要求：
　　a. 依托城市配送、生产制造业、商贸流通业等多元对象而规划；
　　b. 位于城市交通运输主要节点，提供综合物流功能服务；
　　c. 主要服务于城市与区域运输和配送体系的组织。

2.2　物流园区建设基本要求

（1）规划与评审

①物流园区的规划应结合国家物流产业规划要求、所属地的物流产业导向，根据所属地的城市总体规划、用地规划和交通设施规划等进行选址，编制符合所属地城市总体规划和土地利用规划的物流园区详细规划，并通过规划评审。

②物流园区建设应做好各功能区的规划，建设适合物流企业集聚的基础及配套设施，吸引区域内物流企业逐步集中，引导物流企业向物流园区聚集。

③物流园区建设应加强土地集约使用，货运服务型、生产服务型和贸易服务型物流园区所配套的行政办公、商业及生活服务设施用地面积应小于园区总用地面积的15%，综合服务型应小于20%。

（2）交通影响评价与规划

①应开展物流园区建设项目对区域内各类交通设施的供应与需求的影响分析，评价其对周围交通环境的影响，包括建设项目产生的交通对各相关交通系统设施的影响，分析交通需求与路网容纳能力是否匹配，并对交通规划方案进行评价和检验。

②按交通影响评价的要求，采取有效措施，提出减小物流园区建设项目对周围道路交通影响的改进方案和措施，处理好建设项目内部交通与外部交通的衔接，提出相应的交通管理措施。

③物流园区应建有能满足入驻企业活动所需的由主要道路、次要道路和辅助道路构成的道路系统，其主要道路、次要道路应纳入城市道路系统统一规划建设。

（3）环境影响评价与建设

①物流园区规划与建设应进行环境影响评价，并按环境影响评价的要求，采取有效措施，减少环境污染，保护环境。

②物流园区应建立与其规模相适应的环境保护和监管系统，并定期开展环境质量监测

活动。

③物流园区的环境空气应达到 GB 3095 中的二级标准。

④物流园区装卸作业区环境噪声应达到 JTJ 231 中装卸作业库场标准,非装卸作业区环境噪声应符合 GB 12348 中规定的Ⅳ类标准。

⑤物流园区应规划环卫设施,组织收集入驻企业产生的废弃物,并委托有资质的经营单位来收购和处理这些废弃物。

⑥鼓励物流园区的入驻企业通过 GB/T 24001 环境管理体系认证。

(4) 基础设施建设

①物流园区应配套建设与园区产业发展相适应的电力、供排水、通信、道路、消防和防汛等基础设施。

②物流园区基础设施的建设,应遵循"一次规划、分步实施、资源优化、合理配置"的原则,防止重复建设,以降低基础设施的配套成本。

③物流园区基础设施应与城市基础设施相衔接,并纳入城市基础设施建设的总体规划。

④物流园区各种基础设施的地下管线敷设,应符合 GB 50289 要求。

⑤物流园区应提供满足入驻企业正常生产经营活动需要的电力设施,应根据所属地电网规划的要求,建设符合 GB 50293 和 GB 50052 要求的电力设施和内部应急供电系统。

⑥物流园区应遵守节约用水的原则,提供满足入驻企业的供水设施,并编制符合 GB 50282 规定要求的用水规划;应建设完善的排水设施,应编制符合 GB 50318 规定要求的排水规划,并与所属城市总体规划相适宜。

⑦物流园区如需进行供热设施建设,应符合 CJJ 34 的规定要求;如需进行燃气设施建设,应符合 GB 50028 的规定要求。

⑧物流园区应统一建设消防设施和防汛除涝设施,其消防设施工程应由具有消防工程施工资质单位建设,各类建筑的建设应符合 GBJ 16 的要求;物流园区内各种防汛除涝设施的建设应符合国家及所属地相关法律和规章的规定。

⑨物流园区应为工商、税务、运管、检验检疫等政府服务机构的进驻提供条件,并逐步完善"政府一站式服务"的功能;应为银行、保险、中介、餐饮、住宿、汽配汽修等各项支持服务机构的进入提供相应的配套设施,并为入驻企业提供必要的商业服务功能。

(5) 信息化设施建设

①物流园区应建设具有基础通信平台、门户网站、信息管理平台、电子服务平台以及信息安全等功能的信息化设施。

②物流园区应为入驻企业提供具有数据通信、固定电话、移动通信和有线电视等方面基础功能的基础通信设施。

③物流园区应逐步建设具有对外宣传、电子政务、电子商务、信息服务、园区信息管理等功能一体化的门户网站,并能为园区内企业提供物流公共信息;设有保税物流中心的物流园区,应建设符合海关监管要求的计算机管理系统。

2.3 物流园区规划指标要素

表1 货运服务型

指标	指标单位	指标值			备注
		空港型	海港型	陆港型	
投资强度（基础设施）	万元/亩	≥100	≥120	≥80	推荐性要求
园区规模	km²	0.5~2	2~8	1~5	
园区物流强度	万吨/km²·年	≥100	≥2000	≥500	
物流信息平台	能为入驻物流企业提供符合海关监管要求的计算机管理系统				

表2 生产服务型

指标	指标单位	指标值	备注
投资强度（基础设施）	万元/亩	≥100	推荐性要求
园区规模	km²	0.3~1	
园区物流强度	万吨/km²·年	≥100	
物流信息平台	能为入驻物流企业和工业园区提供公共信息平台和实时信息交换系统		

表3 贸易服务型

指标	指标单位	指标值	备注
投资强度（基础设施）	万元/亩	≥100	推荐性要求
园区规模	km²	1~5	
园区物流强度	万吨/km²·年	≥50	
物流信息平台	能为园区内企业提供物流公共信息和在线交易服务		

表4 综合服务型

指标	指标单位	指标值	备注
投资强度（基础设施）	万元/亩	≥100	推荐性要求
园区规模	km²	0.3~5	
园区物流强度	万吨/km²·年	≥200	
物流信息平台	能为园区内企业提供物流公共信息和在线交易服务		

2.4 物流园区指标计算方法

（1）投资强度：项目用地范围内单位面积固定资产投资额。

计算公式：

$$投资强度 = 项目固定资产总投资 \div 项目总用地面积 \quad (1)$$

其中：项目固定资产总投资包括厂房、设备和地价款。

（2）行政办公及生活服务设施用地所占比重：项目用地范围行政办公、商业及生活服务设施占用土地面积（或分摊土地面积）占总用地面积的比例。

计算公式：

$$行政办公、商业及生活服务设施用地所占比重 = \frac{行政办公、商业及生活服务设施占用土地面积}{项目总用地面积} \times 100\% \quad (2)$$

（3）园区物流强度：单位时间、单位面积的物流处理能力。

$$园区物流强度 = \frac{园区年度物流总量}{园区总用地面积} \quad (3)$$